高等职业教育食品类专业教材

# 食品营养与安全

主 编 杨霞 李磊

中国轻工业出版社

## 图书在版编目（CIP）数据

食品营养与安全/杨霞，李磊主编. —北京：中国轻工业出版社，2021.9
ISBN 978 - 7 - 5019 - 9878 - 4

Ⅰ.①食… Ⅱ.①杨…②李… Ⅲ.①食品营养—高等职业教育—教材②食品安全—高等职业教育—教材 Ⅳ.①R151.3②TS201.6

中国版本图书馆 CIP 数据核字（2014）第 187554 号

责任编辑：张 靓 贾 磊
责任编辑：张 靓 责任终审：腾炎福 封面设计：锋尚设计
责任校对：晋 洁 责任监印：张 可

出版发行：中国轻工业出版社（北京东长安街6号，邮编：100740）
印　　刷：三河市万龙印装有限公司
经　　销：各地新华书店
版　　次：2021年9月第1版第7次印刷
开　　本：720×1000 1/16 印张：22.5
字　　数：400千字
书　　号：ISBN 978 - 7 - 5019 - 9878 - 4 定价：45.00元
邮购电话：010 - 65241695
发行电话：010 - 85119835 传真：85113293
网　　址：http://www.chlip.com.cn
Email：club@chlip.com.cn
如发现图书残缺请与我社邮购联系调换
211179J2C107ZBW

# 前 言

教育部《关于全面提高高等职业教育教学质量的若干意见》明确提出要把"工学结合作为高等职业教育人才培养模式改革的重要切入点，带动专业调整与建设，引导课程体系、教学内容和教学方法改革"。项目课程是实现工学结合人才培养目标的根本渠道与手段，是促进工学结合的有效途径。目前全国高职院校正在推进"项目课程"改革，以"项目导航、任务驱动"、"理实"融合、"教、学、做"一体化为改革方向，但与此配套的项目教材却极度缺乏，成为制约高职教育改革的瓶颈。为适应新一轮教学改革的需要，有必要编写一本能与项目课程改革相配套的教材，以满足高职食品类及相关专业师生的需求。在这一背景下，我们组织编写了这本《食品营养与安全》教材，旨在加强食品营养与安全的项目教学，充分调动学生学习的积极性、主动性，解决"我要学""我能学""我会学"的问题，强化职业能力培养，最大程度为学生个性发展提供空间。

项目课程教材要求在理论上体现"必需、够用"原则，在实践上以任务驱动、以项目导向，突出应用性、强调实践性、体现先进性。因此，本教材在编写内容上充分考虑到工作过程的完整性，在吸收其他教材优点的基础上，增加了食品营养标签制作等内容；在编写结构上突出任务驱动性，将工作过程划分为不同模块，每一个模块以任务为重点对学生进行实践训练；在编写特色上强调"理实"结合，将理论知识与实践操作合二为一、融为一体，边学边做，边做边学；在编写条目上设立了"技能训练"接口，努力培养学生自我学习的能力、创业与创新的能力。本教材紧密联系实际，结合当前生产过程中的行业最新标准，力求做到技术应用性强、内容新，突出实践性和操作性。本教材还充分考虑到国家职业技能鉴定的要求，可以作为职业技能鉴定培训教材使用。同时本教材也立足于食品行业和食品企业，可以作为食品企业营养宣传和安全管理的参考书目。

本教材需要在学习《食品化学》、《生物化学》等相关课程的基础上进行学习。关于本教材的内容，由于篇幅有限，编写原则体现一个"新"字，由于近年来新的食品安全标准的颁布、整改和修订，如《食品中农药最大残留限量》（GB 2763—2012）、《预包装食品营养标签通则》（GB 28050—2011）、《食品中污染物限量》（GB 2762—2012）、《新食品原料安全性审查管理办法》等都在本教材中有所体现。而不同食物的营养价值、人群营养、营养与疾病等内容没有纳入本教材，可以在《营养与配餐》课程中进行学习。

本教材是由河南职业技术学院杨霞、河南牧业经济学院李磊担任主编，河南省疾病预防控制中心周昇昇、河南牧业经济学院王亚伟、河南牧业经济学院邹建担任副主编，河南省疾病预防控制中心孙经、河南省人民医院营养科赵妍娟、驻马店市疾病预防控制中心张丽丽、河南牧业经济学院胡燕、鹤壁职业技术学院杨玉红、河南农业职业学院李俊华参加了编写工作。

本教材编写分工如下：模块二由杨霞编写；模块一、模块七由孙经编写；模块三、模块九、模块十一由李磊编写；模块四由周昇昇编写；模块十六由王亚伟编写；模块六由张丽丽编写；模块八由赵妍娟编写；模块五、模块十、模块十五由胡燕编写；模块十二由杨玉红编写；模块十三由李俊华编写；模块十四由邹建编写。

本教材作为中央财政支持提升专业服务产业发展能力项目中课程改革的内容奉献给大家。由于本教材涉及面广，国家食品营养与安全相关标准修改较多，且编写时间仓促，编者水平有限，书中难免有错误和不妥之处，恳请读者批评指正，以便修改完善。

编　者

# 目 录

绪论 ……………………………………………………………………………… 1
  一、营养学基本概念 …………………………………………………………… 1
  二、食品安全学基本概念 ……………………………………………………… 2

## 模块一  人体必需营养素

知识目标 ………………………………………………………………………… 3
能力目标 ………………………………………………………………………… 3
背景知识 ………………………………………………………………………… 3
  一、消化系统组成及功能 ……………………………………………………… 3
  二、食物的消化吸收 …………………………………………………………… 3

### 项目一  蛋白质的营养价值 ……………………………………………… 7
  一、蛋白质的生理功能 ………………………………………………………… 7
  二、蛋白质的消化、吸收和代谢 ……………………………………………… 8
  三、蛋白质的推荐摄入量 ……………………………………………………… 9

### 项目二  碳水化合物的营养价值 ………………………………………… 10
  一、碳水化合物的功能 ………………………………………………………… 10
  二、碳水化合物的消化、吸收和代谢 ………………………………………… 11
  三、乳糖不耐受 ………………………………………………………………… 11
  四、碳水化合物的膳食参考摄入量 …………………………………………… 12

### 项目三  脂类的营养价值 ……………………………………………… 12
  一、脂类的生理功能 …………………………………………………………… 12
  二、脂肪的消化和吸收 ………………………………………………………… 14
  三、脂类的参考摄入量 ………………………………………………………… 15

### 项目四  矿物质的营养价值 …………………………………………… 15

## 项目五 维生素的营养价值 ... 16
## 项目六 水的营养价值 ... 16
一、水的生理功能 ... 16
二、水的需要量 ... 23
三、水的平衡及调节 ... 23
## 项目七 膳食纤维的营养价值 ... 25
一、膳食纤维的特性 ... 25
二、膳食纤维的生理功能 ... 25
三、膳食纤维的参考摄入量 ... 26
## 项目八 能量代谢与组成 ... 27
一、概述 ... 27
二、能量单位 ... 27
三、能量代谢 ... 27
四、人体的能量消耗 ... 28
思考题 ... 31

# 模块二 食物营养素质量评价

知识目标 ... 32
能力目标 ... 32
背景知识 ... 32
## 项目一 食物蛋白质质量评价 ... 32
一、氨基酸评分法 ... 32
二、蛋白质的消化率 ... 34
三、蛋白质利用率的评价 ... 35
## 项目二 食物脂肪质量评价 ... 37
一、脂肪的消化率 ... 37
二、食物中脂肪的含量和脂肪酸的比例 ... 37
三、脂肪中的天然成分与人体健康 ... 39
## 项目三 食物碳水化合物的营养评价 ... 40
一、碳水化合物的分类 ... 40

二、多糖的消化吸收和主要生理特性 ……………………………………… 42
三、抗消化碳水化合物的结肠发酵 ………………………………………… 43

**项目四　维生素和矿物质的营养学评价** …………………………………… 44
一、化学形式 ………………………………………………………………… 44
二、生物利用率 ……………………………………………………………… 46
思考题 ………………………………………………………………………… 48

# 模块三　食品营养价值评价及营养强化

知识目标 ………………………………………………………………………… 49
能力目标 ………………………………………………………………………… 49
背景知识 ………………………………………………………………………… 49

**项目一　营养质量指数在菜品营养价值评价中的应用** …………………… 50

**项目二　血糖生成指数在食品营养价值评价中的应用** …………………… 53
一、食物血糖生成指数概念和评价方法 …………………………………… 53
二、食物血糖生成指数和血糖生成负荷 …………………………………… 55
三、血糖生成指数的应用与意义 …………………………………………… 57

**项目三　抗氧化能力评价在食品营养价值评价中的应用** ………………… 58
一、膳食抗氧化物 …………………………………………………………… 58
二、食物抗氧化能力的测定 ………………………………………………… 59
思考题 ………………………………………………………………………… 60

# 模块四　营养标签的识别和制作

知识目标 ………………………………………………………………………… 61
能力目标 ………………………………………………………………………… 61
背景知识 ………………………………………………………………………… 61

**项目一　纯牛乳营养标签的识别** …………………………………………… 62
一、营养成分表的识别 ……………………………………………………… 63

二、营养声称的识别 …………………………………………………… 63
　　三、营养成分功能声称的识别 ………………………………………… 64
  项目二　饼干营养标签的制作 ……………………………………………… 64
　　一、营养成分的数据来源 ……………………………………………… 64
　　二、营养成分原始数据的修正 ………………………………………… 67
　　三、营养素参考值(NRV)的计算 ……………………………………… 69
　　四、营养成分表的制作 ………………………………………………… 70
　　五、营养声称的制定 …………………………………………………… 72
　　六、营养成分功能声称的制定 ………………………………………… 74
  思考题 ………………………………………………………………………… 77

## 模块五　食品的营养强化

知识目标 ……………………………………………………………………… 78
能力目标 ……………………………………………………………………… 78
背景知识 ……………………………………………………………………… 78
  项目一　被强化食品的选择和强化剂量的确定 …………………………… 80
  项目二　营养强化剂的选择 ………………………………………………… 80
  项目三　营养强化过程及方式 ……………………………………………… 90
  项目四　铁强化酱油应用实例 ……………………………………………… 92
  思考题 ………………………………………………………………………… 93

## 模块六　膳食调查与评价

知识目标 ……………………………………………………………………… 94
能力目标 ……………………………………………………………………… 94
背景知识 ……………………………………………………………………… 94
  项目一　食物摄入量调查 …………………………………………………… 95
　　一、24h 回顾法 ………………………………………………………… 95

二、记账法 ························································· 98
三、称量法 ························································· 100
四、食物频率法 ····················································· 101
### 项目二　膳食调查结果计算与评价 ···························· 102
一、膳食结构分析与评价 ·········································· 103
二、膳食能量摄入量计算与评价 ·································· 106
三、膳食营养素计算与评价 ········································ 107
**思考题** ····························································· 108

## 模块七　人体营养状况测定和评价

知识目标 ····························································· 109
能力目标 ····························································· 109
背景知识 ····························································· 109
### 项目一　人体体格测量 ············································ 110
一、成人体格测量 ··················································· 111
二、儿童少年体格测量 ············································· 115
三、婴幼儿体格测量 ················································ 117
### 项目二　实验室指标收集和判定 ································ 119
一、血样的收集、保存及营养相关指标分析 ··················· 119
二、尿液的收集、保存及相关指标分析 ························· 124
三、粪便的收集和保存 ············································· 126
四、头发的收集和保存 ············································· 127
### 项目三　营养不良的症状和体征判别 ························· 128
一、蛋白质-能量营养不良的体征及判断 ······················· 129
二、常见矿物质元素缺乏的判断和评价 ························ 133
三、常见维生素缺乏的判断和评价 ······························ 137
**思考题** ····························································· 142

## 模块八 膳食指导和评估

- 知识目标 ... 143
- 能力目标 ... 143
- 背景知识 ... 143
- 项目一　营养素需要和食物种类确定 ... 144
  - 一、确定营养需要 ... 144
  - 二、食物营养类别识别 ... 146
  - 三、食物选择和用量计算 ... 147
- 项目二　食谱编制 ... 148
  - 一、食谱编制 ... 148
  - 二、编制食谱的注意事项 ... 152
- 项目三　食谱调整和评价 ... 153
  - 一、食谱能量的调整 ... 153
  - 二、餐次比例的调整 ... 153
  - 三、膳食蛋白质的调整 ... 154
  - 四、膳食脂肪的调整 ... 154
  - 五、膳食碳水化合物的调整 ... 154
  - 六、价格的调整 ... 154
  - 七、食谱脂肪的评价 ... 155
  - 八、食物蛋白质的评价 ... 156
  - 九、食谱美味调整和评价 ... 157
- 项目四　利用膳食宝塔和食物交换份法选择食物 ... 158
  - 一、平衡膳食宝塔 ... 159
  - 二、食物交换份法 ... 161
- 思考题 ... 164

## 模块九 食品安全的危害识别和分析

- 知识目标 ... 165

能力目标 ················································································ 165
背景知识 ················································································ 165
　一、生物性危害 ····································································· 166
　二、化学性危害 ····································································· 168
　三、物理性危害 ····································································· 173

## 项目一　肉类食品危害识别和分析 ······································ 173
　一、肉类食品质量安全问题已经成为社会关注的焦点 ··········· 174
　二、肉类食品中的安全危害分类 ············································ 174
　三、肉类食品中安全危害的相应控制措施 ····························· 177

## 项目二　水产品中 $N$ - 亚硝胺物质的危害识别和分析 ········· 178
　一、$N$ - 亚硝胺物质的结构及性质 ········································ 178
　二、$N$ - 亚硝胺形成的化学机理及其形成条件 ····················· 178
　三、腌制水产品中残留 $N$ - 亚硝胺的危害性研究 ················· 179
　四、$N$ - 亚硝胺物质的预防控制 ············································ 180
思考题 ···················································································· 180

# 模块十　食物中毒及食品安全应急处理体系

知识目标 ················································································ 182
能力目标 ················································································ 182
背景知识 ················································································ 182
　一、食物中毒的概念 ······························································ 182
　二、食物中毒的特点 ······························································ 182
　三、食物中毒分类 ·································································· 183

## 项目一　细菌性食物中毒的鉴别 ·········································· 183
　一、沙门菌食物中毒 ······························································ 184
　二、葡萄球菌食物中毒 ·························································· 184
　三、肉毒梭菌毒素食物中毒 ··················································· 186
　四、副溶血弧菌食物中毒 ······················································· 187
　五、O157∶H7 大肠杆菌食物中毒 ·········································· 188

## 项目二　真菌性食物中毒的鉴别 ·········································· 189
　一、黄曲霉毒素中毒 ······························································ 189

二、赤霉病麦中毒 190

项目三　有毒动植物食品中毒的鉴别 191
　　一、河豚鱼中毒 191
　　二、鱼类引起的组胺中毒 192
　　三、毒蕈中毒 192
　　四、含氰苷类植物中毒 194

项目四　化学性食物中毒的鉴别 195
　　一、亚硝酸盐食物中毒 195
　　二、砷化物中毒 196

项目五　食品和餐饮企业食物中毒应急预案的制定 197
　　一、组织机构 197
　　二、工作职责 198
　　三、应急处置工作程序 198
思考题 200

# 模块十一　食品安全认证体系

知识目标 201
能力目标 201
背景知识 201
　　一、GMP认证 201
　　二、SSOP认证 202
　　三、HACCP认证 203
　　四、ISO 22000认证 204

项目一　食品企业通过GMP认证 204
　　一、食品企业通用卫生规范 205
　　二、各类食品企业卫生规范 205
　　三、出口食品卫生规范 206

项目二　食品企业制定SSOP 207
　　一、水和冰的安全性 207
　　二、食品接触表面的清洁 208
　　三、交叉污染的防止 209

四、手清洁、消毒和卫生间设施的维护 ⋯⋯⋯⋯⋯⋯⋯⋯⋯⋯⋯⋯⋯⋯⋯⋯⋯ 210
五、防止外来污染物污染 ⋯⋯⋯⋯⋯⋯⋯⋯⋯⋯⋯⋯⋯⋯⋯⋯⋯⋯⋯⋯⋯⋯⋯⋯ 211
六、有毒化合物的处理、贮存和使用 ⋯⋯⋯⋯⋯⋯⋯⋯⋯⋯⋯⋯⋯⋯⋯⋯⋯⋯⋯ 212
七、雇员的健康状况 ⋯⋯⋯⋯⋯⋯⋯⋯⋯⋯⋯⋯⋯⋯⋯⋯⋯⋯⋯⋯⋯⋯⋯⋯⋯⋯ 212
八、害虫的灭除和控制 ⋯⋯⋯⋯⋯⋯⋯⋯⋯⋯⋯⋯⋯⋯⋯⋯⋯⋯⋯⋯⋯⋯⋯⋯⋯ 212

## 项目三　食品企业通过 HACCP 认证 ⋯⋯⋯⋯⋯⋯⋯⋯⋯⋯⋯⋯⋯⋯⋯⋯⋯ 213

一、我国 HACCP 认证的依据 ⋯⋯⋯⋯⋯⋯⋯⋯⋯⋯⋯⋯⋯⋯⋯⋯⋯⋯⋯⋯⋯ 214
二、HACCP 的认证范围 ⋯⋯⋯⋯⋯⋯⋯⋯⋯⋯⋯⋯⋯⋯⋯⋯⋯⋯⋯⋯⋯⋯⋯⋯ 214
三、食品企业建立 HACCP 食品安全管理体系的步骤 ⋯⋯⋯⋯⋯⋯⋯⋯⋯⋯⋯ 215

## 项目四　食品企业通过 ISO 22000 认证 ⋯⋯⋯⋯⋯⋯⋯⋯⋯⋯⋯⋯⋯⋯⋯⋯ 216

一、ISO 22000 认证的范围 ⋯⋯⋯⋯⋯⋯⋯⋯⋯⋯⋯⋯⋯⋯⋯⋯⋯⋯⋯⋯⋯⋯ 216
二、食品企业实施通过 ISO 22000 认证的步骤 ⋯⋯⋯⋯⋯⋯⋯⋯⋯⋯⋯⋯⋯⋯ 216
思考题 ⋯⋯⋯⋯⋯⋯⋯⋯⋯⋯⋯⋯⋯⋯⋯⋯⋯⋯⋯⋯⋯⋯⋯⋯⋯⋯⋯⋯⋯⋯⋯ 225

# 模块十二　食品安全法律法规体系

知识目标 ⋯⋯⋯⋯⋯⋯⋯⋯⋯⋯⋯⋯⋯⋯⋯⋯⋯⋯⋯⋯⋯⋯⋯⋯⋯⋯⋯⋯⋯⋯ 226
能力目标 ⋯⋯⋯⋯⋯⋯⋯⋯⋯⋯⋯⋯⋯⋯⋯⋯⋯⋯⋯⋯⋯⋯⋯⋯⋯⋯⋯⋯⋯⋯ 226
背景知识 ⋯⋯⋯⋯⋯⋯⋯⋯⋯⋯⋯⋯⋯⋯⋯⋯⋯⋯⋯⋯⋯⋯⋯⋯⋯⋯⋯⋯⋯⋯ 226

## 项目一　《食品安全法》的实施 ⋯⋯⋯⋯⋯⋯⋯⋯⋯⋯⋯⋯⋯⋯⋯⋯⋯⋯⋯⋯ 228

一、制定《食品安全法》的历程 ⋯⋯⋯⋯⋯⋯⋯⋯⋯⋯⋯⋯⋯⋯⋯⋯⋯⋯⋯⋯⋯ 228
二、制定《食品安全法》的意义 ⋯⋯⋯⋯⋯⋯⋯⋯⋯⋯⋯⋯⋯⋯⋯⋯⋯⋯⋯⋯⋯ 229
三、《食品安全法》的主要内容及特点 ⋯⋯⋯⋯⋯⋯⋯⋯⋯⋯⋯⋯⋯⋯⋯⋯⋯⋯ 229

## 项目二　《食品安全法实施条例》 ⋯⋯⋯⋯⋯⋯⋯⋯⋯⋯⋯⋯⋯⋯⋯⋯⋯⋯⋯ 234

一、落实企业责任 ⋯⋯⋯⋯⋯⋯⋯⋯⋯⋯⋯⋯⋯⋯⋯⋯⋯⋯⋯⋯⋯⋯⋯⋯⋯⋯ 234
二、强化政府监管 ⋯⋯⋯⋯⋯⋯⋯⋯⋯⋯⋯⋯⋯⋯⋯⋯⋯⋯⋯⋯⋯⋯⋯⋯⋯⋯ 235
三、重大事故问责 ⋯⋯⋯⋯⋯⋯⋯⋯⋯⋯⋯⋯⋯⋯⋯⋯⋯⋯⋯⋯⋯⋯⋯⋯⋯⋯ 236
四、原则的规定具体化 ⋯⋯⋯⋯⋯⋯⋯⋯⋯⋯⋯⋯⋯⋯⋯⋯⋯⋯⋯⋯⋯⋯⋯⋯ 236

## 项目三　《农产品质量安全法》的实施 ⋯⋯⋯⋯⋯⋯⋯⋯⋯⋯⋯⋯⋯⋯⋯⋯⋯ 237

一、《农产品质量安全法》的重要意义 ⋯⋯⋯⋯⋯⋯⋯⋯⋯⋯⋯⋯⋯⋯⋯⋯⋯⋯ 237
二、出台《农产品质量安全法》的有关背景 ⋯⋯⋯⋯⋯⋯⋯⋯⋯⋯⋯⋯⋯⋯⋯⋯ 238
三、《农产品质量安全法》的调整范围和主要内容 ⋯⋯⋯⋯⋯⋯⋯⋯⋯⋯⋯⋯⋯ 238

四、《农产品质量安全法》确立的基本制度 …… 239
五、《农产品质量安全法》的配套规章制度 …… 240
六、《农产品质量安全法》对农产品产地管理的规定 …… 240
七、《农产品质量安全法》对农产品生产者在生产过程中应当遵守保障
　农产品质量安全的规定 …… 240
八、《农产品质量安全法》对农产品包装和标识的规定 …… 241
九、《农产品质量安全法》对农产品质量安全实施监督检查的规定 …… 241
十、《农产品质量安全法》对国家建立农产品质量安全监测制度的规定 …… 242
十一、《农产品质量安全法》对检测机构的规定 …… 242
十二、《农产品质量安全法》对批发市场的规定 …… 242
十三、《农产品质量安全法》对县级以上地方人民政府的规定 …… 243
　思考题 …… 243

# 模块十三　安全食品认证

知识目标 …… 245
能力目标 …… 245
背景知识 …… 245

## 项目一　无公害农产品的审批 …… 246
一、概述 …… 246
二、无公害农产品认证程序 …… 248
三、无公害农产品的标志及管理 …… 250

## 项目二　绿色食品的审批 …… 250
一、概述 …… 250
二、绿色食品认证程序 …… 252
三、绿色食品标志及管理 …… 255

## 项目三　有机食品的审批 …… 256
一、概述 …… 256
二、有机食品标志及管理 …… 260
　思考题 …… 262

## 模块十四 食品安全标准体系

知识目标 ··································································· 263
能力目标 ··································································· 263
背景知识 ··································································· 263
 一、我国食品安全标准的分类 ··········································· 263
 二、我国食品安全标准的内容 ··········································· 264
 三、我国食品安全标准的特点 ··········································· 264
 四、食品安全标准的制定过程 ··········································· 265
项目一 我国动物源性食品安全标准的制定 ······························ 266
 一、国家食品安全监管法律法规沿革 ··································· 267
 二、动物源性食品安全标准现状及存在问题 ··························· 267
 三、动物源性食品安全标准的建立 ····································· 268
项目二 我国粮油食品安全国家标准的制定 ······························ 269
 一、我国粮油食品安全标准体系建设的不足 ··························· 269
 二、国内外粮油食品安全标准体系差异分析 ··························· 270
项目三 我国复合调味料食品安全标准的制定 ··························· 272
 一、复合调味料概况 ····················································· 272
 二、国内标准情况 ······················································· 272
 三、国外标准情况 ······················································· 273
 四、标准中部分安全技术指标的比较 ··································· 274
 五、制定复合调味料食品安全标准的建议 ····························· 276
思考题 ····································································· 277

## 模块十五 食品安全性评价

知识目标 ··································································· 278
能力目标 ··································································· 278
背景知识 ··································································· 278
 一、食品毒理学基本概念 ··············································· 278

二、我国食品安全性毒理学评价法律法规和标准 …………………………… 280
三、毒性参数和安全限值 …………………………………………………… 281
四、食品安全性毒理学评价试验的四个阶段和内容 ………………………… 283

## 项目一　新食品原料的安全性评价 …………………………………………… 284
一、新食品原料的概念 ……………………………………………………… 284
二、新食品原料的相关法律法规 …………………………………………… 285
三、新食品原料的安全性评价 ……………………………………………… 285

## 项目二　转基因食品的安全性评价 …………………………………………… 288
一、转基因食品的概念 ……………………………………………………… 288
二、转基因食品安全性评价 ………………………………………………… 288

## 项目三　食用添加剂的安全性评价 …………………………………………… 289
一、JECFA 对食品添加剂的安全性评价 …………………………………… 290
二、我国对食品添加剂的安全性评价 ……………………………………… 292
三、几种常见食品添加剂的 ADI 值 ………………………………………… 293
**思考题** ………………………………………………………………………… 294

# 模块十六　食品安全监督管理体系

知识目标 ………………………………………………………………………… 295
能力目标 ………………………………………………………………………… 295
背景知识 ………………………………………………………………………… 295
一、食品安全监督管理的含义 ……………………………………………… 295
二、各国食品安全监督管理的模式 ………………………………………… 296

## 项目一　食品生产加工企业质量安全监督管理实施细则 ………… 300
## 项目二　流通环节食品安全监督管理办法 ………………………………… 314
## 项目三　餐饮服务食品安全监督管理办法 ………………………………… 324
**思考题** ………………………………………………………………………… 332

**附录　中国食物与营养发展纲要（2014—2020 年）** ……… 333
**参考文献** ……………………………………………………………………… 338

# 绪 论

## 一、营养学基本概念

### (一) 食品

《中华人民共和国食品安全法》(以下简称《食品安全法》) 第九十九条对"食品"的定义如下:食品,指各种供人食用或者饮用的成品和原料以及按照传统既是食品又是药品的物品,但是不包括以治疗为目的的物品。《食品工业基本术语》对食品的定义:可供人类食用或饮用的物质,包括加工食品,半成品和未加工食品,不包括烟草或只作药品用的物质。从食品卫生立法和管理的角度,广义的食品概念还涉及:所生产食品的原料,食品原料种植,养殖过程接触的物质和环境,食品的添加物质,所有直接或间接接触食品的包装材料,设施以及影响食品原有品质的环境。

### (二) 营养

"营养"作为一个名词、术语已为大众所习用,但对它的确切定义却未必准确了解。"营"在汉字里是谋求的意思,"养"是养生或养身,两个字组合在一起应当是"谋求养生"的意思。确切地说,应当是"用食物或食物中的有益成分谋求养生"。"营养"一词确切而比较完整的定义应当是:"机体通过摄取食物,经过体内消化、吸收和代谢,利用食物中对身体有益的物质作为构建机体组织器官、满足生理功能和体力活动需要的过程。"

### (三) 营养素

营养素(nutrient)是指食物中可给人体提供能量、机体构成成分和组织修复以及生理调节功能的化学成分。凡是能维持人体健康以及提供生长、发育和劳动所需要的各种物质均称为营养素。现代医学研究表明,人体所需的营养素不下百种,其中一些可由自身合成、制造,但无法自身合成、制造必须由外界摄取的有52种,精细分后,可概括为七大营养素。人体所必需的7类营养素有蛋白质(必需氨基酸9种)、脂肪(必需脂肪酸2种)、糖类(葡萄糖)、无机盐(矿物质，25种）、维生素（14种）、水和纤维素。

### （四）营养学

营养学是研究膳食、营养素及其他食物成分对健康影响的科学。研究内容包括：营养素及其他膳食成分在人体中消化、吸收、利用与排泄的过程及其对人体健康、疾病的作用，营养素之间的相互作用和平衡，营养素需要量和膳食营养素参考摄入量，营养缺乏病和营养相关慢性病的预防和营养治疗，特殊人群和特殊环境下的营养，食物的营养素保存和营养素强化，植物化学物与保健食品，社区营养管理和营养教育，食物营养政策和营养法规等。

营养学属于自然科学范畴，是预防医学的组成部分，具有很强的实践性。从理论上讲，营养学与生物化学、生理学、病理学、临床医学、食品科学、农业科学等学科都有密切联系。从应用方面来看，它可以指导群体或个体合理安排饮食，防病保健；影响国家的食物生产、分配及食品加工政策，改善国民体质，促进社会经济发展。

### （五）食品营养价值

营养价值（nutritional value），是指食物中营养素及能量满足人体需要的程度。

营养价值指在特定食品中的营养素及其质和量的关系。一般认为含有一定量的人体所需的营养素的食品，就具有一定的营养价值；含有较多营养素且质量较高的食品，则营养价值较高。

## 二、食品安全学基本概念

### （一）食品安全

我国《食品安全法》中食品安全（food safety）的定义为：指食品无毒、无害，符合应当有的营养要求，对人体健康不造成任何急性、亚急性或者慢性危害。根据世界卫生组织的定义，食品安全是"食物中有毒、有害物质对人体健康影响的公共卫生问题"。食品安全也是一门专门探讨在食品加工、存储、销售等过程中确保食品卫生及食用安全，降低疾病隐患，防范食物中毒的一个跨学科领域。

### （二）食品卫生

食品卫生是为防止食品污染和有害因素危害人体健康而采取的综合措施。世界卫生组织对食品卫生的定义是：在食品的培育、生产、制造直至被人摄食为止的各个阶段中，为保证其安全性、有益性和完好性而采取的全部措施。食品卫生是公共卫生的组成部分，也是食品科学的内容之一。因食品的营养素不足或过量以及因消化吸收关系而引起人体的健康障碍等，属于食品营养的问题，一般来说，不属于食品卫生研究的范畴。

# 模块一  人体必需营养素

**知识目标**

了解营养素消化吸收系统的组成及功能；熟悉七大营养素的消化吸收过程；熟悉各营养素的缺乏与过量对机体的影响；掌握各营养素的生理功能及影响其吸收利用的因素。

**能力目标**

学会基本的食品营养价值评价。

**背景知识**

## 一、消化系统组成及功能

消化系统（digestive system）由消化管和消化腺两大部分组成。如图 1-1 所示，消化管包括口腔、咽、食管、胃、小肠（十二指肠、空肠、回肠）和大肠（盲肠、结肠、直肠、肛管）。临床上常把口腔到十二指肠的这一段称上消化道，空肠以下的部分称下消化道。消化腺分为小消化腺和大消化腺两种。小消化腺散在于消化管各部的管壁内，如胃腺、肠腺等；大消化腺包括：三对唾液腺（腮腺、下颌下腺、舌下腺）、肝脏和胰腺，它们主要通过导管将分泌物排入消化管内，对食物进行化学性消化。

## 二、食物的消化吸收

消化是指食物在消化管内被分解成结构简单、可被吸收的小分子物质的过程。消化过程包括机械性消化和化学性消化，前者指通过消化管壁肌肉的收缩和舒张（如口腔的咀嚼，胃、肠的蠕动等）把大块食物磨碎；后者指通过消化腺分泌的消化液将结构复杂的大分子营养物质分解成可以被胃肠道吸收的小分子物

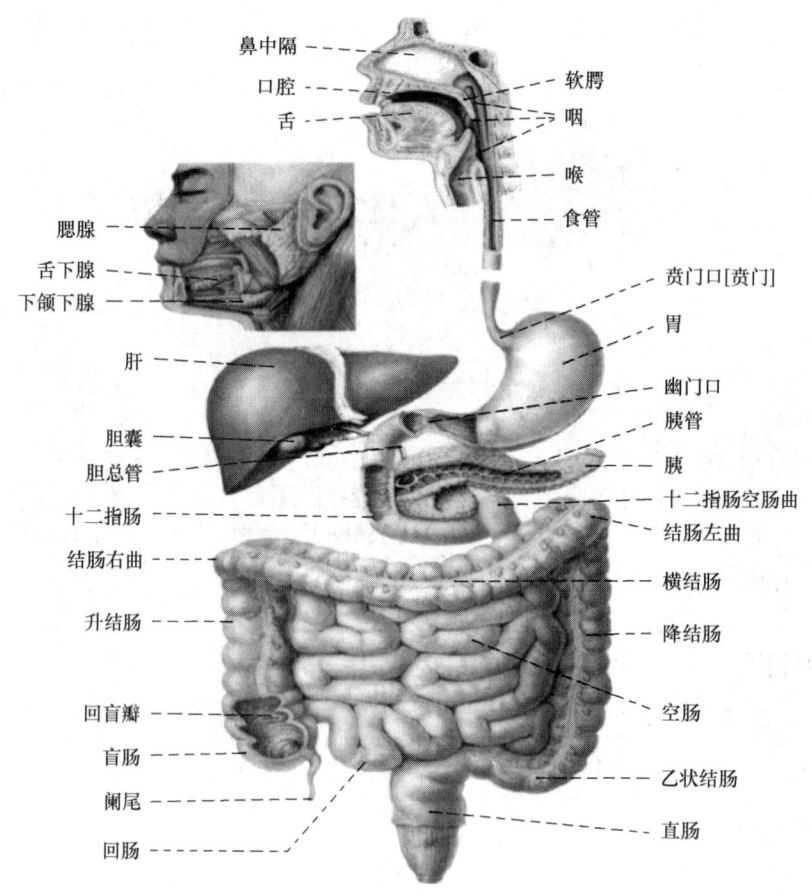

图 1-1 消化系统的组成

质。这种小分子物质透过消化管黏膜上皮细胞进入血液和淋巴液的过程就是吸收。对于未被吸收的残渣部分，消化道则通过大肠以粪便形式排出体外。食物经过消化吸收提供机体所需的营养物质和能量，食物中的营养物质除维生素、水和无机盐可以被直接吸收利用外，蛋白质、脂肪和糖类等物质均不能被机体直接吸收利用，需先消化成结构简单的小分子物质，才能被吸收利用。

（一）口腔内消化

食物进入口腔后，首先刺激唾液腺分泌唾液，在牙齿的切割、咀嚼和舌的搅拌下，唾液与食物一起混合成食团，开始食物的消化吸收过程。食物在口腔内主要进行的是机械性消化，伴随唾液淀粉酶对淀粉的少量化学性消化，且能反射地引起胃、肠、胰、肝、胆囊等器官的活动，为以后的消化做准备。

（二）胃内的消化和吸收

食物进入胃后暂时储存，在此期间受到胃液的化学性消化和胃壁肌肉的机械性消化。

胃液是由各种胃腺细胞分泌的混合物,包括水、电解质、脂类、蛋白质等。纯净的胃液是一种无色透明的酸性液体,pH 为 0.9～1.5。正常成人每日分泌胃液 1.5～2.5L。胃液所含固体物中的重要成分有盐酸、胃蛋白酶原、黏液和内因子。

盐酸由壁细胞分泌,分为游离酸和结合酸两种,二者的浓度合称为总酸度。盐酸的作用如下:①能激活胃蛋白酶原,使之转变为有活性的胃蛋白酶,并为胃蛋白酶提供适宜的酸性环境;②可抑制和杀死随食物进入胃内的细菌;③盐酸进入小肠后能促进胰液、胆汁和小肠液的分泌;④分解食物中的结缔组织和肌纤维,使食物中的蛋白质变性,易于被消化;⑤与钙和铁结合,形成可溶性盐,促进它们的吸收。

胃蛋白酶原由胃底腺的主细胞分泌,分泌入胃腔的胃蛋白酶原是无活性的,在胃酸的作用下,转变为具有活性的胃蛋白酶。胃蛋白酶在酸性较强的环境中可将蛋白质水解为多肽和氨基酸,其最适宜 pH 为 2.0,随着 pH 增高,其活性降低。

内因子是由壁细胞分泌的一种糖蛋白,与食入的维生素 $B_{12}$ 结合,形成一种复合物,可保护维生素 $B_{12}$ 不被小肠内水解酶破坏。当复合物移行至回肠,与回肠黏膜的特殊受体结合,完成回肠上皮对维生素 $B_{12}$ 的吸收。若机体缺乏内因子,则可致维生素 $B_{12}$ 吸收不良,进而影响红细胞的生成,造成巨幼红细胞贫血(恶性贫血)。

胃的吸收功能比较弱,正常情况下仅能吸收少量的水分和乙醇。

(三) 小肠内的消化和吸收

食糜进入小肠后,在胰液、胆汁、小肠液和小肠运动的作用下,基本完成食物的消化和吸收过程。小肠内消化和吸收过程是消化吸收中最重要的阶段。

1. 小肠内的消化

(1) 胰液的分泌　胰液由胰腺的外分泌部分泌,pH 为 7.8～8.4,日分泌量为 1～2L,由无机物和有机物组成。无机物中最重要的是碳酸氢盐,其可中和进入十二指肠的胃酸,使肠黏膜免受侵蚀,并为小肠内多种消化酶的活动提供最适宜的 pH 环境(pH7～8)。有机物主要是消化三种营养物质的消化酶,即胰淀粉酶、胰脂肪酶、胰蛋白酶原和糜蛋白酶原。胰淀粉酶可将淀粉水解为麦芽糖及葡萄糖。胰脂肪酶可分解三酰甘油为脂肪酸、单酰甘油和甘油。胰蛋白酶原和糜蛋白酶原无活性,但当进入十二指肠后,胰蛋白酶原即被肠液中的肠激酶激活成为具有活性的胰蛋白酶,而糜蛋白酶原则由胰蛋白酶激活为糜蛋白酶。胰蛋白酶和糜蛋白酶都能分解蛋白质,二者共同作用可使蛋白质分解为更小分子的多肽和氨基酸。

(2) 胆汁的分泌　胆汁是由肝细胞不断生成的具有苦味的有色汁液。成人每日分泌量为800~1000mL。胆汁中无消化酶,但对脂肪的消化和吸收具有重要作用。胆汁中除水分外,还有胆色素、胆盐、胆固醇、卵磷脂、脂肪酸和无机盐等成分,其中胆盐是胆汁中起主要作用的成分。胆盐、胆固醇和卵磷脂等均可降低脂肪的表面张力,使脂肪乳化成许多微滴,利于脂肪的消化;胆盐还可与脂肪酸、单酰甘油等结合,形成水溶性复合物,促进脂肪消化产物的吸收,并能促进脂溶性维生素(维生素A、维生素D、维生素E、维生素K)的吸收。

(3)小肠液的分泌 小肠液由小肠黏膜中的小肠腺所分泌,呈弱碱性。成人每日分泌量为1~3L。小肠液边分泌边吸收,这种液体的交流为小肠内营养物质的吸收提供了媒介。小肠液中除水和电解质外,还含有黏液、免疫蛋白和两种酶,即肠激酶(能激活胰蛋白酶原)和小肠淀粉酶。小肠液的作用主要有两种:①消化食物,即肠激酶和肠淀粉酶的作用;②保护作用,即弱碱性的黏液能保护肠黏膜免受机械性损伤和胃酸的侵蚀,免疫蛋白能抵抗进入肠腔的有害抗原。

### 2. 小肠的吸收功能

小肠是消化管中最长的部分,是主要的吸收器官。食物经过小肠的消化,已被分解成可被吸收的小分子物质。食物在小肠内停留的时间较长,一般是3~8h,这为营养物质的充分吸收提供了时间,绝大部分营养成分在小肠内已被吸收完毕。小肠内的营养物质通过肠黏膜上皮细胞,最后进入血液和淋巴的过程中,必须通过肠上皮细胞的腔面膜和底膜(或侧膜)。物质通过这些膜的机制,即吸收机制,小肠细胞膜的吸收机制主要包括被动转运和主动转运两种。

(1)被动转运 主要包括简单扩散、易化扩散、滤过、渗透等。

简单扩散又称脂溶扩散,是指营养物质从浓度高的一侧直接透过生物膜向浓度低的一侧进行的扩散性转运,此方式不借助载体,不耗能。由于细胞膜的基质是类脂双分子层,因此脂溶性物质更易进入细胞。物质进入细胞的速度决定于它在脂质中的溶解度和分子大小,溶解度越大透过越快,溶解度相等时,则分子越小透过越快。

易化扩散指非脂溶性物质或亲水物质,如$Na^+$、$K^+$、葡萄糖和氨基酸等,不能透过细胞膜的双层脂质,需在细胞膜蛋白质的帮助下,由膜的高浓度侧向低浓度侧扩散或转运的过程。

滤过:胃肠细胞膜的上皮细胞可以看做是滤过器,当胃肠腔内的压力超过毛细血管内的压力时,水分和其他物质就可滤入血液。

渗透:主要指水分的吸收。指当膜两侧的渗透压不等时,渗透压较高的一侧将从渗透压较低的一侧吸引一部分水,以达到两侧渗透压平衡的过程。

(2)主动转运 在许多情况下,某种营养成分必须要逆浓度梯度穿过细胞膜,这种形式即主动转运。其特点是必须借助于载体、逆浓度差或电位差转运并需要能量。

### (四) 大肠内的消化吸收

大肠是消化管的末段，人类的大肠内没有重要的消化活动，但可吸收水分和盐类，此外还为消化后的残余物质提供暂时贮存场所。大肠黏膜上皮和大肠腺的杯状细胞均可以分泌大肠液，大肠液富含黏液，有保护肠黏膜和润滑粪便的作用。大肠内的酸碱度和温度对一般细菌的繁殖极为适宜，细菌便在此大量繁殖。细菌中含有能分解食物残渣的酶，糖及脂肪的分解称为发酵，蛋白质的细菌分解称为腐败。蛋白质的分解产物除胺、氨基酸、氨等外，还有多种有毒物质，如吲哚、酚等，这类物质产生后，一部分被吸收入血到肝脏解毒，另一部分则随粪排出体外。此外，大肠内的细菌还能利用大肠的内容物合成人体必需的某些维生素，如硫胺素、维生素 $B_2$ 及叶酸等 B 族维生素和维生素 K。最后，经细菌分解后的食物残渣及其分解产物、肠黏膜的分泌物、脱落的肠上皮细胞和大量的细菌一起组成粪便被排出体外。食物在消化系统的吸收见图 1-2。

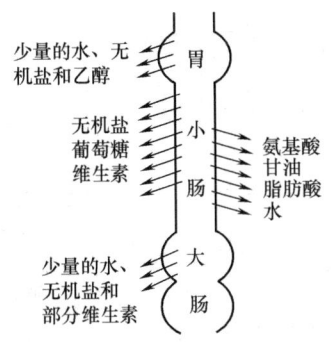

图 1-2 各消化器官对营养素的吸收

## 项目一 蛋白质的营养价值

蛋白质 (protein) 是化学结构复杂的一类有机化合物，是人体的必需营养素之一。生命的产生、存在和消亡都与蛋白质有关，蛋白质是生命的物质基础，没有蛋白质就没有生命。一个体重为 70kg 的健康成年男性体内大约含 12kg 蛋白质。人体内的蛋白质始终处于不断分解和不断合成的动态平衡之中，从而达到组织蛋白更新和修复的目的。一般来说，成人体内每天约有 3% 的蛋白质被更新。

### 一、蛋白质的生理功能

#### 1. 人体组织的构成成分

人体的任何组织和器官都以蛋白质作为重要的组成成分，所以人体在生长过程中就包含着蛋白质的不断增加。人体的瘦组织（Lean tissue）中，如肌肉、心、肝、肾等器官含大量蛋白质；骨骼和牙齿中含有大量胶原蛋白；细胞从细胞膜到细胞内的各种结构中均含有蛋白质。总之，蛋白质是人体不能缺少的构成成分。

### 2. 构成体内各种重要的生理活性物质

蛋白质如酶能催化体内物质代谢；激素调节着各种生理过程并维持着内环境稳定；抗体可以抵御外来微生物及其他有害物质的入侵；细胞膜和血液中的蛋白质担负着各类物质的运输和交换；体液内可离解为阴、阳离子的可溶性蛋白质能使体液内的渗透压和pH得以稳定；此外，血液的凝固、视觉的形成、人体的运动等都与蛋白质有关。

### 3. 供给能量

由于蛋白质中含有碳、氢、氧元素，当机体需要时蛋白质可被代谢分解，释放出能量，1g食物蛋白质在体内约产生16.7kJ（4kcal）能量。

## 二、蛋白质的消化、吸收和代谢

蛋白质的消化、吸收和代谢见图1-3。

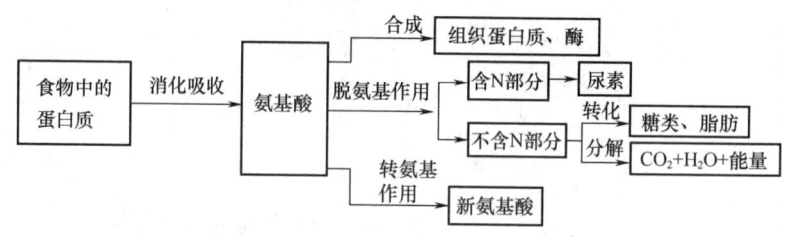

图1-3　蛋白质的消化、吸收和代谢

### 1. 蛋白质的消化、吸收

蛋白质未经消化不易吸收。一般食物蛋白质水解成氨基酸及小肽后方能被吸收。由于唾液中不含水解蛋白质的酶，所以膳食中蛋白质的消化从胃开始。胃中的胃酸先使蛋白质变性，破坏其空间结构以利于酶发挥作用，同时胃酸可激活胃蛋白酶分解蛋白质。食物在胃内停留时间较短，蛋白质在胃内消化很不完全，消化产物及未被消化的蛋白质在小肠内由胰腺分泌的胰蛋白酶（trypsin）和糜蛋白酶（chymotrypsin）分解为氨基酸和部分二肽及三肽，再被小肠黏膜细胞吸收。在小肠黏膜刷状缘中肽酶的作用下，进入黏膜细胞的二肽、三肽进一步分解为氨基酸单体。因此，小肠是蛋白质消化的主要场所。

同时，小肠也是蛋白质吸收的主要场所。过去认为只有氨基酸单体（游离氨基酸）才能被机体吸收，现在发现2~3个氨基酸的小肽也可以被吸收。被吸收的这些氨基酸通过肠黏膜细胞进入肝门静脉而被运输到肝脏和其他组织或器官被利用。

## 2. 蛋白质的代谢

吸收的氨基酸先储存于人体各组织、器官和体液中,这些游离氨基酸统称为氨基酸池(amino acid pool)。氨基酸池中的游离氨基酸除了来自食物外,大部分来自体内蛋白质的分解。

氨基酸出入细胞是靠氨基酸转运子即细胞膜结合蛋白来实现的。细胞膜上有各种类型的氨基酸转运子,每种转运子可以识别不同氨基酸的构型和性质,转运子对氨基酸的亲和力和转运机制决定了细胞内氨基酸水平。

进入细胞的氨基酸少数用于合成体内含氮化合物,主要被用来重新合成人体蛋白质,以达到机体蛋白质的不断更新和修复。大约30%用于合成肌肉蛋白,50%用于体液、器官蛋白质合成,其余20%用于合成白蛋白、血红蛋白等其他机体蛋白质。未被利用的氨基酸则经代谢转变成尿素、氨、尿酸和肌酐等,由尿和其他途径排出体外或转化为糖原和脂肪。

## 3. 氮平衡

营养学上将摄入氮的量和排出氮的量之间的关系称为氮平衡(nitrogen balance)。蛋白质在体内分解代谢所产生的含氮物质,主要由尿、粪排出体外。通过测定每日食物中的含氮量(摄入氮),以及尿和粪便中的含氮量(排出氮)就可以了解氮平衡的状态,从而估计蛋白质在体内的代谢量和人体的营养状况。另外,氮平衡还常被用于机体蛋白质需要量的研究。氮平衡的关系式如下:

$$B = I - (U + F + S)$$

式中　$B$——氮平衡;
　　　$I$——摄入氮;
$U$、$F$、$S$——排出氮(其中,$U$——尿氮;$F$——粪氮;$S$——皮肤等氮损失)。

氮平衡有三种情况:零氮平衡、正氮平衡和负氮平衡。当摄入氮和排出氮相等时为零氮平衡,也称总氮平衡,即 $B=0$,健康的成年人应维持零氮平衡并富余5%。如摄入氮多于排出氮则为正氮平衡,即 $B>0$,儿童处于生长发育阶段、妇女怀孕、疾病恢复时,以及运动和劳动等需要增加肌肉时均应保证适当的正氮平衡,以满足机体对蛋白质的需要。而当摄入氮少于排出氮时为负氮平衡,即 $B<0$,人在饥饿、疾病及老年时往往处于这种状况,应注意尽可能减轻或改变负氮平衡,以保持健康、促进疾病康复和延缓衰老。

## 三、蛋白质的推荐摄入量

理论上成人每天摄入30g蛋白质即可满足零氮平衡,但从安全性和消化吸收等因素考虑,成人按0.8g/(kg·d)摄入蛋白质为宜。我国由于以植物性食物为主,所以成人蛋白质推荐摄入量为1.16g/(kg·d)。按能量计算,蛋白质摄入量应该占总能量的10%~12%,儿童、青少年为12%~14%。中国营养学会提出的成年男子、轻体力劳动者蛋白质推荐摄入量为75g/d。

## 项目二 碳水化合物的营养价值

碳水化合物（carbohydrate）也称糖类，是由碳、氢、氧三种元素组成的一类有机化合物，其化学本质为多羟醛或多羟酮及其一些衍生物。营养学上一般将其分为四类：单糖、双糖、寡糖和多糖。

### 一、碳水化合物的功能

人体内碳水化合物有三种存在形式：葡萄糖、糖原和含糖的复合物，碳水化合物的生理功能与其摄入食物的碳水化合物种类和在机体内存在的形式有关。

**1. 贮存和提供能量**

膳食中的碳水化合物是世界上来源最广、使用最多、价格最便宜的能量营养素。1g 碳水化合物可提供约 16.4kJ（4kcal）的能量。在维持人体健康所需要的能量中，55%～65%由碳水化合物提供。

**2. 机体的构成成分和重要生命物质**

碳水化合物是机体重要的构成成分之一，如结缔组织中的黏蛋白、神经组织中的糖脂及细胞膜表面具有信息传递功能的糖蛋白，他们往往都是一些寡糖复合物。

**3．节约蛋白质**

当体内碳水化合物供应不足时，机体为了满足自身对葡萄糖的需要，则通过糖原异生作用将蛋白质转化为葡萄糖供给能量，甚至会动用器官如肌肉、肝脏、肾脏中的蛋白质，从而对机体造成损害。而当摄入足够量的碳水化合物时则能防止体内或膳食蛋白质的消耗，不需要动用蛋白质来供能，此即碳水化合物的节约蛋白质作用。

**4．抗生酮作用**

脂肪在体内彻底被代谢分解需要葡萄糖的协同作用。脂肪酸分解所产生的乙酰基需与草酰乙酸结合进入三羧酸循环而最终被彻底氧化，产生能量。若碳水化合物不足，草酰乙酸则不足，脂肪酸不能被彻底氧化而产生酮体。尽管肌肉和其他组织可利用酮体产生能量，但过多的酮体则可引起酮血症和酮尿症，影响机体的酸碱平衡。而体内充足的碳水化合物就可以防止上述现象的发生，起到抗生酮作用。一般，人体每天至少需要 50～100g 碳水化合物才可防止酮血症的产生。

**5．解毒作用**

碳水化合物经糖醛酸途径代谢生成的葡萄糖醛酸，是体内一种重要的结合解毒剂，在肝脏中能与许多有害物质如细菌毒素、乙醇、砷等结合，以消除或减轻这些物质的毒性或生物活性,从而起到解毒作用。

**6. 增强肠道功能**

非淀粉多糖类如纤维素、果胶、抗性淀粉等,虽然不能被消化吸收,但能刺激肠道蠕动,增加结肠的发酵,增强肠道的排泄功能。

## 二、碳水化合物的消化、吸收和代谢

碳水化合物的消化、吸收见图1-4。

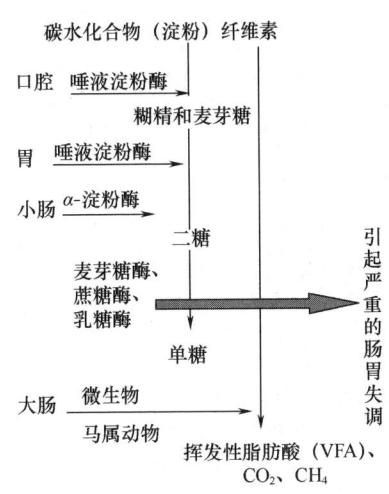

图1-4 碳水化合物的消化、吸收

膳食中的碳水化合物在消化道经酶逐步水解为单糖而被吸收。消化过程从口腔开始,食物进入口腔后通过咀嚼促进唾液的分泌,唾液中的淀粉酶可将淀粉水解为短链多糖和麦芽糖。食物进入胃后,由于胃液不含任何能水解碳水化合物的酶,其所含的胃酸对碳水化合物只有微少或很局限的降解,故碳水化合物在胃中几乎未消化。碳水化合物的消化主要在小肠进行,小肠内消化分为肠腔消化和小肠黏膜上皮细胞上的消化。极少部分非淀粉多糖可在结肠内通过发酵消化。

碳水化合物被人体摄入经消化成单糖吸收后,经血液运输到各组织细胞进行合成代谢和分解代谢。机体内糖的代谢途径主要有葡萄糖的无氧酵解、有氧氧化、磷酸戊糖途径、糖原合成与糖原分解、糖异生以及其他己糖代谢等。

## 三、乳糖不耐受

世界各地都有一部分人有不同程度的乳糖不耐受,他们不能或只能少量地分解吸收乳糖,大量的乳糖因未被吸收而进入大肠,在肠道细菌作用下产酸、产气,引起胃肠不适、胀气、痉挛和腹泻等。造成乳糖不耐受的原因主要有:①先天性缺少或不能分泌乳糖酶;②某些药物如抗癌药物或肠道感染使乳糖酶分泌减少；③更多的人是由于年龄增加，乳糖酶水平不断降低，一般自2岁以后到青年时期，乳糖酶水平可降到出生时的5%~10%。为了克服乳糖不耐受，可选用经发酵的乳制品如酸奶；另外，用逐步增加摄入量和坚持不断摄入牛乳及其制品的方法也可很好地克服和减少乳糖不耐受。

### 四、碳水化合物的膳食参考摄入量

人体对碳水化合物的需要量常以占总供能量的百分比表示。中国营养学会根据目前我国膳食碳水化合物的实际摄入量和WHO的建议，建议膳食碳水化合物的参考摄入量占总能量的55%~65%。此外，对碳水化合物的来源也作出要求，即应包括淀粉、抗性淀粉、非淀粉多糖和低聚糖等碳水化合物；限制纯能量食物如糖的摄入量。目前许多营养学家认为：精制糖的摄入应该占总能量的10%以下。

## 项目三 脂类的营养价值

脂类（lipids）是脂肪和类脂的总称。营养学上重要的脂类主要有三酰甘油、磷脂和固醇类。这里的三酰甘油即我们所说的脂肪（或中性脂肪），由一分子甘油和三分子脂肪酸构成，磷脂和固醇类属类脂的范畴。脂类的共同特点是易溶于有机溶剂而不溶于水。食物中的脂类95%是三酰甘油，5%是其他脂类；人体内储存的脂类中，三酰甘油高达99%。正常人体内，按体重计算，脂类占14%~19%；肥胖者达30%以上。

### 一、脂类的生理功能

**1. 脂肪**

人体内的脂肪（三酰甘油）主要分布在腹腔、皮下和肌肉纤维之间。这些脂肪具有以下功能：

（1）贮存和供给能量　当人体摄入的能量过多或不能及时被利用时，就转变为脂肪贮存起来。当机体需要时，脂肪细胞中的酯酶立即分解三酰甘油释放出甘油和脂肪酸进入血循环，和食物中的脂肪一起被分解释放出能量以满足机体的需要。体内1g脂肪氧化可产生能量37.7kJ（9kcal）。

（2）维持体温　脂肪是热的不良导体，皮下脂肪可阻止体热散失，起到保温御寒作用。

（3）保护脏器　脂肪组织在体内对器官有支撑和衬垫作用，可缓冲机械冲击，保护内部器官免受外力伤害。

（4）促进脂溶性维生素吸收　脂肪是脂溶性维生素的溶媒，可促进脂溶性维生素吸收。

（5）内分泌作用　现已发现的由脂肪组织所分泌的因子有瘦素、肿瘤坏死因子α、白细胞介素-6、白细胞介素-8、雌激素、胰岛素样生长因子、脂联素等。这些因子参与机体的代谢、免疫、生长发育等生理过程。脂肪组织内分泌功能的发现是近年来内分泌学领域的重大进展之一。

（6）帮助机体更有效地利用碳水化合物和节约蛋白质　脂肪在体内代谢分解的产物可促进碳水化合物的能量代谢，使其更有效地释放能量。充足的脂肪还可以保护体内蛋白质（包括食物蛋白）不被用来作为能源物质，而使其发挥其他重要的生理功能，脂肪的这种作用被称为节约蛋白质作用。

（7）机体重要的构成成分　细胞膜中含有大量的脂肪酸，是细胞维持正常的结构和功能必不可少的。

2. 类脂

类脂的主要功能是构成身体组织和一些重要的生理活性物质。例如，磷脂与蛋白质结合形成的脂蛋白是细胞膜和亚细胞器膜的重要成分，对维持膜的通透性有重要作用；鞘磷脂是神经鞘的重要成分，可保持神经鞘的绝缘性；脑磷脂大量存在于脑白质，参与神经冲动的传导；胆固醇是所有体细胞的构成成分，并大量存在于神经组织；胆固醇还是胆酸、维生素$D_3$、性激素、黄体酮、前列腺素等生理活性物质和激素的前体物，是机体不可缺少的营养物质。

3. 脂肪酸

脂肪酸是构成三酰甘油的基本单位。不同结构的脂肪酸功能也不一样，对它们一些特殊功能的研究，也是营养学上一个重要的研究领域。这里只就必需脂肪酸做一介绍。

必需脂肪酸（essential fatty acid，EFA）是指人体不可缺少而自身又不能合成，必须从食物中摄取的脂肪酸。真正意义的必需脂肪酸是亚油酸和α-亚麻酸。亚油酸作为其他$n-6$系列脂肪酸的前提可在体内转变生成γ-亚麻酸、花生四烯酸等$n-6$系的长链多不饱和脂肪酸。α-亚麻酸则作为$n-3$系脂肪酸的前体，可转变成二十碳五烯酸、二十二碳六烯酸等$n-3$系脂肪酸。必需脂肪酸在体内主要有以下生理功能：

（1）构成线粒体和细胞膜的重要组成成分　必需脂肪酸参与磷脂的合成，并以磷脂的形式存在于线粒体和细胞膜中。人体缺乏必需氨基酸时，细胞对水的通透性增加，毛细血管的脆性和通透性增高，皮肤出现水代谢紊乱，出现湿疹样病变。

（2）合成前列腺素的前体　前列腺素存在于多种器官中，有多种生理功能，如使血管扩张和收缩、影响神经刺激的传导，作用肾脏影响水的排泄，乳中的前列腺素可防止婴儿消化道损伤等。

（3）参与胆固醇代谢　体内大约70%的胆固醇与脂肪酸酯化成酯。胆固醇需要和亚油酸形成胆固醇亚油酸酯后才能在体内转运,进行正常代谢。如果必需脂肪酸缺乏,胆固醇则与一些饱和脂肪酸结合,由于不能进行正常转运代谢,而在动脉沉积,形成动脉粥样硬化。

(4) 维护视力　α-亚麻酸的衍生物二十二碳六烯酸,是维持视网膜光感受体功能所必需的脂肪酸。α-亚麻酸缺乏时,可引起光感细胞受损、视力减退。

(5) 参与动物精子形成　膳食中长期缺乏必需脂肪酸,动物可出现不孕症。

每天机体必需脂肪酸的摄入量应不少于总能量的3%。过去必需脂肪酸的缺乏主要发生在婴儿、以脱脂乳或低脂膳食喂养的幼儿、长期全胃肠外营养的患者。最近发现必需脂肪酸的缺乏还出现在患有慢性肠道疾病的患者中,由于疾病而使肠道吸收功能降低,机体吸收的必需脂肪酸减少。

必需脂肪酸的缺乏可引起生长迟缓、生殖障碍、皮肤损伤以及肾脏、肝脏、神经和视觉方面的多种疾病。但过多的多不饱和脂肪酸的摄入,也可使体内有害的氧化物、过氧化物以及能量等增加,同样对机体可产生多种慢性危害。

## 二、脂肪的消化和吸收

脂肪的消化吸收过程见图1-5。

机体每天从胃肠道大约吸收50~100g的三酰甘油、4~8g的磷脂、300~450mg的胆固醇。脂肪主要消化场所是小肠,在消化过程中,食物间歇地从胃送入十二指肠。由于食糜本身对胃肠道的刺激而引起胰液和胆汁的合成和分泌。来自胆囊的胆汁首先将脂肪乳化,胰腺和小肠分泌的脂肪酶将三酰甘油水解成游离脂肪酸和单酰甘油。三酰甘油的水解速度与三酰甘油的链长和不饱和程度等因素有关(图1-5)。

脂肪水解后的小分子,如甘油、短链和中链脂肪酸很容易被小肠细胞吸收直接进入血液。单酰甘油和长链脂肪酸被吸收后,先在小肠细胞中重新合成三

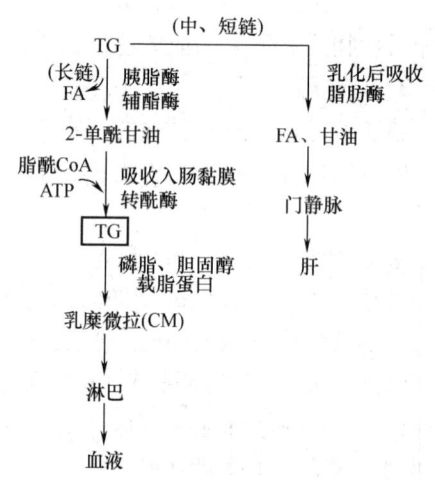

图1-5　脂肪的消化吸收过程

酰甘油,并和磷脂、胆固醇和蛋白质形成乳糜微粒,由淋巴系统进入血液循环。血中的乳糜微粒是一种颗粒最大、密度最低的脂蛋白,是食物脂肪的主要运输形式,随血液流遍全身,以满足机体对脂肪和能量的需要,最终被肝脏吸收。食物脂肪的吸收率一般在80%以上,最高的如菜子油可达99%。

肝脏将来自食物中的脂肪和内源性脂肪以及蛋白质等合成极低密度脂蛋白,

并随血流供应机体对三酰甘油的需要,随着其中三酰甘油的减少,同时又不断聚集血中的胆固醇。最终形成了三酰甘油少、而胆固醇多的低密度脂蛋白。血流中的低密度脂蛋白一方面满足机体对脂类的需要,另一方面可以被细胞中的低密度脂蛋白受体结合进入细胞,借此调节血中胆固醇浓度。但低密度脂蛋白过多,可引起动脉粥样硬化等疾病。体内还可合成高密度脂蛋白,其重要功能就是将体内的胆固醇、磷脂运回肝脏进行代谢,对机体起到保护作用。

### 三、脂类的参考摄入量

由于脂类的需要量易受饮食习惯、季节和气候的影响,变动范围比较大;再加上脂肪在体内供给的能量,也可由碳水化合物来供给。因此,目前尚难确定人体脂类的最低需要量。现有资料表明,满足人体需要的脂肪量是很低的,即使为了供给脂溶性维生素、必需脂肪酸以及保证脂溶性维生素的吸收等作用,所需脂肪亦不多,一般成人每日膳食中有50g脂肪即可满足。

中国营养学会参考各国不同人群脂肪推荐摄入量(RDA),结合我国膳食结构的实际情况,提出了成人脂肪适宜摄入量(AI),见表1-1。成人胆固醇适宜摄入量应小于300mg/d。

表1-1　中国成人膳食脂肪适宜摄入量(AI)(脂肪能量占总能量的百分比)

| | 脂肪 | SFA | MUFA | PUFA | $n-6:n-3$ |
|---|---|---|---|---|---|
| 成人 | 20~30 | <10 | 10 | 10 | (4~6):1 |

注:SFA为饱和脂肪酸,MUFA为单饱和脂肪酸,PUFA为多饱和脂肪酸。

## 项目四　矿物质的营养价值

人体内的元素除碳、氢、氧、氮以有机的形式存在外,其余的统称为矿物质。矿物质分为常量元素和微量元素,生命必需元素至少有25种。其中体内含量较多(>0.01%体重),每日膳食需要量都在100mg以上者,称为常量元素,包括钙、镁、钾、钠、磷、氯、硫7种。含量小于体重的0.01%,每日膳食需要量为μg至mg者为微量元素,人体必需的微量元素包括铁、铜、锌、钴、锰、铬、硒、碘、镍、氟、钼、钒、锡、硅、锶、硼、铷、砷18种。

矿物质的特点主要包括以下几方面:①矿物质在体内不能合成,必须从食物和饮水中摄取;②矿物质在体内分布极不均匀,如钙和磷主要分布在骨骼和牙齿,铁分布在红细胞,碘分布在甲状腺等;③矿物质相互之间存在协同或拮抗作用,一种元素可影响另一种元素的吸收或改变另一种元素在体内的分布;④某些微量元素在体内虽然需要量很少，但其生理剂量与中毒剂量范围较窄，摄入过多易产生毒性作用。

各种矿物质元素不需被消化，可以直接被吸收。矿物质的营养价值及摄入量见表1-2。

## 项目五　维生素的营养价值

维生素是维持机体生命活动所必须的一类低分子有机化合物，它们既不是构成身体组织的原料，也不是体内能量的来源，但却在机体物质代谢和能量代谢过程中起着重要作用。这类物质由于体内不能合成或合成量不足，所以虽然需要量很少，但必须由食物供给。

按照溶解性的不同，常将维生素分为脂溶性和水溶性两类。脂溶性维生素主要包括维生素A、维生素D、维生素E、维生素K，水溶性维生素主要包括B族维生素和维生素C。

维生素的营养价值及摄入量见表1-3。

## 项目六　水的营养价值

水是人体含量最大和最重要的成分，是维持生命的重要物质基础。人对水的需要比食品更重要。体内所有的物质代谢、血液循环、体温调节和各器官的功能活动都离不开水。一般断水5~10d即可危及生命，断水至失去全身水分的10%就可能死亡。

机体内的水量（总体水）可因年龄、性别和体型的不同而存在明显的个体差异。一般，新生儿总体水最多，约占体重的80%；婴幼儿次之；随着年龄的增长，总体水逐渐减少，成年男子总体水约为体重的60%，成年女子为50%~55%；老年人总体水含量更少。各组织器官的含水量差异也较大，以血液、肾脏、肌肉等含水量较多，而脂肪组织含水量较少，这也是为什么女性机体水含量少于男性的原因。

### 一、水的生理功能

#### 1. 构成细胞和体液的重要组成成分

成人体内水含量约占体重的2/3，血液含水量在80%以上，水广泛分布在组织细胞内外，构成人体的内环境。

模块一 | 人体必需营养素

表 1-2 矿物质的营养价值及摄入量

| 名称 | 存储部位 | 生理功能 | 缺乏症 | 过量 | 实验室评价 | 推荐摄入量 | 可耐受最高摄入量（UL） | 食物来源 |
|---|---|---|---|---|---|---|---|---|
| 钙 | 骨骼、牙齿 | 1. 构成骨骼和牙齿<br>2. 维持神经和肌肉活动<br>3. 参与血液凝固过程<br>4. 促进体内酶的活性<br>5. 维持血管正常通透性<br>6. 钙还参与激素分泌、维持体液酸碱平衡等作用 | 1. 佝偻病<br>2. 骨质软化<br>3. 骨质疏松症<br>4. 手足抽搐 | 1. 增加肾结石风险<br>2. 引起胆碱综合征<br>3. 影响其他矿物质吸收 | 血清总钙 2.1~2.75mmol/L；X线检查 | 婴儿 300~400mg，成人 800~1200mg | 2000mg | 乳类、虾、蟹、海带、豆类、芝麻酱 |
| 钾 | 细胞内液 | 1. 参与蛋白质和糖类代谢<br>2. 维持细胞内正常渗透压<br>3. 维持神经和肌肉正常的生理功能<br>4. 维持细胞内外的酸碱平衡<br>5. 维持心肌正常生理功能<br>6. 降低血压 | 低钾血症：消化功能紊乱、呕吐、腹泻 | 高钾血症：肾衰竭、心脏骤停 | 血清钾 3.5~5.5mmol/L | 2000mg | | 紫菜、大豆、冬菇、豆、鱼、其他蔬菜和水果 |
| 钠 | 细胞外液 | 1. 调节体液与渗透压<br>2. 维持酸碱平衡<br>3. 增强神经及肌肉兴奋性<br>4. 维持血压 | 低钠血症：恶心呕吐、心率加速、血压下降、昏迷休克 | 高钠血症：高血压、骨质疏松 | 血清钠 136~146mmol/L | 2200mg | | 食盐、味精、咸味调味品、腌制食品 |
| 镁 | 骨骼、牙齿 | 1. 酶的激活剂<br>2. 促进骨的形成<br>3. 维持神经和肌肉兴奋性<br>4. 心血管保护因子<br>5. 有利尿和导泻的作用 | 肌肉痉挛（颤抖）、抽搐、厌食、骨质疏松、严重时可导致神经错乱 | 腹泻、恶心、呕吐、肌肉麻痹、低血压、严重时呼吸及神经系统抑制 | 血清镁低于 0.7mmol/L | 350mg | 700mg | 小米、荞麦、燕麦、蔬菜、动物内脏 |

续表

| 名称 | 存储部位 | 生理功能 | 缺乏症 | 过量 | 实验室评价 | 推荐摄入量 | 可耐受最高摄入量（UL） | 食物来源 |
|---|---|---|---|---|---|---|---|---|
| 磷 | 骨骼、牙齿 | 1. 构成骨骼和牙齿<br>2. 组成重要物质。核酸、磷脂等<br>3. 酶的构成成分或调节因子<br>4. 参与能量代谢。ADP、ATP、CP等成分<br>5. 酸碱平衡调节 | 低磷血症 | 导致低血钙 | | 700mg | | 瘦肉、蛋类、动物乳类、动物肝、肾 |
| 氯 | | 1. 维持细胞液渗透压<br>2. 参与胃酸形成 | | | | 2800mg | | 食盐、咸味调味品、腌制食品 |
| 铁 | 1. 功能铁－血红蛋白、肌红蛋白<br>2. 储存铁－肝、脾、骨髓 | 1. 参与体内氧的运送和组织呼吸过程。血红蛋白、肌红蛋白、交换、组织呼吸$O_2$、$CO_2$转运<br>2. 与红细胞的形成和成熟有关<br>3. 催化β-胡萝卜素转化维生素A<br>4. 胶原合成<br>5. 增强免疫力和肝脏的解毒力 | 对造血功能的影响。缺铁性贫血；对智力发育障碍；免疫功能的影响；易发生感染 | 引发自由基，损伤细胞 | 血常规：<br>男性9～29μmol/L，<br>女性7～27μmol/L | 男性15mg/d，<br>女性20mg/d | 60mg | 动物肝脏、畜禽肉类、鱼类、贝类、黑木耳、豆类、芝麻、菠菜、雪里蕻等 |
| 锌 | 骨骼、皮肤、肌肉 | 1. 酶的组成成分<br>2. 促进生长发育<br>3. 促进性器官和性功能正常发育<br>4. 促进食欲<br>5. 促进维生素A的代谢<br>6. 参与免疫功能<br>7. 保护皮肤健康 | 生长发育障碍<br>性发育障碍、性功能低下<br>味觉、视觉、嗅觉障碍<br>影响皮肤<br>肠原性皮肤炎 | 不易过量<br>恶心、呕吐、急性腹痛、腹泻和发热 | 血清锌、发锌 | 男性15mg，<br>女性11.5mg | 45mg | 贝壳类海产品、红色肉类、动物内脏肉类、干果类、谷类胚芽 |

| 元素 | 功能 | 缺乏症 | 检测 | 需要量 | 过量表现 | 食物来源 |
|---|---|---|---|---|---|---|
| 碘 | 甲状腺<br>1. 促进生物氧化<br>2. 调节蛋白质合成和分解<br>3. 促进糖和脂肪代谢<br>4. 调节组织水盐代谢<br>5. 促进维生素A的吸收和利用 | 克汀病（呆小症）、呆小病、哑痴、地方甲状腺肿 | 尿碘检测 | 成人150μg，孕妇乳母200μg | 高碘甲状腺肿、高碘性甲亢 | 1000μg | 海产品、紫菜、鲜海鱼、蚶干、蛤干、干贝、淡菜、海参、海蜇、龙虾 |
| 硒 | 组织和各器官（肝肾心膜脾）、牙釉质、指甲<br>1. 构成含硒蛋白与含硒酶的成分。<br>2. 抗氧化作用<br>3. 促进生长，保护视觉，抗肿瘤等<br>4. 保护心血管和心肌的健康<br>5. 有毒重金属的解毒作用<br>6. 增强免疫力 | 克山病 大骨节病 | 血、发、尿、指甲硒含量 | 50μg/d | 头发变干、变脆，易断裂，易脱落；肢端麻木、抽搐；严重者甚至偏瘫、死亡 | 400μg | 肝、肾、肉类和海产品 |
| 铬 | 骨骼、大脑、皮肤、肾上腺（含量甚微）<br>1. 葡萄糖耐量因子<br>2. 降低胆固醇<br>3. 参与蛋白质、核酸的代谢、RNA的合成 | 葡萄糖耐量下降易患糖尿病、高脂血症、冠心病生长发育迟缓 | | 50μg/d | 过敏性皮炎 | 500μg | 啤酒酵母、干酵母、肝、合类、豆类、硬果类、黑木耳 |
| 铜 | 生物组织<br>1. 构成含铜酶和铜结合蛋白。<br>2. 超氧化物歧化酶、铜蓝蛋白<br>3. 维持正常造血功能。铜蓝蛋白促进结缔组织形成<br>4. 维护中枢神经系统和心血管系统健康 | 脑萎缩 | | 2.0mg/d | 急性中毒：溶血性贫血、肝肾衰竭 | | 牡蛎、动物肝、肾、鸡、坚果、干豆类 |

续表

| 名称 | 存储部位 | 别名 | 生理功能 | 缺乏症 | 过量 | 实验室评价 | 推荐摄入量 | 可耐受最高摄入量（UL） | 食物来源 |
|---|---|---|---|---|---|---|---|---|---|
| 钴 | 肝、肾、骨骼 | | 1. 构成维生素 $B_{12}$<br>2. 影响甲状腺代谢<br>3. 调节铁铜硒代谢 | | 食欲减退、贫血、死亡 | | | | 肉类、海产品、绿叶菜 |
| 氟 | 骨骼、牙齿 | | 构成骨骼和牙齿 | 易发生龋齿、骨质疏松 | 氟斑牙、氟骨病 | | 1.5mg/d | 3mg | 茶叶、鱼、水 |

表1-3 维生素的营养价值及摄入量

| 名称 | 别名 | 生理功能 | 缺乏症 | 过量 | 实验室评价 | 推荐摄入量 | 食物来源 |
|---|---|---|---|---|---|---|---|
| 维生素 A | 视黄醇、抗干眼病因子 | 1. 维持正常视力<br>2. 合成糖蛋白<br>3. 促进细胞生长和分化<br>4. 抗氧化作用 | 1. 夜盲症<br>2. 干眼病<br>3. 皮肤改变<br>4. 生长发育迟缓 | 1. 急性中毒——恶心、吐、眩晕、肌肉活动失调<br>2. 慢性中毒——脱发、肝脾大、流产、胎儿畸形 | 暗适应能力测试<br>血清维生素 A<br>评定430~860µg/L | 男性800µg、女性700µg | 动物肝脏、鱼肝油、红黄色蔬菜水果 |
| 维生素 D | 抗佝偻病维生素 | 1. 促进小肠钙磷吸收转运<br>2. 促进肾小管对钙磷重吸收<br>3. 促进骨的钙化和钙溶出<br>4. 调节血钙平衡 | 佝偻病、骨质软化、骨质疏松症 | 肾衰、尿结石 | 验血：<br>25~150nmol/L | | 海鱼、鱼卵、动物肝脏、鱼肝油（植物不含维生素 D） |
| 维生素 E | 生育酚 | 1. 抗氧化作用<br>2. 预防衰老<br>3. 促进生育<br>4. 抑制血小板聚集<br>5. 减低胆固醇水平<br>6. 抗肿瘤作用 | 婴儿溶血性贫血、动脉粥样硬化 | 肌无力、视觉模糊、恶心腹泻 | 血清维生素 E 测定 | 15mg | 麦胚、大豆、坚果、植物油 |

| 名称 | 别名 | 功能 | 缺乏症 | 过量反应 | 评价指标 | 推荐摄入量 | 食物来源 |
|---|---|---|---|---|---|---|---|
| 维生素 K | 凝血因子 | 1. 参与凝血<br>2. 参与骨骼代谢 | 出血症 | 溶血反应 | 血浆蛋白、凝血酶 | 120 μg | 植物食物、绿叶蔬菜 |
| 维生素 $B_1$ | 硫胺素、抗神经炎因子 | 1. 辅酶与非辅酶功能<br>2. 抑制胆碱酯酶活性 | 干、湿脚气病 | 头痛、心律失常 | 尿维生素 $B_1$ 负荷试验、维生素 $B_1$ 和肌酐含量比值 | 男性 1.4mg，女性 1.3mg | 未经加工谷类食物、杂粮、坚果、豆类 |
| 维生素 $B_2$ | 核黄素 | 1. 参与生物氧化与能量代谢<br>2. 参与维生素 $B_6$ 和烟酸代谢<br>3. 参与集体抗氧化防御体系 | 口腔生殖综合征、影响铁吸收、胎儿骨骼畸形 | 不会中毒 | 红细胞谷胱甘肽还原酶活力系数、尿中维生素 $B_2$ 与肌酐比值 | 男性 1.4mg，女性 1.3mg | 动物内脏、蛋黄 |
| 维生素 $B_6$ | 吡哆醇 | 参与体内氨基酸、糖原和脂防代谢 | 舌炎、口腔炎，周围神经炎，高同型半胱氨酸血症 | | 色氨酸负荷试验、尿中吡哆酸含量 | 男性 1.4mg，女性 1.3mg | 白肉、肝脏、坚果 |
| 维生素 $B_{12}$ | 钴胺素 | 参与核酸代谢 | 巨幼红细胞性贫血，神经 | 脱髓鞘 | 血清维生素 $B_{12}$ 浓度测定 | | 畜禽鱼类、动物内脏 |
| 烟酸 | 维生素 PP、烟酸、抗癞皮病因子 | 1. 参与三大营素的合成与分解<br>2. 降低三酰甘油、胆固醇 | 癞皮病、三 D 症状（皮炎、腹泻、痴呆） | 黄疸、转氨酶升高 | 红细胞 NAD 含量 | | 肝、肾、鱼、花生、动物内脏、豆类、蛋黄 |

续表

| 名称 | 别名 | 生理功能 | 缺乏症 | 过量 | 实验室评价 | 推荐摄入量 | 食物来源 |
|---|---|---|---|---|---|---|---|
| 叶酸 | | 1. 促进 DNA 和 RNA 合成<br>2. 参与血红蛋白的合成 | 1. 巨幼红细胞性贫血<br>2. 胎儿神经管畸形<br>3. 先兆子痫、早产<br>4. 高同型半胱氨酸血症<br>5. 癌症 | 影响锌额度吸收 | 血清叶酸含量检测、红细胞叶酸含量 | 成人 400μg，孕妇、乳母 600μg | 动物肝脏、肾脏、鸡蛋、绿叶菜、花椰菜、坚果 |
| 维生素 C | 抗坏血酸 | 1. 抗氧化作用<br>2. 促进胶原组织合成<br>3. 参与机体造血功能<br>4. 预防恶性肿瘤 | 维生素 C 缺乏病、毛细血管脆性增强、影响铁的吸收 | 肾结石、尿路结石、不孕 | 毛细血管脆性试验、血浆维生素 C 浓度测定 | 成人 100mg，孕妇、乳母 130mg | 新鲜蔬菜和水果 |

## 2. 参与人体的新陈代谢

水的溶解力和电解力都很强，可使水溶性物质以溶解状态和离子状态存在；此外，水具有较大的流动性，在消化、吸收、循环、排泄过程中，可协助加速营养物质的转运和废物的排泄，使人体内新陈代谢和生化反应得以顺利进行。

## 3. 调节人体体温

水的比热较大，1g 水升高或降低 1℃ 需要 4.2kJ 的能量，大量的水可吸收新陈代谢过程中产生的能量，使体温不至于显著升高。水的蒸发热大，在 37℃ 体温的条件下，蒸发 1g 水可带走 2.4kJ 的能量。因此在高温下，体热可随水分经皮肤蒸发散热，以维持人体体温的恒定。

## 4. 润滑作用

在关节、胸腔、腹腔和胃肠道等部位，都存在一定量的水分，对器官、关节、肌肉、组织等能起到缓冲、润滑和保护作用。

## 二、水的需要量

人体每日都会有一部分水丢失，正常情况下，人体需要每日摄入一定量的水以维持体内的水平衡。人体对水的需要量随个体的年龄、体重、环境温度及劳动强度等而异。一般情况下，年龄越小、体力活动强度越大、环境温度越高，人体所需水分就越多。另外，高蛋白低碳水化合物膳食也会增加机体对水的需要量。通常，一个体重 60kg 的成人每天与外界交换的水量约 2.5kg，即相当于每千克体重约 40g 水。婴儿所需水量是成人的 3~4 倍。

此外，人体每日所需水量亦可按能量摄取的情况进行估计。一般来说，成人每摄取 1kcal（4.1868J）能量约需水 1mL，婴儿则为 1.5mL。按成人每天摄入 2500kcal（10467J）能量来计算，这意味着成人每日需水约 2500mL。夏季天热或在高温条件下劳动、运动都可大量出汗，甚至可达一日 5000mL 以上，此时则需大量饮水。

## 三、水的平衡及调节

## 1. 水的平衡

正常人每日水的摄入和排出处于动态平衡。体内水的来源包括饮水、食物中的水和内生水三部分。通常每人每日饮水约 1200mL，食物中的水约 1000mL，内生水约 300mL，共约 2500mL（见表 1-4）。内生水主要来源于蛋白质、脂肪和碳水化合物代谢时产生的水。每克蛋白质代谢时产生水 0.42mL，每克脂肪 1.07mL，每克碳水化合物 0.6mL。

表1-4　　　　　　　　正常成人体内每日水的出入量　　　　　　　单位：mL

| 水的来源 | 摄入量 | 水的排出 | 排出量 |
| --- | --- | --- | --- |
| 饮水或饮料 | 1200 | 尿 | 1500 |
| 食物 | 1000 | 皮肤蒸发 | 500 |
| 内生水 | 300 | 呼气 | 350 |
|  |  | 粪便 | 150 |
| 合计 | 2500 | 合计 | 2500 |

由表1-4可知，体内水的排出以肾脏为主，其次为肺、皮肤和粪便，肾排出水约占总排出水的60%。一般成人每日尿量为500~4000mL，最低量为300~500mL，低于此量可导致代谢产生的废物在体内堆积，影响细胞功能。皮肤以显性和非显性出汗方式排出水分。一般成年人经非显性出汗排出的水量约为300~500mL。显性出汗量与运动量、劳动强度、环境温度和湿度等因素有关，特殊情况下，每日出汗量可达10L以上。经呼气和粪便排出水的比例相对较小，但在高温、胃肠道炎症等引起的呕吐、腹泻时，可造成大量失水。

2. 水的缺乏

水摄入不足或丢失过多，可引起机体脱水。根据水和电解质丧失比例的不同，脱水可分为三种类型。

（1）高渗性脱水　其特点是以水的流失为主，电解质流失相对较少。当失水量占体重的2%~4%时，为轻度脱水，表现为口渴、尿少、尿比重增高及工作效率降低等；失水量占体重的4%~8%时，为中度脱水，除上述症状外，还可出现皮肤干燥、口舌干裂、声音嘶哑等。如果失水量超过体重的8%，即为重度脱水，可见皮肤黏膜干燥、高热、烦躁、精神恍惚等。若达10%以上，则可危及生命。

（2）低渗性脱水　特点是以电解质流失为主，水的流失较少。这种脱水可造成循环血量下降，血浆蛋白质浓度升高，细胞外液呈低渗状态，可引起脑细胞水肿。早期多尿、晚期少尿甚至无尿，尿比重降低，尿钠也降低。

（3）等渗性脱水　外科患者最易发生这种缺水，其特点是水和电解质按比例流失，体液渗透压不变。主要是细胞外液减少，细胞内液一般不变，血浆钠浓度正常。患者一般不口渴，但有尿少、厌食、恶心、乏力、舌干、眼球下陷、皮肤干燥、松弛等表现。

3. 水平衡的调节

体内水的平衡受口渴中枢、神经垂体分泌的抗利尿激素和肾脏调节。口渴中枢是调节体内水平衡的重要环节，当血浆渗透压增高时，可兴奋口渴中枢，激发饮水行为。抗利尿激素通过改变肾脏远端小管和集合小管对水的通透性，影响水分的重吸收，调节水的排出。肾脏则通过排尿量和对尿液的稀释和浓缩功能，调节体内水平衡。机体失水时，肾脏排出浓缩性尿，使水保留在体内，防止循环衰竭；体内水过多时，则排尿增加，使体内水量减少。另外，电解质如钠、钾通过形成渗透压也与水平衡的调节密切相关。

## 项目七 膳食纤维的营养价值

膳食纤维是一种不易被消化的食物营养素，主要来自于植物的细胞壁，包含纤维素、半纤维素、树脂、果胶及木质素等。以是否溶解于水分为两个基本类型：水溶性纤维与非水溶性纤维。水溶性纤维包括果胶和树脂等，存在于自然界的非纤维性物质中；非水溶性纤维常见的有纤维素、部分半纤维素和木质素等，存在于植物细胞壁中。虽然膳食纤维并不具有任何营养价值，但它是人类健康饮食不可缺少的，在保持消化系统健康上具有重要作用。

### 一、膳食纤维的特性

1. 吸水作用

膳食纤维有很强的吸水能力或与水结合的能力。此作用可使肠道中粪便的体积增大，加快其转运速度，减少其中有害物质接触肠壁的时间。

2. 黏滞作用

一些膳食纤维具有很强的黏滞性，能形成黏液型溶液，包括果胶、树脂、海藻多糖等。

3. 结合有机化合物作用

膳食纤维具有结合胆酸和胆固醇的作用。

4. 阳离子交换作用

此作用与糖醛酸的羧基有关，可在胃肠内结合无机盐，如钾、钠、铁等阳离子形成膳食纤维复合物，影响其吸收。

5. 细菌发酵作用

膳食纤维在肠道易被细菌酵解，其中可溶性膳食纤维可完全被细菌酵解，而不溶性膳食纤维则不易被酵解。酵解后产生的短链脂肪酸如乙酯酸、丙酯酸和丁酯酸均可作为肠道细胞和细菌的能量来源。

### 二、膳食纤维的生理功能

1. 利于食物的消化

膳食纤维能增加食物在口腔的咀嚼时间，促进肠道消化酶分泌。

2. 增强肠道功能，防治便秘

膳食纤维的吸水溶胀性能有利于增加食糜的体积，刺激胃肠道的蠕动，并软化粪便，促进排便和增加便次，起到一种导泻的作用；此外，膳食纤维还可减少粪便在肠道中的停滞时间及粪便中有害物质与肠道的接触，保持肠道清洁，从而减少和预防胃肠道疾病。

### 3. 预防结肠癌

肠道厌氧菌大量繁殖会使中性或酸性粪固醇，特别是胆酸、胆固醇及其代谢物降解，产生的代谢产物可能是致癌物。膳食纤维可抑制厌氧菌，促进嗜氧菌的生长，使具有致癌性的代谢产物减少；同时膳食纤维还可刺激胃肠道蠕动，软化粪便，从而缩短粪便在肠道内停留的时间，使致癌物质与肠壁接触时间大大缩短。

### 4. 降低血清胆固醇含量，预防心血管疾病

高脂肪和高胆固醇是引发心血管疾病的主要原因。肝脏中的胆固醇经人体代谢而转变成胆酸，胆酸到达小肠以消化脂肪，然后胆酸再被小肠吸收回肝脏而转变成胆固醇。膳食纤维在小肠中能形成胶状物质，从而将胆酸包围，被膳食纤维包围的胆酸便不能通过小肠壁被吸收回肝脏，而是通过消化道被排出体外。因此，为了消化不断进入小肠的食物，肝脏只能靠吸收血液中的胆固醇来补充消耗的胆酸，从而就降低了血液中的胆固醇，这有利于降低因高胆固醇而引发的冠心病、脑卒中等疾病的发病率。

### 5. 预防胆石形成

大部分胆石是由于胆汁内胆固醇过度饱和所致，当胆汁酸与胆固醇失去平衡时，就会析出小的胆固醇结晶而形成胆石。膳食纤维可降低胆汁和胆固醇的浓度，使胆固醇饱和度降低，从而减少胆石症的发生。

### 6. 防止能量过剩和肥胖

膳食纤维有很强的吸水能力或与水结合的能力，可增加胃内容物体积而增加饱腹感，从而减少能量的摄入，避免热能过剩而导致体内脂肪的过度积累，达到控制体重和防止肥胖的目的。

### 7. 维持血糖平衡，防止糖尿病

科学研究发现，可溶性膳食纤维在控制餐后血糖急剧上升和改善糖耐量方面效果较好。这是因为其能延缓葡萄糖的吸收，推迟可消化性糖类如淀粉等的消化，避免进餐后血糖急剧上升，膳食纤维对胰岛素敏感性增强，还可直接影响胰岛A细胞的功能，改善胰岛素的调节作用，提高人体的耐糖程度。研究表明，膳食纤维含量充足的饮食，无论是在预防还是在治疗糖尿病方面都具有特殊的功效。

此外，膳食纤维还具有改善肠道菌群，维持体内微生态平衡，预防痔疮等作用。

## 三、膳食纤维的参考摄入量

成人以每日摄入24g膳食纤维为宜。过多摄入对机体无益，不仅会导致腹部

不适，如增加肠蠕动和增加产气量，还可影响其他营养素的吸收利用。如膳食纤维可与食物中的钙、铁、锌等结合，从而影响机体对这些元素的吸收。

## 项目八　能量代谢与组成

### 一、概述

能量是一个系统作功的能力。因系统作功时多以燃烧产热形式表达，故曾被称为热能。自然界中的能量既不能创造也不会消失，只能从一种形式转变成另一种形式。

人类的一切生命活动的基本形式为新陈代谢。而人体的新陈代谢实际上是人体与外环境进行的物质与能量的交换及体内特质与能量的转换。在这一过程中均需不断产生和消耗能量。由于人的新陈代谢和体温的维持都需要消耗能量，如细胞的生长繁殖、组织的自我更新、营养物质的运输、代谢废物的清除等。因此，没有能量，机体的任何一个器官都无法进行工作。即使是人在睡眠时，维持生命的血液循环和呼吸等生理活动仍照常进行，同样需要消耗能量。

食物中提供的营养素则是机体能量的源泉。食物中的供能营养素在体内经酶的作用进行生物氧化既可释放出能量。人体所需能量通常来源于碳水化合物、脂肪和蛋白质等三大营养素，故此三者被称为供能营养素。它们是通过自然界的动、植物吸收太阳能转变成化学能贮存下来的物质。

### 二、能量单位

营养学界曾广泛以"千卡（kcal）"为单位来表示能量。1千卡相当于将1kg水的温度升高1℃（即由15℃升高到16℃）时所需要的能量。

目前，国际通用的能量单位为焦耳（J）。但有些国家，如美国、加拿大和我国仍在继续使用卡和千卡。以下为千卡（kcal）与焦耳（J）之间的换算关系。

$$1kcal = 4.184kJ;\ 1kJ = 0.239kcal$$
$$1000kcal = 4.184MJ;\ 1MJ = 239kcal$$

每克蛋白质、脂肪、碳水化合物的产热量分别为16.7kJ（4kcal）、36.7kJ（9kcal）和16.7kJ（4kcal）。此外，酒中的乙醇也能提供较高的能量。每1g乙醇产生能量为29.3kJ（7kcal）。

### 三、能量代谢

能量代谢（energy metabolism）指随着生命现象或作为其原因的能量的出入或转换（energy transduction）。也就是从能量方面来观察物质代谢。在能量代谢方面，在化学键能（呼吸、发酵）或光能（光合成）直接转化成热量前，转换成 ATP 等的高能键是其显著的特征之一（在 ATP 分解为 ADP 时，伴随能量的放出，也属于能量代谢）。但是转化的效率为 30%~60%，转化成热能的一部分用于维持体温，或补偿由于蒸发而散失的热量等。捕获和贮藏的化学能根据需要而转换成力学能（肌肉、纤毛、鞭毛的运动、细胞分裂活动），电能（生物发电器官、神经细胞），光能（生物发光）等。生物体的能量代谢也服从于热力学第二定律。如果对生物界能量代谢的能流追根问底的话，那么太阳能几乎是一切能的来源。

影响能量代谢的主要因素有：①肌肉活动：劳动、运动都可提高能量代谢；②精神活动：精神紧张、情绪激动时，可使肌肉紧张加强，并引起促进产物的激素的释放（如肾上腺素、去甲肾上腺素、糖皮质激素、甲状腺激素等），使能量代谢显著提高；③食物的特殊动力效应：各种食物中，蛋白质的特殊动力作用量大；④环境温度：在 20~30℃ 的环境中，能量代谢最为稳定，环境温度低于 20℃ 或高于 30℃ 时能量代谢均可提高。

生物体的生长发育、组织细胞的更新、维持基本的生命活动（如心跳、呼吸、体温和保持大脑的清醒状态等）以及劳动等均需要从外环境中获取必需的营养素。这些必需营养素包括糖类、脂类、蛋白质、水、无机盐和维生素。其中糖类、脂肪和蛋白质在生物体内氧化分解的过程中可逐步释放维持基本生命活动和劳动所需要的能量，所以糖类、脂肪和蛋白质又被称为三大能源物质。糖类、脂肪和蛋白质三大能源物质在体内氧化分解产能具有共同规律，可区分为三个阶段，依次为：①分解为各自的组成单位：葡萄糖、甘油、脂肪酸、氨基酸等。在此阶段中以热能形式约释出总能量的 1%；②各组成单位经不同过程生成活性二碳化合物——乙酰辅酶 A；约释出总能量的 1/3；③乙酰辅酶 A 进入三羧酸循环脱氢脱羧；脱下的氢经电子传递链（呼吸链）传递，最后与氧结合成水。所释能量约占总能量的 2/3（图 1-6）。

## 四、人体的能量消耗

一般成年人的能量消耗，包括基础代谢、体力活动消耗和食物热效应等三个途径。对于儿童、孕妇、乳母等还要满足其特殊生理需要，如儿童、青少年应满足其生长发育的需要；孕妇则要保证胎儿正常生长需要，而乳母应考虑分泌乳汁的需要等。

人体能量代谢很复杂，不仅受体力活动、营养条件、环境因素以及生理状态、疾病等情况的影响，而且亦受中枢神经系统的调节与控制。其中，体力活动是影响能量需要最明显的因素。

**1. 基础代谢**

（1）基础代谢与基础代谢率（插基础代谢率表） 基础代谢（basal metabo-

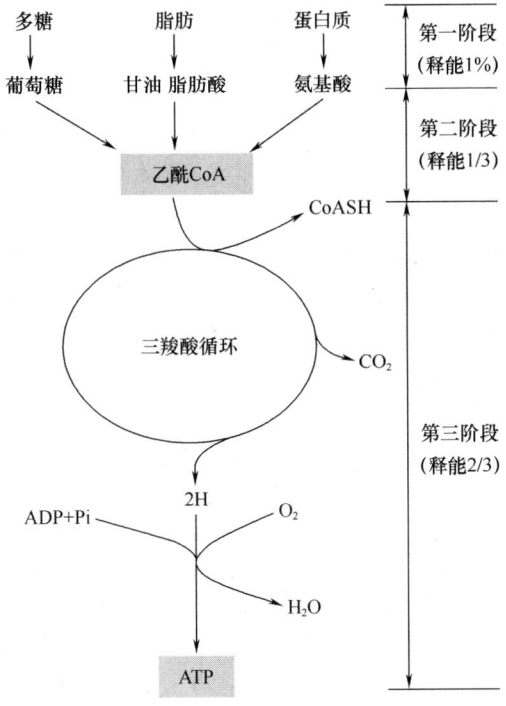

图 1-6 三大营养素物质代谢途径

lism，BM）是指维持人体基本生命活动的最低能量需要，即在无任何体力活动及紧张思维活动、全身肌肉松弛、消化系统处于静止状态情况下（即睡眠或睡眠初醒时），用以维持体温、心跳、呼吸、细胞内外液中电解质浓度差及蛋白质等大分子合成的能量消耗。而在基础状态下，单位时间内代谢所消耗的能量，即为基础代谢率（basal metabolism rate，BMR）。通常，BMR 常以单位时间内人的体表面积所散发的热量来表示。

（2）基础代谢的测定　基础代谢的测定一般是在环境温度恒定（18～25℃）及人处于清醒、静卧、空腹（进食后12h）的状态下进行。通常应先根据身高、体重求出个体的体表面积，再按体表面积与该个体年龄的基础代谢率计算出基础代谢消耗的能量。

我国赵松山于1984年提出一个适合中国人的体表面积计算公式：

体表面积（$m^2$）= 0.00659 × 身高（cm）+ 0.0126 × 体重（kg）- 0.1603

由于基础代谢率的测定比较困难，WHO 于1985年提出用静息代谢率（Resting metabolism，RMR）代替 BMR。测定时全身处于休息状态，禁食仅需4h。因此 RMR 值一般都略高于 BMR（约为10%）。

一般情况下，每1kg 体重每小时基础代谢所消耗的能量为1kcal。因而基础代谢的简单计算方法为：

$$1 \text{ (kcal)} \times 24 \text{ (h)} \times 体重 \text{ (kg)}$$

有西方学者提出的公式可以直接计算24h的基础代谢能耗量,即基础能量消耗(basic energy expenditure,BEE)。

男:BEE = 66.5 + 13.8 × 体重(kg)+ 5.0 × 身高(cm)- 6.8 × 年龄(岁)

女:BEE = 65.5 + 9.5 × 体重(kg)+ 1.8 × 身高(cm)- 4.7 × 年龄(岁)

(3)影响基础代谢的因素。

①体表面积:BMR 的高低与人的体重并不呈正比例相关,但与其体表面积呈正比例关系。故目前常用人的体表面积作为标准来测定 BMR。

②年龄:如儿童的 BMR 最高,青壮年期较稳定,40 岁以后有所降低。

③性别:如男子的 BMR 一般多高于女子(但女子在妊娠期时,其 BMR 相应增加)。

④种族:同样身高人的 BMR,因其种族不同而有差异。如身高相同及体表面积相同,但以爱斯基摩人和印第安人的 BMR 最高,欧美人次之,亚洲人较低。

⑤营养状态:长期热能摄入不足、营养不良者 BMR 偏低。完全禁食 10 余日后 BMR 降低 25%,这可能是机体采取的一种适应机制。

⑥疾病:白血病、癌症、发热、内分泌失调等病理情况可影响机体的新陈代谢。体温每升高 1℃,BMR 约增加 13%。

⑦内分泌:甲状腺、垂体、肾上腺功能亢进,相关激素的分泌旺盛时,人的活动时间越长、强度越大,则能量消耗越多。

⑧季节与体力活动强度:BMR 在不同季节与不同活动强度的人群中有一定的差异,正说明季节气候变化与活动强度的差异是对 BMR 产生显著影响的因素。如活动强度大的人要高于活动强度小的;冬季人的 BMR 要高于夏季等。

## 2. 体力活动及强度分级

由于体力活动强度的差异是对 BMR 产生显著影响的因素。人在不同体力活动强度的状态下,所需消耗的能量亦有很大差异,且对能量营养素的摄入量亦有不同。

2001 年中国营养学会将我国居民活动强度由原来的五级调整为三级,即轻、中、重体力活动,从而更便于掌握与操作。调整后,一般成年人能量的推荐摄入量可用 BMR 乘以不同的体力活动水平系数(physical activity level,PAL)进行计算,即能量推荐摄入量 RNI = BMR × PAL。我国成人活动水平及 PAL 值见表 1 - 5。

表 1 - 5　　　　　　我国成人活动水平及 PAL 值

| 活动强度 | 活动形式举例 | PAL |
| --- | --- | --- |
| 轻 | 办公室工作、修理钟表、电器等 | 1.0 ~ 2.5 |
| 中 | 售货员、酒店服务员、教师讲课等 | 2.6 ~ 3.9 |
| 重 | 学生日常活动、工农业生产活动、舞蹈、竞技体育等 | 4.0 以上 |

### 3. 食物热效应

食物热效应（thermic effect of food，TEF）也称为食物特殊动力作用（specific dynamic action，SDA），是指人体在摄食过程中，由于要对食物中的营养素进行消化、吸收、代谢转化等生理活动，故需要额外消耗能量，同时引起体温升高和能量消耗增加的现象，就是食物的热效应现象。因此，食物热效应对人体而言实际上是能量的损耗。

通常食物热效应的高低与食物营养成分、进食量和进食频率有关。如蛋白质含量丰富的食物的热效应最高；其次是富含碳水化合物的食物；而脂肪含量高的食物为最低。一般食物脂肪的消化、吸收等活动约需消耗其本身所产生能量的4%~5%，碳水化合物则为5%~6%，而蛋白质食物则要消耗其本身所产生能量中的30%~40%。若食用混合膳食时，食物的热效应作用可相当于基础代谢的10%，或全日总能量消耗的6%，约为每日600kJ。并有吃得越多、进食越快，其能量消耗越多，食物的热效应越高。通常，食物的热效应作用可在进食后7~8h达到高峰。由于，进餐时的食物尚不能发挥其供能作用，故对其消化、吸收等活动所需的能量则是取自人体的能量贮备。所以，每餐摄入的能量至少应与其热效应所消耗的能量保持平衡。

 **思考题**

人体所必需的营养素有哪些？

# 模块二　食物营养素质量评价

**知识目标**
了解食物营养素质量评价主要包括哪些指标。

**能力目标**
能对各种食物进行营养素质量评价。

**背景知识**

对食品进行营养质量评价的时候,由于营养素数量众多,往往只是比较某一个或多个主要营养素的质量。本模块主要介绍了不同营养素的质量评价指标。

## 项目一　食物蛋白质质量评价

蛋白质是人类生命不可缺少的成分,食物营养学评价最早大都集中在对蛋白质的评价上。蛋白质价值取决于必需氨基酸的量和比例,如果其中所含必需氨基酸接近人体必需氨基酸模式,且其总氮含量高,则蛋白质营养价值高。通过化学、动物实验方法可以评价食物蛋白质的质量。

### 一、氨基酸评分法

#### 1. 氨基酸评分模式

要评价一种食物蛋白质质量的优劣,除了测定其中的氨基酸组分外,各种氨基酸的比例尤其是必需氨基酸的比例十分重要。这就需要有一个标准的氨基酸的含量或比例来做为参考,这就是氨基酸评分模式(amino acid scoring pattern)。

FAO/WHO 联合专家委员会在 1973 建议的氨基酸评分模式被各个国家广泛采用,但随着应用的增加和方法的进展,也显示了其部分局限性,由于该模式是各个不同的年龄组用同一个模式,而没有考虑到学龄儿童对必需氨基酸的需要量要高于成年人这一事实,结果是低估了一些食物的蛋白质质量。1973 年的氨基酸评分模式见表 2-1。

表 2-1　人体氨基酸模式（FAO/WHO,1973）和几种食物蛋白质必需氨基酸含量及比值

| 必需氨基酸 | 人体氨基酸模式 | | 全鸡蛋蛋白质 | | 牛乳蛋白质 | | 牛肉蛋白质 | | 大豆蛋白质 | | 面粉蛋白质 | | 大米蛋白质 | |
| --- | --- | --- | --- | --- | --- | --- | --- | --- | --- | --- | --- | --- | --- | --- |
| | mg/g | 比值 | mg/g | 比值 | mg/g | 比值 | mg/g | 比值 | mg/g | 比值 | mg/g | 比值 | mg/g | 比值 |
| 异亮氨酸 | 40 | 4.0 | 54 | 3.2 | 47 | 3.4 | 53 | 4.4 | 60 | 4.3 | 42 | 3.8 | 52 | 4.0 |
| 亮氨酸 | 70 | 7.0 | 86 | 5.1 | 95 | 6.8 | 82 | 6.8 | 80 | 5.7 | 71 | 6.4 | 82 | 6.3 |
| 赖氨酸 | 55 | 5.5 | 70 | 4.1 | 78 | 5.6 | 87 | 7.2 | 68 | 4.9 | 20 | 1.8 | 32 | 2.3 |
| 甲硫氨酸 + 胱氨酸 | 35 | 3.5 | 57 | 3.4 | 33 | 2.4 | 38 | 3.2 | 17 | 1.2 | 31 | 2.8 | 30 | 2.3 |
| 苯丙氨酸 + 酪氨酸 | 60 | 6.0 | 93 | 5.5 | 102 | 7.3 | 75 | 6.2 | 53 | 3.2 | 79 | 7.2 | 50 | 3.8 |
| 苏氨酸 | 40 | 4.0 | 47 | 2.8 | 44 | 3.1 | 43 | 3.6 | 39 | 2.8 | 28 | 2.5 | 38 | 2.9 |
| 色氨酸 | 10 | 1.0 | 17 | 1.0 | 14 | 1.0 | 12 | 1.0 | 14 | 1.0 | 11 | 1.0 | 13 | 1.0 |
| 缬氨酸 | 50 | 5.0 | 66 | 3.9 | 64 | 4.6 | 54 | 4.6 | 55 | 3.2 | 42 | 3.8 | 62 | 4.8 |
| 总计 | 360 | | 490 | | 477 | | 445 | | 384 | | 324 | | 359 | |

### 2. 氨基酸评分法

运用氨基酸评分法（amino acid score,AAS）可以很直观地对食物蛋白质进行质量评价。评分结果可以用商值来表示,也可以用百分数表示。一般是测定食物中比较容易缺乏的氨基酸,特别是赖氨酸、含硫氨基酸、苏氨酸和色氨酸等。例如利用表 2-1 中的数据可以计算出来,大豆中氨基酸评分最低的是含硫氨基酸,评分为 17/35 = 49%,面粉中赖氨酸的评分为 20/55 = 36%,评分最低的氨基酸称为限制氨基酸,并可按评分高低分为第一、第二、第三限制氨基酸。通过计算氨基酸评分,可以评价此食物氨基酸组成的缺陷,采取互补的方式来提高混合膳食中蛋白质质量。

氨基酸评分（AAS）的计算公式如下:

$$\text{氨基酸评分（AAS）} = \frac{\text{被测蛋白质每 1g 氮（或蛋白质）中氨基酸（mg）}}{\text{在理想模式中每 1g 氮（或蛋白质）中氨基酸（mg）}}$$

## 二、蛋白质的消化率

在评价蛋白质质量方面，蛋白质和氨基酸的消化率的测定的重要性仅次于必需氨基酸的含量和比例的分析。因为并不是所有蛋白质在体内消化、吸收、利用的程度都一致，可能与蛋白质来源、非蛋白成分的影响（膳食纤维、胰蛋白酶抑制剂、单宁和植酸等）及生理因素等有关。1975 年 FAO/WHO 专家委员会非正式会议推荐应该用蛋白质的真消化率来校正氨基酸评分。

测定粪便中排出的氮含量并计算其在摄入氮中所占的比例，主要反映蛋白质在机体内消化酶作用下被分解的程度，所得结果为蛋白质的真消化率（true digestibility，TD）。公式如下：

$$蛋白质真消化率 = \frac{氮吸收量}{食入氮} = \frac{食入氮 - （粪氮 - 粪代谢氮）}{食入氮} \times 100\%$$

粪氮绝大部分来自未被消化吸收的食物氮，也包括消化道脱落的肠黏膜细胞和肠道微生物及由肠黏膜分泌的消化液氮，后者总称为粪代谢氮。如果不计粪代谢氮，所得结果为表观消化率（apparent digestibility，AD）。由于表观消化率的测定方法简单易行，所以仍然应用较广，但所得结果对蛋白质消化吸收做了较低的估计，增加蛋白质的摄入量，AD 值也会相应增加，真消化率则较为精确，并且不受蛋白质摄入量的影响。表 2-2 列出了部分食物中蛋白质的真消化率值。

表 2-2　　　　　　　　几种食物蛋白质的 TD 值　　　　　　　　单位：%

| 食物名称 | TD | 食物名称 | TD |
| --- | --- | --- | --- |
| 鸡蛋 | 97 | 小麦粉（白） | 96 |
| 牛乳、干酪 | 95 | 豆粉 | 86 |
| 肉、鱼 | 94 | 分离大豆蛋白 | 95 |
| 玉米 | 85 | 大豆 | 78 |
| 大米（刨光） | 88 | 豌豆（熟） | 88 |
| 棉子 | 90 | 花生 | 94 |
| 葵花子（粉末） | 90 | 燕麦片 | 86 |
| 小麦（整粒） | 86 | 小米 | 79 |

FAO/WHO 的专家委员会 1985 年推荐了"蛋白质消化率校正后的氨基酸评分法（Protein Degestibility-Corrected Amino Acid Score，PDCAAS）"，并且详细规定了计算的详细步骤。对任一种食物，先测定其蛋白质含量，酸水解后分析氨基酸含量，计算 9 种必需氨基酸的评分（未校正），评分最低的为其最后的评分（限制氨基酸），利用大鼠平衡实验测定蛋白质真消化率，两者相乘为校正后的氨基酸评分。评分值超过 100% 者考虑为 100%。

对于混合膳食，应先各自测定每种食物的氨基酸组成和消化率，通过其质量比来计算混合后各种必需氨基酸在蛋白质中的含量和，再与模式进行比较。

表 2-3 举例说明某种杂豆的蛋白质消化率校正后的氨基酸评分的计算方法（实验测得该杂豆的真消化率是 73%）。

表 2-3　　　　　　　　　　某种杂豆蛋白 PDCAAS 的计算

| 必需氨基酸 | 2~5 岁参考模式/（mg/g 蛋白） | 杂豆蛋白氨基酸构成/（mg/g 蛋白） | 未校正的 AAS | PDCAAS |
| --- | --- | --- | --- | --- |
| 组氨酸 | 19 | 30.0 | 1.58 | 1.15 |
| 异亮氨酸 | 28 | 42.5 | 1.52 | 1.11 |
| 亮氨酸 | 66 | 80.4 | 1.22 | 0.89 |
| 赖氨酸 | 58 | 69.0 | 1.19 | 0.87 |
| 甲硫氨酸 + 胱氨酸 | 25 | 21.1 | 0.84 | 0.61 |
| 苯丙氨酸 + 酪氨酸 | 63 | 90.5 | 1.44 | 1.05 |
| 苏氨酸 | 34 | 43.7 | 1.28 | 0.93 |
| 色氨酸 | 11 | 8.8 | 0.80 | 0.58 |
| 缬氨酸 | 35 | 50.1 | 1.43 | 1.04 |

由表 2-3 可以看出，该杂豆中色氨酸为第一限制氨基酸，其最终的 PDCAAS 值则为 0.58 或 58%。

蛋白质消化率校正后的氨基酸评分得到了广泛应用，在 1993 年 1 月 FDA 的营养标签法规中，指定用该方法进行蛋白质质量评价。

## 三、蛋白质利用率的评价

测定蛋白质的利用率从而对蛋白质质量做出正确的评估，有利于指导膳食蛋白质营养，利用和发现新的蛋白质资源。生物利用率高的蛋白质质量较高，可被人体很好地消化和吸收利用，摄入较少量就能达到人体最佳发育状态。常用的评价蛋白质利用率的方法有以下几种。

### 1. 蛋白质的功效比值

蛋白质功效比值（protein efficiency ratio, PER）最早是由美国 AOAC 推荐的测定食物蛋白质营养效应的推荐标准方法之一，自从 1919 年以后，就在国际上广泛应用。其定义是在严格规定的条件下，动物每摄取 1g 待测蛋白所能增加的体重（g）。本方法方便、具体，虽然动物摄取的蛋白质克数与体重增加之间并不一定呈线性关系，但仍不失为评价蛋白质质量的较好方法（表 2-4）。

该方法一般用雄性断乳大鼠，以含 10% 蛋白质的饲料喂饲 28d，然后计算，公式为：

$$\text{蛋白质功效比值} = \frac{\text{动物增加体重（g）}}{\text{摄入蛋白质（g）}}$$

表 2-4　　　　　　　　　几种食物蛋白质的 PER 值

| 食物名称 | PER | 食物名称 | PER |
| --- | --- | --- | --- |
| 鸡蛋 | 3.92 | 全粒小麦 | 1.50 |
| 全牛乳 | 3.09 | 全粒玉米 | 1.12 |
| 鱼 | 3.55 | 精面粉 | 0.60 |
| 牛肉 | 2.30 | 大豆 | 2.32 |

## 2. 蛋白质生物学价值

蛋白质的生物学价值（biological value，BV）用以表示蛋白质吸收后被机体储留的程度。公式如下：

$$蛋白质生物学价值 = \frac{氮储留量}{氮吸收量} \times 100\%$$

其中：　　　　氮吸收量 = 食物氮 -（粪氮 - 粪代谢氮）

氮储留量 = 氮吸收量 -（尿氮 - 尿内源氮）

蛋白质的生物学价值也是常用来评价蛋白质质量的方法，表 2-5 为常见食物蛋白质的生物学价值。

表 2-5　　　　　几种常见食物蛋白质的生物学价值　　　　　单位：%

| 食物名称 | BV | 食物名称 | BV |
| --- | --- | --- | --- |
| 鸡蛋 | 94 | 大豆 | 73 |
| 全牛乳 | 85 | 全粒小麦 | 66 |
| 鱼 | 83 | 全粒玉米 | 60 |
| 猪肉 | 74 | 精米 | 64 |

## 3. 蛋白质净利用率（net protein utilization，NPU）

蛋白质净利用率是指将蛋白质生物学价值与消化率结合起来评定蛋白质营养价值的方法，其公式为：

蛋白质净利用率 = 生物学价值 × 消化率

= （氮储留量/氮吸收量）×（氮吸收量/摄入氮量）

= （氮储留量/摄入氮量）× 100%

表 2-6 所示为部分食物中蛋白质的净利用率。

表 2-6　　　　　　　几种食物蛋白质的净利用率　　　　　　单位：%

| 食物名称 | NPU | 食物名称 | NPU |
| --- | --- | --- | --- |
| 全鸡蛋 | 94 | 大豆 | 66 |
| 全牛乳 | 82 | 精面粉 | 51 |
| 鱼 | 81 | 大米 | 62 |
| 牛肉 | 73 | 土豆 | 60 |

### 4. 净蛋白质比值（net protein ratio，NPR）

该值也是以动物的体重改变作为衡量依据，原理与功效比值的测定类似。公式如下：

$$净蛋白质比值 = \frac{实验动物增重（g）+ 对照动物失重（g）}{实验动物蛋白质水泵量（g）}$$

本方法中对照动物摄取无蛋白质饲料，实验组饲料中蛋白质水平为10%。

## 项目二　食物脂肪质量评价

评价一种脂肪营养价值的高低，可以从以下几个方面来进行判断。

### 一、脂肪的消化率

脂肪的消化吸收过程主要是在小肠内，在脂酶的作用下被分解成甘油和脂肪酸，而少量未被分解的脂肪则随胆汁酸盐由粪便排出体外。不同脂肪的消化率与其熔点密切相关，一般来讲，熔点低于体温的脂肪消化率可高达97%~98%，高于体温的脂肪消化率约90%，动物脂肪多属于后者。另外，含不饱和脂肪酸和短链脂肪酸越多的脂肪，熔点越低，也越容易消化。一些常用油的熔点及消化率见表2-7。

表2-7　　　　　常用食用油的熔点及消化率

| 油脂名称 | 熔点/℃ | 消化率/% | 油脂名称 | 熔点/℃ | 消化率/% |
| --- | --- | --- | --- | --- | --- |
| 羊脂 | 44~55 | 81 | 菜子油 | 室温下液状 | 99 |
| 牛脂 | 42~50 | 89 | 棉子油 | 室温下液状 | 98 |
| 猪脂 | 36~50 | 94 | 豆油 | 室温下液状 | 91 |
| 乳脂 | 28~36 | 98 | 橄榄油 | 室温下液状 | 98 |
| 椰子油 | 28~33 | 98 | 麻油 | 室温下液状 | 98 |
| 花生油 | 室温下液状 | 98 | 葵花子油 | 室温下液状 | 96.5 |

### 二、食物中脂肪的含量和脂肪酸的比例

不同食物中脂肪酸的比例不同，如植物和鱼类中多不饱和脂肪酸的含量高于畜类，而细菌所含的不饱和脂肪酸全部为单不饱和。

#### 1. 食物必需脂肪酸的含量

必需脂肪酸（essential fatty acid，EFA）是指机体生理需要，但体内不能合成，必须由膳食提供的脂肪酸。以往认为必需脂肪酸包括亚油酸（十八碳二烯

酸)、α-亚麻酸(十八碳三烯酸)、花生四烯酸(二十碳四烯酸)。目前比较肯定的必需脂肪酸只有亚油酸(也有文献认为α-亚麻酸也是必需脂肪酸)。

植物油中必需脂肪酸的含量较高,在动物肉中禽类的必需脂肪酸含量高于畜类,内脏的含量高于肌肉,瘦肉又比肥肉中的含量高。

2. 食物脂肪酸的比例

随着流行病学研究的进展,发现心血管疾病、恶性肿瘤等慢性病的发生与多不饱和脂肪酸摄入过多有关,所以膳食中脂肪酸的含量和比例对评价脂肪的质量至关重要。一般植物油和鱼类中含不饱和脂肪酸较多,而动物油脂中饱和脂肪酸较多。表2-8所示为一些食物中脂肪酸的质量分数。

表2-8　　　各类脂肪酸在总脂肪酸中的质量分数　　　单位:%

| 食物 | 饱和脂肪酸 | 单不饱和脂肪酸 | 多不饱和脂肪酸 | 其他 |
| --- | --- | --- | --- | --- |
| 牛脂肪 | 51 | 44 | 4 | 1 |
| 黄油 | 54 | 30 | 4 | 12 |
| 鸡脂肪 | 30 | 47 | 22 | 1 |
| 椰子油 | 77 | 6 | 2 | 15 |
| 玉米油 | 13 | 25 | 62 | |
| 棉子油 | 27 | 19 | 54 | |
| 亚麻子油 | 9 | 18 | 73 | |
| 猪油 | 41 | 47 | 12 | |
| 人造黄油 | 18 | 48 | 29 | 5 |
| 橄榄油 | 14 | 77 | 9 | |
| 棕榈油 | 51 | 39 | 10 | |
| 花生油 | 13 | 49 | 33 | 5 |
| 红花油 | 10 | 13 | 76 | 1 |
| 芝麻油 | 13 | 46 | 41 | |
| 葵花子油 | 11 | 20 | 69 | |
| 植物起酥油 | 26 | 43 | 25 | 6 |
| 核桃油 | 16 | 28 | 56 | |

脂肪酸的适宜比例包括两个方面:一是饱和脂肪酸、单不饱和脂肪酸和多不饱和脂肪酸之间的比例;二是 $n-6$ 和 $n-3$ 多不饱和脂肪酸之间的比例。关于饱和脂肪酸(S)、单不饱和脂肪酸(M)和多不饱和脂肪酸(P)之间的比例,大多数国家提出 S:M:P 为 1:1:1。按脂肪酸提供的能量占总能量的百分比表示,认为多不饱和脂肪酸占 3%~7%,单不饱和脂肪酸和饱和脂肪酸的比例各为 5%~

6%比较适宜。我国2000年提出的居民膳食脂肪适宜摄入量（AI）规定：成人脂肪提供能量占20%~30%，其中S、M、P分别占总能量的<10%、10%和10%。60岁以上老年人则分别为6%~8%、10%和8%~10%。

$n-6$和$n-3$系列脂肪酸分别代表两个不同系列的多不饱和脂肪酸，$n-3$系列主要包括：$\alpha$-亚麻酸、十八碳四烯酸、二十碳四烯酸、二十碳五烯酸（EPA）、二十二碳六烯酸（DHA）；$n-6$系列主要包括：亚油酸、$\gamma$-亚麻酸、二十碳三烯酸、花生四烯酸（AA）、二十二碳四烯酸、二十二碳五烯酸。

### 三、脂肪中的天然成分与人体健康

评价食物脂肪或者油脂的优劣，除风味、提供必需脂肪酸外，所含的其他一些成分也值得关注，如胆固醇、植物固醇、反式脂肪酸、维生素E的含量等。

#### 1. 固醇

固醇是具有环戊烷多氢菲的骨架的衍生物，属于大分子的醇类，存在于脂质的不皂化物中。胆固醇（$C_{27}H_{45}O_{11}$）是所有动物细胞的必须成分，在神经组织中含量最高。植物固醇广泛分布在植物界，代表了植物代谢的一个终产物。代表性的植物固醇有玉米油中的谷固醇和大豆油中的豆固醇等。麦角中的麦角固醇经处理有抗佝偻病的作用，是维生素D原。

（1）胆固醇　胆固醇是所有动物和人体组织中的一种主要固醇，它与胆甾烷等其他固醇一起分布在动物脂质的不皂化部分中。机体内胆固醇的合成和降解均受膳食组成的控制。胆固醇是许多生物膜的组成成分，对维持生物膜的结构和功能有重要作用。胆固醇在体内还可转变为各种类固醇激素，如肾上腺皮质激素、性激素等，也是合成维生素D及胆汁酸的前体。但另一方面，高胆固醇血症又是动脉粥样硬化的重要因素。随着人群冠心病发病率的增加，评价食物或油脂中胆固醇含量有重要意义。

胆固醇的主要来源是动物性食物，动物内脏、脑、蛋类、鱼子、蟹子含量也较高。

（2）植物固醇　植物固醇（phytosterols），因其结构上与胆固醇相似，但存在于植物中而得名。植物固醇广泛分布于各种植物油、坚果和植物种子中，如在植物油中的含量为0.5%~1.5%，主要是在不可皂化部分中，也存在于其他植物性食物如蔬菜水果中。自然界的植物固醇共70多种，最常见的包括$\beta$-谷固醇（$\beta$-sitostarol）、谷甾烷醇（sitostanol）、菜油固醇（campesterol）、豆固醇（stigmasterol）等。

植物固醇广泛分布于自然界，在各种油料种子中含量最高。谷类及蔬菜水果中含量虽然相对较少，但由于其日常摄入量较高，所以来自谷类和蔬菜水果的植物固醇可占到总摄入量的20%以上。

## 2. 顺式与反式脂肪酸

不饱和脂肪酸中的双键大多数是顺式构型，即氢原子在双键的同一侧，如油酸为顺-9-十八碳烯酸、亚油酸为顺-9，顺12-十八碳二烯酸等。在油脂的加工过程中，会发生氢化反应，使油中的多不饱和脂肪酸减少而单不饱和脂肪酸增多。但部分氢化过程中可使脂肪酸的顺式双键变成反式的副产物，反式脂肪酸的键角小于顺式脂肪酸，熔点增高。即顺式脂肪酸在室温一般为液态，而反式一般为固态。

大量摄入反式脂肪酸被认为可能会升高血液中的胆固醇水平，与冠心病、癌症的发生和幼儿发育过程不良反应有关。据估计，美国人群每日反式脂肪酸的摄入量为 7.6~8.1g/d；英国人群的摄入量每天估计范围为 5~27g/d（平均为 7g/d）；而在印度人群的平均摄入量仅 2.04g/d。这些差异与各地的食品加工、饮食习惯不同有关。表 2-9 列出了一些食物中反式脂肪酸的百分比。

表 2-9　　　　一些食物反式脂肪酸占总脂肪酸的比例　　　　单位：%

| 食物名称 | 反式脂肪酸 | 来源 |
| --- | --- | --- |
| 牛乳和干酪 | 18.8 | 天然 |
| 黄油 | 5.9 | 天然 |
| 鸡蛋 | 9.0 | 天然 |
| 肉和肉制品 | 10.3 | 天然 |
| 油和脂肪 | 35.5 | 主要来源于氢化 |
| 饼干和蛋糕 | 16.5 | 主要来源于氢化 |
| 土豆片和法式炸土豆片 | 4.5 | 主要来源于氢化 |

## 项目三　食物碳水化合物的营养评价

碳水化合物是人类膳食中最主要的成分，提供能量摄入的 40%~80%，碳水化合物还具有其他重要的生理功能。大部分的膳食指导都推荐膳食碳水化合物提供人体能量的比例应大于 55%，并建议提高膳食纤维的摄入量。总之，碳水化合物的分类评价是营养学的重要内容和任务。碳水化合物的可消化吸收性、血糖和胰岛素应答性、大肠发酵性等都是重要评价项目。

### 一、碳水化合物的分类

碳水化合物的种类繁多，不同碳水化合物不仅理化特性有许多差异，而且不同的碳水化合物的可消化吸收性及生理作用不尽相同。

英国学者 Englyst 与我国学者在 WHO/FAO 分类基础上，进行了更多化学和生理学研究，重点研究探讨了碳水化合物消化吸收特性和对血糖的影响，进行了更细致的分类（表2-10）。分类测定这些不同的碳水化合物对于更加细致的评价食物的碳水化合物营养价值是非常重要的。

表2-10　食物碳水化合物的细致分类

| 分类 | 主要成分 | 主要性质 |
| --- | --- | --- |
| **游离糖（free sugars）** | | |
| 单糖和双糖 | 葡萄糖、果糖、蔗糖、麦芽糖、乳糖 | 溶于80%乙醇；≤2个糖单位<br>葡萄糖、麦芽糖、蔗糖可快速消化，部分果糖和乳糖可逃避小肠的消化而到达大肠<br>游离葡萄糖+来源于蔗糖的葡萄糖=FSG |
| **糖醇（sugar alcohols）** | | |
| 单糖和双糖 | 山梨糖醇、肌醇、甘露糖醇、麦芽糖醇等 | 溶于80%乙醇，≤2个糖单位<br>在小肠中吸收差，可到达大肠 |
| **短链碳水化合物<br>（short chain carbohydrates）** | | 溶于80%乙醇，>2个糖单位 |
| 麦芽糊精 | $\alpha$-葡聚糖 | 可部分水解，在淀粉含量的测定中常常将这部分包含进去 |
| 抗性短链碳水化合物 | 多聚果糖、多聚半乳糖、棉子糖、水苏糖等 | 小肠中较难消化，到达大肠可进行不同程度的发酵，部分降解产物可促进双歧杆菌的增长<br>许多生理学功能还未知 |
| **多糖（polysaccharides）** | | 不溶于80%乙醇 |
| 1. 淀粉 | | 是膳食中最丰富的碳水化合物 |
| 快消化淀粉<br>（rapidly digestible starch，RDS） | 快速释放葡萄糖 | 在小肠内快速消化<br>RDS+快速释放FSG=RAG |
| 慢消化淀粉<br>（slowly digestible starch，SDS） | 缓慢释放葡萄糖 | SDS+缓慢释放的FSG=SAG |
| 抗性淀粉（resistant starch，RS） | $RS_1$：生理上不能利用的淀粉<br>$RS_2$：有一定黏度的淀粉<br>$RS_3$：变性或老化的淀粉<br>有许多不同的类型 | 这三类抗性淀粉能逃避小肠的消化，在大肠内进行不同程度的发酵。许多生理功能还未知 |
| 2. 非淀粉多糖<br>（non-starch polysaccharides，NSP） | 主要有阿拉伯糖、木糖、甘露糖、糖醛酸等<br>包括许多成分 | 小肠不能消化，在大肠进行不同程度的发酵分解 |

续表

| 分类 | 主要成分 | 主要性质 |
| --- | --- | --- |
| 细胞壁的非淀粉多糖 | | 可将营养素包裹胶囊化而降低其吸收速率。有许多健康效应 |
| 其他非淀粉多糖 | | 多为食品添加剂。在人类膳食中含量很少。添加量多数已有规范 |

注：FSG：游离糖；RAG：快吸收利用葡萄糖；SAG：慢吸收利用葡萄糖。

## 二、多糖的消化吸收和主要生理特性

### （一）淀粉类

淀粉是碳水化合物中的一大类化合物，以往从分析方法和营养学概念都把其看作一类。目前随着碳水化合物对血糖反应研究的深入，对淀粉的评价可根据在小肠内消化吸收的速率将淀粉分为快消化淀粉、慢消化淀粉和抗性淀粉。食物淀粉在小肠的消化吸收率和速度与食物加工条件和程度密切相关，即淀粉等碳水化合物的消化吸收率可以是变化的，所以用快吸收利用葡萄糖（rapidly available glucose，RAG）和慢吸收利用葡萄糖（slowly available glucose，SAG）评价食物碳水化合物更有意义。这两个术语可以很直观地描述整体食物中可利用的碳水化合物（包括淀粉和糖）释放葡萄糖的速率。

Englyst 建立的 SAG 和 RAG 的测定步骤可简要表示如下：

新鲜制备的样品（食入状态）
↓
胃蛋白酶和盐酸处理
↓
控制在特定条件下进行水解
↓
20min 后，取部分样液测定释放的葡萄糖量（$G_{20}$）
↓
120min 后，取部分样液测定释放的葡萄糖量（$G_{120}$）
↓
分散剩余的淀粉并用酶水解（TG）

其中：$RAG = G_{20}$，$SAG = G_{120} - G_{20}$，$RAG = TG - G_{120}$。

表 2-11 为部分食物中 RAG 和 SAG 的含量，可以看出，许多早餐谷物中 RAG 的含量较高，这有助于快速补充血糖，而一些面条等食品中 SAG 含量相对较高，有较长时间的饱腹感。

表 2-11　　部分食物中 RAG 和 SAG 含量　　　　单位:%

| 食物 | 果糖（包括来自蔗糖的果糖） | RAG | SAG |
|---|---|---|---|
| 早餐谷物 | | | |
| 　玉米片 | 3.8 | 81.7 | 2.5 |
| 整粒谷物 | | | |
| 　长粒大米 | 0.0 | 21.0 | 8.3 |
| 　半煮熟的大米 | 0.0 | 19.4 | 16.3 |
| 　保加利亚大米 | 0.2 | 11.5 | 7.5 |
| 　珍珠大麦 | 0.2 | 8.5 | 9.3 |
| 面包糕点类 | | | |
| 　白面包，小麦 | 0.3 | 43.5 | 3.3 |
| 　粗面粉面包 | 0.4 | 35.5 | 1.5 |
| 　黑面包 | 1.7 | 27.5 | 5.1 |
| 　松软的蛋糕 | 16.4 | 41.5 | 1.0 |
| 　蓝莓松饼 | 12.2 | 33.6 | 0.1 |
| 面条 | | | |
| 　实心面条 | 0.3 | 18.1 | 9.4 |
| 　意大利通心粉 | 0.3 | 23.3 | 10.5 |
| 　鸡蛋面 | 0.2 | 21.1 | 11.7 |
| 饼干和脆饼 | | | |
| 　奶油脆饼 | 0.4 | 67.8 | 3.5 |
| 　消化饼 | 4.8 | 44.2 | 11.4 |

### （二）非淀粉多糖

非淀粉多糖（non-starch polysaccharides，NSP）包括除淀粉之外的全部植物多糖。非淀粉多糖可分为两大类：Ⅰ类，作为细胞壁和细胞间质成分的非淀粉多糖，也即平常所说的膳食纤维部分；Ⅱ类，其他非淀粉多糖，一般以添加剂的形式添加到食物中。由于人体内不存在水解非淀粉多糖的酶类，所以这类碳水化合物不影响机体血糖水平，也可到达大肠进行发酵，发挥肠道保健作用。2002年 FAO/WHO 在瑞士"膳食、营养与慢性病预防"的专家委员会上，特别肯定了增加非淀粉多糖的摄入可以减少糖尿病等慢性疾病的发生。

### 三、抗消化碳水化合物的结肠发酵

随着膳食纤维（包括 NSP、抗性淀粉、抗消化低聚糖等）对人体肠道健康作用的认识，不消化碳水化合物在肠道的发酵作用以及促进益生菌生长的作用成为评价不消化碳水化合物又一个标准。

许多种碳水化合物在小肠内不被消化，这些碳水化合物主要包括糖醇、部分低聚糖、非淀粉多糖和抗性淀粉等，而到达大肠（结肠）在细菌的作用下进行发酵。越来越多的研究发现，这些物质在结肠发酵后可促进肠道有益菌群的生长、抑制有害菌的繁殖，以及其他有益的发酵产物例如双歧杆菌、乳酸杆菌、短链脂肪酸等，消除蛋白质和脂肪代谢物如氨类、吲哚等。

大肠（结肠）发酵是对那些在小肠内难消化或不消化碳水化合物，如乳糖、某些糖醇、抗性淀粉、膳食纤维等最有效的消化方式。不同碳水化合物在结肠内发酵程度不同，总体来说有50%的抗消化碳水化合物会在结肠内发酵降解（表2-12），剩余的会出现在粪便中。发酵产物主要有乙酸、丙酸、丁酸等短链脂肪酸，短链脂肪酸可降低肠道pH，其中丁酸是结肠膜重要的能源物质。

表2-12　　　　　　膳食纤维在人结肠中的发酵率　　　　　　单位:%

| 膳食纤维 | 发酵率 | 膳食纤维 | 发酵率 |
| --- | --- | --- | --- |
| 纤维素 | 20~80 | 麦麸 | 50 |
| 半纤维素 | 60~90 | 抗性淀粉 | 100 |
| 果胶质 | 100 | 菊粉,低聚糖 | 100（如果摄入量不过剩） |
| 瓜尔豆胶 | 100 | 藻酸盐 | 0~ |
| Ispaghula | 55 | 角叉（菜）胶 | 0~ |

## 项目四　维生素和矿物质的营养学评价

评价一种食物中维生素和矿物质的营养价值，除了食物维生素和矿物质的含量外，所含营养素的化学形式，摄入后的生物利用率是最重要的指标。维生素在加工储藏中的损失率也是评价其营养价值的一个重要参数。

### 一、化学形式

食物中维生素和矿物质的化学存在形式是评价这些营养素营养价值的重要方面，例如维生素E和维生素A，这两种维生素都存在许多同系物或立体异构体，其生物活性各不相同。

#### 1. 维生素A

维生素A包括视黄醇及相关化合物和一些类胡萝卜素。对任何一个具有维生素A或维生素A原活性的物质，必须与视黄醇具有结构类似性。

各种维生素 A 和类胡萝卜素的相对生物活性显著不同,见表 2-13 和表 2-14。

表 2-13　视黄醇衍生物各类立体异构体的维生素 A 相对活性

| 异构体 | 维生素 A 相对活性/% | |
| --- | --- | --- |
| | 视黄醇乙酸酯 | 视黄醇 |
| 全反式 | 100 | 91 |
| 13-顺式 | 75 | 93 |
| 11-顺式 | 23 | 47 |
| 9-顺式 | 24 | 19 |
| 9,13-二顺式 | 24 | 17 |
| 11,13-顺式 | 15 | 31 |

类胡萝卜素的各种不同类型其维生素 A 活性也明显不同,不仅如此,胡萝卜素立体异构体的维生素 A 相对活性也各不相同。

表 2-14　　胡萝卜素立体异构体的相对活性　　　　单位:%

| 化合物 | 相对活性 | 化合物 | 相对活性 |
| --- | --- | --- | --- |
| $\beta$-胡萝卜素 | | $\alpha$-胡萝卜素 | |
| 全反式 | 100 | 全反式 | 53 |
| 9-顺式 | 38 | 9-顺式 | 13 |
| 13-顺式 | 53 | 13-顺式 | 16 |

食物中维生素 A 和胡萝卜素都是脂溶性的,在小肠内与其他脂类一起经胆汁和胰脂酶的作用而吸收。一些因素如脂肪、维生素 E 和磷脂酰胆碱有利于维生素 A 和胡萝卜素的吸收,服用矿物油、有肠道寄生虫则不利于其吸收。

但维生素 A 和胡萝卜素在吸收利用方面还存在有较大差别。维生素 A 主要存在于动物性食品中,主要以主动吸收的方式,需要载体和能量,但吸收率很高,可达 60%~80%,吸收速率也很快;而胡萝卜素主要存在于植物性食物中,以肠道扩散的形式吸收,对胆盐的依赖性比维生素 A 更强,其吸收率一般在 20%~50%,并且吸收量与摄入量呈相反的关系,摄入量增加其吸收率可明显下降,甚至低至 10% 以下。有报道称,维生素 A 的吸收速率比胡萝卜素快 7~30 倍。

2. 维生素 E

维生素 E 是生育酚和生育三烯酚的总称,天然存在的维生素 E 共 8 种,包括 $\alpha$-、$\beta$-、$\gamma$-、$\delta$-生育酚和生育三烯酚。两者的区别在于甲基的数量和位置,这也是造成其维生素 E 活性显著不同的原因(表 2-15)。

表2-15　　　　　　　　　　　不同生育酚的相对生物活性

| 化合物名称 | 生物学活性比值 |
| --- | --- |
| α-生育酚 | 100 |
| β-生育酚 | 50 |
| γ-生育酚 | 10 |
| δ-生育酚 | 3 |
| α-生育三烯酚 | 30 |
| β-生育三烯酚 | 5 |
| γ-生育三烯酚 | 未知 |
| δ-生育三烯酚 | 未知 |

### 3. 其他微量营养素的化学形式与活性

其他的微量营养素如维生素C、维生素K，以及矿物质钙、铁、锌等都有化学形式和利用率的问题。例如：抗坏血酸有L-型和D-型，但D型的抗坏血酸无生物学活性。L-抗坏血酸（AA）双电子的氧化和脱氢可将L-抗坏血酸转化为L-脱氢抗坏血酸（DHAA），DHAA所显示的维生素C活性几乎与AA相同，因为其在体内可几乎完全被还原为AA。但当DHAA继续氧化或加水分解后则丧失维生素活性。维生素K是含有2-甲基-1,4-萘醌基团的一组化合物。植物来源的维生素K为叶绿醌（$K_1$），是人类食物中维生素K的主要来源。细菌来源的为甲萘醌类（$K_2$），动物组织既含有叶绿醌又含有甲萘醌，其水溶性衍生物在肝脏甲基化，形成人体内具有生物活性的MK-4。

对于矿物质而言，其营养学评价相对维生素要简单，但同样存在不同化学形式问题。如铁紧密地与一些螯合剂结合，即使被吸收以后，也不能将铁释放到细胞中，但这种情况在矿物质中并不普遍。

## 二、生物利用率

生物利用率是指一种所摄入的营养素被肠道吸收、在代谢过程中所起的作用或在体内被利用的程度。生物利用率包括所摄取的营养素吸收和利用两个方面。除了营养素的化学形式外，影响营养素生物利用率的因素包括：膳食的组成，它可以影响在肠道内的停留时间、黏度、乳化特性和pH等；特定维生素与膳食组分（如蛋白质、淀粉、膳食纤维、脂肪）的相互作用，可影响维生素的肠道吸收。随着营养素补充剂和强化食品越来越普遍，对微量营养素的生物利用率做出正确的估计和评价，无论对食物成分和营养的正确评价，还是对膳食参考摄入量（DRIs）值的制定都有着重要意义。

### 1. 维生素的生物利用率

营养素的生物利用率研究中，维生素A和类胡萝卜素生物利用率的研究有着鲜明的特点和成就，下面以其为例介绍几个有关生物利用率的概念。

（1）生物可吸收率（Bioaccessibility） 是指能够被吸收的 $\beta$-胡萝卜素占食物中总的 $\beta$-胡萝卜素的比例。用公式表示为：

$$生物可吸收率 = 食物中的自由的 \beta\text{-}胡萝卜素 \div 食物中的总 \beta\text{-}胡萝卜素$$

（2）生物可利用率（Bioavailablity） 是指吸收入体内并用于维持正常的生理功能或用于贮存的 $\beta$-胡萝卜素占食物中总的 $\beta$-胡萝卜素的比例。用公式表示为：

$$生物可利用率 = 吸收的 \beta\text{-}胡萝卜素 \div 总的 \beta\text{-}胡萝卜素$$

（3）生物转化率（Bioconversion） 是指吸收入体内的 $\beta$-胡萝卜素转化成视黄醇的比例。用公式表示为：

$$生物转化率 = 视黄醇 \div 吸收的 \beta\text{-}胡萝卜素$$

（4）生物效力（Bioefficacy） 是指食物中总的 $\beta$-胡萝卜素转化成视黄醇的比例。可用下式表示：

$$生物效力 = 视黄醇 \div 食物中总的 \beta\text{-}胡萝卜素$$

100%的生物转化率意味着所有吸收入体内的 $\beta$-胡萝卜素都可以转化为视黄醇。而生物效力结合考虑了吸收和生物转化，100%的生物效力意味着食物中所有的 $\beta$-胡萝卜素都能被吸收并转化为视黄醇。其他有活性的类胡萝卜素的生物利用是 $\beta$-胡萝卜素的1/2。我们在确定类胡萝卜素与视黄醇间的转化因子时所用的是生物效力。传统定义的转化因子是 $1\mu g$ 视黄醇相当于 $6\mu g$ 的 $\beta$-胡萝卜素，或相当于 $12\mu g$ 的其他有活性的类胡萝卜素。

视黄醇活性当量（RAE）是于2001年由美国医药学会［the U. S. Institue of Medicine（IOM）］首先提出的。它的提出是基于在健康人群中所做的分为两步的实验：第一步是证实了油中 $2\mu g$ $\beta$-胡萝卜素的生物活性相当于 $1\mu g$ 视黄醇的生物活性；第二步是证实了食物中 $\beta$-胡萝卜素的生物活性与油中的 $\beta$-胡萝卜素生物活性比是1:6。这样油中 $2\mu g$ 的 $\beta$-胡萝卜素或混合膳食中 $12\mu g$ 的 $\beta$-胡萝卜素的生物活性相同，均相当于 $1\mu g$ 视黄醇的生物活性。用公式表示为：

$$1\mu g \text{ RAE} = 1\mu g \text{ 全顺式视黄醇}$$
$$= 12\mu g \text{ 全顺式 } \beta\text{-胡萝卜素}$$
$$= 24\mu g \text{ 其他有生物活性的类胡萝卜素}$$

以上有关类胡萝卜素的生物利用率的研究打破传统转化因子（$1\mu g$ 视黄醇 = $12\mu g$ $\beta$-胡萝卜素），虽然目前并没有被国际食品标准委员会得到确认，但是此研究的结果已经在许多学者的研究和部分国家食物成分数据库得到应用。

叶酸的生物利用率的研究也获得了很大的成果。食品中的叶酸有游离形式的叶酸（folate）和结合形式的叶酸（folic acid）。folate 是自然存在于食物中的叶酸形式，多存在于菠菜、芜菁等绿叶蔬菜和一些水果中。folic acid 是叶酸的结合形式，多来源于膳食补充剂和强化剂。叶酸的存在形式是影响其生物利用的最基本也是最重要的因素。folate 大都是以多谷氨酸的形式存在的，而 folic acid 大多为小分子的单谷氨酸形式。而小分子的单谷氨酸形式较大分子的多谷氨酸更加容易吸收。因此在天然食物、强化食品以及补充剂中叶酸的吸收程度是不同的。而吸收的不同会影响生物利用率，因此膳食补充剂和强化食品等人工合成的叶酸制剂较天然食物中叶酸的生物利用率更佳。据1998年美国食品与营养委员会（the Food and Nutrition Board, FNB）关于B族维生素DRIs值的最新报告，新的叶酸推荐摄入量应该用膳食叶酸当量（DFE）来表示，而不用叶酸的含量μg来表示。这是为了区分合成叶酸和自然存在于食物中的叶酸的生物活性的差别。

天然食物中叶酸的生物利用率为50%，而膳食补充剂和强化食品中的叶酸比单纯来源于食物的叶酸利用率高1.7倍。因此DFE的计算公式为：

总的膳食叶酸DFE（μg）=天然食物叶酸（μg）+1.7×强化食品叶酸（μg）

### 2. 矿物质的生物利用率

矿物质的生物利用率研究有传统代谢法和同位素示踪法，一般变化范围较大，从<1%（如一些形式的铁）到>90%（如钠和钾）不等。许多因素可影响到矿物质的生物利用率。这些因素包括：①食物中矿物质的存在形式和状态、溶解度。②食物配位体的存在，如与金属形成可溶性螯合物的配位体可促进一些食品中矿物质的吸收（如EDTA能促进铁的吸收）；难消化的高分子质量的配位体会妨碍矿物质的吸收（如膳食纤维和一些蛋白质等）；与矿物质形成难溶性螯合物的配位体也妨碍矿物质的吸收（如草酸抑制钙吸收、植酸影响铁、锌、钙的吸收）。③食品成分的氧化还原活性，如还原剂（如抗坏血酸）促进铁的吸收，但对其他矿物质的吸收影响不大；氧化剂抑制铁的吸收。④矿物质之间的相互作用，膳食中高浓度的矿物质会抑制其他矿物质的吸收（如钙抑制铁的吸收、铁抑制锌的吸收、铅抑制铁的吸收等）等。

测定矿物质吸收利用率的方法目前国际上使用最多的是同位素标记，利用示踪技术可较准确地反映其在小肠的吸收状况和在体内的储存状况。测定中所用的同位素有稳定性同位素和放射性同位素两种，稳定性同位素的最大优点是安全，对人体无害，甚至可在孕妇和婴幼儿中使用，多种示踪物可在同一天内给予任一研究对象，而不影响随后进行的示踪物的动力学监测。样品可经过较长时间的放置而不影响测定结果，因此在目前的代谢研究中应用日益增多。缺点是稳定同位素的购买非常昂贵，并需要特殊的检测仪器（如热离子质谱仪）等。放射性同位素检测成本较低，易测量，但缺点是放射性对人体健康有威胁，一次只能使用一种同位素等，因此使用越来越受到限制。

 思考题

如何比较不同食品中钙的生物利用率？

# 食品营养价值评价及营养强化

> **知识目标**
>
> 了解食品营养价值的综合评价主要包括哪些指标,食品营养强化的目的和目前主要的营养强化食品。
>
> **能力目标**
>
> 对各种食品进行营养价值评价,能够根据《食品安全国家标准 食品营养强化剂使用标准》(GB 14880—2012)在食品企业中指导营养强化食品的生产。

## 背景知识

食物的营养学评价是对食物营养价值(nutrition value)的一个综合分析,不但包括了食物中营养素的"量",而且包括食物中所存在营养素是否齐全,消化、吸收和转化结果,以及相互间的协同和阻抗作用如何等。食物的全面营养学评价常需经过动物或人体实验才能获得,常见的方法及指标包括食物能量营养素密度、食物利用率、食物血糖生成指数、抗氧化能力等。用不同的方法或指标评价食物,对一些食物而言可能获得一致的评价结果,但也可能会有不一致的结果。影响食物营养价值的因素主要有包括食物中营养素和有效成分的含量和比例、食物中营养素与其他食物成分共存的状态、消化吸收率等。

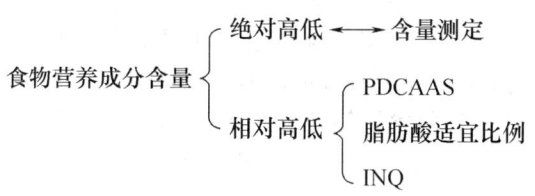

```
                      ┌ 蛋白质 ┬ 蛋白质消化率
                      │        └ 蛋白质利用（BV、NBI等）
消化吸收利用 ─────────┤ 脂肪 ←──→ 脂肪消化率
                      │ 碳水化合物 ←──→ 血糖生成指数（GI）、血糖生成负荷（GL）
                      └ 其他营养素 ←──→ 维生素的生物利用率
```

## 项目一　营养质量指数在菜品营养价值评价中的应用

各类食物在供给人体营养素的同时，还为机体提供着能量，满足机体需要。但过多的能量摄入则会导致肥胖和各种慢性病的发病率增加等不良影响。因此在综合评价一种食物时，常需要把食物中的营养素含量结合该食物所能提供的热能来进行综合判断，这就是能量营养素密度，即是指同一食品中营养素对热能之比值。

到20世纪80年代，美国营养机构在能量营养素密度理论的基础上，结合人体的实际需要，提出了食物的"营养质量指数"（index of nutritional quality, INQ）的概念，这一指数比上述的能量营养素密度更直观和实际，从INQ值的大小可判断该食物营养质量的高低。

INQ的计算方法如下：

$$热能密度 = \frac{一定量食物提供的热能}{相应的热能供给量标准}$$

$$营养素密度 = \frac{一定量食物中某种营养素含量}{相应的营养素供给量标准}$$

食物的INQ为以上两个密度之比：

$$营养质量指数\ INQ = \frac{营养素密度}{热能密度}$$

评价标准如下：

INQ=1，表示食物提供营养素的能力与提供热能的能力相当，二者满足人体需要的程度相等，为"营养质量合格食物"。

INQ<1，表示该食物提供营养素的能力小于提供热能的能力，长期食用此食物，会发生该营养素不足或热能过剩的危险，为"营养质量不合格食物"。

INQ>1，表示该食物提供营养素的能力大于提供热能的能力，为"营养质量合格食物"，特别适合体重超重和肥胖者选择。

国内各类饭店、餐馆等餐饮部门为顾客所提供的菜单，其主要内容是菜点的名称、品种及其价格，一般并不涉及菜点营养特点的内容。这使得顾客无法从中了解菜点的营养价值情况。多数顾客往往是凭菜点的感官性状（色、香、味、形、器等）以及价格来选择。这种选择带有较大的盲目性。随着人们生活质量的改善和提高，以及营养科学知识的普及，人们的自我保健意识不断加强，人们愈来愈认识到通过合理膳食，可以达到预防和控制许多慢性非传染性疾病的目的。因此对膳食（菜点）的营养质量问题也越来越关注。另一方面，中国烹饪闻名于世，随着国内外饮食文化交流的日益频繁和中国烹饪的发展，也要求中国烹饪需要结合现代营养学、食品卫生学等学科的知识，赋予其新的内容。在服务业崇尚"顾客就是上帝"的理念下，餐饮行业如果能在菜单内容中，增加每一份菜点有关营养特点的简要说明，这无疑会受到广大消费者的欢迎。

开展这项工作，需要营养学方面的专业人士参加。各类饭店、餐馆等餐饮部门可以根据每天经营的菜点内容，在营养学方面的专业人士参与和指导下，计算出每份菜点的热能和各种营养素的含量。

具体计算方法：根据每份菜点的主料、辅料和调味料的实际使用量，参照《中国食物成分表》，分别计算出每份菜点的主料、辅料和调味料所含的热能和各种营养素的含量，最后累计相加，即得出该份菜点总的热能和各种营养素的含量。

但是一般的顾客还不能从中了解是否提供的菜点已符合自己的营养需要。因此需要对菜点有一个综合评价。为了使顾客了解菜点的营养价值和便于厨房工作人员科学合理地配菜，可以在上述计算结果的基础上，进一步计算菜点营养质量指数。

某种营养素供给量标准是参照中国营养学会1988年修订的每人每日膳食中热能和各种营养素的推荐供给量（RDA）。国内尚未制定供给量标准者，则参考世界卫生组织（WHO）的建议值。假设一个成年男性，体重63kg，轻体力劳动者为一个标准人，则其每日的热能和各种营养素的RDA值或WHO的电解质安全和适宜摄入量见表3-1。

表3-1　　　　　成年男性轻体力劳动者各种营养素的AI或RNI

| 营养素 | 单位 | AI 或 RNI | 备注 |
| --- | --- | --- | --- |
| 热能 | kcal | 2600 | |
| 蛋白质 | g | 80 | |
| 脂肪 | g | 72.2 | 按25%热能计 |
| 碳水化合物 | g | 390 | 按60%热能计 |
| 膳食纤维 | g | 20 | 按WHO建议的平均值计 |
| 维生素A | μg RE | 800 | |
| 维生素$B_1$ | mg | 1.3 | |
| 钠 | mg | 2200 | |
| 钙 | mg | 800 | |
| 铁 | mg | 12 | |
| 胆固醇 | mg | <300 | 按WHO建议值计 |

利用上述公式可以得到每一份菜点的各种营养素的 INQ 值。根据 INQ 值的大小，评价每份菜点所含的各种营养素与标准人实际需要之间的关系。若菜点中某种营养素的 INQ > 1，则表示该菜点中，这种营养素的供给量超过热能供给量，长期食用这种菜点，不会出现这种营养素的不足和热能过剩的危险；若菜点中某种营养素的 INQ = 1，表示该菜点中，这种营养素的供给量和热能供给量，对标准人的营养需要是均衡的，即这种菜点吃饱了（热能足够了），该营养素也正好达到了需要；若菜点中某种营养素的 INQ < 1，则表示该菜点中，这种营养素的供给量小于热能供给量，长期食用这种菜点，就可能会出现这种营养素的不足和热能过剩的危险。

由于每份菜点的热能和各种营养素含量的计算项目有 20 多项，为简便起见，根据我国居民热能和各种营养素的摄入情况，建议主要计算菜点的热能、蛋白质、脂肪、糖类、钙、钠、铁、维生素 A、维生素 $B_2$、膳食纤维和胆固醇的含量及 INQ 值。在菜单内容上可以直接反映出主要营养素含量。厨房工作人员也可以参考每份菜点主要营养素的 INQ 值进行合理配菜，选择某种营养素 INQ 值较大的菜点与 INQ 值较小的菜点相互搭配，就可充分保证这种营养素的摄入量。

随着电脑的日益普及，餐饮行业也可以运用电脑点菜系统更快捷地计算出每份菜点热能和各种营养素的含量及 INQ 值；也可以对一桌菜点进行营养质量评价。若以 10 人预订一桌晚宴为例，就餐人员是 4 位老人，4 位中年人，2 位小孩。具体评价方法如表 3 - 2 所示。

表 3 - 2　　　　　　　　各种人的营养需要系数

| 儿童 | | | 成人 | | | 老人 | | |
| --- | --- | --- | --- | --- | --- | --- | --- | --- |
| 年龄（岁） | 性别 | 系数 | 劳动强度 | 性别 | 系数 | 年龄（岁） | 性别 | 系数 |
| 1 ~ | — | 0.45 | 极轻 | 男 | 0.9 | 60 岁以上 | — | 0.8 |
| 3 ~ | — | 0.5 | | 女 | 0.8 | 70 岁以上 | — | 0.7 |
| 5 ~ | — | 0.55 | 轻 | 男 | 1.0 | | | |
| 7 ~ | — | 0.7 | | 女 | 0.9 | | | |
| 10 ~ | — | 0.8 | 中等 | 男 | 1.1 | | | |
| 13 ~ | 男 | 0.9 | | 女 | 1.0 | | | |
| | 女 | 0.85 | 重 | 男 | 1.2 | | | |
| 16 ~ | 男 | 1.2 | | 女 | 1.15 | | | |
| | 女 | 1.0 | 极重 | 男 | 1.5 | | | |

首先把 10 人折算成标准人。折算方法如表 3 - 2，则 10 位就餐人相当于 8.7 位标准人。根据合理膳食营养要求：晚餐的热能供给应占全日总热能供给量的 30% 为宜，其他各种营养素的供给量也相应占全日总供给量的 30% 为宜。故 8.7

标准人一桌晚宴的总热能和各主要营养素的供给量分别是：热能 6.786kcal；蛋白质 208.8g；脂肪 188.4g；糖类 1.0kg；维生素 A 2.088μg RE；维生素 $B_1$ 23.39mg；钙 2.088mg；钠 5.74mg；铁 3.32mg；膳食纤维 52.2g；胆固醇 < 780mg。根据就餐者点菜的品种、数量及价格，结合菜点相应的感官性状要求和合理营养提倡的食物种类多样化、荤素搭配等原则，最终确定菜点所用烹饪原料的种类及数量，然后对烹饪原料进行营养成分计算，将计算结果与 8.7 标准人的晚宴的供给量要求进行比较，误差超过 ±20%，则考虑用其他品种进行个别替换。这样就能使就餐者享受到营养全面而又丰富的美味佳肴。

当然菜点营养价值的评价，必须是建立在菜单中每份菜点所用的烹饪原料统一定量标准的规范化基础上。这就避免了菜点质量不稳定的问题，充分保障消费者的权益。各饭店、餐馆可以根据自身的实际情况，选择菜点营养质量评价方法，既可单纯计算菜点的热能和各种营养素含量，不计算 INQ 值，也可二者均计算。国内外各种食物成分表上所提供的食物成分含量，多数是指新鲜生的原料中的成分。由于某些种类维生素在烹调加热过程中容易分解破坏，一些无机盐（微量元素）和维生素等容易流失，因此会造成理论计算与实际含量之间产生较大的差异。为了避免这种情况的出现，一般对蔬菜类食品在配菜时，应适当增加用量。

总之，选择上述一种或两种方法，对菜点进行营养价值的评价，将有助于中国烹饪进一步的标准化和规范化；同时也增加了餐饮行业一项实实在在的特色服务，提高了餐饮服务质量，以迎合时代发展的需要。

# 项目二　血糖生成指数在食品营养价值评价中的应用

食物的血糖生成指数（glycemic indes，GI）最早是用来评价食物碳水化合物吸收利用的一个方法。但近来人们越来越认识到，一个食物血糖生成指数实际上与食物中其他成分的含量、物理状况、加工方法等都是密切相关的，因此并非仅是对食物碳水化合物的评价。基于血糖生成指数对血糖的调节功能和远期健康效应，1998 年联合国粮农组织（FAO）和世界卫生组织（WHO）专家会议上，GI 被建议作为食物评价的一个指标。

## 一、食物血糖生成指数概念和评价方法

食物血糖生成指数从提出到得到科学界认可和接受经历了漫长而曲折的过程。1981 年，加拿大多伦多大学的营养学教授大卫·靳克斯（David Jenkins）博士首先提出了食物血糖生成指数的概念（glycemic index，GI）。

### 1. 食物血糖生成指数评价方法和定义

GI 是衡量食物引起餐后血糖反应的一个生理学指标，能确切反映食物摄入

后人体的生理状况。按照食物血糖生成指数测定方法，GI 定义为含 50g 碳水化合物的试验食物的血糖应答曲线下面积与含等量碳水化合物标准食物的血糖应答之比。也就是说，在假定一个含 50g 碳水化合物的标准参考物（葡萄糖或者白面包）升起的血糖反应为 100 的前提下，被试验食物与其相比高低的程度。血糖生成指数反映了机体对碳水化合物的利用程度。

测定一个食物的血糖生成指数，通常需要有 10 个左右的志愿者。首先选择 10~15 个健康志愿者（或糖尿病患者），第一天晚餐后禁食。第二天早晨，每人食用一份计算（50g 碳水化合物）好的食物。抽取空腹和餐后 2h 内 5、15、30、45、60min 时血样，并准确测定血糖含量并计算 2h 血糖曲线下面积（AUC）。并与 50g 纯葡萄糖的血糖下面积进行比较。以葡萄糖或白面包餐后血糖 AUC 为对照（100%），受试物 AUC 占葡萄糖或白面包的百分比即为受试物的 GI 值。公式如下：

$$食物 GI 值 = \frac{被测食物餐后 2h 血糖曲线下面积}{等量葡萄糖（或白面包）餐后 2h 血糖曲线下面积} \times 100$$

食物血糖生成指数是一个比较而言的数值，表示这个食物与葡萄糖相比升高血糖的速度和能力。在营养学教育中广泛应用，为了方便使用，GI > 70 为高 GI 食物；56~69 为中 GI 食物；<55 为低 GI 食物。

2. 影响 GI 的因素

食物的血糖生成指数综合了食物组分和含量、碳水化合物的类型和结构以及食物的物理状况和加工制作过程等因素，反映了食物整体的消化利用状况。反之，这些因素对食物的 GI 也产生显著的影响。

（1）从一些研究的结果可以看出，不同种类的碳水化合物对血糖的生成是不同的，富含支链淀粉的大米，由于其结构容易被消化酶接触和降解，因此吸收率和血糖生成较高，而含直链淀粉比例高的大米则相反。富含膳食纤维、抗性淀粉或其他不消化的碳水化合物食物，淀粉酶的抗性增强，胃肠的消化吸收率变小而且缓慢，血糖生成低。

（2）食物物理状态如粒度的大小、生熟程度都可对 GI 产生影响，如带皮的粒状玉米、青的香蕉和稻麸等。

（3）食物加工时的温度和时间对 GI 影响更大，如即食米饭烹调时间越长，糊化程度越高，血糖生成也就越高；马铃薯和粉条也说明加工方式对 GI 的影响，这里主要的原因是食物糊化的程度，糊化程度高食物 GI 就高。

（4）食物中的特殊成分的影响，如水果中水果的酸度越高血糖生成指数就越低，果酸可改变胃肠酸度环境，使胃肠排空时间延长，因而造成吸收缓慢；果胶同样引起食物滞留时间加长，进而影响血糖生成。水果中的膳食纤维含量丰富也是一个原因。富含脂肪、蛋白质的食物血糖生成指数也低，如豆类和油炸的食品等。表 3-3 所示为影响 GI 的常见因素。

表 3-3　　　　　　　　　影响血糖应答和 GI 的因素

| GI 的影响因素 | 使 GI 降低的因素 | 使 GI 升高的因素 |
| --- | --- | --- |
| 淀粉组成 | 支链淀粉↓ | 支链淀粉↑ |
| 单糖成分的性质 | 果糖、半乳糖 | 葡萄糖 |
| 黏性纤维 | 胶体、β-葡聚糖含量↑ | 胶体、β-葡聚糖↓ |
| 其他成分 | 蛋白质、脂肪含量↑ | 蛋白质、脂肪含量↓ |
| 烹调/加工 | 半熟 | 压出水分、糊化 |
|  | 冷冻、压榨 | 晒干、膨化 |
| 颗粒大小 | 大颗粒 | 小颗粒 |
| 成熟度和食品储藏 | 未成熟、生的，酸度 | 熟透 |
|  | 冷冻储藏、时间长 | 新鲜 |
| α-淀粉酶限制因子 | 凝集素、植酸盐↑ | 凝集素、植酸盐↓ |

## 二、食物血糖生成指数和血糖生成负荷

不同食物，血糖生成指数的变化很大，如何评价和应用是 GI 研究的另一个重要方面。

### 1. 不同食物的血糖生成指数

根据食物的血糖生成指数值，可以将食物分成高血糖生成指数食物（GI＞70）和低血糖生成指数食物（GI＜55）。为达到调节和控制血糖的目的，糖尿病患者应该尽可能选择低 GI 的食品，或者高低搭配。值得指出的是，由于早期食物血糖生成指数有 2 个参考物（葡萄糖和白面包），出版物上的血糖生成数据常因此有所差别，一般用葡萄糖为参考时较低，目前常用的转化因子是 1.4。例如，如果一个食物用白面包为参考时其 GI 是 80，而用葡萄糖为参考应该是除以 1.4（为 57）。主要食物的血糖生成指数值见表 3-4、表 3-5，这些结果均以葡萄糖为参考物。

表 3-4　　　　　　　　　常见糖类的血糖生成指数

| 食物名称 | GI | 食物名称 | GI |
| --- | --- | --- | --- |
| 葡萄糖 | 100 | 麦芽糖 | 105.0 |
| 绵白糖 | 83.8 | 蜂蜜 | 73 |
| 蔗糖 | 65.0 | 巧克力糖 | 49.0 |
| 乳糖 | 46.0 | 果糖 | 23.0 |

表 3-5　　　　　　　　　　谷类薯类食物的血糖生成指数

| 食物 | GI | 食物 | GI |
| --- | --- | --- | --- |
| 大米饭 | 83.2 | 马铃薯（煮） | 66.4 |
| 糯米饭 | 87.0 | 马铃薯（烤） | 60.0 |
| 黏米饭（含直链淀粉低，煮） | 88.0 | 马铃薯（蒸） | 65.0 |
| 黏米饭（含直链淀粉高，煮） | 50.0 | 马铃薯片（油炸） | 60.3 |
| 稻麸 | 19.0 | 马铃薯泥 | 73.0 |
| 白面包 | 87.9 | 马铃薯粉条 | 13.6 |
| 面包（全麦粉） | 69.0 | 甘薯［山芋］ | 54.0 |
| 面包（全麦粉，含水果干） | 47.0 | 甘薯（红，煮） | 76.7 |
| 法国棍子面包 | 90.0 | 芋头（蒸） | 47.7 |
| 甜玉米（煮） | 55.0 | 藕粉 | 32.6 |
| 玉米糁粥 | 51.8 | 苕粉 | 34.5 |
| 玉米片 | 78.5 | 山药［薯蓣］ | 51.0 |
| 爆玉米花 | 55.0 | 小米粥 | 61.5 |
| 荞麦面条 | 59.3 | 馒头（富强粉） | 88.1 |
| 荞麦面馒头 | 66.7 | 烙饼 | 79.6 |
| 荞麦方便面 | 53.2 | 油条 | 74.9 |
| 燕麦片（散） | 55.0 | | |

## 2. 食物血糖生成负荷

GI 评价了一个食物中碳水化合物转变成葡萄糖的速率和能力。实际上这个能力的高低还与碳水化合物的摄入量有关。因此有人提出了血糖生成负荷（glycemic load, GL）的概念。GL 就是指摄入一定量的这个食物时，碳水化合物对血糖的真实影响。食物血糖生成负荷 GL 可以由计算获得。

例如：西瓜 GI＝72%，如果净摄入量 120g，查食物成分表可知碳水化合物为 6g。计算 GL 的公式为：

$$72\% \times 6 = 4.32$$

食物血糖生成负荷的判断常常为 GL＞20 为高；GL 11~19 为中；GL＜10 为低。当吃一块西瓜的 GL 为 4.32 的时候，可以认为对血糖影响不大；当吃 600g 西瓜时候，GL 为 72%×30＝21，则会对血糖造成较大影响。

一般而言，食物为低 GI 时，总有低 GL；中高 GI 食物的 GL 值却常有一个从低到高的宽范围变化。为了便于理解，表 3-6 列出一些食物血糖生成指数和血糖生成负荷。需要注意的是，当"1 份"的重量变化的时候，GL 也随之变化，而 GI 是不变的。

表 3-6　　部分食物的 GI 和 GL

| 食物 | GI（葡萄糖=100） | 1 份质量/g | CHO 实际含量/g | GL/份 |
| --- | --- | --- | --- | --- |
| 干枣 | 103 | 60 | 40 | 42 |
| 烤土豆 | 85 | 150 | 30 | 26 |
| 玉米早餐片 | 81 | 30（1 杯） | 26 | 21 |
| 绿豆果冻 | 78 | 30 | 28 | 22 |
| 发面米糕 | 78 | 25（3 个） | 21 | 17 |
| 油炸圈饼 | 76 | 47 | 23 | 17 |
| 苏打饼 | 74 | 25（4 片） | 17 | 12 |
| 白面包 | 73 | 30（1 片） | 14 | 10 |
| 方糖（蔗糖） | 68 | 10（2 块） | 10 | 7 |
| 蛋糕 | 67 | 80 | 58 | 39 |
| 白米饭 | 64 | 150（1 碗） | 36 | 23 |
| 黑米饭 | 55 | 150（1 碗） | 33 | 18 |
| 意大利面条（煮 10~15min） | 44 | 140（1 碗） | 40 | 18 |
| 意大利面条（煮 5min） | 38 | 140（1 碗） | 40 | 15 |
| 裸麦黑面包 | 41 | 30（1 片） | 12 | 5 |
| 橘子 | 42 | 120（1 个） | 11 | 5 |
| 梨 | 38 | 120（1 个） | 11 | 4 |
| 苹果 | 38 | 120（1 个） | 15 | 6 |
| 全麦 | 38 | 30（1 碗） | 23 | 9 |
| 脱脂乳 | 32 | 250mL | 13 | 4 |
| 干扁豆（煮） | 29 | 150（1 碗） | 18 | 5 |
| 大豆（煮） | 28 | 150（1 碗） | 25 | 7 |
| 珍珠大麦（煮） | 25 | 150（1 碗） | 42 | 11 |
| 腰果 | 22 | 30 | 9 | 2 |
| 花生 | 14 | 30 | 6 | 1 |

资料来源：B. miller.《美国临床营养杂志》，1998.

## 三、血糖生成指数的应用与意义

对血糖生成指数的研究，最先主要是研究其即时效应，即对血糖的控制，随后更多的研究发现，长期摄入低血糖生成指数的食物，对心血管疾病、体重控制、调节血脂等诸多方面都有积极意义。

许多项研究结果证明,用食物的血糖生成指数对 2 型糖尿病患者进行教育,与传统的食物交换份法相比,两种方法对血糖的控制作用相似,可使大部分人减少降糖药的用量或停药,并且由于食物的血糖生成指数的简单易懂和易接受性,更受到糖尿病患者的欢迎;许多的研究显示了长期食用低血糖生成指数的食物可降低血脂和减少心脏病的发病率等;对肥胖和体重控制也有明显作用,随后有很多研究者将其引入运动员膳食,证明给运动员吃低血糖生成指数的食品,由于能量的缓慢释放,可提高其运动耐力和持久力,甚至有研究结果显示摄入低血糖生成指数的食品对阻止癌症的发展有益,如肠癌、乳腺癌等。无论如何,用食物的血糖生成指数来评价一个食物的优坏,仍是一个有价值的指标。

## 项目三　抗氧化能力评价在食品营养价值评价中的应用

人类的生命活动离不开氧气,机体的各个器官组织和细胞的新陈代谢也都时刻有氧的参与。但在这些代谢活动中,也会发生许多对机体有害的氧化反应,氧化损伤可以导致蛋白变性、酶失活或 DNA 损伤和自由基的产生。为了保证生命活动的正常运转,机体有一个抗氧化系统,来控制这些可以给机体造成危害的氧化反应和维持体内平衡。这个抗氧化系统包括酶系统如过氧化物酶、超氧化物歧化酶和谷胱甘肽过氧化物酶等,非酶系统如维生素 C、维生素 E、硒及其酚类物质等,甚至体内可以合成一些内源性抗氧化物,如尿酸、泛醌、谷胱甘肽、硫辛酸、褪黑素等。这些物质都具有不同的抑制或清除自由基和氧化物的作用。

### 一、膳食抗氧化物

人体主要的抗氧化物需从食物获得。其中包括一些抗氧化维生素,如维生素 E、维生素 C、$\beta$-胡萝卜素,和组成抗氧化酶的微量元素锌、铜、锰、硒、铁。此外,一些植物化学成分也是重要天然抗氧化物,如酚类、类黄酮、类胡萝卜素等。将食物中具有抗氧化能力的化合物统称为"膳食抗氧化物"(dietary antioxidants)。美国食物营养委员会在 2000 年的报告中定义为"存在于食物中的,能明显降低活性集团(如活性氧、活性氮)对人体正常生理功能有害影响的物质叫做膳食抗氧化物"。并且美国在修改 RDA 时,将维生素 C、维生素 E、Se 和类胡萝卜素单独列为一组,称为"膳食抗氧化物和相关化合物",可见对食物抗氧化能力研究方面的重视。因此也有人提议人类膳食中的抗氧化物基本可分成三类:膳食抗氧化营养素、非营养素类抗氧化物、其他合成或提取的抗氧化物。

1. 膳食抗氧化营养素

膳食抗氧化营养素主要包括主要包括维生素 E、维生素 C、$\beta$-胡萝卜素等,这几种营养素可直接清除和淬灭体内的活性氧自由基，其他微量元素如 Se、Cu、Fe、Zn、Mn 可间接构成体内的内源性抗氧化物。含有膳食抗氧化营养素的食物主要包括蔬菜、水果、坚果、豆类等植物性食品。

不同的抗氧化活性营养素的抗氧化机制也各不相同。维生素 E 主要在细胞膜上发挥抗氧化作用，可直接淬灭自由基；$\beta$-胡萝卜素则可阻断脂质过氧化的链式反应；维生素 C 本身具有淬灭自由基的作用，并可还原维生素 E 而使后者进一步发挥抗氧化作用；微量元素如 Se、Cu、Fe、Zn、Mn 等元素作为抗氧化酶的组成成分或激活剂，间接地发挥着抗氧化功能。

2. **膳食非营养素抗氧化物**

膳食非营养素抗氧化物主要包括大量的植物化学物质，它们本身不是人体必需的营养素，但在机体内可发挥重要的抗氧化作用。如类胡萝卜素、生物类黄酮、酚类等。其作用机制可以是直接清除自由基，或减少自由基的生成，或消除其前体如 $H_2O_2$，或与金属螯合，或抑制氧化酶，或增强内源性抗氧化物与抗氧化酶。

3. **其他合成或提取的抗氧化物**

其他合成或提取的抗氧化物包括各种食物添加剂、食物强化剂和营养素补充剂等，如合成维生素 E、丁基羟基茴香醚（BHA）、维生素 C、柠檬酸、卵磷脂等。可用于食物本身抗氧化和增强机体的抗氧化能力。

## 二、食物抗氧化能力的测定

由于一种食物常常存在多种抗氧化成分，单独和分别测定其中的每一种抗氧化物质的含量是烦琐和困难的，而且食物中各种成分之间复杂关系不能仅仅靠"加和"的方式来评价其总的抗氧化能力。所以，研究一种食物抗氧化能力的大小，建立一个能测定食物中总的抗氧化能力的方法对食物的营养评价是重要的。

目前测定食物抗氧化活性的方法大致有三种：黄嘌呤氧化酶法、ORAC 法（oxygen radical absorbance capcity）、FRAP 法（ferric reducing/antioxidant power assay）等方法。黄嘌呤氧化酶法是最早和普遍使用的方法，但该方法主要测定样品对 $O_2^- \cdot$ 的清除能力，并不能反映样品对其他自由基的清除能力和总的抗氧化活性。ORAC 法采用藻红蛋白（PE）做为指示蛋白，该蛋白在自由基的攻击下，一定波长下的荧光强度不断衰减，直至降低至本底水平，而具有自由基清除能力的样品可以保护 PE 免受自由基的攻击，导致 PE 荧光强度衰减曲线的差异，根据 PE 荧光强度衰减曲线下面积变化计算出被测样品的自由基清除能力，目前该方法已经标准化和自动化，但该方法自动化需要昂贵的全自动生化分析仪。FRAC 法的原理为 $Fe^{3+}$-三吡啶三丫嗪（TPTZ）可被样品中的还原物质还原为二价铁形式，呈现出蓝色，并于 593nm 波长处具有最大吸光度值。该方法操作简便，易于标准化，测定不需要昂贵的仪器，而且反映的不是针对某一种自由基的清除能力，而是样品总的还原能力。因此多数学者认为 FRAP 法测定的结果可用来反映样品总的抗氧化活性,已经被广泛应用于测定不同抗氧化物质、食物样品、生物样品等的抗氧化活性。

目前国内外学者已经应用上述方法对一些蔬菜、水果等的抗氧化能力进行了测定,各方法所测得的结果不尽一致,原因可能与测定方法、蔬菜水果的品种、产品、贮存等因素有关。我国学者采用 FRAP 法测定了我国常见蔬菜、水果的抗氧化活性,结果表明,在所测的蔬菜中,抗氧化活性以藕最强,姜、油菜、豇豆、芋头、大蒜、菠菜等次之,水果中抗氧化活性以山楂最强,冬枣、番石榴、猕猴桃、桑葚等次之。如表 3-7 所示。

表 3-7 一些蔬菜和水果的 FRAP 值（mmol/100g 鲜重,均值 ± 标准差,$n=5$)

| 蔬菜类 | | 水果类 | |
| --- | --- | --- | --- |
| 名称 | FRAP 值 | 名称 | FRAP 值 |
| 藕 | 4.57 ± 0.07 | 山楂 | 13.42 ± 0.74 |
| 姜 | 2.24 ± 0.15 | 冬枣 | 6.98 ± 0.29 |
| 油菜 | 1.55 ± 0.13 | 番石榴 | 6.07 ± 0.69 |
| 豇豆 | 1.43 ± 0.07 | 猕猴桃 | 4.38 ± 0.20 |
| 芋头 | 1.03 ± 0.04 | 桑葚 | 4.11 ± 0.25 |
| 大蒜 | 0.87 ± 0.08 | 草莓 | 3.29 ± 0.30 |
| 菠菜 | 0.84 ± 0.03 | 玛瑙石榴 | 3.10 ± 0.12 |
| 甜椒 | 0.82 ± 0.03 | 芦柑 | 2.29 ± 0.13 |
| 豆角 | 0.75 ± 0.05 | 无子青皮橘子 | 2.19 ± 0.08 |
| 西兰花 | 0.71 ± 0.04 | 橙子 | 1.89 ± 0.19 |
| 青毛豆 | 0.71 ± 0.04 | 柠檬 | 1.43 ± 0.07 |
| 大葱 | 0.69 ± 0.05 | 樱桃 | 0.99 ± 0.21 |
| 白萝卜 | 0.60 ± 0.04 | 龙眼 | 0.94 ± 0.05 |
| 香菜 | 0.59 ± 0.02 | 菠萝 | 0.87 ± 0.06 |
| 胡萝卜 | 0.55 ± 0.01 | 红香蕉苹果 | 0.80 ± 0.05 |

## 思考题

1. 营养价值指数（overall nutritional quality index，ONQI）是由耶鲁大学戴维·卡兹（David Katz）发展出来新的评价食品营养价值的系统,用于简易地标记食品营养价值。http://www.nuval.com/scores/list,查询该网站了解营养价值指数的计算方法。

2. http://www.glycemicindex.com/,利用该网站查询饼干的血糖生成指数。

# 模块四 营养标签的识别和制作

**知识目标**

了解营养标签的组成和制作过程，掌握营养标签制作过程中的数据处理，并掌握营养声称和成分健康声称的使用范围。

**能力目标**

能够解读食品的营养标签并指导食品的购买，能够为食品新产品制作营养标签。

**背景知识**

许多国际组织和国家制定了食品营养标签的管理法规，国际食品法典委员会（CAC）先后制定了相关标准和技术文件。世界卫生组织（WHO）2004年调查的74个国家中，没有食品营养标签管理法规的国家只有19个（占25.7%），有法规的国家为55个（74.3%），其中10个国家强制性执行。营养标签的标注可以起到以下作用。

一是指导消费者平衡膳食。当前我国居民存在营养不足和营养过剩的双重问题，这些与每日的膳食营养状况密切相关，在食品标签中标注营养信息将有效预防和减少营养性疾病。

二是满足消费者知情权。当前越来越多的消费者将食品营养标签作为选购食品的重要参考和比较依据，对营养标签的需求十分迫切。食品营养标签也有助于消费者正确选购食品，并向公众宣传和普及营养知识。

三是规范企业正确标注，促进食品贸易。随着中国加入世界贸易组织（WTO），其他国家对进口食品的营养标签要求促使食品企业已经认识到其重要性并开始使用营养标签，但由于缺乏相关的规定，标示的营养素名称、种类、单位和依据均不相同，甚至还出现了虚假夸大标注营养内容，欺骗和误导消费者的现象，亟需相关法规予以规范。

国家卫生部于 2008 年 1 月 11 日根据《中华人民共和国食品卫生法》要求颁布了《食品营养标签管理规范》，开始在全国试行营养标签。于 2011 年 10 月 12 日正式颁布了《食品安全国家标准　预包装食品营养标签通则》（GB 28050—2011），要求所有国内食品企业在 2013 年 1 月 1 日起生产的预包装食品标签上面必须强制营养标签。

预包装食品（prepackaged foods）是指经预先定量包装，或装入（灌入）容器中，向消费者直接提供的食品。下列预包装食品可以不标示营养标签：
——生鲜食品，如包装的生肉、生鱼、生蔬菜和水果、禽蛋等；
——乙醇含量≥0.5%的饮料酒类；
——包装总表面积＜100cm$^2$ 或最大表面面积＜20cm$^2$ 的食品；
——现制现售的食品；
——包装的饮用水；
——每日食用量＜10g 或 10mL 的预包装食品；
——其他法律法规标准规定可以不标示标签的食品。

## 项目一　纯牛乳营养标签的识别

营养标签是指向消费者提供食品营养成分信息和特性的说明，包括营养成分表、营养声称和营养成分功能声称。

雀巢牌纯牛乳的营养标签如表 4 – 1 所示。

表 4 – 1　　　　　　　　　雀巢牌纯牛乳的营养标签

| 营养成分表 | | |
|---|---|---|
| 项目/Items | 每 100 毫升（mL）per 100mL | 营养素参考值% 或 NRV% |
| 能量/Energy | 260 千焦（kJ） | 3% |
| 蛋白质/Protein | 3.2 克（g） | 5% |
| 脂肪/Fat | 3.4 克（g） | 6% |
| 碳水化合物/Carbohydrate | 4.7 克（g） | 2% |
| 钠/Sodium | 0 毫克（mg）* | 0% |
| 钙/Calcium | 120 毫克（mg） | 15% |
| 维生素 D/Vitamin D | 1.3 微克（μg） | 26% |

注：*钠的含量姑且标示为 0 毫克（mg）。

非脂乳固体≥8.1%。维生素 D 可促进钙的吸收。维生素 D 有助于骨骼和牙齿的健康。钙是人体骨骼和牙齿的主要组成成分,许多生理功能也需要钙的参与。

## 一、营养成分表的识别

营养成分表中营养成分的标示,是对食品中营养成分含量做出的确切描述。营养成分表是标有食品营养成分名称和含量的表格,表格中可以标示的营养成分包括能量、营养素、水分和膳食纤维等。应首先标示能量和蛋白质、脂肪、碳水化合物、钠 4 种核心营养素及其含量。除上述成分外,食品营养标签上还可以标示饱和脂肪(酸)、胆固醇、糖、膳食纤维、维生素和矿物质。

营养成分的含量标示使用每 100 克(g)、100 毫升(mL)食品或每份食用量为单位,营养成分的含量用具体数值表示,同时标示该营养成分含量占营养素参考值(NRV)的百分比。

从雀巢牌纯牛乳的营养标签可以看出营养成分表除了标出能量和蛋白质、脂肪、碳水化合物、钠 4 种核心营养素之外,同时标注了钙和维生素 D。该营养标签标注的是 100mL 雀巢牌纯牛乳的营养成分,营养素参考值(NRV)是指该 100mL 雀巢牌纯牛乳满足人体一天所需能量和营养素的百分比。如维生素 D 为 1.3μg,NRV 为 26%,即 100mL 雀巢牌纯牛乳提供的维生素 D 可以满足成人一天所需维生素 D 的 26%。特别要注意的是钠标示为 0mg,并不是代表 100mL 雀巢牌纯牛乳就不含钠,而是指 100mL 雀巢牌纯牛乳所含钠含量小于"0"界限值(钠界限值为每 100mg 或 100mL 中含量小于 0.5g),所以标示为"0"。

## 二、营养声称的识别

营养声称是指对食物营养特性的描述和说明,包括如下内容。

(1)含量声称 指描述食物中能量或营养含量水平的声称。声称用语包括"含有"、"高"、"低"或"无"等(如牛乳是钙的来源、低脂乳、高膳食纤维饼干等)。

(2)比较声称 指与消费者熟知同类食品的营养成分含量或能量值进行比较后的声称。声称用语包括"增加"和"减少"等。所声称的能量或营养成分含量差异必须≥25%(如普通乳粉可作为脱脂乳粉的基准食品;普通酱油可作为强化铁酱油的基准食品等)。

营养声称是预包装食品可以选择标注的内容,雀巢牌纯牛乳就没有标注含量声称和比较声称。这是由于 100mL 雀巢牌纯牛乳的能量和蛋白质、脂肪、碳水化合物都不符合相应的含量声称和比较声称的条件。100mL 雀巢牌纯牛乳钠含量符合含量声称的条件(≤5mg/100mL),可以声称"不含钠"。同时 100mL 雀巢牌纯牛乳钙 NRV 为 15%,符合含量声称的条件(每 100mL 中≥15%),可以声称"富含钙"。同时 100mL 雀巢牌纯牛乳维生素 D NRV 为 26%，符合含量声称的条件（每 100mL 中≥15%），可以声称"富含维生素 D"。

因此可以对该营养声称部分进行补充，补充内容为：不含钠，富含钙和维生素 D。

### 三、营养成分功能声称的识别

营养成分功能声称是指某营养成分可以维持人体正常生长、发育和正常生理功能等作用的声称。

营养成分功能声称是预包装食品可以选择标注的内容，100mL 雀巢牌纯牛乳营养标签中"维生素 D 可促进钙的吸收。维生素 D 有助于骨骼和牙齿的健康。钙是人体骨骼和牙齿的主要组成成分，许多生理功能也需要钙的参与"。这是营养成分功能声称的表述。因为 100mL 雀巢牌纯牛乳的营养声称补充为不含钠，富含钙和维生素 D，因此可以针对钠、钙和维生素 D 选择使用营养成分功能声称。能量和营养素的营养成分功能声称是固定的语句，只能选择其中的语句而不能自己编撰。100mL 雀巢牌纯牛乳的营养成分功能声称都是采用已经给出的语句。

## 项目二 饼干营养标签的制作

### 一、营养成分的数据来源

食品营养标签所用数据可通过两种方法获得。

**1. 计算法**

该法是根据食品原料的配比，或其他确实的资料如公认的食物营养成分数据（如《中国食物成分表》）或相似的同类食品等的成分数据计算出产品的营养成分含量，所得结果应可信。

**2. 检测法**

检测数据可以来源于具有检测资格认证的检测部门（如北京营养源食品研究所），也可以来源于食品企业内部的检测机构（如质检部）。直接分析时所用的检验方法、样品采集的基本选择原则按照 GB/T 5009.1—2003 规定执行。检验方法应首先选择国家标准方法的最新版本，如有并列方法时，可根据适用范围选择适宜的方法。当无国标方法时，推荐优先使用美国公职分析化学家协会（AOAC）的方法；经过验证的、引自权威文献报道或行业公认的权威方法也可以使用。表 4-2 所示为核心营养素以及宜标示的重要营养成分的常用分析方法，其他方法可在相关标准和文献中查找。

表4-2　　营养标签中核心和重要营养成分的测定方法

| 营养成分 | 标准号 | 标准名称 |
| --- | --- | --- |
| 蛋白质 | GB/T 5009.5 | 食品中蛋白质的测定 |
| | GB/T 5413.1 | 婴幼儿配方食品和乳粉　蛋白质的测定 |
| | GB/T 5511 | 粮食、油料检验　粗蛋白质测定法 |
| | GB/T 14489.2 | 油料粗蛋白的测定法 |
| | GB/T 14771 | 食品中蛋白质的测定方法 |
| | GB/T 15673 | 食用菌粗蛋白质含量测定方法 |
| | GB/T 12091 | 淀粉及其衍生物氮含量测定方法 |
| | GB/T 9695.11 | 肉与肉制品　氮含量测定 |
| 脂肪 | GB/T 5009.6 | 食品中脂肪的测定 |
| | GB/T 5512 | 粮食、油料检验　粗脂肪测定法 |
| | GB/T 9695.1 | 肉与肉制品　游离脂肪酸含量的测定 |
| | GB/T 9695.7 | 肉与肉制品　总脂肪含量测定 |
| | GB/T 12088 | 淀粉总脂肪测定方法 |
| | GB/T 14772 | 食品中粗脂肪的测定方法 |
| | GB/T 15674 | 食用菌粗脂肪含量测定方法 |
| 脂肪酸 | GB/T 9695.2 | 肉与肉制品　脂肪酸测定 |
| | GB/T 17376 | 动植物油脂　脂肪酸甲酯制备 |
| | GB/T 17377 | 动植物油脂　脂肪酸甲酯的气相色谱分析 |
| 胆固醇 | GB/T 5009.128 | 食品中胆固醇的测定 |
| | GB/T 9695.24 | 肉与肉制品　胆固醇含量测定 |
| 糖 | GB/T 5009.7 | 食品中还原糖的测定 |
| | GB/T 5009.8 | 食品中蔗糖的测定 |
| | GB/T 5513 | 粮食、油料检验　还原糖和非还原糖测定法 |
| | GB/T 16285 | 食品中葡萄糖的测定方法　酶－比色法和酶－电极法 |
| | GB/T 16286 | 食品中蔗糖的测定方法　酶－比色法 |
| | GB/T 18932.22 | 蜂蜜中果糖、葡萄糖、蔗糖、麦芽糖含量的测定方法　液相色谱示差折光检测法 |
| 淀粉 | GB/T 5009.9 | 食品中淀粉的测定 |
| | GB/T 5514 | 粮食、油料检验　淀粉测定法 |
| | GB/T 9695.14 | 肉制品　淀粉含量测定 |
| | GB/T 16287 | 食品中淀粉的测定方法　酶－比色法 |
| | GB/T 20378 | 原淀粉　淀粉含量的测定　旋光法 |

续表

| 营养成分 | 标准号 | 标准名称 |
| --- | --- | --- |
| 膳食纤维 | GB/T 5009.88 | 食物中不溶性膳食纤维的测定 |
| | GB/T 9822 | 谷物不溶性膳食纤维测定法 |
| | AOAC 985.29 | 食物中总膳食纤维 酶-重量法 |
| | AOAC 991.43 | 食物中总的、可溶性和不溶性膳食纤维 酶-重量法 MES-TRIS 缓冲液 |
| | AOAC 992.16 | 总膳食纤维 酶重量法 |
| | AOAC 993.21 | 淀粉含量≤2%的食物及其制品中总膳食纤维 非酶-重量法 |
| | AOAC 994.13 | 总膳食纤维（测定值等于中性糖、糖醛酸残基和 Klason 木质素）气相色谱—比色—重量法 |
| | AOAC 997.08 | 食物制品中的果聚糖 离子交换色谱法 |
| | AOAC 999.03 | 测定食物中总的果聚糖 |
| | AOAC 2000.11 | 食物中聚葡萄糖 离子交换色谱法 |
| | AOAC 2001.02 | 测定特定食品中的反式低聚半乳糖 离子交换色谱法 |
| | AOAC 2001.03 | 测定特定食品中的总膳食纤维 包含抗性麦芽糊精 酶重量法和液相色谱法 |
| | AOAC 2002.02 | 淀粉与植物性基质中的抗性淀粉 酶消化法 |
| | Englyst 方法 | 膳食纤维（非淀粉多糖）的常规测定比色法 |
| 钠 | GB/T 5009.91 | 食品中钾、钠的测定 |
| | GB/T 11904 | 水质 钾和钠的测定 火焰原子吸收分光光度法 |
| | GB/T 12457 | 食品中氯化钠的测定方法 |
| | GB/T 15402 | 水果、蔬菜及其制品 钠、钾含量的测定 |
| | GB/T 18932.11 | 蜂蜜中钾、磷、铁、钙、锌、铝、钠、镁、硼、锰、铜、钡、钛、钒、镍、钴、铬含量的测定方法 电感耦合等离子体原子发射光谱（ICP-AES）法 |
| | GB/T 18932.12 | 蜂蜜中钾、钠、钙、镁、锌、铁、铜、锰、铬、铅、镉含量的测定方法 原子吸收光谱法 |
| 钙 | GB/T 5009.92 | 食品中钙的测定 |
| | GB/T 7476 | 水质 钙的测定 EDTA 滴定法 |
| | GB/T 7477 | 水质 钙和镁总量的测定 EDTA 滴定法 |
| | GB/T 9695.13 | 肉与肉制品 钙含量测定 |
| | GB/T 11905 | 水质 钙和镁的测定 原子吸收分光光度法 |
| | GB/T 14609 | 谷物中铜、铁、锰、锌、钙、镁的测定法 原子吸收法 |
| | GB/T 14610 | 谷及谷物制品中钙的测定 |
| | GB/T 18932.11 | 蜂蜜中钾、磷、铁、钙、锌、铝、钠、镁、硼、锰、铜、钡、钛、钒、镍、钴、铬含量的测定方法 电感耦合等离子体原子发射光谱（ICP-AES）法 |
| | GB/T 18932.12 | 蜂蜜中钾、钠、钙、镁、锌、铁、铜、锰、铬、铅、镉含量的测定方法 原子吸收光谱法 |

续表

| 营养成分 | 标准号 | 标准名称 |
|---|---|---|
| 维生素 A | GB/T 5009.82 | 食品中维生素 A 和维生素 E 的测定 |
| | GB/T 9695.26 | 肉与肉制品 维生素 A 含量测定 |
| | GB/T 5009.83 | 食品中胡萝卜素的测定 |

## 二、营养成分原始数据的修正

食品营养成分的表达应科学、规范并简单明了。营养成分数值的修约规则根据《数值修约规则》（GB/T 8170—2008）的有关规定执行。修约间隔是制定修约保留位数的一种方式。为格式统一和方便消费者熟悉，每种营养成分数值的修约间隔见表 4-3。当某食品营养成分含量低微，或其摄入量对人体营养健康的影响微不足道时，允许标示"0"的数值。

表 4-3 能量和营养成分名称、顺序、表达单位、修约间隔和"0"界限值

| 能量和营养成分的名称和顺序 | 表达单位[a] | 修约间隔 | "0"界限值（每100g 或 100mL）[b] |
|---|---|---|---|
| **能量** | 千焦（kJ） | 1 | ≤17kJ |
| **蛋白质** | 克（g） | 0.1 | ≤0.5g |
| **脂肪** | 克（g） | 0.1 | ≤0.5g |
| 饱和脂肪（酸） | 克（g） | 0.1 | ≤0.1g |
| 反式脂肪（酸） | 克（g） | 0.1 | ≤0.3g |
| 单不饱和脂肪（酸） | 克（g） | 0.1 | ≤0.1g |
| 多不饱和脂肪（酸） | 克（g） | 0.1 | ≤0.1g |
| 胆固醇 | 毫克（mg） | 1 | ≤5mg |
| **碳水化合物** | 克（g） | 0.1 | ≤0.5g |
| 糖（乳糖[c]） | 克（g） | 0.1 | ≤0.5g |
| 膳食纤维（或单体成分，或可溶性、不可溶性膳食纤维） | 克（g） | 0.1 | ≤0.5g |
| **钠** | 毫克（mg） | 1 | ≤5mg |
| 维生素 A | 微克视黄醇当量（μg RE） | 1 | ≤8μg RE |
| 维生素 D | 微克（μg） | 0.1 | ≤0.1μg |
| 维生素 E | 毫克α-生育酚当量（mg α-TE） | 0.01 | ≤0.28mg α-TE |
| 维生素 K | 微克（μg） | 0.1 | ≤1.6μg |

续表

| 能量和营养成分的名称和顺序 | 表达单位[a] | 修约间隔 | "0"界限值（每100g或100mL）[b] |
|---|---|---|---|
| 维生素 $B_1$（硫胺素） | 毫克（mg） | 0.01 | ≤0.03mg |
| 维生素 $B_2$（核黄素） | 毫克（mg） | 0.01 | ≤0.03mg |
| 维生素 $B_6$ | 毫克（mg） | 0.01 | ≤0.03mg |
| 维生素 $B_{12}$ | 微克（μg） | 0.01 | ≤0.05μg |
| 维生素 C（抗坏血酸） | 毫克（mg） | 0.1 | ≤2.0mg |
| 烟酸（烟酰胺） | 毫克（mg） | 0.01 | ≤0.28mg |
| 叶酸 | 微克（μg）或微克叶酸当量（μg DFE） | 1 | ≤8μg |
| 泛酸 | 毫克（mg） | 0.01 | ≤0.10mg |
| 生物素 | 微克（μg） | 0.1 | ≤0.6μg |
| 胆碱 | 毫克（mg） | 0.1 | ≤9.0mg |
| 磷 | 毫克（mg） | 1 | ≤14mg |
| 钾 | 毫克（mg） | 1 | ≤20mg |
| 镁 | 毫克（mg） | 1 | ≤6mg |
| 钙 | 毫克（mg） | 1 | ≤8mg |
| 铁 | 毫克（mg） | 0.1 | ≤0.3mg |
| 锌 | 毫克（mg） | 0.01 | ≤0.30mg |
| 碘 | 微克（μg） | 0.1 | ≤3.0μg |
| 硒 | 微克（μg） | 0.1 | ≤1.0μg |
| 铜 | 毫克（mg） | 0.01 | ≤0.03mg |
| 氟 | 毫克（mg） | 0.01 | ≤0.02mg |
| 锰 | 毫克（mg） | 0.01 | ≤0.06mg |

注：a 营养成分的表达单位可选择表格中的中文或英文，也可以两者都使用。

b 当某营养成分含量数值≤"0"界限值时，其含量应标示为"0"；使用"份"的计量单位时，也要同时符合每100g或100mL的"0"界限值的规定。

c 在乳及乳制品的营养标签中可直接标示乳糖。

维生素 A（μg RE）＝维生素 A（μg RE）＋β－胡萝卜素（mg）/6

维生素 E（mg α－TE）＝α－生育酚（mg）＋0.5×β－生育酚（mg）＋0.1×γ－生育酚（mg）＋0.3×三烯生育酚（mg）＋0.01δ－生育酚（mg）

叶酸当量（μg DEF）＝食品天然的叶酸（mg）＋1.7×强化的叶酸（mg）

例：某公司研发某种新饼干，经质检部测定后按照表4－3的表达单位、修约间隔以及"0"界限值要求得出100g饼干中能量为2031kJ，蛋白质为8.0g，脂肪为21.6g，碳水化合物为62.9g，钠为518mg，钙为320mg，铁为4.8mg。

## 三、营养素参考值（NRV）的计算

营养素参考值（nutrient reference values，NRV）指"中国食品标签营养素参考值"的简称，是专用于食品标签的、比较食品营养成分含量多少的参考标准，是消费者选择食品时的一种营养参照尺度。营养素参考值主要依据我国居民膳食营养素推荐摄入量（RNI）和适宜摄入量（AI）而制定。以下数值经中国营养学会第六届六次常务理事会通过并发布（表4-4）。

表4-4　　　　　　　　　　营养素参考值（NRV）

| 营养成分 | NRV | 营养成分 | NRV |
| --- | --- | --- | --- |
| 能量[a] | 8400kJ | 泛酸 | 5mg |
| 蛋白质 | 60g | 生物素 | 30μg |
| 脂肪 | ≤60g | 胆碱 | 450mg |
| 饱和脂肪酸 | ≤20g | 钙 | 800mg |
| 胆固醇 | ≤300mg | 磷 | 700mg |
| 碳水化合物 | 300g | 钾 | 2000mg |
| 膳食纤维[b] | 25g | 钠 | 2000mg |
| 维生素A | 800μg RE | 镁 | 300mg |
| 维生素D | 5μg | 铁 | 15mg |
| 维生素E | 14mg α-TE | 锌 | 15mg |
| 维生素K | 80μg | 碘 | 150μg |
| 维生素$B_1$ | 1.4mg | 硒 | 50μg |
| 维生素$B_2$ | 1.4mg | 铜 | 1.5mg |
| 维生素$B_6$ | 1.4mg | 氟 | 1mg |
| 维生素$B_{12}$ | 2.4μg | 锰 | 3mg |
| 维生素C | 100mg | | |
| 烟酸 | 14mg | | |
| 叶酸 | 400μg DFE | | |

注：a 能量相当于8400kJ；蛋白质、脂肪、碳水化合物供能分别占总能量的13%、27%与60%。
　　b 膳食纤维暂为营养成分。

NRV的修约间隔为1，如1%、5%、16%等。计算公式如下：

$$NRV = X/NRV \times 100\%$$

其中：X代表食品中某营养素的含量，NRV代表该营养素的营养素参考值。

例：根据该计算公式，可以计算得出某公司研发某种新饼干能量和营养素的NRV值分别如下：能量为24%，蛋白质为13%，脂肪为36%，碳水化合物为

21%，钠为 26%，钙为 40%，铁为 32%。

要保证产品在保质期内，判断标签上营养成分含量标示值允许的误差范围应遵循如下原则（表 4-5）。

表 4-5　　　　　标示值允许误差范围的判断原则

| 食品营养成分 | 标示值允许误差范围 |
| --- | --- |
| 食品的蛋白质，多不饱和及单不饱和脂肪（酸）、碳水化合物、糖（仅限乳糖），总的、可溶性或不溶性膳食纤维及其单体，维生素（不包括维生素 D、维生素 A），矿物质（不包括钠），强化的其他营养成分 | ≥80% 标示值 |
| 食品中的能量以及脂肪、饱和脂肪（酸）、反式脂肪（酸），胆固醇、钠、糖（除乳糖外） | ≤120% 标示值 |
| 食品中的维生素 D 和维生素 A | 80%~180% 标示值 |

## 四、营养成分表的制作

表 4-3 黑体标注的项目为必须标注的营养成分，其他营养成分的标注必须按照表 4-3 由上到下的顺序。同时营养成分表也有推荐的基本格式 4 种，可任选其一。能量和营养成分的含量单位可以用文字或括号内的字母标示。4 种格式见表 4-6~表 4-10。

表 4-6　　　　　　营养成分表（格式 1a）

| 项目 | 每 100 克（g）或毫升（mL），或每份 | 营养素参考值/%，或 NRV/% |
| --- | --- | --- |
| 能量 | 千焦（kJ） | % |
| 蛋白质 | 克（g） | % |
| 脂肪 | 克（g） | % |
| 碳水化合物 | 克（g） | % |
| 钠 | 毫克（mg） | % |

表 4-7　　　　　　营养成分表（格式 1b）

| 项目 | 每 100 克（g）或毫升（mL），或每份 | 营养素参考值/%，或 NRV/% |
| --- | --- | --- |
| **能量** | 千焦（kJ） | % |
| **蛋白质** | 克（g） | % |
| **脂肪** | 克（g） | % |
| ——饱和脂肪 | 克（g） | % |
| 胆固醇 | 克（g） | % |
| **碳水化合物** | 克（g） | % |

续表

| 项目 | 每100克（g）或毫升（mL），或每份 | 营养素参考值/%，或 NRV/% |
|---|---|---|
| ——糖 | 克（g） | |
| 膳食纤维 | 克（g） | % |
| **钠** | 毫克（mg） | % |
| 钙 | 毫克（mg） | % |
| 维生素 A | 微克视黄醇当量（μg RE） | % |

注：能量和核心营养成分应为粗体或其他方法使其显著。若再标示除核心和重要营养成分外的其他营养素，应列在推荐的营养成分之下，并用横线隔开。

表 4-8　　　　　　　营养成分表（格式 2）

| 项目 | 每100克（g）或毫升（mL），或每份 | 营养素参考值/%，或 NRV/% |
|---|---|---|
| 能量 | 千焦（kJ） | % |
| 蛋白质 | 克（g） | % |
| 脂肪 | 克（g） | % |
| 碳水化合物 | 克（g） | % |
| 钠 | 毫克（mg） | % |

注：营养声称如：低脂肪××；营养成分功能声称如：每日膳食中脂肪提供的能量占总能量的比例不宜超过30%。营养成分功能声称应当标在营养成分表下端；营养声称可以标在营养成分表下端、上端或其他任意位置。

表 4-9　　　　　　　营养成分表（格式 3）

| 项目/Items | 每100克（g）或毫升（mL），或每份<br>per 100g（mL）or per Serving | 营养素参考值/%，或 NRV/% |
|---|---|---|
| 能量/Energy | 千焦（kJ） | % |
| 蛋白质/Protein | 克（g） | % |
| 脂肪/Fat | 克（g） | % |
| 碳水化合物/Carbohydrate | 克（g） | % |
| 钠/Sodium | 毫克（mg） | % |

表 4-10　　　　　　　营养成分表（格式 4）

| 项目 | 每100克（g）或毫升（mL），或每份 | 营养素参考值/%，或 NRV/% | 项目 | 每100克（g）或毫升（mL），或每份 | 营养素参考值/%，或 NRV/% |
|---|---|---|---|---|---|
| 能量 | 千焦（kJ） | % | 碳水化合物 | 克（g） | % |
| 蛋白质 | 克（g） | % | 钠 | 毫克（mg） | % |
| 脂肪 | 克（g） | % | | | |

根据上述推荐的格式，某公司研发某种新饼干（净含量：100克）的营养成分见表4-11。

表4-11　　　　　　　　营养成分表 Nutritioon Information

| 项目/Items | 每100克（g）/per100g | 营养素参考值/%，NRV/% |
|---|---|---|
| 能量/Energy | 2031千焦（kJ） | 24% |
| 蛋白质/Protein | 8.0克（g） | 13% |
| 脂肪/Fat | 21.6克（g） | 36% |
| 碳水化合物/Carbohydrate | 62.9克（g） | 21% |
| 钠/Sodium | 518毫克（mg） | 26% |
| 钙/Calcium | 320毫克（mg） | 40% |
| 铁/Iron | 4.8毫克（mg） | 32% |

## 五、营养声称的制定

使用含量声称或比较声称，必须满足表4-12所给出的能量或任一营养成分的含量要求，并符合其限制性条件（表4-13）。

表4-12　　　　　　　　能量和营养素含量声称的要求和条件

| 项目 | 含量声称方式 | 含量要求 | 限制性条件 |
|---|---|---|---|
| 能量 | 低能量 | ≤170kJ/100g 固体<br>≤80kJ/100mL 液体 | 其中脂肪提供的能量≤总能量的50% |
| | 无能量 | ≤17kJ/100g（固体）或100mL（液体） | |
| 蛋白质 | 低蛋白 | 来自蛋白质的能量≤总能量的5% | 总能量指每100g/mL 或每份 |
| | 蛋白质来源或含有蛋白质 | 每100g 的含量≥10% NRV<br>每100mL 的含量≥5% NRV 或者<br>每420kJ 的含量≥5% NRV | |
| | 高或富含蛋白质 | "来源"的2倍以上 | |
| 脂肪 | 无或不含脂肪 | ≤0.5g/100g（固体）或100mL（液体） | |
| | 低脂肪 | ≤3g/100g 固体；≤1.5g/100mL 液体 | |
| | 脱脂 | 液态乳和酸乳：脂肪含量≤0.5%；<br>乳粉：脂肪含量≤1.5% | 仅指乳品类 |
| | 低饱和脂肪 | ≤1.5g/100g 固体≤0.75g/100mL 液体 | （1）指饱和脂肪及反式脂肪的总和；<br>（2）其提供的能量占食品总能量的10%以下 |

续表

| 项目 | 含量声称方式 | 含量要求 | 限制性条件 |
|---|---|---|---|
| 脂肪 | 无或不含饱和脂肪 | ≤0.1g/100g（固体）或100mL（液体） | 指饱和脂肪及反式脂肪的总和 |
| | 瘦 | 脂肪含量≤10% | 仅指畜肉类和禽肉类 |
| | 无或不含反式脂肪酸 | ≤0.3g/100g（固体）或100mL（液体） | |
| 胆固醇 | 低胆固醇 | ≤20mg/100g 固体；≤10mg/100mL 液体 | 应同时符合低饱和脂肪的声称含量要求和限制性条件 |
| | 无或不含胆固醇 | ≤0.005g/100g（固体）或100mL（液体） | |
| 碳水化合物（糖） | 低糖 | ≤5g/100g（固体）或100mL（液体） | |
| | 无或不含糖 | ≤0.5g/100g（固体）或100mL（液体） | |
| | 低乳糖 | 乳糖含量≤2g/100g（mL） | 仅指乳品类 |
| | 无乳糖 | 乳糖含量≤0.5g/100g（mL） | |
| 钠 | 低钠 | ≤120mg/100g 或 100mL | 符合"钠"声称的声称时，也可用"盐"字代替"钠"字，如"低盐" "减少盐"等 |
| | 极低钠 | ≤40mg/100g 或 100mL | |
| | 无或不含钠 | ≤5mg/100g 或 100mL | |
| 矿物质 | ××来源，或含有×× | 每100g中≥15% NRV 每100mL中≥7.5% NRV，或 每420kJ中≥5% NRV | 含有"多种矿物质"指3种和（或）3种以上维生素含量符合"含有"的声称要求 |
| | 高或富含×× | "来源"的2倍以上 | 含有"多种矿物质"指3种和（或）3种以上维生素含量符合"含有"的声称要求 |
| 维生素 | 维生素××来源或含有维生素×× | 每100g中≥15% NRV 每100mL中≥7.5% NRV，或 每420kJ中≥5% NRV | 含有"多种维生素"指3种和（或）3种以上维生素含量符合"含有"的声称要求 |
| | 高或富含维生素×× | "来源"的2倍以上 | |
| 膳食纤维 | 膳食纤维来源或含有膳食纤维 | ≥3g/100g，≥1.5g/100mL ≥1.5g/420kJ | 膳食纤维总量符合其含量要求；或者可溶性膳食纤维、不溶性膳食纤维或单体成分任一项符合含量要求 |
| | 高或富含膳食纤维或良好来源 | "来源"的2倍以上 | |

注：使用每份食品的含量时也必须符合100g（mL）的含量规定。

表4-13　　　　　　　能量和营养素比较声称的要求和条件

| 比较声称方式 | 要求 | 条件 |
| --- | --- | --- |
| 减少能量 | 与参考食品比较，能量值减少25%以上 | 参考食品（基准食品应为消费者熟知、易理解的同类或同属类食品） |
| 增加或减少蛋白质 | 与参考食品比较，蛋白质含量增加或减少25%以上 | |
| 减少脂肪 | 与参考食品比较，脂肪含量减少25%以上 | |
| 减少胆固醇 | 与参考食品比较，胆固醇含量减少25%以上 | |
| 增加或减少碳水化合物 | 与参考食品比较，碳水化合物含量增加或减少25%以上 | |
| 减少糖 | 与参考食品比较，糖含量减少25%以上 | |
| 增加或减少膳食纤维 | 与参考食品比较，膳食纤维含量增加或减少25%以上 | |
| 减少钠 | 与参考食品比较，钠含量减少25%以上 | |

根据表4-12营养成分含量声称的要求，饼干中蛋白质NRV%为13%，符合含量声称中每100g≥10% NRV的规定；钙和铁的NRV分别为40%和32%，符合含量声称中每100g≥30% NRV的规定。因此某公司研发某种新饼干的含量声称如下：含有蛋白质，富含钙和铁。由于饼干产品没有固定的参考食品，所以可以不制定比较声称。

### 六、营养成分功能声称的制定

当能量或营养素含量符合表4-12有关要求时，根据食品的营养特性，可选用以下一条或多条功能声称的标准用语。以下用语不得删改和添加。

1. 能量

人体需要能量来维持生命活动；机体的生长发育和一切活动都需要能量；适当的能量可以保持良好的健康状况；能量摄入过高、缺少运动与超重和肥胖有关。

2. 蛋白质

蛋白质是人体的主要构成物质并提供多种氨基酸；蛋白质是人体生命活动中必需的重要物质，有助于组织的形成和生长；蛋白质有助于构成或修复人体组织；蛋白质有助于组织的形成和生长；蛋白质是组织形成和生长的主要营养素。

3. 脂肪

脂肪提供高能量；每日膳食中脂肪提供的能量占总能量的比例不宜超过30%；脂肪是人体的重要组成成分；脂肪可辅助脂溶性维生素的吸收；脂肪提供人体必需脂肪酸。

（1）饱和脂肪　饱和脂肪可促进食物中胆固醇的吸收；饱和脂肪摄入量应少于每日总脂肪的1/3，过多摄入有害健康；过多摄入饱和脂肪可使胆固醇增高，摄入量应少于每日总能量的10%。

（2）反式脂肪酸　每天摄入反式脂肪酸不应超过2.2g，过多摄入有害健康。反式脂肪酸摄入量应少于每日总能量的1%，过多摄入有害健康。过多摄入反式脂肪酸可使血液胆固醇增高，从而增加心血管疾病发生的风险。

### 4. 胆固醇

每日膳食中胆固醇摄入量不宜超过 300mg。

### 5. 碳水化合物

碳水化合物是人类生存的基本物质和能量主要来源；碳水化合物是人类能量的主要来源；碳水化合物是血糖生成的主要来源；膳食中碳水化合物应占能量的 60% 左右。

### 6. 钠

钠能调节机体水分，维持酸碱平衡；中国营养学会建议每日食盐的摄入量不要超过 6g；钠摄入过高有害健康。

### 7. 钙

钙是人体骨骼和牙齿的主要组成成分，许多生理功能也需要钙的参与；钙是骨骼和牙齿的主要成分，并维持骨骼密度；钙有助于骨骼和牙齿的发育；钙有助于骨骼和牙齿更坚固。

### 8. 铁

铁是血红细胞形成的因子；铁是血红细胞形成的必需元素；铁对血红蛋白的产生是必需的。

### 9. 锌

锌是儿童生长发育必需的元素；锌有助于改善食欲；锌有助于皮肤健康。

### 10. 镁

镁是能量代谢、组织形成和骨骼发育的重要物质。

### 11. 碘

碘是甲状腺发挥正常功能的要素。

### 12. 维生素 A

维生素 A 有助于维持暗视力；维生素 A 有助于维持皮肤和黏膜健康。

### 13. 维生素 C

维生素 C 有助于维持皮肤和黏膜健康；维生素 C 有助于维持骨骼、牙龈的健康；维生素 C 可以促进铁的吸收；维生素 C 有抗氧化作用。

### 14. 维生素 D

维生素 D 可促进钙的吸收；维生素 D 有助于骨骼和牙齿的健康；维生素 D 有助于骨骼形成。

### 15. 维生素 E

维生素 E 有抗氧化作用。

### 16. 维生素 $B_1$

维生素 $B_1$ 是能量代谢中不可缺少的成分；维生素 $B_1$ 有助于维持神经系统的正常生理功能。

### 17. 维生素 $B_2$

维生素 $B_2$ 有助于维持皮肤和黏膜健康；维生素 $B_2$ 是能量代谢中不可缺少的成分。

### 18. 烟酸

烟酸有助于维持皮肤和黏膜健康；烟酸是能量代谢中不可缺少的成分；烟酸有助于维持神经系统的健康。

### 19. 维生素 $B_6$

维生素 $B_6$ 有助于蛋白质的代谢和利用。

### 20. 维生素 $B_{12}$

维生素 $B_{12}$ 有助于红细胞形成。

### 21. 叶酸

叶酸有助于胎儿大脑和神经系统的正常发育；叶酸有助于红细胞形成；叶酸有助于胎儿正常发育。

### 22. 泛酸

泛酸是能量代谢和组织形成的要素。

### 23. 膳食纤维

膳食纤维有助于维持正常的肠道功能；膳食纤维是低能量物质。

例：根据上述营养成分功能声称的要求，某公司研发某种新饼干的营养成分功能声称如下：蛋白质是人体生命活动中必需的重要物质，有助于组织的形成和生长；钙是人体骨骼和牙齿的主要组成成分，许多生理功能也需要钙的参与；铁是血红细胞形成的因子。

汇总前面某公司研发某种新饼干的营养标签的制作过程，该饼干的营养标签如表 4-14 所示。

表 4-14　　　　　　　营养标签 Nutritioon Information

| 项目/Items | 每 100 克（g）/per100g | 营养素参考值/% 或 NRV/% |
| --- | --- | --- |
| 能量/Energy | 2031 千焦（kJ） | 24% |
| 蛋白质/Protein | 8.0 克（g） | 13% |
| 脂肪/Fat | 21.6 克（g） | 36% |
| 碳水化合物/Carbohydrate | 62.9 克（g） | 21% |
| 钠/Sodium | 518 毫克（mg） | 26% |
| 钙/Calcium | 320 毫克（mg） | 40% |
| 铁/Iron | 4.8 毫克（mg） | 32% |

注：含有蛋白质，富含钙和铁。

蛋白质是人体生命活动中必需的重要物质，有助于组织的形成和生长；钙是人体骨骼和牙齿的主要组成成分，许多生理功能也需要钙的参与；铁是血红细胞形成的因子。

**思考题**

1. 市场上金龙鱼阳光葵花子油的营养标签标注如表 4–15 所示，请利用上述知识对该营养标签进行修正。

表 4–15 　　　　葵花子油营养资料表（每 100 克油）

| 营养成分 | 平均含量 | |
|---|---|---|
| 能量 | 3700 | 千焦 |
| 总脂肪 | 100 | 克 |
| ——饱和脂肪 | 12.5 | 克 |
| ——单不饱和脂肪 | 26.0 | 克 |
| ——多不饱和脂肪 | 61.5 | 克 |
| 碳水化合物 | 0 | 克 |
| 胆固醇 | 0 | 毫克 |
| 维生素 E | 45 | 毫克 |

注：本品非蛋白质、糖、膳食纤维、钙、铁的主要来源。
　　精选 100% 纯葵花子油，含维生素 E，富含亚油酸，无胆固醇。
　　金龙鱼葵花子油，源自优选葵花子，经现代工艺压榨精制而成，富含亚油酸植物固醇和维生素 E 等有益成分。

2. 营养标签的查询

肯德基的营养标签查询：http：//www.kfc.com.cn/kfccda/products/

麦当劳的营养标签查询：http：//www.mcdonalds.com.cn/ourfood/nutrition.aspx

3. 按照营养声称中无糖的要求，我国现在的无糖食品是不是属于真正的无糖食品？

# 模块五　食品的营养强化

**知识目标**

了解食品营养强化的目的和目前主要的营养强化食品。

**能力目标**

能够根据《食品安全国家标准　食品营养强化剂使用标准》(GB 14880—2012)在食品企业中指导营养强化食品的生产。

**背景知识**

在某些食品中强化人体所必需的营养既能提高食品中营养素的价值，又能增强机体对营养素的生物利用率，是改善人民营养状况既经济又有效的途径，这在很多国家的实践中已经得到验证。1992 年美国 FDA 允许的营养素达 22 种。瑞典 1982 年允许的营养素即达 24 种。欧共体 24 种。我国于 1994 年颁布了《食品营养强化剂卫生使用标准》(GB 14880—1994)，规范了我国营养强化剂的使用，到 1998 年明确规定可作为强化的营养素就有 31 种（共 97 种化合物），其中氨基酸及含氮化合物 2 种、维生素 17 种、微量元素 10 种以及 2 种脂肪酸。随着营养强化剂使用过程的一些问题的出现和《食品安全法》的颁布，《食品安全国家标准　食品营养强化剂使用标准》(GB 14880—2012)于 2012 年 3 月 15 号正式颁布并取代 GB 14880—1994，并要求于 2013 年 1 月 1 日正式实施。

营养强化剂是指为了增加食品的营养成分（价值）而加入到食品中的天然或人工合成的营养素和其他营养成分。

营养强化的主要目的包括：

(1) 弥补食品在正常加工、储存时造成的营养素损失。

(2) 在一定的地域范围内，有相当规模的人群出现某些营养素摄入水平低或缺乏，通过强化可以改善其摄入水平低或缺乏导致的健康影响。

（3）某些人群由于饮食习惯和（或）其他原因可能出现某些营养素摄入量水平低或缺乏，通过强化可以改善其摄入水平低或缺乏导致的健康影响。

（4）补充和调整特殊膳食用食品中营养素和（或）其他营养成分的含量。

我国主要的强化食品有：

（1）加碘盐　我国是世界上碘缺乏病流行最严重的国家之一，而微量元素"碘"是机体所必需的生命元素。人体需要的碘主要来源于食物。由于食物链的作用，若土壤和饮用水中缺碘，则导致植物（包括粮食或蔬菜）及动物缺碘。人吃了含碘低的食物，会造成碘摄入不足。

日常生活中最普遍、最有效的补碘方法就是食用碘盐，这是因为碘盐的价格相对便宜，每天食用 5~6g 盐中所含的碘就可以满足人们日常的生理需要。

目前，加碘盐一般分为两种：加碘酸钾的加碘盐和加碘化钾的加碘盐。我国目前加碘盐多数为加碘酸钾的加碘盐，个别地区有加碘化钾的碘盐，这些统称为碘食用盐。我国居民在食用碘盐后，碘营养水平已明显改善并更趋合理。

（2）强化面粉　在面粉等粮食中添加营养素，是我国继加碘食盐强化后，又一改善公众营养状况的重大举措。营养强化面粉是在面粉中添加维生素 A、维生素 $B_1$、维生素 $B_2$、铁等人体所需的微量元素。在食用强化面粉后，试点地区人群的微量元素摄入量全面提高，营养性贫血状况明显好转，锌缺乏有所改善。

（3）强化大米　大米是人类的主食之一，提供人类 27% 的热能、10% 的蛋白质和 3% 的脂肪。大米也是硫胺素、核黄素、烟酸、锌等微量元素的重要食物来源。但是，大米中的营养素在加工过程的各个环节均有一定的损失，越是加工精白的大米，其营养素的损失越多，一般损失量在 50% 以上。加上烹饪过程中的损失，使硫胺素、核黄素、锌等各种微量元素的含量甚微。

目前，国际上采用假米粒法的"营养粒"，即以淀粉类物质，特别是以大米粉为基础粉与营养素混合均匀后制成面团。通过干燥后制成营养米粒。营养米粒与成品米粒按一定比例混合生产即成为营养强化大米。营养强化大米区别于营养药品和保健食品，它通过人们的一日三餐中的主食来平衡膳食，达到促进人们身体健康的目的。这是目前国际上推行的一种最为理想的主食营养强化途径。我国在 20 世纪 90 年代允许大米营养强化。

（4）铁强化酱油　由于我国膳食中植物性食物占主要部分，铁的吸收率极低，因而缺铁性贫血是我国公众普遍存在的问题。针对目前我国大约有 3 亿人口存在缺铁性贫血和铁营养不良的现状，国家开始推广"酱油补铁"。有关部门在贵州地区进行了大规模的试验以后发现，当地缺铁性贫血的儿童比例由之前的 42% 减少到了 7%。

（5）强化食用油　维生素 A 缺乏在我国主要是亚临床表现。据首都儿科研究所的调查，我国处于中度维生素 A 缺乏的省份共有 7 个，其中 6 个为我国的西部省区，广西儿童维生素 A 缺乏高达 42%。

植物油作为食物营养强化的载体之一，非常适合进行维生素 A 等脂溶性维生素的强化。维生素 A 强化油采用避光包装。因为光照是导致强化油中维生素 A 损失的重要因素，而其他原因（如时间、烹调温度等）的影响较小。

（6）强化辅助食品　以乳粉为例，普通乳粉一般是鲜牛乳经过干燥工艺制成的粉末状乳制品，常见的有全脂淡乳粉、全脂加糖乳粉和脱脂乳粉等。配方乳粉是根据不同人群的营养需求，通过调整普通乳粉营养成分的比例，并强化所需的钙、铁、锌、硒等矿物质，维生素 A、维生素 D、维生素 E、维生素 C、B 族维生素，以及牛磺酸、低聚果糖等营养强化剂及功能因子等。配方乳粉一般分为婴幼儿乳粉、功能性配方乳粉、营养强化乳粉三种。

## 项目一　被强化食品的选择和强化剂量的确定

营养强化剂的使用必须满足以下要求：

（1）营养强化剂的使用不应导致人群食用后营养素及其他营养成分摄入过量或不均衡，不应导致任何营养素及其他营养成分的代谢异常。

（2）营养强化剂的使用不应鼓励和引导与国家营养政策相悖的食品消费模式。

（3）添加到食品中的营养强化剂应能在特定的储存、运输和食用条件下保持质量的稳定。

（4）添加到食品中的营养强化剂不应导致食品一般特性如色泽、滋味、气味、烹调特性等发生明显不良改变。

（5）不应通过使用营养强化剂夸大食品中某一营养成分的含量或作用误导和欺骗消费者。

同时可强化食品类别的选择满足以下要求：

（1）应选择目标人群普遍消费且容易获得的食品进行强化。

（2）作为强化载体的食品消费量应相对比较稳定。

（3）我国居民膳食指南中提倡减少食用的食品不宜作为强化的载体。

## 项目二　营养强化剂的选择

营养强化剂的选择、用量见表 5-1。

表 5-1 营养强化剂的选择、用量

| 营养强化剂 | 食品类别（名称） | 使用量 |
| --- | --- | --- |
| 维生素 A | 调制乳 | 600～1000μg/kg |
| | 调制乳粉（儿童用乳粉和孕产妇用乳粉除外） | 3000～9000μg/kg |
| | 调制乳粉（仅限儿童用乳粉） | 1200～7000μg/kg |
| | 调制乳粉（仅限孕产妇用乳粉） | 2000～10000μg/kg |
| | 植物油 | 4000～8000μg/kg |
| | 人造黄油及其类似制品 | 4000～8000μg/kg |
| | 冰淇淋类、雪糕类 | 600～1200μg/kg |
| | 豆粉、豆浆粉 | 3000～7000μg/kg |
| | 豆浆 | 600～1400μg/kg |
| | 大米 | 600～1200μg/kg |
| | 小麦粉 | 600～1200μg/kg |
| | 即食谷物，包括辗轧燕麦（片） | 2000～6000μg/kg |
| | 西式糕点 | 2330～4000μg/kg |
| | 饼干 | 2330～4000μg/kg |
| | 含乳饮料 | 300～1000μg/kg |
| | 固体饮料类 | 4000～17000μg/kg |
| | 果冻 | 600～1000μg/kg |
| | 膨化食品 | 600～1500μg/kg |
| β-胡萝卜素 | 固体饮料类 | 3～6mg/kg |
| 维生素 D | 调制乳 | 10～40μg/kg |
| | 调制乳粉（儿童用乳粉和孕产妇用乳粉除外） | 63～125μg/kg |
| | 调制乳粉（仅限儿童用乳粉） | 20～112μg/kg |
| | 调制乳粉（仅限孕产妇用乳粉） | 23～112μg/kg |
| | 人造黄油及其类似制品 | 125～156μg/kg |
| | 冰淇淋类、雪糕类 | 10～20μg/kg |
| | 豆粉、豆浆粉 | 15～60μg/kg |
| | 豆浆 | 3～15μg/kg |
| | 藕粉 | 50～100μg/kg |
| | 即食谷物，包括辗轧燕麦（片） | 12.5～37.5μg/kg |
| | 饼干 | 16.7～33.3μg/kg |
| | 其他焙烤食品 | 10～70μg/kg |

续表

| 营养强化剂 | 食品类别（名称） | 使用量 |
| --- | --- | --- |
| 维生素 D | 果蔬汁（肉）饮料（包括发酵型产品等） | 2~10μg/kg |
| | 含乳饮料 | 10~40μg/kg |
| | 风味饮料 | 2~10μg/kg |
| | 固体饮料类 | 10~20μg/kg |
| | 果冻 | 10~40μg/kg |
| | 膨化食品 | 10~60μg/kg |
| 维生素 E | 调制乳 | 12~50mg/kg |
| | 调制乳粉（儿童用乳粉和孕产妇用乳粉除外） | 100~310mg/kg |
| | 调制乳粉（仅限儿童用乳粉） | 10~60mg/kg |
| | 调制乳粉（仅限孕产妇用乳粉） | 32~156mg/kg |
| | 植物油 | 100~180mg/kg |
| | 人造黄油及其类似制品 | 100~180mg/kg |
| | 豆粉、豆浆粉 | 30~70mg/kg |
| | 豆浆 | 5~15mg/kg |
| | 胶基糖果 | 1050~1450mg/kg |
| | 即食谷物，包括辗轧燕麦（片） | 50~125mg/kg |
| | 饮料类（包装饮用水和固体饮料品种除外） | 10~40mg/kg |
| | 固体饮料 | 76~180mg/kg |
| | 果冻 | 10~70mg/kg |
| 维生素 K | 调制乳粉（仅限儿童用乳粉） | 420~750μg/kg |
| | 调制乳粉（仅限孕产妇用乳粉） | 340~680μg/kg |
| 维生素 $B_1$ | 调制乳粉（仅限儿童用乳粉） | 1.5~14mg/kg |
| | 调制乳粉（仅限孕产妇用乳粉） | 3~17mg/kg |
| | 豆粉、豆浆粉 | 6~15mg/kg |
| | 豆浆 | 1~3mg/kg |
| | 胶基糖果 | 16~33mg/kg |
| | 大米及其制品 | 3~5mg/kg |
| | 小麦粉及其制品 | 3~5mg/kg |
| | 杂粮粉及其制品 | 3~5mg/kg |
| | 即食谷物，包括辗轧燕麦（片） | 7.5~17.5mg/kg |
| | 面包 | 3~5mg/kg |

续表

| 营养强化剂 | 食品类别（名称） | 使用量 |
|---|---|---|
| 维生素 $B_1$ | 西式糕点 | 3~6mg/kg |
| | 饼干 | 3~6mg/kg |
| | 含乳饮料 | 1~2mg/kg |
| | 风味饮料 | 2~3mg/kg |
| | 固体饮料类 | 9~22mg/kg |
| | 果冻 | 1~7mg/kg |
| 维生素 $B_2$ | 果冻 | 1~7mg/kg |
| | 调制乳粉（仅限儿童用乳粉） | 8~14mg/kg |
| | 调制乳粉（仅限孕产妇用乳粉） | 4~22mg/kg |
| | 豆粉、豆浆粉 | 6~15mg/kg |
| | 豆浆 | 1~3mg/kg |
| | 胶基糖果 | 16~33mg/kg |
| | 大米及其制品 | 3~5mg/kg |
| | 小麦粉及其制品 | 3~5mg/kg |
| | 杂粮粉及其制品 | 3~5mg/kg |
| | 即食谷物，包括辗轧燕麦（片） | 7.5~17.5mg/kg |
| | 面包 | 3~5mg/kg |
| | 西式糕点 | 3.3~7.0mg/kg |
| | 饼干 | 3.3~7.0mg/kg |
| | 含乳饮料 | 1~2mg/kg |
| | 固体饮料类 | 9~22mg/kg |
| | 果冻 | 1~7mg/kg |
| 维生素 $B_6$ | 调制乳粉（儿童用乳粉和孕产妇用乳粉除外） | 8~16mg/kg |
| | 调制乳粉（仅限儿童用乳粉） | 1~7mg/kg |
| | 调制乳粉（仅限孕产妇用乳粉） | 4~22mg/kg |
| | 即食谷物，包括辗轧燕麦（片） | 10~25mg/kg |
| | 饼干 | 2~5mg/kg |
| | 其他焙烤食品 | 3~15mg/kg |
| | 饮料类（包装饮用水类、固体饮料类品种除外） | 0.4~1.6mg/kg |
| | 固体饮料类 | 7~22mg/kg |

续表

| 营养强化剂 | 食品类别（名称） | 使用量 |
|---|---|---|
| 维生素 $B_{12}$ | 调制乳粉（仅限儿童用乳粉） | 10~30μg/kg |
| | 调制乳粉（仅限孕产妇用乳粉） | 10~66μg/kg |
| | 即食谷物，包括辗轧燕麦（片） | 5~10μg/kg |
| | 其他焙烤食品 | 10~70μg/kg |
| | 饮料类（包装饮用水类、固体饮料类品种除外） | 0.6~1.8μg/kg |
| | 固体饮料类 | 10~66μg/kg |
| | 果冻 | 2~6μg/kg |
| 维生素 C | 风味发酵乳 | 120~240mg/kg |
| | 调制乳粉（儿童用乳粉和孕产妇用乳粉除外） | 300~1000mg/kg |
| | 调制乳粉（仅限儿童用乳粉） | 140~800mg/kg |
| | 调制乳粉（仅限孕产妇用乳粉） | 1000~1600mg/kg |
| | 水果罐头 | 200~400mg/kg |
| | 果泥 | 50~100mg/kg |
| | 豆粉、豆浆粉 | 400~700mg/kg |
| | 胶基糖果 | 630~13000mg/kg |
| | 除胶基糖果以外的其他糖果 | 1000~6000mg/kg |
| | 即食谷物，包括辗轧燕麦（片） | 300~750mg/kg |
| | 果蔬汁（肉）饮料（包括发酵型产品等） | 250~500mg/kg |
| | 含乳饮料 | 120~240mg/kg |
| | 水基调味饮料类 | 250~500mg/kg |
| | 固体饮料类 | 1000~2250mg/kg |
| | 果冻 | 120~240mg/kg |
| 烟酸 | 调制乳粉（仅限儿童用乳粉） | 23~47mg/kg |
| | 调制乳粉（仅限孕产妇用乳粉） | 42~100mg/kg |
| | 豆粉、豆浆粉 | 60~120mg/kg |
| | 豆浆 | 10~30mg/kg |
| | 大米及其制品 | 40~50mg/kg |
| | 小麦粉及其制品 | 40~50mg/kg |
| | 杂粮粉及其制品 | 40~50mg/kg |
| | 即食谷物，包括辗轧燕麦（片） | 75~218mg/kg |
| | 面包 | 40~50mg/kg |

续表

| 营养强化剂 | 食品类别（名称） | 使用量 |
|---|---|---|
| 烟酸 | 饼干 | 30~60mg/kg |
| | 饮料类（包装饮用水类、固体饮料类品种除外） | 3~18mg/kg |
| | 固体饮料类 | 110~330mg/kg |
| 叶酸 | 调制乳（仅限孕产妇用调制乳） | 400~1200μg/kg |
| | 调制乳粉（儿童用乳粉和孕产妇用乳粉除外） | 2000~5000μg/kg |
| | 调制乳粉（仅限儿童用乳粉） | 420~3000μg/kg |
| | 调制乳粉（仅限孕产妇用乳粉） | 2000~8200μg/kg |
| | 大米（仅限免淘洗大米） | 1000~3000μg/kg |
| | 小麦粉 | 1000~3000μg/kg |
| | 即食谷物，包括辗轧燕麦（片） | 1000~2500μg/kg |
| | 饼干 | 390~780μg/kg |
| | 其他焙烤食品 | 2000~7000μg/kg |
| | 果蔬汁（肉）饮料（包括发酵型产品等） | 157~313μg/kg |
| | 固体饮料类 | 600~6000μg/kg |
| | 果冻 | 50~100μg/kg |
| 泛酸 | 调制乳粉（仅限儿童用乳粉） | 6~60mg/kg |
| | 调制乳粉（仅限孕产妇用乳粉） | 20~80mg/kg |
| | 即食谷物，包括辗轧燕麦（片） | 30~50mg/kg |
| | 碳酸饮料 | 1.1~2.2mg/kg |
| | 风味饮料 | 1.1~2.2mg/kg |
| | 茶饮料类 | 1.1~2.2mg/kg |
| | 固体饮料类 | 22~80mg/kg |
| | 果冻 | 2~5mg/kg |
| 生物素 | 调制乳粉（仅限儿童用乳粉） | 38~76μg/kg |
| 胆碱 | 调制乳粉（仅限儿童用乳粉） | 800~1500mg/kg |
| | 调制乳粉（仅限孕产妇用乳粉） | 1600~3400mg/kg |
| | 果冻 | 50~100mg/kg |
| 肌醇 | 调制乳粉（仅限儿童用乳粉） | 210~250mg/kg |
| | 果蔬汁（肉）饮料（包括发酵型产品等） | 60~120mg/kg |
| | 风味饮料 | 60~120mg/kg |

续表

| 营养强化剂 | 食品类别（名称） | 使用量 |
| --- | --- | --- |
| 铁 | 调制乳 | 10～20mg/kg |
| | 调制乳粉（儿童用乳粉和孕产妇用乳粉除外） | 60～200mg/kg |
| | 调制乳粉（仅限儿童用乳粉） | 25～135mg/kg |
| | 调制乳粉（仅限孕产妇用乳粉） | 50～280mg/kg |
| | 豆粉、豆浆粉 | 46～80mg/kg |
| | 除胶基糖果以外的其他糖果 | 600～1200mg/kg |
| | 大米及其制品 | 14～26mg/kg |
| | 小麦粉及其制品 | 14～26mg/kg |
| | 杂粮粉及其制品 | 14～26mg/kg |
| | 即食谷物，包括辗轧燕麦（片） | 35～80mg/kg |
| | 面包 | 14～26mg/kg |
| | 西式糕点 | 40～60mg/kg |
| | 饼干 | 40～80mg/kg |
| | 其他焙烤食品 | 50～200mg/kg |
| | 酱油 | 180～260mg/kg |
| | 饮料类（包装饮用水类、固体饮料类品种除外） | 10～20mg/kg |
| | 固体饮料类 | 95～220mg/kg |
| | 果冻 | 10～20mg/kg |
| 钙 | 调制乳 | 250～1000mg/kg |
| | 调制乳粉（儿童用乳粉除外） | 3000～7200mg/kg |
| | 调制乳粉（仅限儿童用乳粉） | 3000～6000mg/kg |
| | 干酪和再制干酪 | 2500～10000mg/kg |
| | 冰淇淋类、雪糕类 | 2400～3000mg/kg |
| | 豆粉、豆浆粉 | 1600～8000mg/kg |
| | 大米及其制品 | 1600～3200mg/kg |
| | 小麦粉及其制品 | 1600～3200mg/kg |
| | 杂粮粉及其制品 | 1600～3200mg/kg |
| | 藕粉 | 2400～3200mg/kg |
| | 即食谷物，包括辗轧燕麦（片） | 2000～7000mg/kg |
| | 面包 | 1600～3200mg/kg |
| | 西式糕点 | 2670～5330mg/kg |

续表

| 营养强化剂 | 食品类别（名称） | 使用量 |
|---|---|---|
| 钙 | 饼干 | 2670~5330mg/kg |
| | 其他焙烤食品 | 3000~15000mg/kg |
| | 肉灌肠类 | 850~1700mg/kg |
| | 肉松类 | 2500~5000mg/kg |
| | 肉干类 | 1700~2550mg/kg |
| | 脱水蛋制品 | 190~650mg/kg |
| | 醋 | 6000~8000mg/kg |
| | 饮料类（包装饮用水类、果蔬类、固体饮料类品种除外） | 160~1350mg/kg |
| | 果蔬汁（肉）饮料（包括发酵型产品等） | 1000~1800mg/kg |
| | 固体饮料类 | 2500~10000mg/kg |
| | 果冻 | 390~800mg/kg |
| 锌 | 调制乳 | 5~10mg/kg |
| | 调制乳粉（儿童用乳粉和孕产妇用乳粉除外） | 30~60mg/kg |
| | 调制乳粉（仅限儿童用乳粉） | 50~175mg/kg |
| | 调制乳粉（仅限孕产妇用乳粉） | 30~140mg/kg |
| | 豆粉、豆浆粉 | 29~55.5mg/kg |
| | 大米及其制品 | 10~40mg/kg |
| | 小麦粉及其制品 | 10~40mg/kg |
| | 杂粮粉及其制品 | 10~40mg/kg |
| | 即食谷物，包括辗轧燕麦（片） | 37.5~112.5mg/kg |
| | 面包 | 10~40mg/kg |
| | 西式糕点 | 45~80mg/kg |
| | 饼干 | 45~80mg/kg |
| | 饮料类（包装饮用水类、固体饮料类品种除外） | 3~20mg/kg |
| | 固体饮料类 | 60~180mg/kg |
| | 果冻 | 10~20mg/kg |
| 硒 | 调制乳粉（儿童用乳粉除外） | 140~280μg/kg |
| | 调制乳粉（仅限儿童用乳粉） | 60~130μg/kg |
| | 大米及其制品 | 140~280μg/kg |
| | 小麦粉及其制品 | 140~280μg/kg |

续表

| 营养强化剂 | 食品类别（名称） | 使用量 |
| --- | --- | --- |
| 硒 | 杂粮粉及其制品 | 140～280μg/kg |
| | 面包 | 140～280μg/kg |
| | 饼干 | 30～110μg/kg |
| | 含乳饮料 | 50～200μg/kg |
| 镁 | 调制乳粉（儿童用乳粉和孕产妇用乳粉除外） | 300～1100mg/kg |
| | 调制乳粉（仅限儿童用乳粉） | 300～2800mg/kg |
| | 调制乳粉（仅限孕产妇用乳粉） | 300～2300mg/kg |
| | 饮料类（包装饮用水类、固体饮料类品种除外） | 30～60mg/kg |
| | 固体饮料类 | 1300～2100mg/kg |
| 铜 | 调制乳粉（儿童用乳粉和孕产妇用乳粉除外） | 3～7.5mg/kg |
| | 调制乳粉（仅限儿童用乳粉） | 2～12mg/kg |
| | 调制乳粉（仅限孕产妇用乳粉） | 4～23mg/kg |
| 锰 | 调制乳粉（儿童用乳粉和孕产妇用乳粉除外） | 0.3～4.3mg/kg |
| | 调制乳粉（仅限儿童用乳粉） | 7～15mg/kg |
| | 调制乳粉（仅限孕产妇用乳粉） | 11～26mg/kg |
| 钾 | 调制乳粉（仅限孕产妇用乳粉） | 7000～14100mg/kg |
| 磷 | 豆粉、豆浆粉 | 1600～3700mg/kg |
| | 固体饮料类 | 1960～7040mg/kg |
| L-赖氨酸 | 大米及其制品 | 1～2g/kg |
| | 小麦粉及其制品 | 1～2g/kg |
| | 杂粮粉及其制品 | 1～2g/kg |
| | 面包 | 1～2g/kg |
| 牛磺酸 | 调制乳粉 | 0.3～0.5g/kg |
| | 豆粉、豆浆粉 | 0.3～0.5g/kg |
| | 豆浆 | 0.06～0.1g/kg |
| | 含乳饮料 | 0.1～0.5g/kg |
| | 特殊用途饮料 | 0.1～0.5g/kg |
| | 风味饮料 | 0.4～0.6g/kg |
| | 固体饮料类 | 1.1～1.4g/kg |
| | 果冻 | 0.3～0.5g/kg |

续表

| 营养强化剂 | 食品类别（名称） | 使用量 |
|---|---|---|
| 左旋肉碱<br>（L-肉碱） | 调制乳粉（儿童用乳粉除外） | 300~400mg/kg |
| | 调制乳粉（仅限儿童用乳粉） | 50~150mg/kg |
| | 果蔬汁（肉）饮料（包括发酵型产品等） | 600~3000mg/kg |
| | 含乳饮料 | 600~3000mg/kg |
| | 特殊用途饮料（仅限运动饮料） | 100~1000mg/kg |
| | 风味饮料 | 600~3000mg/kg |
| | 固体饮料类 | 6000~30000mg/kg |
| γ-亚麻酸 | 调制乳粉 | 20~50g/kg |
| | 植物油 | 20~50g/kg |
| | 饮料类（包括饮用水类、固体饮料类品种除外） | 20~50g/kg |
| 叶黄素 | 调制乳粉（仅限儿童用乳粉，液体按稀释倍数折算） | 1620~2700μg/kg |
| 低聚果糖 | 调制乳粉（仅限儿童用乳粉和孕产妇用乳粉） | ≤64.5g/kg |
| 1,3-二油酸2-棕榈酸甘油三酯 | 调制乳粉（仅限儿童用乳粉，液体按稀释倍数折算） | 24~96g/kg |
| 花生四烯酸<br>（AA 或 ARA） | 调制乳粉（仅限儿童用乳粉） | ≤1%（占总脂肪酸的百分比） |
| 二十二碳六烯酸（DHA） | 调制乳粉（仅限儿童用乳粉） | ≤0.5%（占总脂肪酸的百分比） |
| | 调制乳粉（仅限孕产妇用乳粉） | 300~1000mg/kg |
| 乳铁蛋白 | 调制乳 | ≤1.0g/kg |
| | 风味发酵乳 | ≤1.0g/kg |
| | 含乳饮料 | ≤1.0g/kg |
| 酪蛋白钙肽 | 粮食和粮食制品，包括大米、面粉、杂粮、淀粉等（原粮及焙烤食品品种除外） | ≤1.6g/kg |
| | 饮料类（包装饮用水类除外） | ≤1.6g/kg（固体饮料按冲调倍数增加使用量） |
| 酪蛋白磷酸肽 | 调制乳 | ≤1.6g/kg |
| | 风味发酵乳 | ≤1.6g/kg |
| | 粮食和粮食制品，包括大米、面粉、杂粮、淀粉等（原粮及焙烤食品品种除外） | ≤1.6g/kg |
| | 饮料类（包装饮用水类除外） | ≤1.6g/kg（固体饮料按冲调倍数增加使用量） |

## 项目三　营养强化过程及方式

营养强化剂的强化过程及方式见表 5-2。

表 5-2　　　　　　　　营养强化剂的强化过程及方式

| 营养强化剂 | 化合物来源 | 营养强化剂 | 化合物来源 |
| --- | --- | --- | --- |
| 维生素 A | 醋酸视黄酯（醋酸维生素 A） | 维生素 C | 维生素 C 磷酸酯镁 |
| | 棕榈酸视黄酯（棕榈酸维生素 A） | | L-抗坏血酸钠 |
| | 全反式视黄醇 | | L-抗坏血酸钾 |
| | β-胡萝卜素 | | L-抗坏血酸-6-棕榈酸盐（抗坏血酸棕榈酸酯） |
| β-胡萝卜素 | β-胡萝卜素 | | |
| 维生素 D | 麦角钙化醇（维生素 $D_2$） | 烟酸 | 烟酸 |
| | 胆钙化醇（维生素 $D_3$） | | 烟酰胺 |
| 维生素 E | $d$-$\alpha$-生育酚 | 叶酸 | 叶酸（蝶酰谷氨酸） |
| | $dl$-$\alpha$-生育酚 | 泛酸 | D-泛酸钙 |
| | $d$-$\alpha$-醋酸生育酚 | | D-泛酸钠 |
| | $dl$-$\alpha$-醋酸生育酚 | 生物素 | D-生物素 |
| | 混合生育酚浓缩物 | 铁 | 硫酸亚铁 |
| | 维生素 E 琥珀酸钙 | | 葡萄糖酸亚铁 |
| | $d$-$\alpha$-琥珀酸生育酚 | | 柠檬酸铁铵 |
| | $dl$-$\alpha$-琥珀酸生育酚 | | 富马酸亚铁 |
| 维生素 K | 植物甲萘醌 | | 柠檬酸铁 |
| 维生素 $B_1$ | 盐酸硫胺素 | | 乳酸亚铁 |
| | 硝酸硫胺素 | | 氯化高铁血红素 |
| 维生素 $B_2$ | 核黄素 | | 焦磷酸铁 |
| | 核黄素-5'-磷酸钠 | | 铁卟啉 |
| 维生素 $B_6$ | 盐酸吡哆醇 | | 甘氨酸亚铁 |
| | 5'-磷酸吡哆醛 | | 还原铁 |
| 维生素 $B_{12}$ | 氰钴胺 | | 乙二胺四乙酸铁钠 |
| | 盐酸氰钴胺 | | 羰基铁粉 |
| | 羟钴胺 | | 碳酸亚铁 |
| 维生素 C | L-抗坏血酸 | | 柠檬酸亚铁 |
| | L-抗坏血酸钙 | | 延胡索酸亚铁 |

续表

| 营养强化剂 | 化合物来源 | 营养强化剂 | 化合物来源 |
|---|---|---|---|
| 铁 | 琥珀酸亚铁 | 锌 | 乙酸锌 |
| | 血红素铁 | | 碳酸锌 |
| | 电解铁 | 硒 | 亚硒酸钠 |
| 钙 | 碳酸钙 | | 硒酸钠 |
| | 葡萄糖酸钙 | | 硒蛋白 |
| | 柠檬酸钙 | | 富硒食用菌粉 |
| | 乳酸钙 | | L-硒-甲基硒代半胱氨酸 |
| | L-乳酸钙 | | 硒化卡拉胶（仅限用于含乳饮料） |
| | 磷酸氢钙 | | 富硒酵母（仅限用于含乳饮料） |
| | L-苏糖酸钙 | 镁 | 硫酸镁 |
| | 甘氨酸钙 | | 氯化镁 |
| | 天冬氨酸钙 | | 氧化镁 |
| | 柠檬酸苹果酸钙 | | 碳酸镁 |
| | 醋酸钙（乙酸钙） | | 磷酸氢镁 |
| | 氯化钙 | | 葡萄糖酸镁 |
| | 磷酸三钙（磷酸钙） | 铜 | 硫酸铜 |
| | 维生素E琥珀酸钙 | | 葡萄糖酸铜 |
| | 甘油磷酸钙 | | 柠檬酸铜 |
| | 氧化钙 | | 碳酸铜 |
| | 硫酸钙 | 锰 | 硫酸锰 |
| | 骨粉（超细鲜骨粉） | | 氯化锰 |
| 胆碱 | 氯化胆碱 | | 碳酸锰 |
| | 酒石酸氢胆碱 | | 柠檬酸锰 |
| 肌醇 | 肌醇（环己六醇） | | 葡萄糖酸锰 |
| 锌 | 硫酸锌 | 钾 | 葡萄糖酸钾 |
| | 葡萄糖酸锌 | | 柠檬酸钾 |
| | 甘氨酸锌 | | 磷酸二氢钾 |
| | 氧化锌 | | 磷酸氢二钾 |
| | 乳酸锌 | | 氯化钾 |
| | 柠檬酸锌 | 磷 | 磷酸三钙（磷酸钙） |
| | 氯化锌 | | 磷酸氢钙 |

续表

| 营养强化剂 | 化合物来源 | 营养强化剂 | 化合物来源 |
| --- | --- | --- | --- |
| L-赖氨酸 | L-盐酸赖氨酸 | 花生四烯酸（AA 或 ARA） | 花生四烯酸油脂，来源：高山被孢霉（*Mortierellaalpina*） |
|  | L-赖氨酸天冬氨酸盐 |  |  |
| 牛磺酸 | 牛磺酸（氨基乙基磺酸） | 二十二碳六烯酸（DHA） | 二十二碳六烯酸油脂，来源：裂壶藻（*Schizochytrium* sp.）、吾肯氏壶藻（*Ulkeniaamoeboida*）、寇氏隐甲藻（*Crypthecodiniumcohnii*） |
| 左旋肉碱（L-肉碱） | 左旋肉碱（L-肉碱） |  |  |
|  | 左旋肉碱酒石酸盐（L-肉碱酒石酸盐） |  |  |
| γ-亚麻酸 | γ-亚麻酸 |  | 金枪鱼油（Tuna oil） |
| 叶黄素 | 叶黄素（万寿菊来源） | 乳铁蛋白 | 乳铁蛋白 |
| 低聚果糖 | 低聚果糖（菊苣来源） | 酪蛋白钙肽 | 酪蛋白钙肽 |
| 1,3-二油酸2-棕榈酸三酰甘油 | 1,3-二油酸2-棕榈酸甘油三酯 | 酪蛋白磷酸肽 | 酪蛋白磷酸肽 |

## 项目四　铁强化酱油应用实例

铁是地球上最丰富的矿藏之一，是人类使用最多的金属之一，也是人体必需微量元素中含量最多的一种——人体铁的总量大约有 3~4g（相当于一枚小铁钉的质量）。但是这一枚"铁钉"要在人体中补充起来并不是那么容易，目前铁仍然是世界上最普遍缺乏的营养素，铁缺乏被称为"三大隐形饥饿之首"。

我国国民营养调查和营养监测的结果显示，我国国民的铁营养处于缺乏状况：儿童和妇女的贫血患病率均处于较高水平。铁营养不良、影响着我国儿童的生长发育和学习能力、也影响着我国国民的身心健康，改善铁营养不良已经成为我国公共营养工作的重点。单纯依靠调整膳食结构和增加富含铁的食品摄入量改善铁营养状况，实施过程中会受社会和生活习惯等多种因素的影响，不容易实现。铁强化食品是切实可行而且行之有效的铁营养改善措施。

铁强化食品的研究要考虑的两大问题是：用什么食品作为载体和选用什么铁剂作为强化剂？载体的基本要求应该是人们普遍食用，食用量又能够自然控制；铁强化剂的基本要求是不影响载体食品的自然感官性状，即不改变该食品原有的色、香、味、形。

选择酱油作为强化铁的食品载体，是根据我国人民的膳食习惯和膳食调查的结果确定的。酱油是我国居民每天必用的传统调味品，用量一般在 15mL 左右。

在酱油中强化铁剂的优点是食用量受到自然控制,不会食用过多(使用酱油过多会影响菜肴的色泽和味道)。

目前国家营养改善项目——铁强化酱油中使用的铁剂是EDTA钠铁(NaFeEDTA),这种铁剂是联合国粮农组织和世界卫生组织食品添加剂联合专家组向全世界推荐的铁强化剂。EDTA钠铁的特点主要是:安全无害,具有良好的溶解性(在酱油中不会产生沉淀)和化学稳定性(能高温烹调);没有铁锈味——溶解在酱油里不会使酱油的味道有所改变;没有胃肠道的刺激症状——食用后没有不良胃肠刺激反应;可高效吸收利用,改善缺铁效果明显。

按照目前我国铁强化酱油的强化量和平均酱油使用量计算,每人每天食用10~15mL铁强化酱油,可以补充0.3~0.4mg的铁,为人体每日铁需要量的30%~40%,能有效预防铁缺乏和贫血,又不会造成铁的摄入过量。

在我国,食用铁强化酱油1年半以上者已经有几万人,这些人不仅贫血得到了良好的改善(改善率20%~70%),儿童体格的发育指标也有较大的改善。

食用铁强化酱油不仅效果好、而且成本低。陈君石院士指出:"通过药品补铁每人每年需要支付2000元左右,食用保健品补铁每人每年需要400~600元。食用铁强化酱油每人每年仅需要多花1~2元钱,就可以达到理想效果。铁强化酱油对个人对国家的益处不言而喻。"

 **思考题**

焙烤食品中可以强化哪些营养素?

# 模块六 膳食调查与评价

**知识目标**

了解各种膳食调查方法的原理和特点,掌握各种膳食调查方法技术要点、方法、步骤、使用范围以及优缺点;掌握膳食调查结果的计算和评价方法。

**能力目标**

能够用各种膳食调查方法开展膳食摄入量调查,并对调查结果进行评价。

**背景知识**

膳食调查是通过各种不同的方法对膳食摄入量进行评估,了解不同地区、不同生活条件下某人群或某个人的饮食习惯、膳食构成的优缺点,了解存在的主要问题,研究其对于人民健康的影响以及常吃的食物种类和数量,再根据食物成分表计算出每人每日各种营养素的平均摄入量,根据目前营养学知识和体格测量、临床体征检查和营养状况的实验室检验等结果,评定其膳食对生长发育的影响,从而改善饮食的调配,并为国家的食物计划生产和改进人民营养状况提供科学依据。

膳食调查是营养工作常用的工作技能。我国在1959年、1982年、1992年和2002年分别开展了四次大型的膳食调查,全面分析和了解了我国人群的膳食营养状况,发现了广大居民在膳食营养中存在的问题,通过分析人群膳食结构的变化趋势,提出了相关的政策和建议,为政府部门制订营养改善计划提供了依据。

膳食调查主要包括:①调查期间每人每日所吃的食物品种、数量,这是膳食调查最基本的资料;②了解烹调加工方法对维生素保存的影响等;③注意饮食制度、餐次分配是否合理;④过去膳食情况、饮食习惯等,以及调查对象生理状况,是否有慢性病影响等。

随着营养学研究的深入进展,膳食对人体营养和健康的重要作用受到越来越多的关注。需要经常选择适当的膳食调查方法以了解不同地区、不同生活条件下人群的膳食习惯，食物品种及每日从膳食中所能摄取各种营养素的量。近年来的研究工作已经在方法学方面取得了一定的进展。

现在常用的膳食调查方法大致可分为两类：即记录现在摄入量的方法，包括称量法、记账法和化学分析法；以及回顾过去摄入量的方法，包括询问法和食物频率法。这些方法可单独使用，也可联合使用。可根据调查研究的目的、研究人群、对结果的精确性要求、工作经费以及研究时间的长短等来确定适当的调查方法。但是，无论采取哪种调查方法，都是对膳食摄入量的一个估计。准确地认识食品和估计食物的质量是提高膳食调查准确度的重要方面，合适和正确的调查方法才是对结果正确性的保证。

## 项目一　食物摄入量调查

询问法是目前比较常用的膳食调查方法，它是通过询问调查对象在过去指定的一段时间内某些食物的摄取频率或（和）食用量进行的膳食调查。是根据询问调查对象所提供的膳食情况，对其食物摄入量进行计算和评价的一种方法，此方法适合于个体调查及特种人群的调查，优点是反映了长期营养素的摄取模式，调查者的饮食习惯不受影响，方法简单、费用低。缺点是需回忆，份额估计不准确。询问法包括24h膳食回顾法和膳食史回顾法，两种方法也可以结合使用。食物图谱辅助也可提高24h回顾法膳食调查准确性。

常用的膳食调查方法及每种方法的特点：
(1) 称量法　能测定食物份额的大小和质量，获得可靠的食物摄入量。
(2) 记账法　操作较简单，费用低，人力少，可适用于大样本。
(3) 24h膳食回顾法　常用来评价全人群的膳食摄入量。
(4) 食物频率法（食物频数法）　能够迅速得到日常食物摄入种类和摄入量，反映长期营养素摄取模式。
(5) 电话调查　所用的时间短，费用低，使用灵活便捷，高效。
(6) 化学分析法　能够最可靠地得出食物中各种营养素的实际摄入量。

### 一、24h回顾法

#### 1. 原理

通过询问的方法，使被调查对象回顾和描述在调查时刻以前24h内摄入的所有食物的数量和种类，借助食物模型、家用量具或食物图谱对其食物摄入进行计算和评价。它是通过询问被调查对象过去24h实际的膳食情况，对其食物摄入量进行计算和评价的一种方法。在实际工作中一般选用3天连续调查方法（每天入户回顾24h进餐情况，连续进行3天）。调查者询问被调查者前一天的食物消耗情况，称为24h膳食回顾法。

### 2. 优缺点

（1）优点　所用时间短、记忆清楚，数据可靠，应答者不需要较高文化，能得到个体的膳食营养素摄入状况，便于与其他相关因素进行分析比较，这种膳食调查结果对于人群营养状况的原因分析也是非常有价值的。

（2）缺点　只调查24h内食物摄入量情况，随意性较大，且应答者的回顾依赖于短期记忆，对调查者要严格培训，不然调查者的工作质量很难标准化。24h回顾法的准确性不仅因调查对象性别、体重等影响，使其低估或高估实际食物摄入量，而且也受社会舆论对食物认可度的影响。

### 3. 应用范围

回顾法可用于家庭中个体的食物消耗状况调查，也适用于描述不同人群个体的食物摄入情况，包括一些散居的特殊人群调查。由于24h膳食回顾调查法主要依靠应答者的记忆能力来回忆和描述他们的膳食摄入情况，因此不适合年龄较小的儿童与年龄较大的老人。

### 4. 工作方法与步骤

（1）工作准备

①设计调查表：a. 了解调查目的并准备好调查用的纸、笔、尺。b. 根据调查目的等确定表头，表头应一目了然。c. 确定调查对象基本内容：包括个人基本情况、住址和联系方式、调查日期等。d. 确定膳食回顾调查表的内容：一般包括餐次、食品名称、摄入量、原料编码等信息。就餐地点可根据需要添加或省略。e. 设计表格：餐次为纵标目，调查内容为横标目设计调查表。f. 解释说明编写：需要对原料统一规定重量单位，对进餐地点和加餐情况等进行说明，以便对调查员起到提示作用。g. 试用：完成调查表设计后，找3～10名调查员试用，检查调查表项目的完整性、表格的方便性等，待修改完善后再用于调查。h. 补充内容：由于仅调查一日可能出现片面性，24h回顾法常与膳食史调查相结合，此时需要增加膳食史相关内容。膳食史的调查常用频率法询问和记录，表格设计与频率法相同，一般询问1个月或3个月的食品摄入次数和摄入量。常见表格样式见表6-1、表6-2。

表6-1　24h膳食回顾及近期膳食史调查表

| 序号： | | | | 调查日期： | | | |
|---|---|---|---|---|---|---|---|
| 姓名： | | 性别： | | 住址： | | 电话： | |
| 餐次 | 食品名称 | 原料名称 | 原料编号 | 餐次 | 食品名称 | 原料名称 | |
| 早 | | | | | | | |

续表

| 序号: | | | | 调查日期: | | | |
|---|---|---|---|---|---|---|---|
| 姓名: | | 性别: | 住址: | | | 电话: | |
| 餐次 | 食品名称 | 原料名称 | 原料编号 | 餐次 | 食品名称 | 原料名称 | |
| 中 | | | | | | | |
| | | | | | | | |
| | | | | | | | |
| 晚 | | | | | | | |
| | | | | | | | |

表6-2　　　　　近期膳食史调查（3个月内食品消耗情况）

| 序号 | 食品名称 | 消耗量 | 序号 | 食品名称 | 消耗量 |
|---|---|---|---|---|---|
| 1 | 谷类 | | 6 | 禽肉类 | |
| 2 | 薯类 | | 7 | 畜肉类 | |
| 3 | 蔬菜类 | | 8 | 水产类 | |
| 4 | 豆类 | | 9 | 蛋类 | |
| 5 | 植物油 | | 10 | 奶类 | |

注：进餐地点选择：1. 在家；2. 单位/学校；3. 饭馆/摊点；4. 亲戚/朋友家；5. 幼儿园；6. 节日/庆典。

②准备食物模型、图谱、各种标准容器。

③熟悉被调查者家中常用的（或地区常用的）容器和食物分量。

④食物成分表或营养计算器软件。

⑤培训和调查。

（2）工作步骤

①入户说明来意：入户调查前先自我介绍，说明来意，使其了解调查目的及意义，建立信任，取得积极配合。

②说明调查内容：简要介绍调查内容，如基本信息、就餐时间、食物名称、原料名称和质量、就餐地点等，告诉其回忆调查的时间周期。

③调查和记录：按照进餐顺序分别询问其食用的所有食物（包括饮料，但不包括调味品）的质量、数量以及在外用餐的种类和数量以及零食。并将结果登记在调查表中。

④引导回顾记录要点：当被调查者回忆不清时，设法利用食物图谱或常见容器帮助其回忆，特别是三餐之外的各种水果和零食的回忆并详细记录摄入量。

⑤弥补调查不足：调查结束时再称量各种调味品的消耗量，以便核实。

⑥资料的核查：调查完成后对调查表进行检查和复核，对数据库进行核实、

查错及清理。

⑦个人人日数的计算：

$$个人人日数 = 早餐餐次总数 \times 早餐餐次比 + 中餐餐次总数 \times 中餐餐次比 + 晚餐餐次总数 \times 晚餐餐次比$$

$$全家总人日数 = 所有在家用餐个人的人日数之和$$

常规餐次比为：0.2∶0.4∶0.4 或 0.3∶0.4∶0.3

餐次比的确定一般早餐为30%、中晚餐各为30%~40%为宜，也可按照儿童的三餐能量比各占1/3计算。儿童餐次比例不是一成不变的数值。

## 二、记账法

### 1. 定义

记账法是根据账目的记录得到调查对象的膳食情况来进行营养评价的一种膳食调查方法，常和称量法一起应用。它是由调查对象或研究者称量记录一定时期内的食物消耗总量，研究者通过这些记录并根据同一时期进餐人数，就能计算出每人每天各种食物的平均摄入量。

在集体就餐的伙食单（如幼儿园、学校和部队），如果不需要个人食物摄入量的数据，只要平均值，则可以不称量每人每天摄入的熟重，只称量总的熟食量，然后减去剩余量，再被进餐人数平均，即可得出平均每人每天的食物摄入量。

记账调查法多用于建有伙食账目的集体食堂等单位，根据该单位每日购买食物的发票和账目、就餐人数的记录，得到在一定时期内的各种食物消耗总量和就餐者的人日数，从而计算出平均每人每日的食物消耗量，再按照食物成分表计算这些食物所供给的能量和营养素数量。

### 2. 优缺点

（1）优点 操作较简单，费用低，所需人力少，适用于大样本膳食调查，且易于为膳食管理人员掌握，使调查单位能定期地自行调查计算，并可作为改进膳食质量的参考。记账法可以调查较长时期的膳食，如一个月或更长，而且可以进行全面不同季节的调查。

（2）缺点 调查结果只能得到全家或集体中人均的膳食摄入量，难以分析个体膳食摄入情况。

### 3. 应用范围

该法适合家庭调查，也适合托幼机关、中小学或部队等建有伙食账目的集体单位的调查。

### 4. 工作方法和步骤

（1）工作准备

①食物成分表、计算器或计算软件。

②相关的数据调查、计算表格（表6-3、表6-4）。

表6-3　　　　　　　　　　　某小学用餐人数登记表

| 年龄 | | 6岁~ | | | 7岁~ | | | 8岁~ | | | 9岁~ | | |
|---|---|---|---|---|---|---|---|---|---|---|---|---|---|
| 餐次 | | 早 | 中 | 晚 | 早 | 中 | 晚 | 早 | 中 | 晚 | 早 | 中 | 晚 |
| 时间 | ×月×日<br>……<br>×月×日 | | | | | | | | | | | | |
| 用餐总人数<br>总人日数<br>折合成年男子系数<br>折合成年男子总人日数 | | | | | | | | | | | | | |

表6-4　　　　　　　　　　　食物消耗量记录表　　　　　　　　　　　单位：kg

| 食物名称 | 大米 | 玉米 | 猪肉 | 虾 | 鱼类 | 白菜 | 萝卜 | …… |
|---|---|---|---|---|---|---|---|---|
| 结存数量 | | | | | | | | |
| 购入食物量<br>×月×日<br>×月×日 | | | | | | | | |
| 剩余数量 | | | | | | | | |
| 废弃数量 | | | | | | | | |
| 实际总消耗量 | | | | | | | | |
| 备注 | | | | | | | | |

③培训相关调查人员，使其标准统一，并掌握调查程序、方法和各种数据计算方法。

④确定调查单位和时间，与被调查单位协调，约定调查日期和相关事宜。

（2）工作步骤

①与膳食管理人员见面：向相关人员详细介绍调查内容和方法以及要求，使其能按要求详细记录每日购进的食物种类、数量、进餐人数以及调查开始和结束时的剩余食物。

②了解食物结存：了解食物结存方式，分类称量或估计所有剩余的食物。

③了解进餐人数：按照年龄、性别、工种、生理状态等分别登记就餐人数。

④了解食物购进数量：详细记录调查期间每日购进的各种食物的数量。

⑤食物的消耗量情况计算和记录：逐日分类准确记录各种食物的消耗量，然后根据相关资料计算调查期间所消耗的各种食物的总量。

⑥计算总人日数：人日数代表调查对象用餐天数，一个人吃早、中、晚三餐为一个人日。总人日数为调查期间各天人日数总和。

例如：某幼儿园三餐能量分配为：早餐30%，午餐30%~40%，晚餐30%~40%，若某日三餐就餐人数分别为10人、20人和10人，那么该日的总人日数为：10×30% + 20×40% + 10×30% = 14人日。

如果调查对象年龄、劳动强度等差别较大，可按照表6-5进行登记。

表6-5　　　　　　　　　调查期间总人日数登记表

| | 男 | | | 女 | | | 平均每日总人日数 |
|---|---|---|---|---|---|---|---|
| | 早 | 中 | 晚 | 早 | 中 | 晚 | |
| 成人 | | | | | | | |
| 体力活动轻 | | | | | | | |
| 中 | | | | | | | |
| 重 | | | | | | | |
| 60岁~ | | | | | | | |
| 体力活动轻 | | | | | | | |
| 中 | | | | | | | |
| 重 | | | | | | | |

⑦核对记录结果：认真核对相关表格，无误后填写记录人和核对人。

⑧编号和归档：按照顺序编号和整理调查表，然后归档。

### 三、称量法

称量法是一种常用的膳食调查方法，称量时一是要掌握厨房中每餐所用各种食物的生质量和烹调后的熟食质量，从而得出各种食物的生熟比值；二是称量个人所摄入熟食的质量，然后按照生熟比值计算出每人所食各种生食物的质量，再计算出每人每日各种生食物的摄取量。称量法可以调查某一伙食单位（集体食堂或家庭）或个人一日三餐中每餐各种食物的食用量。

称量法是运用测量工具对食物量进行称量或估计，然后利用《中国食物成分表2002》计算出能量和各种营养素摄入量，从而了解被调查对象食物消耗的情况。

称量法准确性高，可作为膳食调查的"金标准"，用以衡量其他方法的准确性。但是称量法需要耗费大量的人力物力和财力，不适合做大规模的调查研究。

1. 常见量具和食物的份（表6-6）

表6-6　　　　　　　　　常见量具和食物的份

| 食物名称 | 质量（g/mL） | 食物名称 | 质量（g/mL） |
|---|---|---|---|
| 苹果 | 200 | 鸡蛋 | 50 |
| 番茄 | 150 | 大蒜 | 50 |
| 梨 | 200 | 一杯牛乳 | 200 |
| 面包 | 100 | | |

## 2. 食物成分表的使用

《中国食物成分表（2002）》的基本内容中规定食物编码实行 6 位编码：前 2 位为类别，第 3 位为亚类，后 3 位是食物在亚类中的排列序号。

## 3. 可食部和废弃率的计算

$$可食部比例 = \frac{食品质量（m） - 丢弃部分的质量（m_1）}{食品质量（m）} \times 100\%$$

$$可食率 + 废弃率 = 100\%$$

## 4. 可食用部分营养素的计算

$$X = A \times （食物质量 \div 100） \times EP$$

式中　$X$——食品中某营养素的含量；

　　　$A$——每 100g 可食用部分食物中营养素的含量；

　　　EP——可食部分比例。

## 5. 生熟比的换算

（1）烹调质量变化率

$$WCF = （烹调后食物的质量 - 烹调前食物的质量） \div 烹调前食物的质量 \times 100\%$$

例：生牛肉重 500g，制熟后 425g，其保留率：$425/500 \times 100\% = 85\%$

（2）生熟比

$$生熟比 = 生重/熟重$$

例：面条生重 50g，煮熟后 140g，面条的生熟比是：$50/140 \approx 0.36$

$$原料质量 = 食物的熟食质量 \times 生熟比$$

## 四、食物频率法

食物频率法是估计被调查者在指定的一段时期内吃某些食物的频率的一种方法。这种方法以问卷形式进行膳食调查，以调查个体经常性的食物摄入种类，根据每日、每周、每月甚至每年所食各种食物的次数或食物的种类来评价膳食营养状况。在实际应用中，可分为定性、定量和半定量的食物频率法。

食物频率法的问卷包括两方面：一是食物名单，二是食物频率，即在一定时期内所食某种食物的次数。食物名单的确定要根据调查的目的，选择被调查经常食用的食物、含有所要研究营养成分的食物或被调查者之间摄入状况差异较大的食物。如要进行综合性膳食摄入状况评价，则采用被调查对象常用食物；研究与营养有关的疾病和膳食摄入的关系，则采用与相关疾病有关的几种食物或含有特殊营养素的食物。

定性的食物频率法调查，通常得到每种食物一定时期内所吃的次数，而不收集食物量、份额大小的资料。但是对营养素摄入量的计算必须要有量的资料。有时为了能计算营养素摄入量，用估计的平均量大小来计算。定量的食物频率法调查，可以得到不同人群食物和营养素的摄入量，并分析膳食因素与疾病的关系。

定量方法要求受试者提供所吃食物的数量，通常借助于测量辅助物。如半定量调查表中列出 100 多种食物，并提供一定量食物份额大小的参考样品，供被调查者作为估计食物的参考。应答者指明在过去 1 年中平均所吃的通常份额大小，有 9 种回答频率，从不吃到每月不到 1 次到每天 6 次或更多。调查期的长短可以是几天、1 周、1 个月或 3 个月到 1 年以上。

（1）优点　食物频率法的主要优点是能够迅速得到日常食物摄入种类和摄入量，反映长期营养素摄取模式，调查者的饮食习惯不受影响。使用食物频率法，因为调查表是标准化的，从而大大减小了不同调查员之间调查的偏差；可以做为研究慢性病与膳食模式关系的依据；其结果也可作为在群众中进行膳食指导宣传教育的参考；在流行病学研究中可以用来研究膳食与疾病之间的关系；适用于调查长期饮食习惯。

（2）缺点　需要对过去的食物进行回忆，应答者的负担取决于所列食物的数量、复杂性以及量化过程等；与其他方法相比，对食物份额大小的量化不准确。该法不能提供每天之间的变异信息；又因具有特定文化习俗地区人群的食物具有特殊性，在所列食物表中没有，因此对人群不同亚群组该法的适用性是有疑问的；较长的食物表、较长的回顾时间经常会导致摄入量偏高；回答有关食物频率问题的认知过程可能十分复杂，比那些关于每日食物模式的问题要复杂得多；当前的食物模式可能影响对过去的膳食回顾，从而产生偏差，准确性差。

食物摄入量调查的共同特点是用较短时间的膳食调查资料分析与评价较长时间才能形成的营养过剩、营养不良和慢性疾病。这就需要短期的膳食调查资料可靠、准确和正确，能很好的代表调查对象的日常摄入量。日常摄入量是个体长期摄入某种食物或营养素的平均值，通常不能直接得到，常需要根据个体在一定天数内的摄入量的平均值来估计。目前常用统计学方法、生物标记法、美国国家研究委员会和医学会的方法、爱荷华州立大学方法、最优幂方法、美国国立研究所的方法等估计膳食摄入量。

## 项目二　膳食调查结果计算与评价

膳食调查的目的是了解一定时期内人群膳食摄入状况以及人们膳食结构、饮食习惯，以此来评价营养需要得到满足的程度。因此，膳食调查后，需要在调查得到的准确的食物消费量数据的基础上对营养摄入状况做出客观评价。

膳食调查结果计算与评价包括膳食结构分析、营养摄入量分析、能量和营养素来源分析等。

近年来国内外一些专家学者也在膳食评价方法方面进行了一些研究，促进了膳食评价的发展。

## 一、膳食结构分析与评价

### 1. 膳食结构定义

膳食结构是指膳食中各类食物的数量及其在膳食中所占的比重，由于影响膳食结构的这些因素是在逐渐变化的，所以膳食结构不是一成不变，通过适当的干预可以促使其向更利于健康的方向发展。

### 2. 当今世界大致有四种膳食结构模式

（1）发达国家模式　也称富裕型模式。主要以动物性食物为主，通常动物性食品年人均消费量达 270kg，而粮食的直接消费量不过 60~70kg。

（2）发展中国家模式　也称温饱模式。主要以植物性食物为主，一些经济不发达国家年人均消费谷类与薯类达 200kg，肉蛋鱼不过 5kg，乳类也不多。

（3）日本模式　也称营养模式，主要特点是既有以粮食为主的东方膳食传统特点，也吸取了欧美国家膳食长处，加之经济发达，年人均摄取粮食 110kg，动物性食品 135kg 左右。

（4）地中海模式　为居住在地中海地区的居民所特有。突出特点是饱和脂肪摄入量低，不饱和脂肪摄入量高。膳食含大量碳水化合物。蔬菜水果摄入量较高。心脑血管疾病发生率很低。

### 3. 膳食结构分析

根据膳食调查结果，分别计算谷类，蔬菜，水果类，鱼、禽、肉、蛋类，油脂类五类食物的摄入量，然后与中国居民膳食宝塔提供的理想膳食模式比较，分析评价调查对象的膳食结构是否合理。

### 4. 膳食结构评价依据

（1）膳食结构评价的依据是中国居民平衡膳食宝塔。

（2）膳食营养素参考摄入量　是一组每日平均膳食营养素摄入量的参考值。它是在"推荐的每日膳食营养素供给量（RDAs）"基础上发展起来的，但在表达方式和应用范围方面都已发生了根本变化。包括四项内容（图 6-1）。

①平均需要量（EAR）：是某一特定性别、年龄及生理状况群体中对某营养素需要量的平均值。膳食营养素摄入量达到 EAR 水平时可满足群体中 50% 个体的需要。

②推荐摄入量（RNI）：是可以满足某一特定性别、年龄及生理状况群体中绝大多数（97%~98%）个体的需要。长期摄入 RNI 水平，可以维持组织中有适当的储备。

③适宜摄入量（AI）：是通过观察或是实验获得的健康人群某种营养素的摄入量，如纯母乳喂养的足月产健康婴儿，从出生到 4~6 个月龄，其营养素全部来自母乳，故摄入母乳中的营养素量即婴儿的 AI。与 RNI 的区别在于准确性不

如 RNI，可能高于 RNI。

④可耐受最高摄入量（UL）：是平均每日可以摄入某种营养素的最高量。这个量对一般人群中的几乎所有个体都不至于损害健康。

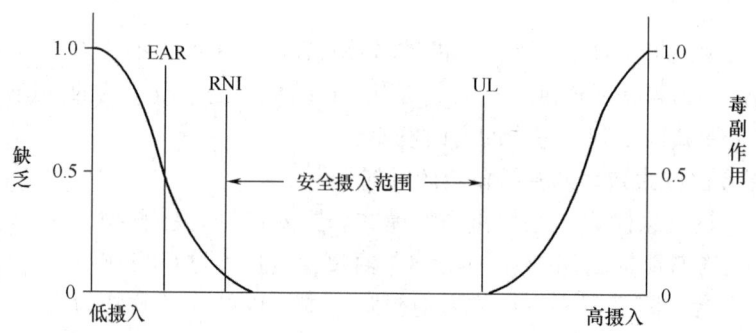

图 6-1　膳食营养素摄入量参考值

**5. 膳食结构评价步骤和方法**

（1）工作准备　准备膳食调查结果和平衡膳食宝塔图。

（2）食物分析　常按照《中国食物成分表（2002）》找到食物编码和分类（表 6-7）。

表 6-7　　　　　　　　　　常见分类方法　　　　　　　　　　单位：g

| 食物类别 | 质量 | 食物类别 | 质量 |
| --- | --- | --- | --- |
| 米及其制品 |  | 乳类及制品 |  |
| 面及其制品 |  | 蛋类及制品 |  |
| 其他谷类 |  | 植物油 |  |
| 薯类 |  | 动物油 |  |
| 豆类及其制品 |  | 糕点类 |  |
| 蔬菜类及其制品 |  | 糖、淀粉 |  |
| 水果类及其制品 |  | 食盐 |  |
| 坚果类 |  | 酱油 |  |
| 畜肉类及其制品 |  | 酱类 |  |
| 禽类及其制品 |  | 其他 |  |
| 鱼虾类 |  |  |  |

（3）食物归类　把调查对象的进餐情况等按照中国居民平衡膳食宝塔归类（表 6-8）。

表6-8　　　　　　　　　　24h各类食物的摄入量　　　　　　　　　　单位：g

| 食物类别 | 谷类 | 蔬菜 | 水果 | 肉、禽 | 蛋类 | 鱼虾 | 豆类及豆制品 | 乳类及乳制品 | 油脂 |
| --- | --- | --- | --- | --- | --- | --- | --- | --- | --- |
| 摄入质量 | | | | | | | | | |
| 平衡膳食宝塔推荐质量 | 300 | 400 | 100 | 50 | 25 | 50 | 50 | 100 | 25 |

进行食物归类时，有些食物需要折算才能相加。例如鲜乳与乳粉的消费量相加，应按照蛋白质含量将乳粉量折算成鲜乳量后再相加。各种豆制品也需要折算成黄豆的量再相加。

例：豆类及其制品以每百克黄豆中蛋白质的含量（35.1g）的比作为系数，折算成黄豆的含量。

$$产品蛋白质含量\% = 摄入量 \times 蛋白质含量 \div 35.1$$

乳类食物摄入量按照每百克各种乳类中蛋白质的含量与每百克鲜乳中蛋白质的含量（3g）的比作为系数，折算成鲜乳的量。折算公式：

$$鲜乳量 = 乳制品摄入量 \times 蛋白质含量 \div 3$$

（4）食物摄入量计算　把调查表质量按照归类计算填入相应的表格，并把平衡膳食宝塔推荐量也填入相应表格。

（5）比较和分析　将调查对象24h各种食物的消费量与膳食宝塔推荐的相应食物的量进行比较，一方面评价食物的种类是否齐全，另一方面评价各类食物的消费量是否充足。

平衡膳食宝塔建议不同能量膳食的各类食物参考量见表6-9。

表6-9　　　平衡膳食宝塔建议不同能量膳食的各类食物参考摄入量　　　单位：g/d

| 食物 | 低能量（约1800kcal） | 中等能量（约2400kcal） | 高能量（约2800kcal） |
| --- | --- | --- | --- |
| 谷类 | 300 | 400 | 500 |
| 蔬菜 | 400 | 450 | 500 |
| 水果 | 100 | 150 | 200 |
| 肉、禽 | 50 | 75 | 100 |
| 蛋类 | 25 | 40 | 50 |
| 鱼虾 | 50 | 50 | 50 |
| 豆类及豆制品 | 50 | 50 | 50 |
| 乳类及乳制品 | 100 | 100 | 100 |
| 油脂 | 25 | 25 | 25 |

(6) 评价 膳食宝塔建议的每人每日各类食物适宜摄入量适用于一般健康成人，评价时需根据年龄、性别、劳动强度等选择适宜的参考摄入量。可与平衡膳食宝塔建议不同能量膳食的各类食物参考摄入量比较判断属于那种能量并比较各类食物的多少。

(7) 建议 根据分析结果提出建议和评价。如应适量摄入豆类及豆制品，降低总能量的摄入，降低油脂的摄入，增加海产品和禽肉的摄入等。

6. 注意事项

(1) 进行食物归类时有些食物需进行折算才能相加。

(2) 平衡膳食宝塔建议的各类食物摄入量是一个平均值和比例，无需每天都按其进食，但要常常遵循各类食物的大体比例。

(3) 要注意一日三餐的合理分配及时间间隔要与作息时间和劳动强度相匹配，特殊情况可适当调整。

## 二、膳食能量摄入量计算与评价

### 1. 产能营养素

碳水化合物、脂肪和蛋白质经过体内代谢后可释放能量，统称为"产能营养素"。

### 2. 能量、蛋白质和脂肪食物来源的计算

(1) 能量的食物来源 可将食物分为谷类、豆类、薯类、动物性食物、纯热能食物和其他六大类，分别计算各类食物提供的能量及能量总和后，可计算各类食物提供的能量占总能量的百分比。

(2) 能量的营养素来源 根据蛋白质、脂肪和碳水化合物的能量折算系数可计算三类营养素提供的能量和占总能量的百分比。

$$蛋白质的供能比 = （蛋白质摄入量 \times 4 \div 总能量摄入量）\times 100\%$$

$$脂肪供能比 = （脂肪摄入量 \times 9 \div 总能量摄入量）\times 100\%$$

$$碳水化合物供能比 = （碳水化合物摄入量 \times 4 \div 总能量摄入量）\times 100\%$$

(3) 蛋白质食物来源 将食物分类后，分别计算各类食物提供的蛋白质摄入量及蛋白质总和。

分别计算各类食物提供的蛋白质占总蛋白质的百分比尤其是动物性和豆类蛋白质占总蛋白质的比例。

(4) 脂肪的食物来源 食物分为动物性食物和植物性食物，分别计算其提供的脂肪摄入量和脂肪的总量，再计算各类食物提供的脂肪占总脂肪的百分比。

从蛋白质和能量的食物来源分布可看出调查对象的基本食物结构。

### 3. 一日三餐供能比例的计算

分别把早、中、晚餐摄入食物提供的能量除以每天总摄入量再乘以100%即得到三餐供能比例。

### 4. 评价步骤与方法

(1) 工作准备 准备膳食调查表、计算器、纸和笔等必备物品。

（2）食物分类　将调查对象每天摄入的所有食物进行分类。可分为谷类及其制品、豆类、薯类、动物性食物、纯热量食物和其他。

（3）计算能量摄入量　根据食物成分表计算各类食物提供的三大产能营养素摄入量，然后再计算三大产能营养素提供的能量。

（4）计算能量总和　将三类营养素提供的能量摄入量相加即为能量总和。

（5）计算食物供能的百分比　根据公式分别计算动物性食物和植物性食物提供能量占总能量的百分比。

（6）计算三种营养素提供能量占总能量的比例　根据公式分别计算蛋白质、脂肪、碳水化合物三大营养素提供能量占总能量的比例。计算公式为：

$$提供能量百分比 = 各类营养素提供能量 \div 能量总和 \times 100\%$$

（7）调查结果分析与评价　评价依据：根据中国居民膳食营养素参考摄入量（DRIs）中推荐的膳食能量来源比例——蛋白质 10%～15%，脂肪 20%～25%，碳水化合物 55%～60% 进行评价。

## 三、膳食营养素计算与评价

### 1. 膳食营养素分析

根据膳食调查结果，计算各类食物摄入量，然后计算每类食物中各种营养素含量，再将不同种类食物中营养素的含量相加，即可得到摄入的各种食物中各种营养素的总含量。

### 2. 膳食营养素评价依据

根据中国居民膳食营养素参考摄入量（DRIs）中的推荐摄入量（RNI）或适宜摄入量（AI）进行个体营养素摄入量是否充分的评价，可用 RNI 制定膳食目标，无 RNI 时，用 AI，也可用 RNI 或 AI 评价。若摄入量低于 UL 提示摄入不足，高于 UL 提示摄入过量表 6-10。

表 6-10　　应用 DRIs 评价个体和群体的摄入量

|     | 用于评价个体 | 用于评价群体 |
| --- | --- | --- |
| EAR | 不应用于个体摄入量的目标评价 | 用于群体中摄入不足可接受的低发生率 |
| RNI | 日常摄入量达到或高于此量时，发生不足的可能性很低 | 不用于设计群体的摄入量目标 |
| AI  | 日常摄入量达到或高于此量时，发生不足的可能性很低。由于没有健康群体摄入量的平均值，可行度较低 | 设计人群的平均摄入量，平均摄入量达到或高于此量意味着摄入不足的发生率很低 |
| UL  | 通常设计的摄入量应低于该水平，避免过多摄入发生不良反应的潜在危害 | 用来将过量摄入产生危害的人群比例最小化 |

对于个体，EAR 代表该摄入量范围的中点值，它低于 1/2 人的需要量而高于另 1/2 人的需要量。满足次摄入量可保持特定年龄、性别、体重、身高、体力活动水平的健康成年人的能量平衡。

### 3. 计算与评价步骤和方法

（1）准备工作

①中国居民膳食营养素参考摄入量、食物成分表。

②膳食调查结果。

（2）计算家庭中平均每人每日各种食物的摄入量

家庭平均每人每日每种食物摄入量 = 实际消耗量（g）÷家庭总人日数

（3）计算家庭混合系数

混合系数 =（家庭成员 1 标准人系数 × 人日数 + 家庭成员 2 标准人系数 × 人日数 + …）÷ 全家总人日数

（4）利用公式计算标准人的每日每种食物摄入量

标准人每日每种食物摄入量 = 平均每人每日各种食物摄入量 ÷ 混合系数

（5）计算平均每人每日营养素和能量摄入量 根据食物成分表中各种食物的能量及营养素含量，计算每人每日膳食总营养素摄入量。

①蛋白质合并计算：各类食物提供的蛋白质摄入量之和。

②脂肪合并计算：各类食物提供的脂肪摄入量之和。

③碳水化合物合并计算：各类食物提供的碳水化合物摄入量之和。

④总能量 = 蛋白质 ×4 + 脂肪 ×9 + 可利用碳水化合物 ×4 + 乙醇 ×7 + 膳食纤维 ×2

⑤膳食能量 = 蛋白质 ×4 + 脂肪 ×9 + 碳水化合物 ×4

⑥平均每人每日某营养素摄入量 = 个人某种营养素总摄入量 ÷ 个人人日数

⑦标准人平均每日某营养素摄入量 = 平均每人每日某营养素摄入量 ÷ 标准人系数

（6）膳食营养素评价 将计算出的各种营养素含量与推荐摄入量或适宜摄入量比较，评价个体或群体 1 天的摄入量是否达到了标准要求。

## 思考题

请用 24h 回顾法计算你 1 天的营养素摄入量并进行评价。

# 模块七 人体营养状况测定和评价

**知识目标**

　　了解测量各体格指标的意义；了解尿液、粪便用于营养评价的意义；熟悉血液、尿液、粪便、头发标本的保存方法；掌握蛋白质－热能营养不良，缺铁性贫血，锌缺乏，维生素A、维生素D缺乏的临床症状和体征。

**能力目标**

　　能够正确测量成人、儿童、婴幼儿的身高、体重、胸围、腰围、头围、皮褶厚度等指标；能够正确收集血液、尿液、粪便和头发标本；能够进行蛋白质－能量营养不良、缺铁性贫血、锌缺乏、维生素A、维生素D、维生素C、维生素$B_2$缺乏的判断与评价。

**背景知识**

　　为客观地了解机体的营养状况，以根据机体的实际具体情况进行合理的营养调配，需对机体的营养状况进行测定和评价。人体营养状况的测定和评价，一般是通过膳食调查、人体体格测量指标分析、机体营养水平的实验室生化检验以及营养缺乏的临床检查四方面综合评价实现的。

　　膳食调查是营养状况评估的第一步，通过膳食调查可了解个体或群体通过膳食摄入能量和营养素的情况，并可计算机体每日或每餐摄入各种营养素的量，借此来评估正常营养需要是否得到满足。这在模块六已进行了详细阐述。人体体格测量是营养状况评估的另一重要内容，通过体格测量可获得机体当前生长发育的情况，从体型特征了解机体的营养状况，人体体格测量指标是反映人体营养状况的综合指标，可反映机体营养状况的整体水平，特别是学龄前儿童的测定结果，常被用来评价一个地区人群的营养状况。

　　通过膳食调查和体格测量可获得人体的营养摄入情况和当前生长发育情况，

但要了解体内营养素的情况，则必须要对机体进行临床生化检查或体内营养素水平测定。由于营养不良或营养过剩相关症状的产生是一个逐渐发展的过程，根据其发生发展的规律，在临床或亚临床症状出现之前，机体血、尿、头发等生物样本中某些与营养相关的生化指标或某种营养素水平可能已经发生了变化，因此，通过实验室相关生化指标的检验或营养素水平的测定可在早期发现营养素缺乏或过量情况，为进行客观的营养评价提供依据。营养不良的症状和体征判别是营养状况评价的主观指标，通过病史和症状的询问获得疾病相关信息，是全面健康评价的一部分。

尽管随着我国经济的发展，人民的生活水平得到了很大提高，一些与营养过剩相关的慢性病发病率不断上升，但目前我国无论在经济条件好的大城市还是贫困的农村地区，均存在营养素特别是微量营养素缺乏的状况，因此，对营养状况的评价主要以营养素的缺乏为主要内容。本模块主要从人体体格测量、实验室检验以及营养缺乏的症状和体征三个方面进行阐述，并综合三者内容对个体的营养状况进行综合评价。

## 项目一　人体体格测量

人体体格测量可从整体反映机体的营养状况，且简单易行，是人体营养状况测定不可或缺的内容。可反映人体营养状况的体格测量指标很多，大体可归为三类，包括纵向测量指标、横向测量指标和重量测量指标，主要包括对身高/身长、坐高/顶臀长、体重、头围、胸围、上臂围、皮褶厚度等方面的测量。具体如下：

①身高/身长：从足底到颅顶点的高度/长度；

②坐高/顶臀长：坐位时颅顶点至椅面的垂直距离，在婴幼儿为臀部到颅顶点的长度；

③体重：人体的质量；

④头围：经眉弓上方突出部，绕经枕后结节一周的长度；

⑤胸围：从两乳头线到后面两肩胛下角下缘绕胸一周的长度；

⑥上臂围：在上臂中点水平绕一周的长度；

⑦腰围：经脐点的腰部水平绕一周的长度，是反映脂肪总量和脂肪分布的综合指标；

⑧臀围：沿臀大肌最突起处水平绕一周的长度；

⑨皮褶厚度：人体表皮和皮下脂肪的总厚度，常见的测量部位包括肱三头肌部、肩胛下角部、腹部和大腿部。

不同年龄、不同生理状况的人选用的指标也有所不同，而且指标的测定方法也存在较大差异。如成人体格测量的主要指标有身高、体重、上臂围、腰围、臀围和皮褶厚度等，其中以身高和体重最重要，因为它综合反映了蛋白质、能量以及其他营养素的摄入、利用和储备情况，反映了机体的发育和潜在能力。由于成人身高基本已不再变化，因此当蛋白质和能量供应不足时体重的变化更灵敏，所以常以体重作为了解成人蛋白质和能量摄入情况的重要观察指标。儿童青少年体格测量常用的指标有身高、坐高、体重、头围、胸围、皮褶厚度等，其中身高、体重、头围、胸围是儿童生长发育测量的主要指标。婴幼儿由于不能站立或站立时不能保持正确的身高测量姿势，也不能自主端坐保持正确的坐高测量姿势，因此，常采用卧位时的身长和顶臀长代替身高和坐高来反映婴幼儿纵向发育情况。除指标选择不尽相同外，无论成人、儿童青少年还是婴幼儿，在体格测量时均需注意的是要保证体格测量的质量。而体格测量的标准化是保证测量质量的重要手段。

## 一、成人体格测量

成人的体格测量主要包括身高、体重、体格围度和皮褶厚度的测量。

### （一）身高的测量

**1. 成人身高测量的意义**

对成人来讲，身高基本已无变化，单纯的身高测量并不能反映机体的营养状况，必须和体重指标结合起来才能评价营养状况。成人身高测量的意义在于计算标准体重或体质指数，进而反映机体蛋白质和能量营养状况。

**2. 身高测量常用工具和测量方法**

身高测量常用工具包括机械式和电子式身高计、软尺、立尺等。目前营养监测最常用的为机械式身高计。机械式身高计和电子式身高计的结构基本相同，由一水平底板、垂直立柱和可沿立柱滑动的水平压板组成，两者不同的是机械式身高计需人工读数，而电子身高计的测量值则直接显示在电子屏幕上。

身高指标在一天中有一定变化，早晨最高，经过一天的活动，因椎间盘受重力性压缩、脊柱弯曲加大、足弓变平等因素影响，傍晚时身高可降低 1~2cm。一天中，上午减少最快，下午缓慢，因此，测量身高时一般在上午 10 时左右，此时身高为全天的中间值。如追踪调查时达不到此要求，则个体的前后测量时间应相对固定，如限定为上午或下午。

身高的测量方法，以机械式身高计为例：被测者脱去鞋、帽、外衣。取立正姿势，站在踏板上，挺胸收腹，两臂自然下垂，脚跟靠拢，脚尖分开约60°，双膝并拢挺直，两眼平视正前方，眼眶下缘与耳廓上缘保持在同一水平，即"两点一水平"。足跟、臀部和两肩胛角间三个点紧靠立柱，即所谓的"三点一线"，头部保持正直，测量者手扶滑测板（压板）轻轻向下滑动，直至底面与颅顶点相接触，此时观察被测者姿势是否正确，确认姿势正确后读取滑测板底面立柱上所示数字，以 cm 为单位，记录到小数点后一位。要求测量误差不超过 ±0.5cm。

(二) 体重的测量

1. 成人体重测量的意义

对于成人来说，体重是反映机体能量和蛋白质营养状况较为敏感的指标，长期能量不足会导致体重明显下降，而长期能量过剩则会导致体重迅速增加。

2. 体重测量常用工具和测量方法

测量体重常用的工具包括杠杆式体重秤、机械磅秤、电子式体重计等。营养测量一般不用弹簧秤。目前，最常用的是电子式体重秤。

体重指标与身高指标一样，一天中也会发生变化，但与身高相对比较规律的变化不同，体重则会因进食、饮水、排便、出汗、运动消耗等原因发生不规则变化。此外，体重在四季也有所不同，如秋、冬季体重会显著增加。因此，个体体重测量宜在早晨空腹排便后进行，大规模年度体检每年时间最好固定。

体重的测量方法，以电子体重秤为例：被测者排空大、小便，脱去鞋帽和外衣，仅穿背心和短裤。如果因天气原因不能做到只穿背心和短裤，可估计其他衣物质量，将测得的体重值减去衣物的质量，获得最终体重。被测者赤足轻轻踏上秤台，站到秤台中间，不要晃动，待显示屏读数稳定后读取体重值。读数以 kg 为单位，精确到小数点后 1 位。要求测量误差不能超过 0.1kg。

(三) 体格围度的测量

成人体格围度的测量主要包括胸围、腰围、臀围和上臂围的测量。围度测量主要测量身体横向指标发育情况，反映近期身体状况的变化。

1. 体格围度测量的意义

胸围、腰围和臀围的测量不仅可以很好地反映人体局部生长发育情况，而且可以根据这些指标对肥胖进行分类和整体评价。拥有正常的胸围、腰围和臀围也是成年男、女体型匀称的标志。

胸围是表示胸腔容积、胸背肌发育和呼吸器官发育程度的重要指标之一。通过对胸围的测量可了解肺的发育情况和胸部皮脂蓄积状况。

腰围测量对于成人超重和肥胖的判断尤为重要，特别是腹型肥胖（中心性肥胖）。2005 年国际糖尿病联盟新制定的代谢综合征诊断标准将中心性肥胖作为代谢综合征诊断的一个必要条件，并将腰围作为衡量中心性肥胖的指标。我国卫生部颁发的《中国成年人超重与肥胖症预防与控制指南》中推荐以腰围 85cm 和 80cm 分别作为诊断男性和女性中心性肥胖的切点。众多研究发现，腰围与成年人的血压、血脂和血糖均相关，是心血管疾病的危险因素之一。还有研究发现，代谢综合征的患病率和代谢指标异常数量随着腰围的增加而增加。即使对于正常体重者，腰围的增加也是患病风险升高的一个标志。

臀围反映髋部骨骼和肌肉的发育情况，与腰围一起可以很好地评价和判断腹型肥胖。腰臀比是腰围和臀围的比值，是间接反映腹型肥胖的最好指标，腰臀围比值越大，腹型肥胖程度越高。另有研究发现，腰臀比与体质指数一样，均与血脂水平及其异常率呈正相关。

上臂围本身可以反映机体的营养状况，它与体重密切相关。上臂围还包括上臂紧张围和上臂放松围，上臂紧张围是上臂肱二头肌最大限度收缩时的围度；上臂放松围是上臂肱二头肌最大限度放松时的围度，二者之差可反映肌肉的发育状况。一般此差值越大说明肌肉发育状况越好。

**2. 胸围、腰围、臀围和上臂围的测量工具和测量方法**

（1）胸围的测量　胸围的测量一般使用无伸缩性材料制成的塑料带尺。使用前应仔细检查有无裂隙、变形等。

测量方法：被测者自然安静站立，两臂下垂，均匀平静呼吸，两眼平视，两脚分开与肩同宽。两名测量者分别站于被测者的对面和背面，共同完成测量过程。测量者甲用左手拇指将带尺"0"点固定于被测者胸前右侧乳头上缘，对成年女性，则以胸前锁骨中线第四肋间为固定点；测量者乙拉带尺绕经被测者后背两肩胛下角下缘，经左侧回到"0"点，交与测量者甲。测量者甲在被试者呼气末而吸气尚未开始前读数，为平静状态下胸围，再令受试者作最大深吸气，终末测其吸气胸围，稍停再令其作最大深呼气，终末测其呼气胸围。两者之差为呼吸差。读数以 cm 为单位，精确到小数点后 1 位，测量误差不得超 1cm。

（2）腰围的测量　腰围的测量一般也使用无伸缩材料制成的软尺。使用前也需仔细检查有无裂隙、变形等。

测量方法：被测者直立，双脚合并，使体重均匀分担在双脚，两肩放松，双臂交叉抱于胸前，露出腹部皮肤，测量时平缓呼吸，不要收腹或屏气。测量者站在被测者的对面或右侧，先在被测者肋下缘与髂前上棘连线的中点做标记，然后用软尺通过该中点测量腰围；也有以软尺下缘经肚脐上 0.5～1cm 处（肥胖者可选择腰部最粗处）水平环绕一周测定腰围。读数以 cm 为单位，精确到小数点后 1 位，测量误差不得超 1cm。

（3）臀围的测量　臀围的测量工具同腰围和胸围。

测量方法：被测者穿短裤或单薄长裤，自然站立，两肩放松，双臂交叉抱于胸前，双脚并拢，两腿均匀负重，臀部放松，目视前方。测量者将软尺置于臀部向后最突出的部位，水平绕臀一周，在被测者平静呼气时读数。读数以 cm 为单位，精确到小数点后 1 位，测量误差不得超过 1cm。为确保软尺的部位无误，可将软尺水平上下移动，比较不同位置时读数的大小，取最大值记录。

（4）上臂围的测量　测量工具同腰围。

测量方法：被测者自然站立，使体重均匀落在双下肢，充分裸露左上肢，手臂自然下垂，两眼平视前方。测试者站在被测者身后，找到肩峰点和尺骨鹰嘴（肘部骨性突起）的部位，用软尺测量并标记出两者连线的中点处。然后，将软尺起始端的下缘压在该中点，水平绕臂一周，读取测量值。读数以 cm 为单位，精确到小数点后 1 位，测量误差不超过 1cm。

## （四）皮褶厚度的测量

### 1. 皮褶厚度测量的意义

皮褶厚度反映了皮下脂肪厚度，与全身脂肪含量也密切相关，可以通过测量人体不同部位皮褶厚度推算全身的脂肪含量，间接评价机体肥胖与否，是衡量个体营养状况和肥胖程度较好的指标。WHO推荐选用肩胛下角、肱三头肌和腹部三个测量点对肥胖程度进行评价，见表7－1。

表7－1　　　　　　　　　不同皮褶厚度对应的肥胖程度　　　　　　　　单位：mm

| 皮褶厚度 | 瘦 | 中等 | 肥胖 |
| --- | --- | --- | --- |
| 男 | <10 | 10~40 | >40 |
| 女 | <20 | 20~50 | >50 |

通过测量机体不同部位的皮褶厚度，还可以反映人体皮下脂肪的分布情况。常用的测量皮褶厚度的部位主要是肱三头肌部、肩胛下角部和腹部，可分别代表个体肢体、躯干和腰腹部皮下脂肪堆积的情况。

此外，用肱三头肌皮褶厚度结合上臂围还可以计算上臂肌围和上臂肌面积，反映机体肌肉发育状况。

### 2. 皮褶厚度的常用测量工具和测量方法

机体皮褶厚度的测量常用皮褶厚度计。测量前需对仪器进行校正。

（1）肱三头肌皮褶厚度的测量方法

被测者自然站立，手臂裸露，测量者站在被测者的背面，找到肩峰和尺骨鹰嘴，在两者连线的中点做出标记；测量者右手持皮褶厚度计，张开两臂，在被测者上臂标记点上方约2cm处，垂直方向用左手拇指、食指和中指将皮肤和皮下组织捏紧提起（拇指和中指间约保持3cm距离），在距离提起点的下方1cm处用皮褶厚度计测量（图7－1）；放开活动把柄，使钳尖部充分夹住皮褶，在仪器指针快速回落后立即读数。读数以mm为单位，精确到小数点后1位。一般要求在同一部位连续测量3次，取平均值为测量结果。

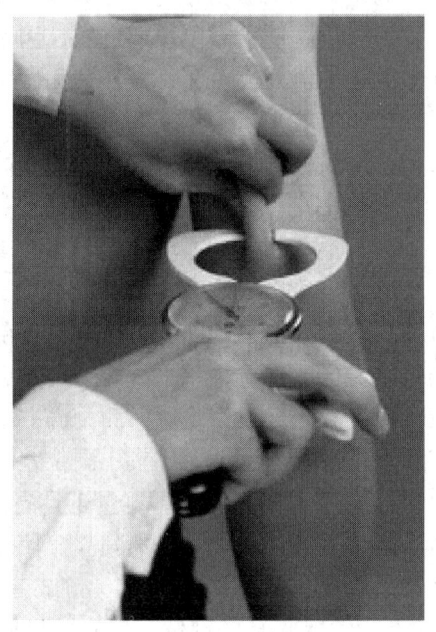

图7－1　肱三头肌皮褶厚度的测量

(2) 肩胛下角皮褶厚度的测量方法　被测者自然站立，肩胛下角裸露，测量者站在被测者背面，先标记出肩胛下角的位置，然后在肩胛下角下方约 1cm 处，顺自然皮褶方向（皮褶方向与脊柱呈 45°），将皮肤和皮下组织提起，测量并读数（具体细节同肱三头肌皮褶厚度的测量）。

(3) 腹部皮褶厚度的测量方法　腹部皮褶厚度的测量方法与肱三头肌和肩胛下角相同，只是测量点不同。腹部的测量点在脐水平线与右锁骨中线交界处。测量时需沿躯干长轴方向纵向捏提皮褶。

## 二、儿童少年体格测量

儿童少年时期是机体生长发育最快的时期，在体格上主要表现为组织、器官、身体各部的大小乃至身体、长短、重量增加和身体成分的变化，这些变化可以通过身高、体重、围度等体格测量指标反映出来。儿童少年的生长发育和正常形态的维持与其营养状况密切相关。越来越多的研究者认为，儿童少年的体格测量数据是评价个体或群体营养状况很有价值的指标。儿童少年体格测量常用指标主要包括身高、坐高、体重、头围、胸围、腰围、皮褶厚度等，其中身高、体重、头围和胸围是儿童少年体格测量的主要指标。

### （一）儿童少年身高、坐高的测量

#### 1. 儿童少年身高、坐高测量的意义

身高是生长发育最有代表性的一项指标，儿童少年时期是身高增长最快的时期，身高指标可反映儿童少年较长时间的营养状况。但由于短期膳食对儿童身高影响不如对体重的影响明显，因此尽管身高指标对儿童少年至关重要，但不适合用于近期营养状况评价。坐高可反映躯干的生长情况，与身高结合可说明下肢与躯干的比例。

#### 2. 儿童少年身高、坐高测量常用工具和测量方法

儿童少年身高坐高测量常用的工具：身高坐高计。身高坐高计与成人测身高时用的身高计相似，只是多了测量坐高时供被测者坐的翻转座板和可调节高度的活动踏板。

儿童少年身高、坐高的测量时间与成人一样，一般在上午 10 点左右，追踪调查时测量时间应固定。

儿童少年身高坐高的测量方法：儿童少年身高的测量方法和注意事项与成人相同。坐高的测量：被测者坐于身高坐高计的座板上，使骶骨部、两肩胛间靠立柱，躯干自然挺直，头部正直，两眼平视前方，以保持耳屏的上缘与眼眶下缘呈水平位；上肢自然下垂，双手不得撑压座板；两腿并拢，双足平踏在地面上，大腿与地面平行并与小腿呈直角（根据被测者小腿长度，适当调节踏板高度以保证正确的姿势）（图 7-2）。测量者站在被测者右侧，将水平压板沿立柱下滑至被测者头顶，两眼与压板呈水平位进行读数。读数以 cm 为单位，精确到小数点后

1 位。测量误差不超过 0.5cm。

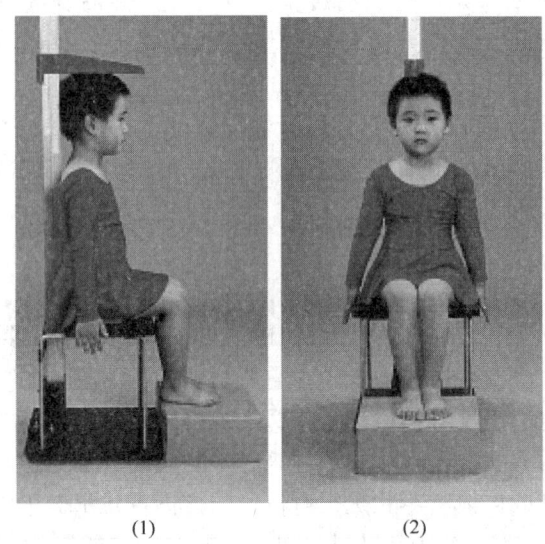

(1)　　　　　　　　(2)

图 7-2　儿童少年坐高测量

### (二) 儿童少年体重的测量

**1. 儿童少年体重测量的意义**

体重是监测儿童少年营养状况的常用指标，在一定程度上可反映儿童少年骨骼、肌肉、皮下脂肪等的综合情况。低体重不仅表示营养摄入不足，而且还能反映近期可使体重减轻的疾病（如腹泻）的发生频度。准确测量儿童少年的体重可及时发现儿童生长发育改变情况。大规模的儿童少年体重监测可发现儿童少年营养状况的整体趋势，如超重、肥胖的发生状况等。

**2. 儿童少年体重测量常用工具和测量方法**

儿童少年体重测量常用的工具包括杠杆式体重秤、电子体重计等。正式调查时（如 2010 年全国学生体质调研），不允许使用弹簧式体重计。

儿童少年体重的测试时间也同成人一样，一般在早晨空腹排便后。

儿童少年体重的测量方法（以杠杆式体重秤为例）：杠杆秤使用前需检验其准确度和灵敏度。准确度要求误差不超过 0.1%。检验方法是用标准砝码称量，读数与标准砝码误差是否在允许范围。灵敏度的检验方法是放置 100g 的砝码于秤上，观察刻度尺变化，如刻度尺抬高了 3mm，或游标向远处移动 0.1kg 而刻度尺仍维持水平位时，说明达到了要求。被测者穿短衣裤、赤足，自然站在秤台中央，保持身体平稳；测量者放置适当砝码并移动游码至刻度尺平衡读数。读数以 kg 为单位，精确到小数点后 2 位，测量误差不超过 0.1kg。

### （三）儿童少年体格围度的测量

儿童少年体格围度的测量主要包括头围、胸围、腰围和臀围的测量。

#### 1. 儿童少年体格围度测量的意义

对儿童少年头围、胸围、腰围和臀围等围度指标的测量，不仅可以了解儿童少年局部生长发育情况，而且可获得儿童少年营养状况和相关疾病资料。

头围是指经眉弓上方突出部，绕枕后结节一周的长度，主要反映颅脑发育情况。如果儿童的头围明显超出正常范围，则可能患脑积水、巨脑症或软骨营养不良等疾病；如果头围过小，则可能是脑发育不全、小头畸形。就评价营养状况来说，测量头围对婴幼儿有一定意义，但对年龄较大的儿童少年意义不大。

胸围是表示胸腔容积、胸背肌发育和儿童少年呼吸器官发育程度的重要指标，借此还可以间接了解胸部皮下脂肪蓄积情况。

腰围在评价成人肥胖中的意义已非常明确，儿童少年腰围对肥胖的意义也受到了越来越多的关注。不同种族研究都提示，与儿童肥胖相关的疾病危险（如代谢综合征）主要不取决于总体脂增加，而和腹腔/内脏脂肪积聚（高腰围）有关。

臀围与腰围一起可以很好地评价和判断腹型肥胖。邬盛鑫等研究发现，儿童臀围未充分发育，使用腰臀比不一定敏感，但男 15 岁、女 13 岁后的青春中后期，腰臀比区分腹型和外围性肥胖的作用显现。腰臀比是判断肥胖类型的重要临床指标，在筛查代谢综合征等多危险因素集聚的易患群体时发挥积极作用。

#### 2. 儿童少年体格围度测量的常用工具和测量方法

儿童少年体格围度的测量与成人体格围度测量一样，常用无伸缩性材料制成的软尺。腰围、臀围的测量方法同成人。胸围的测量，男孩和乳腺尚未发育的女孩测量方法同成年男性，乳腺已经发育的女孩胸围测量方法同成年女性。

头围的测量方法：测量前去掉儿童少年的帽子、围巾或发辫等；被测者取坐位或立位；测量者位于儿童右侧或前方，用左手拇指将软尺"0"点固定于头部右侧眉弓上缘处，软尺绕经枕骨粗隆（后脑勺最突出的一点）及左侧眉弓上缘回到"0"点，与"0"点交界处的值即测量值。读数以 cm 为单位，精确到小数点后 1 位。

### （四）儿童少年皮褶厚度的测量

儿童少年皮褶厚度测量的意义和方法同成人。

## 三、婴幼儿体格测量

婴幼儿一般是指 0 ~ 3 岁的小儿。婴幼儿时期儿童生长发育迅速，不仅身高、体重，身体各器官、功能也发生巨大变化，营养是婴幼儿生长发育重要的影响因素，对婴幼儿体格的测量可以用于评价婴幼儿的营养状况。婴幼儿体格测量的指标也包括纵向测量指标、横向测量指标和质量测量指标。纵向测量指标主要包括身长、顶臀长；横向测量指标主要包括头围和胸围；质量测量指标即体重。

## (一) 婴幼儿身长和顶臀长的测量

婴幼儿由于不能站立或站立时不能保持正确的身高测量姿势，也不能自主端坐保持正确的坐高测量姿势，因此常采用卧位时的身长和顶臀长代替身高和坐高，来反映婴幼儿纵向发育情况。

**1. 婴幼儿身长和顶臀长的测量的意义**

纵向指标主要与骨骼的生长有关，而骨骼的生长受遗传因素影响较大，营养对其影响需要一个长期的过程才能表现出来。因此，婴幼儿身长和顶臀长的测量主要用以反映长期营养、疾病和不良环境因素对机体的影响。

**2. 婴幼儿身长和顶臀长测量常用工具和方法**

婴幼儿身长和顶臀长测量常用工具是标准量床。标准量床由一块底板、两块固定的头板、两块带刻度尺的围板和一块可移动的滑板组成（图7-3）。使用时婴幼儿仰卧于量床上，头部顶着一端头板，移动滑板进行测量。

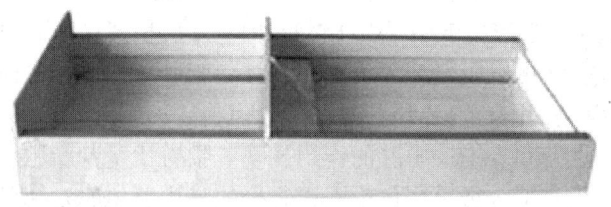

图7-3 标准量床

身长和顶臀长的测量方法：测量时，被测婴幼儿脱去帽、鞋、袜，穿单衣仰卧于标准量床底板中线上。由一名助手将婴幼儿头扶正，头顶接触头板。测量者位于婴幼儿右侧左手握住其双膝，使腿伸直，右手移动滑板使其接触婴幼儿双侧足跟，读取围板上的刻度读数，即身长。然后，测量者左手提起婴幼儿下肢，使膝关节屈曲，大腿与底板垂直，右手移动滑板使其接触婴幼儿臀部，读取围板上的刻度读数即为顶臀长。身长和顶臀长读数都以cm为单位，精确到小数点后1位。

## (二) 婴幼儿头围和胸围的测量

**1. 婴幼儿头围和胸围的测量意义**

头围是指从双侧眉弓上缘经枕骨粗隆绕头一周的长度；胸围是从两乳头线到肩胛下角下缘绕胸一周的长度。通过对婴幼儿头围和胸围的测量，可观察头围和胸围的交叉年龄，并与实际年龄比较，对评价婴幼儿的营养状况有一定意义。一般出生时胸围比头围小1~2cm。随着年龄的增长，胸围迅速增长，1岁左右胸围与头围大致相等，12个月~21个月时胸围超过头围。胸围赶上头围的时间与婴幼儿营养状况关系密切：正常情况下，营养状况良好的婴幼儿，胸围赶上头围的时间提前；而营养不良的婴幼儿，由于胸部肌肉和脂肪发育较差，胸围赶上头围的时间延迟；若到2岁半时胸围还小于头围，则婴幼儿可能存在胸廓、肺发育不良或营养不良。

#### 2. 婴幼儿头围和胸围测量的常用工具和测量方法

婴幼儿头围和胸围测量工具为软尺。

头围的测量方法：被测婴幼儿取坐位或仰卧位，脱帽，暴露头部；测量者站于婴幼儿右侧或对面，用左手拇指将软尺"0"点固定在右侧眉弓上缘，右手拿软尺绕经枕骨粗隆及左侧眉弓上缘回到"0"点，软尺与"0"点交界处的数值即测量值。读数以cm为单位，精确到小数点后1位。

### （三）婴幼儿体重测量

#### 1. 婴幼儿体重测量的意义

婴幼儿营养状况对体重的影响较为明显，体重是反映婴幼儿近期营养状况较为敏感的指标。

#### 2. 婴幼儿体重测量的常用工具和测量方法

婴幼儿体重测量一般采用专门的婴幼儿体重磅秤或成人体重计。用成人体重计时需先测量大人抱着婴幼儿的总质量，然后再测单独大人的质量，两者之差即为婴幼儿体重。

测量方法：被测婴幼儿排空大小便脱去外衣、鞋袜、帽子，只留背心和短裤，1岁以下婴幼儿取卧位，1~3岁取坐位；测量者将被测婴幼儿置于体重秤中央，测量读数。如婴幼儿无法配合，需大人协助，用成人体重计测量。读数以kg为单位，精确到小数点后2位。

## 项目二 实验室指标收集和判定

生物样品的收集是生化检验的前提，准确地收集适当的样品才能顺利进行人体营养水平鉴定，分析人体临床营养不良症状、营养储备水平低下或营养过剩状况，以便较早掌握营养失调征兆和变化情况。

### 一、血样的收集、保存及营养相关指标分析

各种营养素经胃肠道消化后吸收入血，然后经血液运输到各组织器官，多数组织器官的代谢产物又随血液循环到排泄系统，根据血液中营养素及其代谢产物的量可以推算出人体吸收的量。因此，血液中营养物质及其代谢产物的测定可反映机体的营养状况和代谢情况。且血样具有成分较稳定，个体差异小，采集时污染机会少等优点，因此，是营养状况评价中常用的测定对象。

血液中不少化学成分可受饮食、药物以及离体后物理和化学因素的影响。为

使检验结果具有代表性，应在早晨空腹或禁食 6h 以上时采取血液。

### （一）血样采集和保存的方法及注意事项

**1. 血样的采集**

血样采集主要包括末梢血和静脉血的采集。末梢血主要包括指尖血、耳垂血和足跟血。婴儿末梢血采集常选足跟血。对儿童和成人来说，一般采血量在 0.5mL 以下时，可采指尖血或耳垂血；采血量在 0.5mL 以上时，应取静脉血。

末梢血采集常用工具为直形三棱针或弹簧刺血针和玻璃毛细管（根据需要选择毛细管容量，一般为 10μL 或 20μL）。采血时先用 75% 的乙醇棉球消毒皮肤，再用直形三棱针或弹簧刺血针刺破皮肤，第一滴血用棉球拭去，然后用毛细管吸取血液。采血针和玻璃毛细管用前必须经过严格清洗和消毒。

静脉血采集目前常用的工具是一次性采血针和真空采血管。采血部位常选肘前静脉。采血过程需严格遵守无菌操作。

**2. 血样的保存**

（1）不宜久存的检测项目　如维生素 C，血清在 38℃ 放置 1h 即被破坏；胡萝卜素在室温下仅能保存数小时。

（2）4℃ 冰箱保存　如前所述用于血清或血浆分离用的血液样品，保存不能超过 72h；某些分析项目中，血清样品可保存数天。

（3）冰冻保存　某些检测项目，血样在 -30℃ 以下的冰箱中可保存几周至数年，但保存中应注意严密封口，严防水分逸出。

### （二）血样中营养相关指标分析

血液中营养相关指标很多，如蛋白质、糖类、脂类、维生素、矿物质等。本次从血常规相关指标、血糖、血脂、血中蛋白质、维生素、矿物质 6 个方面进行描述，以分析这些指标与机体营养状况的关系。

**1. 与营养相关的血常规指标**

血常规是临床上最基础的化验检查之一。血常规检查项目包括红细胞、白细胞、血红蛋白及血小板数量等。其中与营养相关的指标主要有血红蛋白、红细胞计数和白细胞计数。这些指标的正常值范围和变化意义见表 7-2。

表 7-2　营养相关血常规指标的正常值范围和变化意义

| 检测指标 | 正常值范围 | 减少的意义 |
| --- | --- | --- |
| 血红蛋白（Hb） | 成年男性 120~160g/L<br>成年女性 110~150g/L<br>新生儿 170~200g/L | ①如 Hb 减少的程度大于 RBC 减少的程度，见于缺铁性贫血；②如 Hb 与 RBC 减少的程度相同，则常见于大出血、再生障碍性贫血、自身免疫性疾病所致的贫血等；③如 Hb 减少的程度小于 RBC 减少的程度，常见于巨幼红细胞贫血 |

续表

| 检测指标 | 正常值范围 | 减少的意义 |
| --- | --- | --- |
| 红细胞计数（RBC） | 男性 $(4.0\sim5.5)\times10^{12}/L$<br>女性 $(3.5\sim5.0)\times10^{12}/L$<br>新生儿 $(6.0\sim7.0)\times10^{12}/L$ | 见于各种类型的贫血 |
| 白细胞计数（WBC） | 成人 $(4.0\sim10.0)\times10^9/L$<br>新生儿 $(15.0\sim20.0)\times10^9/L$<br>6个月至2岁 $(11.0\sim12.0)\times10^9/L$ | 多见于血液病、营养不良、恶病质等 |

### 2. 血糖指标

血液中的糖称为血糖，绝大多数情况下都是葡萄糖。体内各组织细胞活动所需的能量大部分来自葡萄糖，所以血糖必须保持一定的水平才能维持体内各器官和组织的需要。正常人空腹血糖浓度为 3.9~6.1mmol/L；超过 6.1mmol/L 称为高血糖；如高于 6.1mmol/L 而低于 7.0mmol/L 为空腹血糖受损；低于 3.9mmol/L 为低血糖。

2010 年美国糖尿病协会对原有的糖尿病标准进行了更新，发布了新的糖尿病诊断标准：

①糖化血红蛋白（AIC）≥6.5%。

②空腹血糖（FPG）≥7.0mmol/L。空腹定义为至少 8h 内无热量摄入，或口服葡萄糖耐量试验（OGTT）服糖后 2h 血糖≥11.1mmol/L。

③有高血糖的典型症状或高血糖危象，随机血糖≥11.1mmol/L。

如无明确的高血糖症状，结果应重复检测确认。

### 3. 血脂指标

脂肪代谢或运转异常使血浆中一种或多种脂质高于正常称为高脂血症。高脂血症是一种全身性疾病，指血中总胆固醇和/或甘油三酰过高或低密度脂蛋白胆固醇过高、高密度脂蛋白胆固醇过低，现代医学称之为血脂异常。该病对身体的损害是隐匿、逐渐、进行性和全身性的，它的直接损害是加速全身动脉粥样硬化；此外，高脂血症也是促进高血压、糖耐量异常、糖尿病的一个重要危险因素，还可导致脂肪肝、肝硬化、胆石症、胰腺炎、周围血管疾病等的发生。

不同地区人群血脂的正常参考值往往有一定偏差，再加上所用仪器、试剂、检验条件不尽相同，导致不同检验机构化验单上的参考值可能不完全一致，分析时要以化验单所列参考值为准。我国"血脂异常防治对策专题组"推荐的血脂的参考值范围见表 7-3。

表7-3　　　　　　　　血脂的正常参考值范围和临床意义　　　　　　　单位：mol/L

| 血脂 | 正常参考值范围 | 临床意义 |
|---|---|---|
| 三酰甘油（TG） | 0.46~1.70 | <1.70，合适范围<br>≥1.70，高三酰甘油血症 |
| 低密度脂蛋白胆固醇（LDL-C） | 2.07~3.12 | <3.12，合适范围<br>3.12~3.64，边缘升高<br>≥3.64，高低密度脂蛋白胆固醇血症 |
| 高密度脂蛋白胆固醇（HDL-C） | 0.94~2.00 | ≤0.91，低高密度脂蛋白胆固醇血症 |
| 总胆固醇（TC） | 成人 2.84~5.18<br>儿童 3.12~5.20 | ≤5.20，合适范围<br>5.20~5.71，边缘升高<br>≥5.72，高胆固醇血症 |

### 4. 血液蛋白质指标

蛋白质约占血浆干重的7%，其中4%为清蛋白，2.6%是球蛋白，0.4%是纤维蛋白原。多种原因可导致机体血液中蛋白质的量发生变化，如蛋白质、能量摄入不足、肾病综合征等。不同指标的升高或降低具有不同的临床意义。临床上常用血清来检测血液中蛋白质。血清蛋白质的正常值范围和临床意义见表7-4。

表7-4　　　　　　血清蛋白质检测指标的正常值范围和临床意义

| 检测指标 | 正常值范围 | 临床意义 |
|---|---|---|
| 血清总蛋白（TP） | 60~80g/L | 增高：常见于重度脱水如腹泻、呕吐、休克、高热及多发性骨髓瘤<br>降低：常见于营养不良、肾病综合征、肝硬化、失血等一些消耗性疾病 |
| 清蛋白（ALB） | 35~55g/L | 增高：常见于严重失水而导致的血浆浓缩<br>降低：与血清总蛋白降低意义相同 |
| 球蛋白（GLO） | 15~35g/L | 增高：常见于肝脏疾病、慢性感染等 |
| 清蛋白、球蛋白比（A/G） | 1.00~2.50 | 降低：常见于肝脏疾病。如治疗后A/G比值接近正常，表示肝功能有所改善 |

### 5. 血中维生素指标

若机体长期对某种维生素摄入不足或吸收障碍，则血液中该维生素的浓度会下降，下降到一定程度，机体的某些组织器官将受到损伤，机体就会出现该维生素缺乏的症状和体征。为在临床症状出现之前早期发现维生素缺乏情况，血中维生素指标的检测是重要手段。血液中各种维生素及相关指标的正常值范围和缺乏的判定标准见表7-5。有些指标尚无缺乏的判定标准。

表7-5 血中维生素及其相关指标的正常值范围和缺乏的判定标准

| 维生素 | 检测指标 | 正常值范围 | 缺乏的判定 |
|---|---|---|---|
| 维生素A | 血清维生素A | 1.05~3.15μmol/L | <0.35μmol/L |
| 维生素$B_1$ | 红细胞转酮醇酶活力系数（E-TKAC） | ≤16% | >25% |
| 维生素$B_2$ | 红细胞谷胱甘肽还原酶活性系数（EGRAC） | <1.2 | >1.4 |
| 维生素$B_6$ | 血浆吡哆醛 | 3.6~18μg/L | <3.6μg/L 可能不足 |
| 维生素$B_{12}$ | 血清维生素$B_{12}$ | | <1.1pmol/L |
| 维生素C | 血浆维生素C | | <4mg/L |
| 维生素D | 血浆25-(OH)-$D_3$<br>血清1,25-(OH)$_2$-$D_3$ | 25~150nmol/L<br>16~60pg/mL | <11nmol/L |
| 维生素E | 血清维生素E（高效液相色谱法） | 11.5~46μmol/L | |
| 叶酸 | 血清叶酸<br>红细胞叶酸 | >6μg/L<br>>160μg/L | <3μg/L<br><140μg/L |

### 6. 血中矿物质指标

人体矿物质含量不足或过量，同样会对机体造成损伤。为早期发现矿物质缺乏情况，以便及时干预和预防缺乏症状的出现，需确切了解机体内矿物质水平。本次只列出血中钙和铁的正常值范围及浓度异常的判断，见表7-6。

表7-6 血中常见矿物质的正常值范围

| 常见矿物质 | 检测指标 | 正常值范围 | 异常的判断 |
|---|---|---|---|
| 钙 | 血清总钙浓度<br>血清离子钙浓度<br>血清钙磷乘积<br>血清碱性磷酸酶 | 2.25~2.75mmol/L<br>1.10~1.37mmol/L<br>>30<br>成人1.5~4.0 菩氏单位<br>儿童5~15 菩氏单位 | 低于下限为不足<br>低于下限为不足<br>低于30为不足<br>超过上限为不足 |
| 铁 | 血清铁蛋白<br><br>血清铁 | 男性：15~200μg/L<br>女性：12~150μg/L<br>男性：11~30μmol/L<br>女性：9~27μmol/L | <12μg/L 为缺铁<br><br>需结合总铁结合力、运铁蛋白饱和度等综合判断 |

## 二、尿液的收集、保存及相关指标分析

肾脏是机体的主要排泄器官，机体代谢产生的很多代谢产物都通过尿液排出体外，因此收集尿液并对其进行营养相关指标的检验分析，对评价机体营养状况和相关疾病的诊断都有重要意义。尿液用于营养评价的意义主要包括以下5个方面：①测定人体蛋白质的需要量和氨基酸代谢实验；②测定水溶性维生素的耐受实验和研究水溶性维生素的需要量；③评价矿物质代谢；④评价机体水溶性维生素的营养状况；⑤研究人体矿物质（钙、铁、锌）的需要量。

### （一）尿液的收集和保存

#### 1. 尿液的采集

根据检测目的和方法的不同，收集尿液的种类也不同。主要包括任意尿、晨尿、餐后尿、白昼尿和夜间尿、3h尿、24h尿和负荷尿。

(1) 任意尿　又称随机尿，即任何时间的一次尿液，一般至少12mL。

(2) 晨尿　清晨起床后的第1次尿液。

(3) 餐后尿　午餐后2h收集的尿液。

(4) 白昼尿和夜间尿　分别留取白天12h（8：00~20：00）和夜间12h（20：00~次日8：00）的尿液。

(5) 3h尿　早晨6时至9时的全部尿液。

(6) 24h尿　一天24h的全部尿液。

(7) 负荷尿　服用某种药品或营养素后某段时间内收集的尿液。

尿液收集的方法：以24h尿的收集为例。准备能容纳500mL尿液的广口瓶或尿杯和盛装2L以上尿液的容器；在收集容器上贴上标签，写上被检者姓名、性别、年龄等信息；要求被检者清晨8时排空小便但不收集，收集此后至第2天清晨8时的所有尿液，包括排大便时排出的尿液；仔细向被检者交代尿液收集时的注意事项；每次采集尿液后及时倒进盛装尿液的容器中，盛装尿液的容器4℃冰箱保存；24h尿液收集完成后，测量总体积；尿液混匀后取出约60mL于棕色瓶内，在送检单上写明总尿量，从速送检。不能及时检验者，暂时保存。

#### 2. 尿液的保存

尿液由于含少量的葡萄糖、蛋白质、氨基酸等营养物质，是一种良好的细菌培养基，在室温下细菌会大量繁殖，引起样品分解、腐败，从而影响检测结果。因此，尿液收集后应及时检验，如必须推迟检验或收集24h的尿液样本，则应4℃冷藏或加入防腐剂。如收集24h尿液的过程中，每次留尿后都应立即冷藏；加入防腐剂是为了抑制细菌生长和维持酸性，但由于某些防腐剂本身可能对某些检验有影响，因此应按不同的测定目的选择不同的防腐剂。需注意的是，即使冰箱保存或加入了防腐剂，也不能保存时间太长，一旦条件允许，立即送检。

## (二) 尿液中营养相关指标分析

尿液中营养相关指标主要包括尿常规指标分析和尿中维生素和矿物质相关指标分析。

### 1. 尿常规相关指标分析（表7-7）

表7-7　　尿常规指标的正常值范围及异常的意义

| 名称 | 正常 | 异常 |
|---|---|---|
| 酸碱度（pH） | 多为弱酸性，一般为6.5 | 增高常见于频繁呕吐、呼吸性碱中毒等；降低常见于酸中毒、慢性肾小球肾炎、糖尿病等 |
| 尿相对密度（SG） | 1.015~1.025 | 增高多见于高热、急性肾炎、糖尿病等；降低多见于慢性肾小球肾炎和肾盂肾炎等 |
| 尿胆原（URO） | 阴性（-）或弱阳性 | 阳性常见于肝细胞性黄疸、溶血性疾病等 |
| 白细胞（WBC） | 阴性（-） | 超过5个，说明尿路感染 |
| 尿蛋白（PRO） | 阴性或仅有微量 | 阳性提示可能有急性肾小球肾炎、糖尿病肾性病变 |
| 尿糖（GLU） | 阴性（-） | 阳性提示可能有糖尿病、甲亢、肢端肥大症等 |
| 尿胆红素（BIL） | 阴性（-） | 阳性提示可能肝细胞性或阻塞性黄疸 |
| 酮体（KET） | 阴性（-） | 阳性提示可能酸中毒、糖尿病、呕吐、腹泻 |
| 尿红细胞（RBC） | 阴性（-） | 阳性提示可能泌尿道肿瘤、肾炎、尿路感染等 |
| 尿液颜色 | 透明浅黄色至深黄色 | 尿混浊、黄绿色、血红色、乳白色、蓝绿色 |

### 2. 尿中维生素和矿物质相关检验指标分析（表7-8）

表7-8　　尿中维生素和矿物质检测指标及其正常参考值范围

| 维生素和矿物质 | 检测指标 | 正常值范围 |
|---|---|---|
| 维生素 $B_1$ | 24h 尿中硫胺素排出量 | $>100\mu g/L$ |
| | 4h 负荷尿中硫胺素排出量 | $\geq 200\mu g/L$ |
| | 任意尿维生素 $B_1$（$\mu g$）/肌酐（g） | $\geq 66$ |
| 维生素 $B_2$ | 24h 尿中维生素 $B_2$ 排出量 | $>120\mu g/L$ |
| | 4h 负荷尿中维生素 $B_2$ 排出量 | $\geq 1300\mu g/L$ |
| | 任意尿维生素 $B_2$（$\mu g$）/肌酐（g） | 80~269 |
| 维生素 $B_6$ | 色氨酸负荷试验（口服2g色氨酸）：24h 尿中黄尿酸排出量 | $<65\mu mol/L$ |
| | 24h 尿中维生素 $B_6$ 排出量 | $>0.5\mu mol/L$ |
| 烟酸 | 尿中 2-吡啶酮/$N^1$-甲基烟酰胺比值 | 1.3~4.0 |
| | 4h 负荷试验（50mg）$N^1$-甲基烟酰胺排出量 | 3.0~3.9mg/L |
| | 任意尿 $N^1$-甲基烟酰胺（$\mu g$）/肌酐（g） | 2.5~3.49 |

续表

| 维生素和矿物质 | 检测指标 | 正常值范围 |
| --- | --- | --- |
| 维生素C | 4h负荷尿中维生素C排出量 | ≥10mg/L |
| 钙 | 24h尿中钙排出量 | 2.5~7.5mmol/L |
| 磷 | 24h尿中磷排出量 | 23~48mmol/L |
| 镁 | 24h尿中镁排出量 | 3.0~5.0mmol/L |
| 钠 | 24h尿中钠排出量 | 130~260mmol/L |
| 钾 | 24h尿中钾排出量 | 51~102mmol/L |
| 铁 | 24h尿中铁排出量 | <179μmol/L |
| 锌 | 24h尿中锌排出量 | 2.3~18.4μmol/L |
| 铬 | 24h尿中铬排出量<br>任意尿尿铬（μg）/肌酐（g） | <15.4nmol/L<br><10 |
| 铅 | 24h尿中铅排出量 | <0.48μmol/L |
| 汞 | 24h尿中汞排出量 | 硝化法<250nmol/L<br>蛋白沉淀法<50nmol/L |
| 铜 | 24h尿中铜排出量 | <1μmol/L |
| 硒 | 尿硒 | 0.15~2.2mmol/L |
| 碘 | 尿碘 | 儿童<100μg/L<br>孕妇、乳母<150μg/L |

## 三、粪便的收集和保存

正常粪便主要由消化后未被吸收的食物残渣、消化道分泌液、大量细菌和无机盐及水等组成。对粪便的检验可以了解消化道感染、出血、肿瘤等情况，间接推断消化道的功能状态。粪便检验用于营养评价主要通过营养代谢实验，主要包括：①测定人体蛋白质的需要量（氮平衡法）；②评价食物蛋白质的营养价值（氮平衡法）；③研究人体矿物质（钙、铁、锌）的需要量；④评价食物中矿物质的吸收率以及影响矿物质吸收的因素；⑤监测体内矿物质随粪便的排泄情况。

### 1. 粪便的收集

根据检测的目的不同，粪便的收集主要包括常规粪便标本的收集和浓缩粪便标本的收集。常规粪便标本一般为刚排出的新鲜粪便，主要用于粪常规等一般检查。检测用粪便量，一般成型便：20~40g（拇指大小）；水样便：5~6汤匙。浓缩粪便标本为24h内排出的所有粪便，常用于寄生虫或虫卵的定量及营养代谢实验等。

粪便的收集方法：①准备收集粪便用的广口杯或蜡纸外包装封口严密的纸盒

等收集容器及棉签或竹签等采集工具；②在收集容器上贴上标签，写上被检者姓名、性别、年龄、检测指标等信息；③仔细向被检者介绍粪便收集时的注意事项；④用棉签或竹签取拇指大小的粪便于收集容器内，棉签或竹签要一并放入；⑤从速送检。需要收集较长时间的粪便时（如粪胆原的定量，需收集 3d 的粪便），每次收集的粪便都要放在冰箱里冷藏，并做上标记；每天的粪便还需要称重和记录；收集完成后，将所有粪便混匀，称总质量；根据测定的需要将粪便打碎或制成匀浆，取部分或全部送检。

### 2. 粪便的保存

粪便收集后，应立即送检。如不能立即检验，则需暂时保存。粪便保存的方法主要有 5 种，不同检验目的，保存方法也不同：①固定保存：主要适用于寄生虫及虫卵的检测；②冷藏保存：一般检测的保存方法，保存时间不能超过 3d；③运送培养基保存：用于致病菌检测；④0.05mol/L 硫酸保存：用于氮平衡实验粪便的保存；⑤冷冻保存：用于矿物质代谢研究粪便的保存。

## 四、头发的收集和保存

头发是人体的有机组成部分，它包含了人体的遗传、生理状态、营养状况乃至饮食习惯等全部信息。头发的生长和发质的好坏与机体的营养状况密切相关，如氨基酸和一些维生素是头发生长的所必需的营养成分；铜、铁、锌等微量元素和泛酸可以防止头发的脱落；充足的钙质对发质有利。因此，头发可作为营养评价的一个指标，对其进行分析可以获得人体的一些基本营养信息。目前，对头发的分析对于营养评价的意义主要是对头发中矿物质元素（如钙、锌、铁、铜、镁等）的分析，以反映机体内相应元素的水平，进而推断机体该元素的营养状况；此外，对头发中元素的分析还可用作环境中某些元素污染（如铅）的评价指标。对头发中矿物质元素的检测主要用于儿童。

### 1. 头发样品的采集和保存

由于不同部位头发中矿物质元素的含量不一样，不同生长时间的头发中矿物质元素的含量也不同，因此采集头发时部位应该固定，一般采集枕部发际处至耳后处的头发。一方面是因为枕部头发不受激素水平的控制，生长比较慢，可以反映更长时间的营养状况；另一方面也不影响美观。

头发样品采集的方法：①准备采集所用工具：不锈钢剪刀（用前用纱布或滤纸擦干净）、干净的塑料试管或滤纸袋；②在塑料试管或滤纸袋上贴上标签，写上被检者姓名、年龄等信息；③被检者自然站立或坐在凳子上，扎头发者需散开头发；④收集者站在被检者身后，让被检者稍微低头，收集者左手带上一次性手套，找到枕部，在枕部发际至耳后处提起一小撮头发，右手握剪刀，从发根 1～2cm 处剪断头发；⑤将头发放到干净的塑料试管或滤纸袋中。头发长的，需将远端头发剪掉，只保留剪下头发近端的 3～5cm；⑥将放有头发的塑料试管或滤纸袋密封好，室温保存；⑦适时送检。

采集头发样品用于检测的优点：①与血样采集相比，不会对人体造成创伤，易被儿童和家长接受；②样本保存和运送方式简单方便，保存时间长，有利于群体收集和评价。

### 2. 采集头发时的注意事项

（1）采集头发时，一定要用不锈钢剪刀，以防头发被剪刀上的微量元素污染。

（2）采集时定位要准确：枕部发际处至耳后处。

（3）剪下的头发应适量，不需太多，一般1~2g即可。

（4）如遇到枕部发际至耳后无头发的儿童，可取其他部位的头发。

### 3. 用头发标本评价机体营养状况的影响因素

如前所述，目前头发标本对于营养评价的意义主要是对头发中矿物质元素（如钙、锌、铁、铜、镁等）的分析。由于头发中矿物质元素特别是微量元素含量本身就较少，再加上矿物质元素普遍存在于外界环境中，因此，任何细微的内、外界因素都会影响结果的可靠性。这些影响因素主要有以下几种。

（1）环境因素　由于头发长时间暴露在空气中，因此环境中的矿物质元素很容易附着在头发上，导致检测结果与实际情况不符。

（2）头发的洗护用品　洗发剂或护发剂中含有的铅、锰等元素易残留在头发上。

（3）染、烫发　头发的染、烫等也可影响头发中矿物质元素水平。

（4）头发采集的部位　采集部位不正确，也会影响检测结果。

（5）头发中矿物质元素的水平　头发中矿物质元素水平与当地水、食物中的矿物质元素水平有关，不同性别、不同年龄段人群头发中矿物质元素的含量也不尽相同。因此，用头发中矿物质元素的含量来评价机体的营养状况时，须选用当地对应年龄段人群的正常值范围进行评价。

鉴于头发检测的影响因素较多，为尽可能减少这些因素的影响，保证检测结果的可靠性，在正式检测之前，需对头发样品进行预处理，以去除头发表面的油脂、汗液、吸附的矿物质元素及其他杂质等。

需注意的是，由于头发的代谢较慢，因此对头发的检测只能反映检测前某一段时间体内某矿物质元素的水平，而不能反映近期变化。

目前的研究中，多数是对儿童发锌的检测；还有研究通过发锌水平的检测探讨发锌含量与弱视、性发育、多动症等疾病的关系。

## 项目三　营养不良的症状和体征判别

广义的营养不良（Malnutrition）包括营养不足或缺乏以及营养过剩两方面，

是由不适当饮食或饮食不足所造成的。但我们通常所说的营养不良指的是由于摄入不足、吸收不良或营养素过度损耗所造成的营养不足。2009 年，联合国粮农组织估计，超过 10 亿人面临严重的营养不足。

营养不良可导致人体早期衰老、造血功能低下、免疫蛋白合成困难、器官组织功能衰竭、较易患癌症及各种疾病。常见的营养不良包括蛋白质－能量营养不良（PEM）及微量养分营养不良。蛋白质－能量营养不良显示出机体内能量和蛋白质的可利用量或吸收量不足。微量养分营养不良说明一些必需营养素的可利用量不足，如机体内需要量少但不可或缺的维生素和微量元素。微量养分缺乏会导致相应的各种各样的疾病或身体正常功能的减弱。

对人体某种营养不良的判断和评价需根据机体的临床症状和体征，结合疾病史、膳食状况以及人体测量和实验室检查的客观结果等进行综合判断。本章节对常见的营养不良进行讲述，包括蛋白质－能量营养不良、缺铁性贫血、锌缺乏、维生素 A、维生素 D 缺乏等。

## 一、蛋白质－能量营养不良的体征及判断

蛋白质－能量营养不良又称蛋白质－热能营养不良，是指由于膳食中蛋白质和热能摄入不足引起的营养缺乏病，是世界范围内最常见的营养缺乏病之一，尤以亚洲和非洲多见。该病是所有营养不良中最致命的一种，在成人和儿童均可发生，婴幼儿是蛋白质－能量营养不良的高发人群（其中断奶前后的婴幼儿最常见），约 1/2 的蛋白质－能量营养不良患儿很难活到 5 岁。迄今为止，蛋白质－能量营养不良仍是全球儿童健康和生存的主要威胁。

蛋白质－能量营养不良的原因主要有：①膳食摄入不足；②不良饮食习惯，如挑食、偏食、以大量饮料代替食物、不适当节食等；③疾病：如胃病、慢性胃肠炎、肠道寄生虫、慢性消耗性疾病等。

蛋白质－能量营养不良分为三个类型：

（1）消瘦型营养不良　主要由单纯的能量不足而引起。

临床表现：皮下脂肪和骨骼肌显著消耗，内脏器官萎缩。四肢犹如"皮包骨"，腹部因无脂肪而呈现"舟状腹"或因胀气呈"蛙状腹"；体重常低于标准体重的 60%。

（2）水肿型营养不良　以蛋白质缺乏为主，能量供给尚能适应机体需要。

临床表现：水肿、腹泻，以水肿为主要特征；常伴发感染、头发稀少易脱落、表情冷漠或情绪不佳等；凹陷性水肿常见于腹部、腿部，也可遍及全身，包括面部，最明显的是下肢。

（3）混合型营养不良　蛋白质和能量均有不同程度的缺乏，常同时伴有维生素和其他营养素的缺乏。过度减肥者可有混合型营养不良。

对蛋白质－能量营养不良的判断主要有以下几个方面。

## （一）了解膳食情况和疾病史

询问最近常摄取的食物种类及相应的摄入量；最近饮食是否规律；食欲如何；有无挑食、偏食、节食等。对于婴幼儿，尚需询问喂养情况，包括是否母乳喂养、母乳量是否充足、有无添加辅食、辅食添加的种类和量及辅食添加是否及时等。

询问有无胃炎、肠炎、肠道寄生虫感染等胃肠道疾病及外科损伤、慢性消耗性疾病等。

## （二）了解临床症状，进行相关的体格检查

### 1. 蛋白质-能量营养不良的主要症状

症状主要有易疲劳、虚弱无力、情绪不好，严重者可出现意识模糊、认知能力下降。根据被检查者的主诉了解是否出现以上症状。

### 2. 被检查者的社会心理状况

观察被检查者的外貌、表情、活动情况、精神状态等，看是否出现活动减少、无力、精神萎靡等。

### 3. 进行相应体格检查

看是否有水肿或皮肤干燥；全身皮下脂肪是否变薄或消失；肌肉组织是否松弛或消失；是否存在心动过速、低体温、低血压；体重变化程度怎样；是否存在消瘦、发育不良或发育迟滞（蛋白质-能量营养不良在成人主要表现为消瘦；在儿童除消瘦外，还表现为发育迟缓）。此外，由于婴幼儿对蛋白质-能量缺乏比较敏感，因此当蛋白质和能量缺乏时，机体抵抗力下降，很容易发生感染，所以，检查时还需看有无感染的存在。

对消瘦、发育迟滞及体重变化程度的判断需通过对被检查者的人体测量，包括身高、体重、皮褶厚度、头围、上臂围等指标的测量来确定。

（1）成人消瘦的判断　成人消瘦常用的指标有体质指数（BMI）、标准体重指数、Vervaeck 指数等。

①体质指数（BMI）：是目前常用的判断机体营养状况的指标，可以较敏感地反映体型的胖瘦程度，主要用于超重和肥胖的评价，也可用来评价消瘦。体质指数的计算公式：

$$体质指数（BMI）= 体重（kg）/身高（m）^2$$

用体质指数对机体的评价参考 2003 年《中国肥胖问题工作组》提出的参考标准，即 BMI < 16 为重度消瘦；16 ≤ BMI < 17 为中度消瘦；17 ≤ BMI < 18.5 为轻度消瘦；18.5 ≤ BMI < 24 为正常；24 ≤ BMI < 28 为超重；BMI ≥ 28 为肥胖。

②标准体重指数：标准体重指数计算公式：

$$标准体重指数 = [实测体重（kg）- 标准体重（kg）] \div 标准体重（kg）\times 100\%$$

其中，标准体重又称为理想体重，是对维持健康最为有利的体重状态。标准体重可通过调查相应的健康人群的体重资料，即该人群中体重分布处于中间的大

部分人的平均体重；也可以通过 Broca 改良公式计算：

$$标准体重（kg）= 身高（cm）- 105$$

成人标准体重指数分级见表 7-9。

表 7-9　　　　成人标准体重指数的营养评价　　　　单位:%

| 标准体重指数 | 营养评价 |
| --- | --- |
| < -20 | 重度瘦弱 |
| < -10 | 瘦弱 |
| ±10 | 正常 |
| >10 | 超重 |
| >20 | 肥胖 |

③Vervaeck 指数：是用于衡量青年的体格发育指标，可以充分反映人体纵轴、横轴和组织密度。Vervaeck 指数的计算公式：

$$Vervaeck 指数 = [体重（kg）+ 胸围（cm）] \div 身高（cm）\times 100$$

其对营养状况的评价见表 7-10。

表 7-10　　　　我国青年 Vervaeck 指数营养评价标准

| 营养评价 | 男 | 17 岁 | 18 岁 | 19 岁 | 20 岁 | 21 岁以上 |
| --- | --- | --- | --- | --- | --- | --- |
| | 女 | — | 17 岁 | 18 岁 | 19 岁 | 20 岁以上 |
| 优 | | >85.5 | >87.5 | >89.0 | >89.5 | >90.0 |
| 良 | | >80.5 | >82.5 | >84.0 | >84.5 | >85.0 |
| 中 | | >75.5 | >77.5 | >79.0 | >79.0 | >80.0 |
| 营养不良 | | >70.5 | >72.5 | >74.0 | >74.0 | >75.0 |
| 重度营养不良 | | <70.5 | <72.5 | <74.0 | <74.0 | <75.0 |

此外，还可用皮褶厚度和上臂围等来评价成人是否消瘦。

（2）儿童消瘦和生长发育迟缓的判断

①儿童消瘦的判断：儿童营养状况的判断常用的指标有身高标准体重、体质指数（BMI）、Kaup 指数及 Rohrer 指数等。其中 BMI 在儿童常用于对超重和肥胖的评价。身高标准体重、Kaup 指数和 Rohrer 指数可以反映消瘦。

a. 身高标准体重：是 WHO 积极推荐的指标，着重反映儿童现时的营养状况。它在同等身高条件下比较体重大小，可以有效消除青春期前因性别、发育水平、遗传、种族差别等原因导致的身材发育差异的影响。其评价方法是以"标准体重"为 100%；±10% 为正常；<90% 标准体重为轻度营养不良；<80% 标准体重为中度营养不良；<80% 标准体重为重度营养不良；>110% 标准体重为超重；>120% 标准体重为肥胖。

b. Kaup 指数：亦称儿童体质指数。其实际含义是指单位面积内所包含的体重，意指该面积下所涵盖机体组织的平均密度，亦被理解为身体的匀称度。Kaup 指数用以反映儿童体格发育状况和营养水平，适用于学龄前儿童的营养状况评价。其计算公式为：

$$\text{Kaup 指数} = [\text{体重（kg）}/\text{身高（cm）}^2] \times 10^4$$

Kaup 指数的评价：此指数 <10 为消耗性疾病；10~13 为营养不良；13~15 为消瘦；15~19 为正常；19~22 为良好；>22 为肥胖。

②Rohrer 指数：该指数用以评价学龄期儿童和青少年的体格发育和营养状况，反映单位体积的充实程度，可作为营养指数。其均值曲线呈"V"形，7 岁后随年龄的增大而增大。其计算公式为：

$$\text{Rohrer 指数} = [\text{体重（kg）}/\text{身高（cm）}^3] \times 10^7$$

Rohrer 指数的评价标准为此指数 <92 过度消瘦；92~109 消瘦；110~139 中等；140~156 肥胖；>156 过度肥胖。

儿童消瘦状况也可通过皮褶厚度、上臂围等的测量来反映。

③儿童生长发育迟缓的判断：儿童生长发育迟缓：儿童的年龄性别身高低于同年龄同性别参照人群值的正常变异范围。低于中位数减 2 个标准差，但高于或等于中位数减 3 个标准差为中度生长发育迟缓；低于中位数减 3 个标准差为重度发育迟缓。此指标主要反映过去长期营养状况。对儿童发育迟缓的判断还需结合生长发育史、疾病史等综合判断。

（3）体重变化程度的判断　见表 7-11。

表 7-11　　　　不同时间内体重变化程度的评定标准

| 时间 | 中度体重减轻 | 重度体重减轻 |
| --- | --- | --- |
| 1 周 | 1%~2% | >2% |
| 1 个月 | 5% | >5% |
| 3 个月 | 7.5% | >7.5% |
| 6 个月 | 10% | >10% |

（三）进行实验室相关指标的检测

检测指标包括血红蛋白、血清总蛋白、血清清蛋白、血清运铁蛋白、血清甲状腺结合前白蛋白、血浆视黄醇结合蛋白、血清氨基酸比值、尿肌酐、尿肌酐/身长指数、尿羟脯氨酸指数、氮平衡以及一些免疫功能指标等。需要注意的是这些指标都是非特异性指标，判断时只作为参考，尚需结合其他结果综合判断。

（四）判断和评价

综合上述膳食史、个人疾病史、临床症状、体征、人体测量指标的评价结果、实验室检测指标对蛋白质-能量营养不良做出正确判断。

（五）探寻原因，提出建议

确定为蛋白质-能量营养不良后，需进一步探寻被检者导致该疾病的确切原因，是蛋白质、能量摄入不足还是获取受限，或是消耗过大；明确原因后根据导致疾病的原因提出针对性建议。

## 二、常见矿物质元素缺乏的判断和评价

铁、锌、铜等微量元素在维持人体正常生命活动中是不可缺少的，一旦机体内这些微量元素含量不足或缺乏，机体的某些生理功能将受到损害，进而引起相应的临床症状。因此，对这些元素缺乏的正确判断对尽早进行干预和治疗、预防更严重后果的出现、维护机体健康具有重要意义。

要对某种元素的缺乏做出正确判断：①需对该营养素缺乏的知识有所了解，如导致该元素缺乏的可能原因、缺乏的临床症状和体征及缺乏的判定标准等；②面对来询者，根据掌握的相关知识怀疑为某元素缺乏后，需了解其膳食史，如了解近来的膳食种类和膳食量等，以及与该元素相关的疾病史；③通过询问和体格检查，了解来询者是否存在该元素缺乏的症状和体征；④根据情况，建议进行必要的相关实验室指标检查；⑤综合以上情况（膳食史、疾病史、临床症状和体征、实验室检查结果）做出该元素是否缺乏的正确判断；⑥确诊是该元素缺乏后，进一步探寻病因，提出针对性的建议。对各元素缺乏的判断和评价都需经过以上6个步骤。下面主要以常见的铁缺乏和锌缺乏为例进行判断和评价。

（一）缺铁性贫血的判断

1. 了解铁缺乏的相关知识

体内铁缺乏最主要的是引起机体缺铁性贫血。缺铁性贫血是指机体对铁的需求与供给失衡，导致体内贮存铁耗尽，继而红细胞内铁缺乏，血红蛋白合成减少而引起的小细胞低色素性贫血。在所有贫血类型中缺铁性贫血最为常见。

体内缺铁可分为三个阶段。

第一阶段：铁减少期（iron deficiency store，ID）该阶段体内贮存铁减少，血清铁浓度下降，但无临床症状。

第二阶段：红细胞生成缺铁期（iron deficiency erythropoiesis，IDE）血清铁浓度下降，运铁蛋白浓度降低，游离原卟啉浓度升高，但血红蛋白浓度尚未降至贫血标准，处于亚临床阶段。

第三阶段：缺铁性贫血期（iron deficiency anemia，IDA），此时血红蛋白和红细胞比积下降，出现缺铁性贫血临床症状。

（1）缺铁性贫血的症状和体征

①一般先出现皮肤黏膜苍白、尤以口唇和甲床最明显。

②常有乏力、易倦、头晕、头痛、眼花、耳鸣、心悸、气短。

③精神行为异常,如烦躁、易怒、注意力不集中或精神萎靡。

④食欲减退,出现口腔炎、舌炎、舌乳头萎缩、口角皲裂等,有的还会出现异食癖。

⑤指(趾)甲缺乏光泽、脆薄易裂,重者指(趾)甲变平,甚至凹下呈勺状(反甲)。

⑥免疫功能和抗感染能力下降,抗寒能力降低。

⑦皮肤干燥、皱缩;毛发干枯、脱落。

⑧临床检查发现心律增快,肝脾大。

(2) 缺铁性贫血的常见原因

①需铁量增加而铁摄入不足:多见于婴幼儿、青少年、妊娠和哺乳期妇女。婴幼儿需铁量较大,若不补充蛋类、肉类等含铁量较高的辅食,易造成缺铁。青少年偏食易缺铁。女性月经增多、妊娠或哺乳,需铁量增加,若不补充高铁食物,易造成缺铁性贫血。

②铁吸收障碍:常见于胃大部切除术后,胃酸分泌不足,食物快速进入空肠,绕过铁的主要吸收部位(十二指肠),使铁吸收减少。此外,多种原因造成的胃肠道功能紊乱,如长期不明原因腹泻、慢性肠炎、克隆氏病等均可因铁吸收障碍而发生缺铁性贫血。

③铁丢失过多:慢性长期铁丢失而得不到纠正。如:慢性胃肠道失血(包括痔疮、胃十二指肠溃疡、食管裂孔疝、消化道息肉、胃肠道肿瘤、寄生虫感染、食管/胃底静脉曲张破裂等)、月经量过多、咯血和肺泡出血、血红蛋白尿及其他(慢性肾衰竭行血液透析、多次献血等)。

(3) 缺铁性贫血的判断

①血清铁蛋白 <12mg/L。

②骨髓铁染色显示骨髓小粒可染铁消失,铁粒幼细胞少于15%。

③血清铁降低(<500μg/L),总铁结合力升高(>4500μg/L),运铁蛋白饱和度(TS) <15%。

④全血游离原卟啉(FEP) >0.9μmol/L,锌原卟啉(ZPP) >0.96μmol/L,或 FEP/Hb >4.5μg/gHb。

⑤血清运铁蛋白受体(sTfR):铁缺乏时该受体表达增加,浓度超过 8mg/L 说明体内铁缺乏。

⑥成年男性血红蛋白(Hb) <130g/L,成年女性 Hb <120g/L;平均红细胞体积(MCV) <80fl,平均红细胞血红蛋白含量(MCH) <27pg,平均红细胞血红蛋白浓度(MCHC) <0.32。

**2. 询问膳食史及个人疾病史**

膳食史:如平常摄取食物的种类,食量大小,饮食是否规律等;

个人疾病史:询问个体的健康状况,有无慢性胃肠道疾病、有无服用抗酸药、有无嗜酒等；如为儿童尚需询问家长有无肠道寄生虫感染；如为女性需询问月经量等信息。

**3. 询问疾病相关症状，进行相应体格检查**

根据掌握的缺铁性贫血的知识，询问除个体主诉外的相关症状，如是否常感觉疲倦无力、是否怕冷等。

进行体格检查：①进行身高、体重、体温、血压的测量；②观察外貌表情、活动、精神状态是否存在精神萎靡或反应冷淡；③看是否消瘦、发育不良；④检查口唇、甲床、黏膜是否苍白；⑤测试：让被检查者做一定的动作，如蹲站，看其是否出现头晕、心慌等症状。

**4. 建议进行相关实验室指标检查**

如血红蛋白、血清铁蛋白、血清铁、总铁结合力、血清运铁蛋白饱和度、红细胞游离原卟啉、血细胞比容等。

**5. 进行缺铁性贫血的判断**

综合以上个体的膳食史、个人疾病史、临床症状和体征，结合实验室检查结果，做出是否为缺铁性贫血的正确判断。

**6. 探寻病因，提出建议**

确定为缺铁性贫血后，需进一步了解导致缺铁性贫血的确切原因，提出针对性的建议。如膳食不足者建议多选择富含铁的食物；疾病引起者建议尽快进行相关疾病的治疗；嗜酒者戒酒等。

### （二）锌缺乏的判断与评价

**1. 了解锌缺乏的相关知识**

锌缺乏是人群中常见的营养缺乏症，尤其以经济落后的发展中国家更为严重。育龄妇女、孕妇、儿童和婴幼儿是锌缺乏的高发人群。

（1）锌缺乏的原因

①特殊生理需要量增加：如孕妇、乳母由于妊娠和哺乳，儿童和婴幼儿由于生长发育迅速都对锌需要量增加，如膳食未做及时调整，易引起锌摄入不足，导致锌缺乏。

②膳食摄入不平衡：由于动物性食物含锌量较高，如动物性食物摄入偏少，如偏食等可导致锌摄入过少。

③锌吸收不良：如植物性食物中含有的植酸、鞣酸和纤维素等阻碍锌的吸收；食物中铁含量过多影响锌的吸收。

④某些肠道疾病等导致锌吸收障碍：如肠病性肢端性皮炎患者因遗传因素对锌的吸收率较低，可导致严重的锌缺乏；胃酸缺乏或过少、胃肠道切除、肠道综合征等均可降低锌的吸收。

⑤锌丢失过多：如反复失血、外伤、烧伤皆可使大量锌随体液丢失；肝硬化、慢性尿毒症等因低白蛋白血症所致高锌尿症；一些药物如长期应用金属螯合

剂（如青霉胺等），使其与锌结合自尿排出等；某些利尿药也增加锌的排出；这些因素皆可致锌缺乏。

（2）锌缺乏的症状和体征

①皮肤黏膜表现：口角溃烂、口角炎、萎缩性舌炎；面色苍白，具有明显贫血面容；缺锌严重时可有各种皮疹、大疱性皮炎、复发性口腔溃疡、下肢溃疡长期不愈及程度不等的秃发等。

②儿童生长发育落后甚至停滞：缺锌小儿身高体重常低于正常同龄儿，严重者有侏儒症。国内外报道缺锌小儿补锌后身高体重恢复较快，缺锌可影响小儿智能发育，严重者有精神障碍，补锌皆有效。

③胎儿生长发育障碍：严重缺锌孕妇及怀孕动物可致胎儿生长发育落后及各种畸形，包括神经管畸形等；产妇因子宫收缩乏力可导致产程延长，出血过多。

④青春期性发育迟缓：如男性生殖器睾丸与阴茎过小，睾丸酮含量低，性功能低下；女性乳房发育及月经来潮晚；男、女阴毛皆出现晚等。补锌后数周至数月第二性征出现，上述症状减轻或消失。

⑤厌食：缺锌时味蕾功能减退，味觉敏锐度降低，食欲不振，摄食量减少；相关酶活性降低，导致消化能力也减弱。

⑥异食癖：缺锌小儿可有喜食泥土、墙皮、纸张、煤渣或其他异物等现象。

⑦易感染：缺锌小儿细胞免疫及体液免疫功能皆可能降低，易患各种感染，包括腹泻。

⑧其他：如精神症状，常见于婴幼儿和儿童，表现为精神萎靡、嗜睡、幻觉等，严重者小脑功能受损可表现出躯干和肢体的共济失调；此外，一些患者可能出现暗适应时间延长，甚至夜盲。

（3）实验室检查指标　目前没有锌缺乏的比较理想的实验室诊断指标，以下指标可作为锌缺乏判断时的参考：

①发锌：可为慢性锌缺乏的参考指标，主要用于儿童。一般以发锌 $<1.07\mu mol/L$ 为判断儿童锌缺乏的临界值。但因发锌受头发生长速度、环境污染、洗涤方法及采集部位等多种条件影响，因此并非诊断锌缺乏的可靠指标。

②血清/血浆锌：反映近期锌营养状况，是锌营养状况评价常用的实验室指标。但由于血清/血浆锌浓度较稳定，不随锌摄入量的变化而相应变化，因此被认为不能作为评价锌营养状况的良好指标，血清/血浆锌值仅作为判定时的参考。

③尿锌：尿锌可较灵敏地反映机体内锌的变化，但由于多种因素可影响尿锌含量，因此，尿锌的结果具有不确定性。排除各因素或用于健康人群，尿锌的测定值才有实际意义。

2. 询问膳食史及个人疾病史

①膳食史：如平常摄取食物的种类、食量大小、饮食是否规律等。

②个人疾病史：如有无胃肠道疾病、是否进行过胃肠道手术、有无肝硬化、

肾脏疾病等；是否服用利尿药等。

### 3. 询问疾病相关症状，进行相应体格检查

根据掌握的锌缺乏的相关知识，询问除个体主诉外的相关症状，着重考虑：

（1）是否有性发育障碍与性功能低下的症状。青少年出现生殖器官发育迟缓、月经初潮年龄推迟等；成人出现性欲减退、阳痿等。

（2）是否有味觉和嗅觉障碍；有无出现异食癖。

（3）是否有伤口愈合不良；呼吸、消化系统感染发病情况。

（4）进行身高、体重测量，看是否有生长发育落后；

（5）进行皮肤黏膜检查，看是否有口角炎、舌炎、口腔溃疡等症状。

### 4. 建议进行相关实验室指标检查

如进行发锌和血清/血浆锌的检查。

### 5. 进行锌缺乏的判断

综合以上个体的膳食史、个人疾病史、临床症状和体征，结合实验室检查结果，做出是否为锌缺乏的正确判断。如有缺锌的相应症状，但血锌或发锌不低，不能确定但怀疑是锌缺乏者，可用单一锌剂进行试验治疗，如较快取得疗效，有助于肯定诊断。

### 6. 探寻病因，提出建议

确定为锌缺乏后，需进一步了解导致锌缺乏的确切原因，提出针对性的建议。如动物性食物摄入过少需增加肉类的摄入量；如疾病引起的则应尽早进行相关疾病的治疗；如某些药物导致锌排出量增加可更换药物；对孕妇、儿童等特殊人群除注意膳食摄入外，必要时还可建议补充锌制剂或食用锌强化食品。

其他矿物质元素缺乏的判断与评价与铁和锌相同。但需注意的是有一些微量元素（如碘、硒）的缺乏常具有地区性，即所谓的地方病，因此，对其判断时须了解个体是否居住在这些元素缺乏的地区或有在这些地方的居住史，这一点非常重要。此外，这其中有些元素缺乏导致的疾病，国家有明确的诊断标准，诊断时要严格按照国家标准进行。

## 三、常见维生素缺乏的判断和评价

维生素缺乏的判断和评价与矿物质元素一样，也需要经历六个步骤：先了解维生素缺乏的相关知识；再询问膳食史和个人疾病史；询问维生素缺乏的相关症状，进行相应体格检查；进行实验室相关指标的检查；综合分析判断；探寻原因，给出建议。

### （一）维生素 A 缺乏的判断和评价

#### 1. 了解维生素 A 缺乏相关知识

维生素 A 缺乏病是世界卫生组织确认的世界四大营养缺乏病之一，是因体内缺乏维生素 A 而引起的以眼和皮肤病变为主的全身性疾病，多见于儿童和青少

年，男性多于女性。

(1) 维生素 A 缺乏的原因

①饮食不当或补充不足：主要指婴幼儿。由于孕妇血中的维生素 A 不易通过胎盘进入胎儿体内，因此婴儿体内维生素 A 储存量很低，很快即可被消耗殆尽，加上婴儿时期食品单纯，如乳量不足，又不补给辅食，即可导致维生素 A 缺乏；幼儿断奶后，若长期单用米糕、面糊、稀饭、脱脂牛乳等喂养，不添加富含维生素 A 的辅食，也造成维生素 A 缺乏症。儿童可因为偏食、节食、摄入较少等引起缺乏。

②慢性消化系统疾病：如长期腹泻、慢性痢疾、肠结核、胰腺疾病等可影响维生素 A 的吸收。

③消耗性疾病：如肺结核、肺炎、猩红热等在维生素 A 摄入不足的基础上，又增加了消耗而出现维生素 A 缺乏症状。

④甲状腺功能低下和糖尿病：使 $\beta$-胡萝卜素转变成视黄醇的过程发生障碍，以致维生素 A 缺乏。

此外，饮酒、锌缺乏等可影响维生素 A 的吸收和代谢，使机体出现维生素 A 缺乏症状。

(2) 维生素 A 缺乏的症状和体征  维生素 A 缺乏症以眼部症状和皮肤症状为主，也可累及骨骼系统，影响机体的生殖功能和免疫功能。

①眼部症状：

a. 眼干燥症：又称为干眼病，患者常感觉眼部不适、发干，有烧灼感，畏光、流泪。球结膜干燥时，则失去正常的光泽和弹性，透亮度减低、颜色混浊；维生素 A 缺乏时间较长时，出现毕脱氏斑，即在眼睑裂部球结膜靠近角膜缘处出现的灰白色微小泡沫状小点，随后集结成圆形或卵圆形或三角形，表面微隆起、干燥、不易擦掉。

b. 夜盲症：维生素 A 缺乏会导致视网膜上维持暗视觉的视紫红质生成障碍，影响视网膜对暗光的敏感度，导致暗适应能力降低乃至夜盲症。

c. 角膜软化：维生素 A 缺乏严重时，初期会引起角膜干燥、角化，失去光泽；后期可出现软化、溃疡、穿孔，直至失明。

②皮肤症状：

典型症状：皮肤干燥。

主要体征：毛囊上皮角化过度，形成毛囊性丘疹（最早出现于上臂后侧和大腿前外侧，以后扩展至全身，胸、背和臀部除外）；由于皮脂腺分泌减少，皮肤干燥且有皱纹，外表与蟾蜍的皮肤相似，又称"蟾皮症"；严重时皱纹明显如鱼鳞。

③骨骼系统：儿童表现为骨骼停止生长，发育迟缓；牙齿萌出较晚、生长缓慢，表面容易出现裂纹并容易发生龋齿。

④生殖功能：
a. 女性：影响受孕和怀孕，或导致胎儿畸形和死亡。
b. 男性：精子减少，性激素合成障碍。
⑤免疫功能：细胞免疫功能低下，易感染。
（3）维生素 A 缺乏的判定
①血清视黄醇含量：
a. 成人：正常成年人血清视黄醇浓度 1.05~3.15μmol/L；低于 0.7μmol/L 为视黄醇不足；低于 0.35μmol/L 为视黄醇缺乏。
b. 儿童：大于 1.05μmol/L 为正常；0.7~1.02μmol/L 为边缘缺乏，小于 0.7μmol/L 为缺乏。
②暗适应能力测定：暗适应能力降低可作为早期诊断维生素 A 缺乏的依据。
③生理盲点：生理盲点在视野上呈现为固有的暗区，正常人生理盲点的面积为 1.8cm$^2$，维生素 A 缺乏，会导致生理盲点扩大。
④毕脱氏斑：用于儿童维生素 A 缺乏的诊断。
⑤眼结膜印迹细胞学法：维生素 A 缺乏期间，眼结膜杯状细胞消失，上皮细胞变大且角化，检测这些特征细胞，有助于判别维生素 A 是否缺乏，对早期发现角膜组织异常有一定的帮助。
⑥尿液上皮细胞检查：取 10mL 新鲜、清洁的中段尿，加入 1% 甲紫溶液数滴，镜下计数上皮细胞；若上皮细胞超过 3 个/mm$^3$，在排除尿路感染后，可以认为是维生素 A 缺乏所致。
此外，血浆视黄醇结合蛋白和视黄醇稳定放射性核素测定也用以反映体内维生素 A 的水平。

**2. 询问膳食史及个人疾病史**
（1）膳食史　如平常摄取食物的种类，食量大小，食欲如何，饮食是否规律；如果是婴幼儿喂养情况如何、添加辅食的种类等。
（2）个人疾病史　如有无慢性胃肠道疾病、有无消耗性疾病、是否嗜酒等。

**3. 询问疾病相关症状，进行相应体格检查**
（1）根据掌握的缺铁性贫血的知识，询问除个体主诉外的相关症状，如暗适应时间是否较长、是否有夜盲症状等。
（2）进行身高、体重测量，判断是否有发育不良。
（3）着重眼部、皮肤的检查　检查有无毕脱氏斑、暗适应能力是否下降、生理盲点是否增大等；检查皮肤是否干燥、是否角化过度、是否有丘疹。
（4）观察精神状态，看是否精神萎靡等。

**4. 建议进行相关实验室指标检查**
如血清视黄醇浓度、尿液上皮细胞检查。

### 5. 进行维生素 A 缺乏的判断

综合以上个体的膳食史、个人疾病史、临床症状和体征,结合实验室检查结果,做出是否为维生素 A 缺乏的正确判断。

### 6. 探寻病因,提出建议

确定为维生素 A 缺乏后,需进一步了解导致维生素 A 缺乏的确切原因,提出针对性的建议。如因摄入不足而引起者可增加富含维生素 A 食物的摄入;如因喂养不当引起,可告知正确的喂养方法;如因疾病引起则尽快进行治疗。

## (二)维生素 D 缺乏的判断和评价

### 1. 了解维生素 D 缺乏的相关知识

维生素 D 与钙、磷代谢密切相关,直接或间接参与骨形成和变化的整个过程,包括骨细胞的增生、分化;骨基质的形成、成熟和钙化;骨质的重吸收等。

维生素 D 既来源于膳食,也可由皮肤合成,因此,人只要经常接触阳光,在一般膳食条件下很少引起维生素 D 缺乏。维生素 D 缺乏在婴幼儿可引起佝偻病;在成人主要表现为骨软化症和骨质疏松。

(1) 维生素 D 缺乏的原因

①日光照射不足。

②需要量增加,而摄入相对不足:常见于妊娠和哺乳期妇女。

③服用影响维生素 D 和钙吸收的药物。

④维生素 D 吸收不良,常见于老年人。

(2) 维生素 D 缺乏的症状和体征

①儿童佝偻病:儿童佝偻病主要表现为骨骼的变化和神经精神症状。

a. 骨骼变化

头部:颅骨软化。轻者前囟边缘软化,闭合延迟(可迟至 2~3 岁才闭合);重者颞枕部呈乒乓球样软化,按压有弹性;额、顶骨对称性隆起,形成"方颅""鞍状头"或"十字头"。

牙齿:萌出较晚,可延至 1 岁或 3 岁才出齐;严重者牙釉质发育不良、牙列不齐。

胸部:肋骨串珠和胸廓畸形。肋骨串珠主要在肋骨和肋软骨交界处,可引起肺局部不张;胸廓畸形可表现为鸡胸和漏斗胸,1 岁以内患儿胸廓内陷形成赫氏沟。

四肢和脊柱:由于骨骼软化,上下肢均可因承重而弯曲变形,出现 X 或 O 形腿;脊柱受重力影响可发生侧向或前后向弯曲,严重时可发生骨折;由于长骨干骺端肥大,以腕部明显,桡骨、尺骨端呈钝圆形隆起,形似"手足镯"。

b. 神经精神症状:为佝偻病的初期表现,主要表现为多汗、夜惊、易怒等,特别是入睡后头部汗多,与气候无关。由于汗液刺激,患儿经常摇头擦枕,形成枕秃或环形脱发。

c. 其他：如发育不良、手足抽搐、易感染。

②成人骨软化症：主要表现为骨痛、肌无力、骨压痛、骨骼变形。

骨痛常发生在背腰部或下肢，疼痛部位不固定，发作无规律，一般在活动时加剧；肌无力表现为初期感觉在上楼或从座位起立时吃力，病情加剧时行走困难，是维生素 D 缺乏的重要表现；骨痛与肌无力同时存在时，患者步态特殊，被称为"鸭步"；严重时出现骨骼变形。

成人维生素 D 缺乏还表现为骨质疏松，出现自发性和多发性骨折。

（3）维生素 D 缺乏的判定

①佝偻病的判定：

a. X 线：

初期：干骺端钙化预备线可有轻度模糊（尺桡骨较明显）。

活动期：干骺端钙化预备线消失，呈毛刷状，常有杯口状凹陷；骺线显著增宽，骨质稀疏，皮质变薄，可伴有不完全骨折及下肢弯曲畸形。

恢复期：钙化线预备线重新出现，但仍不太规则，杯口状消失，骨密度渐恢复。

b. 碱性磷酸酶活性：出现最早，恢复最晚，大于 28 金氏单位为维生素 D 缺乏。

c. 血清 25－（OH）－$D_3$：正常值 25～150 nmol/L，小于 25 nmol/L 为维生素 D 缺乏。

d. 血清钙磷乘积：小于 30 为维生素 D 缺乏。

②骨软化症的判定：

a. 骨质软化，骨骼变形，骨压痛，出现骨折。

b. 碱性磷酸酶活性：出现最早，恢复最晚，大于 28 金氏单位为维生素 D 缺乏。

c. 血清 25－（OH）－$D_3$：正常值 25～150 nmol/L，小于 25 nmol/L 为维生素 D 缺乏。

d. 血清钙磷乘积：小于 30 为维生素 D 缺乏。

**2. 询问膳食史及个人疾病史**

对儿童主要询问接受日照情况、是否双胎、喂养情况、患病情况等。

对成人主要了解：①膳食史：主要询问最近饮食是否规律，食欲如何，既往常摄取的食物种类，是否偏食等。②个人疾病史：是否患有胃肠道慢性疾病、肝病和手术史，是否服用了影响维生素 D 吸收的药物，儿童期否患有佝偻病，日照是否足够，有无嗜酒等。

**3. 询问疾病相关症状，进行相应体格检查**

根据掌握维生素 D 缺乏的知识，询问除个体主诉外的相关症状，进行体格检查。

儿童：询问家长是否有夜惊、多汗等症状；体格检查主要检查头部、胸部、脊柱四肢骨骼情况，看是否有方颅、肋串珠、鸡胸、X形腿、O形腿等。

成人：询问是否有骨痛、手足抽搐（抽筋）、肌无力的相关症状；检查是否有骨骼变形和骨压痛。

### 4. 建议进行 X 线检查和相关实验室指标检查

实验室指标有血清 $25-(OH)-D_3$ 和碱性磷酸酶活性。

### 5. 进行维生素 D 的判断

综合以上个体的膳食史、接受日照情况、个人疾病史、临床症状和体征，结合 X 线表现，实验室检查结果，做出是否为维生素 D 缺乏的正确判断。

### 6. 探寻病因，提出建议

确定为缺铁性贫血后，需进一步了解导致维生素 D 缺乏的确切原因，提出针对性的建议。如因日照不足的需增加户外活动时间，疾病引起的尽快进行疾病的治疗等。

## 思考题

以儿童体格测量为例描述整个现场测量过程，测量指标包括：身高、坐高、体重、头围、胸围、腰围、皮褶厚度（肱三头肌）。

# 膳食指导和评估

**知识目标**

了解食谱编制的过程，并能够对食谱进行调整。

**能力目标**

能够根据群体或者个体对各种营养素的需要，结合当地的实际情况，合理选择各类食物，能够通过编制营养食谱，指导集体、家庭或个人选择平衡膳食，获取合理营养，促进健康，并能够正确客观地评价和调整食谱。

**背景知识**

平衡膳食、合理营养是健康饮食的核心。所谓的"病从口入"，不仅指经口传播的传染性疾病，还应包括因营养素摄入不平衡引起的非传染性疾病。如缺铁性贫血、维生素 C 缺乏病和肥胖症、糖尿病，分别是因营养素摄入不足和营养素摄入过剩引起的营养疾病。所以合理营养和平衡膳食是预防疾病的重要措施。随着现代医学的发展，人们不仅注重疾病的治疗，更重视疾病的预防，要做到未雨绸缪就要深入了解如何合理的营养和平衡膳食，因为它是治疗和预防的基础。

过去，我国的传统膳食多以谷物为主，这种膳食结构对人体有利，但随着经济的发展，人们生活水平的提高，传统膳食习惯已经发生了很大的转变。2005 年 7 月 25 日中国营养学会首次发布了《居民营养膳食与营养状况变迁》系列报告，该报告以 1989—2002 年的一系列营养、健康调查为基础，3 年的数据分析，发现现代生活使膳食结构有了很大的变化。从调查结果显示，谷类摄入量尤其是粮食的摄入量明显下降，蔬菜水果类摄入量大大减少，而动物性食物的摄入量无论是从数量上还是比重上都显著增加。动物性食品中主要以猪肉为主脂肪含量很高，再加上摄入其他纯能量食物，使能量摄入不断增加，已超过 WHO 建议的上限。这种膳食营养状况的变迁对我们有什么影响呢？2002 年全国营养与健康综合调查结果表明：我国成人超重率为22.8%，肥胖率为7.1%，估计人数分别为2亿和6000多万；大城市成人超重率与肥胖率分别高达30.0%和12.3%，儿童肥胖率已达8.1%，与1992年全国营养调查资料相比，成人超重率上升39%，肥胖率上升97%。

我国居民膳食结构发生的变化，导致居民膳食中谷类、薯类和蔬菜所占的比例明显下降，与1982年调查结果比较，1992年平均每标准人日摄入谷类和薯类分别减少了58.1g和76.4g，动物性食物和油脂摄入过高，畜禽摄入增加了16.1g，植物油摄入增加了10.4g；全国平均膳食脂肪提供22%的膳食总能量，大城市脂肪能量均超过膳食总能量的30%。一些维生素和矿物质摄入量比10年前反而下降。能量过剩、体重超重者在城市尤其是大城市的成年人中日渐增多，与之相关的一些慢性病（如心脑血管疾病、恶性肿瘤等）的患病率也逐渐上升。另一方面在广大农村，尤其是贫困地区农村人群中，因食物单调或不足而造成的营养素缺乏病，如儿童生长迟缓、缺铁性贫血及佝偻病等虽在逐渐减少，但在一些贫困地区仍很严重。针对这些，必须对广大群众进行合理膳食指导，使居民重视整体上的合理膳食。

膳食结构的变迁直接导致了慢性病的发病率逐年增高，可以说两者是密切相关的。对这一变化，如不及时予以纠正和引导，将会对我国居民的健康状况产生极其严重的影响，同时也给家庭的经济生活水平和国家的经济发展造成巨大的负面影响。因此，有必要在全民当中提倡通过膳食指导改变膳食模式，从而减少慢性病的发生。

合理营养和平衡膳食是人类健康的重要基石，是营养的重要组成部分，是关系国计民生的大事，需要很多人不断努力来实现的。国家的重视，各政府部门的积极配合，将有利于营养健康理念的推广，有利于全民旧传统观念的改变，有利于全民整体综合素质的提高，更有利于民族昌盛，国家的发展。强国先强民，而强民要从基础做起，那就是做好膳食指导和评估、合理营养和平衡膳食。

## 项目一　营养素需要和食物种类确定

### 一、确定营养需要

人类对营养的需要，首先是对能量的需要。碳水化合物、脂肪、蛋白质均能为机体提供能量，在配餐中占有重要地位。

配餐中，膳食能量要保持两个平衡：一是能量营养素之间的比例适宜和平衡，即碳水化合物占55%~65%、脂肪占20%~30%、蛋白质占10%~15%时，各自的作用发挥并互相起到促进和保护作用；二是摄入能量与机体消耗的能量平衡，产能营养素供给过多，将引起肥胖、高血压等，过少则造成营养不良，也可诱发多种疾病，所以膳食总能量以及配比都应适宜。

一般来说，膳食营养素供给在能量方面达到推荐摄入量的 90% 以上即为合格，周平均摄入量以每日推荐摄入量的上下波动不超过 5% 最为理想。

### 1. 能量与营养素需要

在人群中，不同的性别、年龄、体型、活动状态，都会使其对营养素的需求有差异；同一性别、年龄和状态的不同个体之间也会存在差异。

（1）能量　能量需求与基础代谢、运动强度、体温、食物热效应等均有关，能量供给允许在 ±10% 以内波动。

（2）蛋白质　理论上成人每天摄入约 30g 蛋白质就能满足零氮平衡，但从安全性和消化吸收等其他因素考虑，成人按 0.8g/（kg·d）摄入蛋白质为宜。由于我国以植物性食物为主，所以成人蛋白质推荐摄入量为 1.16g/（kg·d）。按能量计算，蛋白质摄入占膳食总能量的 10%~12%，儿童青少年为 12%~14%。

（3）脂肪　我国营养学会对各类人群脂肪摄入量有较为详细的推荐，成人一般脂肪摄入量应控制在 20%~30% 的总能量摄入范围内，胆固醇每天摄入不超过 300mg。

（4）碳水化合物　中国营养学会推荐我国居民的碳水化合物的膳食供给量占总能量的 55%~65% 较为适宜。目前许多营养学家认为：为了长期维持人体健康，碳水化合物摄入应占总能量的 55%~60%，其中精制糖占总能量 10% 以下。美国 FDA 提倡每人每天摄入膳食纤维 25g。

（5）矿物质　对成人来说，正常饮食的话一般不会造成明显缺乏，只是女性由于月经，对铁的需求高于男性，儿童与老人相对于成人更易钙缺乏。

（6）维生素　维生素的摄入量一般随能量需求量变化而变化，具体摄入量参考中国居民营养素推荐摄入量表。

### 2. 确定每日膳食营养的目标的方法和原则

确定成人每日膳食营养目标有三种方法。

（1）直接查表法　即按照被调查者的性别、年龄、劳动分级等，直接在《中国居民膳食参考摄入量》中对号入座应用 RNI 或 AI 为营养目标。

（2）粗略计算法　即根据标准体重和每千克体重所需能量计算，以达到个体"维持健康的"的基本要求，使机体处于营养均衡状态。

（3）精确计算法　即根据基础代谢率、活动系数、体温系数、机体状态计算所需能量，此方法更适宜患者的能量需求计算。

### 3. 膳食营养评价方法和意义

为个体计划膳食涉及两个步骤，首先是设定适宜的营养素摄入目标，另外是评价最后配餐营养是否合理。这项工作经常借助 RNI、AI 和食物为基础的膳食指南来完成。

设定适宜的营养素摄入目标是要最大限度地减少营养不足和营养过剩风险，为个体计划一种平衡膳食，使它的总能量、蛋白质、脂肪、碳水化合物、维生素和矿物质摄入量能够达到各自的 RNI 或 AI。目标设定要以查表或实际计算数值为准。

制定膳食结构搭配可以根据《中国居民膳食指南》和《中国居民平衡膳食宝塔》做出初步计划，然后再根据食物营养成分数据，复查计划的膳食是否满足了 RNI 或 AI。最后评价要以 ±10% 的浮动作为允许变化范围。

### 4. 确定食物用量的方法

根据确定的成人膳食营养目标、膳食宝塔食物类别和数量、食物交换份，查找相应的食物来源，并根据一定的比例搭配食物。各种食物所提供的各种营养素应满足其所需营养素目标。

## 二、 食物营养类别识别

为了更好地选择食物，满足人们对营养素的需求，应对食物分类进行有效的认识，只有了解食物的分类方法，才有可能对每日膳食进行合理搭配。

每类食物为机体提供的营养素不同。一般来说，谷类和薯类主要提供碳水化合物、蛋白质、膳食纤维和 B 族维生素；动物性食物主要提供蛋白质、脂肪、矿物质、维生素 A 和 B 族维生素；豆类及其制品主要提供蛋白质、脂肪、膳食纤维、矿物质和 B 族维生素；蔬菜、水果类主要提供膳食纤维、矿物质、维生素 C 和胡萝卜素；油类食物主要提供能量，植物油还可提供维生素 E 和必需脂肪酸。

### （一） 食物营养类别

食物种类多种多样，各种食物所含的营养成分不完全相同，没有一种天然食物包含人体所需要的所有营养素。由于各类食物中含营养素不尽相同，要选择多样食物的搭配才能满足人体对多种营养素的需要。营养学专家把食物分成五大类：第一类为谷类及薯类，如米面杂粮、土豆、白薯、芋头等，主要含有较多的碳水化合物，也含有蛋白质、少量脂肪、矿物质和 B 族维生素；第二类是动物性食物，如鸡、鸭、鱼、肉、奶、蛋、贝等蛋白质含量较高，也含有脂肪、矿物质、维生素 A 和 B 族维生素等；第三类是大豆及其他干豆制品，含有优质蛋白质、脂肪、膳食纤维；第四类是蔬菜、水果类，包括鲜豆、根茎、叶菜、瓜茄等，主要提供膳食纤维、矿物质、维生素 C 和胡萝卜素；第五类是纯能量食物，包括植物油、淀粉、食糖和酒，主要提供能量，植物油还可提供维生素 E 和必需脂肪酸。

### （二） 食物选择要点

各种食物都有其不同的营养特点，必须合理搭配，才能得到全面的膳食营养。我国传统的饮食习惯是比较合理的，具有三大优点，以谷类为主、蔬菜相辅，低糖，高膳食纤维。

（三）膳食平衡原则

根据膳食营养目标，膳食配餐应考虑的基本原则就是膳食平衡原则。它包括食物种类的多样化和营养素水平齐全和适宜。

## 三、食物选择和用量计算

事实上，没有一种天然食物能按照人体所需的数量和所希望的适宜配比提供营养素。因此，为了满足营养的需要，必须摄取多种多样的食物，了解哪种食物蛋白质最丰富，哪种食物维生素含量最丰富，从而做好膳食搭配。

（一）各类食物的营养特点

1. 主食谷类的营养特点

谷类食物主要包括小麦、大米、玉米、小米、高粱、薯类等杂粮，其中以小麦和大米为主。谷类膳食在我国膳食中占有重要地位。在谷类蛋白质氨基酸组成中，赖氨酸含量相对较低，谷类是膳食中 B 族维生素的重要来源。

2. 副食类的主要营养特点

（1）畜禽肉食物　畜禽肉中的蛋白质为优质蛋白质，含有人体必需的各种氨基酸，其氨基酸模式与人体模式接近，易被人体充分利用，营养价值高。

畜肉脂肪组成以饱和脂肪酸为主，熔点较高。禽肉脂肪含有较多的亚油酸，熔点低，易于消化吸收，营养价值高于畜类脂肪。

畜肉铁的含量以猪肝最为丰富，以血红素形式存在，消化吸收率较高；动物血中含铁也十分丰富，是铁的最佳膳食来源。畜禽类可提供多种维生素，主要以 B 族维生素和维生素 A 为主。

（2）蛋类食物　蛋类的营养素含量不仅丰富，而且质量好，是一类营养价值较高的食品。蛋白质含量一般蛋清中略低，蛋黄中较高。蛋白质氨基酸组成与人体氨基酸模式最接近，因此生物学价值也最高。蛋类 98% 的脂肪存在于蛋黄当中。蛋中的矿物质主要存在于蛋黄中，蛋清部分含量较低。蛋黄是多种微量元素的良好来源，维生素含量也十分丰富，包括所有的 B 族维生素、维生素 A、维生素 D、维生素 E 等。

（3）水产类食物　鱼类蛋白质含量丰富，而且为优质蛋白质。鱼类脂肪多由不饱和脂肪酸组成，熔点较低，通常呈液态，消化率为 95% 左右。鱼类中的 $\omega-3$ 不饱和脂肪酸存在于鱼油中。鱼类矿物质含量丰富，其中锌的含量极为丰富。海产鱼类富含碘。鱼油和鱼肝油是维生素 A 和维生素 D 的重要来源。

（4）乳类及其产品　乳类及其制品几乎含有人体需要的所有营养素，除了维生素 C 含量较低外，其他营养素含量都比较丰富。牛乳蛋白质为优质蛋白质，容易被人体消化吸收。乳类碳水化合物的主要形式为乳糖，其中人乳中含量最高，羊乳居中，牛乳最少。牛乳是膳食中最好的天然钙来源。

（5）蔬菜类　蔬菜按其结构及可食用部分不同，可分为叶菜类、根茎类、瓜茄类和鲜豆类，所含的营养成分因其种类不同，差异较大。蔬菜是维生素、矿物质、膳食纤维的主要来源。绿叶蔬菜和橙色蔬菜营养素含量较为丰富，特别是胡萝卜素的含量较高。

（6）水果类　水果与蔬菜一样，主要提供维生素和矿物质。

## （二）食物的选择原则

食物选择根据目的和目标而定。一般来说，平衡膳食设计中关键的问题之一是食物原料品种的选择和数量的确定。根据我国目前的具体情况，食物选择原则包括：

①所提供食物的品种要多样化，每天最好能吃 20 种以上的食物，才能保证各种营养素的需要。

②粮食类食物的供给十分重要，成年人每天最好食用 2 个以上品种，摄入量在 300~500g，不要长期食用加工过于精细的大米、白面，应适量食用粗粮，以增加 B 族维生素和其他营养素的供给。

③膳食中应有适当比例的动物性食物，优质蛋白质应占蛋白质总供给量的 1/3~1/2，但动物性食物摄入也不宜过多，以免摄入过多的脂肪和胆固醇。

④蔬菜的品种要多样化，深色蔬菜、叶菜类要占 50% 以上，这样才能提供较多的维生素、矿物质和膳食纤维。

⑤低脂低盐饮食，油脂的每天摄入量为 25~30g，食盐的每天摄入量为不超过 6g。

# 项目二　食谱编制 🔍

为了保持健康，人们必须从膳食中获取各种各样的营养物质。膳食既要能满足就餐者的营养需要，又要注意色香味俱全。营养素长期供给不均衡就可能危害健康，所以必须科学地安排饮食，以提供数量和质量适宜的各种营养素。

## 一、食谱编制

"食谱"通常有两种含义：一种泛指食物调配和烹饪方法的汇总，有关书籍中介绍的食物调配与烹饪方法、餐馆常用的菜单都可称为食谱；另一种则专指膳食调配计划，即每日每餐主食和菜肴的名称和数量。本项目介绍的食谱即为后者。

食谱的基本内容包括每天（餐）食物的种类与数量和饭菜的名称。编制食谱是为了确实保证满足人体能量和营养素的需要，并将含有足够能量和营养素的食物，配成可口饭菜，适当地分配在全天各个餐次。通过食谱编制，可以更有计划地调配饮食，保证饭菜多样和合理的饮食制度，营养师应掌握食谱编制的原则和方法。

### （一）食谱编制的基本原则和要求

主食和副食的搭配需要结合个体膳食目标的要求。膳食配餐的基本原则是遵循营养平衡、饭菜适口、食物多样、定量适宜和经济合理的原则。

#### 1. 保证营养平衡

食谱编制首先要保证营养平衡，提供符合营养要求的平衡膳食。主要包括如下内容。

（1）满足人体能量与营养素的需求　膳食应满足人体所需要的能量及各种营养素，而且数量要充足。要求符合或基本符合 RNI 或 AI，允许的浮动范围在参考摄入量规定的上下 10% 以内。

（2）膳食中供能食物比例适当　碳水化合物、蛋白质、脂肪是膳食中提供能量的营养物质，在供能方面可以在一定程度上相互代替，但在营养功能方面却不能相互取代，因此，膳食中所含的产能物质应有适当的比例，以符合并满足人体的生理需要。

#### 2. 食物多样，新鲜卫生

食物多样化是营养配餐的重要原则，也是实现合理营养的前提和饭菜适口的基础。只有多品种地选用食物，并合理地搭配，才能向就餐者提供花色品种繁多、营养平衡的膳食。另外提倡使用新鲜卫生食物，少食用腌制、熏制食物。

#### 3. 三餐分配合理

应该定时定量进餐，成人一般为一日三餐。三餐食物分配按供能量的比例一般为早、中、晚分别为 30%、40%、30%，也可以根据实际情况适当调整。其他人群也可以一日多餐，在三餐之外适当加餐。

#### 4. 注意饭菜的适口性

饭菜的适口性是营养配餐和编制食谱的重要原则，重要性并不低于营养供给。因为就餐者对食物的直接感受首先是适口性，然后才能体现营养效能。只有首先引起食欲，让就餐者喜爱富有营养的饭菜，并且能吃进足够的量，才有可能达到预期的营养效果。因此在可能的情况下要注意烹调方法，做到色、香、味俱全，油盐不过量。

#### 5. 兼顾经济条件，权衡食物营养价值和价格

食谱既要符合营养要求，又要使用餐者在经济上有承受能力，饮食消费必须与生活水平相适应。在食谱编制和膳食调配过程中，必须考虑用餐者的实际状况和经济承受能力。

## （二） 食谱编制过程

食谱可以每天编制，称为 1 天食谱；也可以每周编制，称为每周食谱。既可以是一人食谱，也可以是多人食谱。食谱编制时应以饮食调配原则为基础，再参考用餐者的经济条件、食物供应情况以及厨师的技术水平。先将具体编制办法概述如下：

第一步：根据用餐者的年龄、劳动性质、生理健康状况，以营养素的推荐摄入量为基础，考虑各方面的因素，适当调整后定出每人每天所需的总能量和营养素的数量。

第二步：根据餐次比计算每餐三大产能营养素的质量，将每天所需的三大产能营养素按餐次比合理分配到一日所有餐次中，三餐食物分配的比例一般为早、中、晚分别为 30%、40%、30%，也可以根据实际情况适当调整。

第三步：编制早餐食谱。

### 1. 确定早餐主食的数量

所为主食，主要是指粮食，包括米面、杂粮、豆类、薯类等。主食类是人类获取能量的主要来源，科学、合理地摄入有利于机体的生命活动；否则，摄入不合理就可能对人体造成一定伤害。由于粮谷类是碳水化合物的主要来源，因此主食的品种、数量主要根据各类主食原料中碳水化合物的含量确定。

碳水化合物的主要食物来源有谷类（如水稻、小麦、玉米、大麦、燕麦、高粱等）、薯类（如白薯、红薯、甘薯等）、水果（如甘蔗、甜瓜、西瓜、香蕉等）、坚果、蔬菜（如胡萝卜、番茄、土豆等），以及糖和淀粉等。每克碳水化合物可产生 16.7kJ 的能量，碳水化合物供给的能量以占总能量的 55% ~ 65% 为宜。

在各类食物的分配方面，根据我国居民的饮食习惯，成人每日需进食的谷类食物约为 350 ~ 500g。主食要注意大米与面粉、细粮与粗杂粮、谷类与薯类的搭配。二米饭、红豆饭、双色糕、小豆粥、腊八粥等，都是非常合理的搭配。有条件的地区还可食用甘薯、马铃薯，以兼补谷类粮食与蔬菜在营养成分方面的不足。主食的计算方法如下：

$$碳水化合物供能 = 能量膳食营养目标 \times 碳水化合物供能比例$$
$$碳水化合物质量 = 碳水化合物供能 \div 碳水化合物能量系数$$
$$主食用量 = 碳水化合物质量 \div 食物中碳水化合物含量$$

主食的数量确定后，即可计算出各种主食所提供的蛋白质、脂肪、碳水化合物及其他营养素。

### 2. 确定早餐副食品的数量

副食是指相对于主食一词而来的。"主食"的基本概念是五谷杂粮，"副食"的主要内容则是青菜、豆腐、肉类等。副食原来的意思是说过去中国人的膳食以谷类为主，占整个膳食能量的 70% 以上；而蔬菜和肉类仅占 20% 左右，所以是辅助状态。目前，副食比例已发生了很大变化。

副食能给人体提供丰富的蛋白质、脂肪、维生素和无机盐等营养物质，对人体健康有重要作用。副食的种类很多，如肉类、蛋类、乳类、豆类和蔬菜等。其营养作用也各有不同，例如，肉类和豆类富含蛋白质和脂肪，缺少维生素和矿物质，尤其是不含维生素 C；蔬菜含有极少的蛋白质，但富含维生素和矿物质，部分蔬菜含有丰富的维生素 C。如果把各类副食品搭配食用，取长补短，人体就可以获得较为全面的营养素。

副食首先要注意荤素搭配。动物性食物不仅限于肉类、禽类蛋类，还应尽可能采用鱼、虾等水产品。新鲜蔬菜应首选绿叶蔬菜，豆芽菜、根茎菜、瓜果菜都应该根据不同的上市季节搭配选用。豆制品种类多，应尽量做到每天有一餐以上和两种以上的豆制品。菌类与藻类及海带。紫菜等具有其他食物没有的营养功能，也应注意经常选用。其次，要根据不同的食物性质（营养、口味软硬、外形）确定搭配形式与制作方法。热菜与凉菜、荤与素、干与稀、菜与汤、干炸与清蒸、爆炒与红焖等，都要合理搭配，以适应不同性质和食物之间、饭菜之间和几种菜之间的品种与口味的调剂。

在一日的膳食中，蔬菜的平均进食量应达到 500g 以上，其中有 300g 以上的绿叶蔬菜。因蔬菜废弃量可达 10% ~ 30%，所以蔬菜质量应为进食净菜质量。

动物性食物的进食量直接关系到饭菜的营养平衡与适口性，同时又受到消费水平的制约。每日膳食中动物性食物摄入量最好在 100 ~ 150g（牛乳等流质动物性食物除外）。若每日动物性食物摄入量超过 250g，会造成动物油脂摄取过多。

植物油每日 25g 左右是适宜的，最少应不低于 15 ~ 20g，最高不宜超过 40 ~ 50g。膳食中甜食不宜多，菜肴也不宜用过多的食糖调味。每日的用糖量，包括糕点、牛乳、豆浆、烹调及零食糖果在内，一般不易超过 50g。每日食盐量应限制在 6g 以下。

副食计算方法如下：

（1）计算主食提供的蛋白质、脂肪含量。

（2）计算需要副食提供的蛋白质供给量。

已知全天蛋白质的需要目标：

副食中的蛋白质供给量（g）= 全日蛋白质供给量（g）- 主食蛋白质提供量（g）

（3）计算副食食物用量

副食食物用量 = 副食中蛋白质供给量 ÷ 所选食物的蛋白质含量

（4）计算烹调油的用量

烹调用油供给量 = 全日脂肪供给量 - 所选食物已提供脂肪量

= 全日脂肪供给量 -（主食质量 × 主食脂肪百分含量）-

（副食质量 × 副食脂肪百分含量）

（5）确定蔬菜种类和量　蔬菜在副食品中占很重要地位。通常每人每天所吃的蔬菜总量，应该能基本上满足维生素和矿物质的需要，特别是钙、铁和主要靠蔬菜供给的胡萝卜素、维生素 $B_2$ 和维生素 C。通常每天有 500g 左右蔬菜即可，最好其中 50% 是绿色叶菜类。此外，黄色、橙色、红色的蔬菜也应尽量食用，因为有色蔬菜中含有的胡萝卜素、维生素 $B_2$ 和维生素 C 往往较为丰富。食用蔬菜的品种愈多愈好，最好每天能有 3~5 种。在生产鲜豆的季节，可以多食用鲜豆，鲜嫩者可以连荚一起吃，其中不仅富有维生素，同时也供给某些蛋白质。在缺乏蔬菜的地方或季节，多吃豆芽，特别是绿豆芽，可以补充一部分维生素 C，至于调味品可按通常的用量确定。

第四步：编制午餐食谱（方法同早餐食谱编制）。

第五步：编制晚餐食谱（方法同早餐食谱编制）。

第六步：形成一日食谱。

## 二、编制食谱的注意事项

### 1. 主食多样化

主食可以有多种形式，如馒头、包子、花卷、米饭、面条等。这里还要注意加工方式，不能常用精制面粉、精白米。精加工的谷类食物维生素和矿物质损失较大。另外，薯类也可以作为主食。

### 2. 副食荤素搭配

荤素搭配是副食搭配的一个重要原则。荤素搭配可以蛋白质互补，从而提高蛋白质的营养价值，如豆制品、肉、蛋、禽等蛋白质搭配，能大大提高蛋白质的营养价值。含蛋白质丰富的食物与含维生素和矿物质丰富的蔬菜搭配，可以弥补肉类食物维生素和矿物质含量低的缺陷，特别强调的是要充分利用大豆蛋白质。豆类及其制品不仅蛋白质含量丰富，并且为优质蛋白质，价格又便宜，是补充优质蛋白质的良好来源。

### 3. 生熟搭配

这一点对蔬菜尤为重要，因为蔬菜中的维生素 C 和 B 族维生素预热容易受到破坏。经过烹调的蔬菜总要损失一部分维生素，因此，经常生吃一些新鲜蔬菜可以有效补充维生素 C 和 B 族维生素。

### 4. 食谱多样化

编制食谱时，不必要求每天食谱的能量和各种营养素均与膳食目标严格保持一致。

### 5. 营养均衡

一般情况下，每天的能量、蛋白质、脂肪、碳水化合物的量差别不大，其他营养素以 1 周为单位计算，平均能满足营养需要量即可。

### 6. 注意食品风味

注意实际营养配餐中的口味、风味的调理问题。

## 项目三 食谱调整和评价

设计出食谱后，还应对食谱进行评价，确定编制的食谱是否科学合理。应使用食物成分表或营养分析软件初步核算食谱提供的能量和各种营养素的含量，与推荐摄入量进行比较，上下波动10%以内，可以认为合乎要求，否则要增减或更换食物的种类和数量。制订食谱时，不必严格要求每餐食谱的能量和各类营养素均符合目标要求，一般情况下，每天的能量、蛋白质、脂肪、碳水化合物的量差别不大，其他营养素以1周为单位计算，平均能满足营养需要量即可。除了考虑营养方面的要求外，食谱调整内容还应包括品种、口味、价格等方面。

### 一、食谱能量的调整

食谱的能量是营养的最重要的因素。能量适宜对一餐、一日食谱来说是最重要的。

食谱编制的过程中，不仅要考虑各种营养素含量是否充足，还要考虑能量值是否过大，同时还要根据不同人群的能量要求配制适当的营养餐。

#### （一）各种食物能量值的差别

食物类别不同，提供的能量也不同。同类事物能量差别也很大。食物的能量受水分影响最大，含水多的食物能量低；其次主要是脂肪的含量，脂肪含量高的食物能量也相对高；相同的食物膳食纤维含量越高，能量越低。

#### （二）改变膳食能量的方法

**1. 调整数量**

食品数量多少直接决定其提供的能量。如一天200g馒头是100g馒头能量的2倍。

**2. 调整食物品种**

同类的食物能量也不尽相同，如100g烙饼提供的能量为1066kJ；100g馒头提供的能量为874kJ。

**3. 调整水分**

米饭和米粥的能量差别是2~3倍。

**4. 烹调方式与用油量**

不同的烹调方式对能量的影响也不同，如煮鸡蛋提供的能量要低于煎鸡蛋，因为煎鸡蛋在烹调过程中吸收了大量的油。

### 二、餐次比例的调整

饮食要有合理的餐次能量分布，一般两餐时间间隔为4~5h，不超过6h；我国多数地区居民习惯于一天吃三餐，三餐食物量的分配及间隔时间与作息时间和劳动时间相匹配，一般早餐、午餐、晚餐比例为30%、40%、30%为宜，特殊情况可适当调整，可一日4餐或5餐，对于3~6岁的儿童来说，餐次和能量的比例不是绝对的，对于感冒、腹泻、康复期患者等，还需要根据实际情况进行调整。

### 三、膳食蛋白质的调整

高蛋白质的食物分为动物性和植物性两种来源，动物来源为鱼、禽、蛋、瘦肉，植物来源为大豆及其制品；蛋白质含量低的食物一般为蔬菜、水果、纯淀粉类食物。前500个低蛋白食物几乎都是水果、蔬菜及其制品。如果食谱经过初步评价蛋白质含量较低，应增加蛋白质丰富的食物；反之，如果蛋白质含量较高，应减少高蛋白食物的种类和数量。

### 四、膳食脂肪的调整

高脂肪的食物"油"排在首位，除此之外，高脂肪的食物为动物性食物和坚果类食物，动物性食物的脂肪多为饱和脂肪酸，植物性食物的脂肪以必须脂肪酸亚油酸为主，是不饱和脂肪酸的重要来源。食谱中的脂肪的含量和种类如果不适宜，可以根据食物中脂肪含量和脂肪组成适当调整。

### 五、膳食碳水化合物的调整

高碳水化合物的食物为纯糖类食物、其次是所谓的主食类食物，即谷类食物及其制品，低碳水化合物的食物为蔬菜、乳类、豆类等，随着我国居民生活水平的提高，膳食碳水化合物的比例越来越低，食物中碳水化合物的比例应保持在适当比例，如果膳食中碳水化合物含量较低，可通过增加主食来调整，如果食物中碳水化合物含量较高，可通过降低主食量、增加蔬菜量来调整，这对糖尿病患者尤为重要。

### 六、价格的调整

目前，市场上食物的种类各式各样，各种食物的牌子也让人眼花缭乱，食物的价格更是参差不齐。作为一名合格的营养师，应该具有识别各种食物质量优劣、根据不同的经济条件选择合适食物的能力。这种能力具体体现在：了解和熟悉目前市场上食品的价格；清楚地知道同种食物的不同来源、不同产地价格差异的原因；能够利用食物成分表了解各类食物的营养素含量，并且能够利用这些信息为不同的人群选择适当价位的食品。

#### （一）物价-营养指数

为说明食物价格与营养的关系，可采用"物价-营养指数"表示。"物价-

营养指数"是指单位金额（1元人民币）可以购买的食物中的蛋白质、脂肪、碳水化合物的含量。食物的营养价值是指其满足人体需要的程度。食物种类很多，营养素组成也千差万别，食物的价格受市场供给量和口感等影响较大，不是价格高的食物营养价值就高。

### （二）价格和可使用部分

采购的食物并不都是可食用的，如动物性食品的骨头，植物的皮、根和核等，这直接影响经济效益和营养价值。如鸡肉的蛋白质含量为19.3%，超过牛肉（18.1%），但这是指可食用的纯鸡肉，实际上整鸡的可食用部分只有66%，30%以上都是不能食用的，整鸡的蛋白质含量则仅为12.7%，若整鸡的单价超过牛肉，选用则不太经济。鲜春笋的可食用部分仅为30%，可食用部分的价格相当于市品价格的3倍，因此，在考虑食物营养价值与价格的同时，必须注意可食用部分的比例，并作为选择食物的重要因素。

### （三）价格与加工食品

有人认为工业化食品比天然食品营养价值高，进口食品比国产食品营养价值高，其实这种观点是错误的。由于食物在深加工过程中有些营养成分会受到损失（除非加工过程中再添加营养素），成本也有所提高。选择食物，除了考虑物价－营养指数外，还要利用食物的产地差价、批零差价、季节差价和成品差价。在膳食搭配中，应首先从保障营养平衡、合理原则出发，兼顾口味、多样化与用量适宜，并讲究经济合理，使各项要求得以全面贯彻。膳食搭配必须讲究经济原则，价格消费水平必须与就餐人员的消费水平相适宜，为就餐人员经济能力所承受。

## 七、食谱脂肪的评价

人类膳食脂肪主要来源于动物脂肪和植物脂肪。动物脂肪相对含饱和脂肪酸和单不饱和脂肪酸较多，而多不饱和脂肪酸含量较少。植物脂肪主要含有多不饱和脂肪酸和单不饱和脂肪酸。

脂肪是人体必须的营养成分，但对于大多数成人而言，膳食中适当减少脂肪的摄入还是有益的。减少脂肪摄入可以通过许多方法，如调整食品类别、减少烹调用油、改变烹调方式等。

### （一）食物油脂在烹调中的作用及不同烹调方式对油脂的影响

食用油脂在烹调中应用广泛，是烹调菜肴不可缺少的原料。油脂不仅能增加菜肴的色泽、口味，促进食欲，而且由于油脂的沸点很高，加热后容易得到高温，所以能加快烹调的速度，缩短食物成熟的时间，使原料保持鲜嫩。

高温加热可使油脂中的维生素A、维生素E和胡萝卜素等遭受破坏。油脂中的不饱和脂肪酸经加热能产生各种聚合物，其中的二聚体毒性很强，能被人体吸收，可使动物生长停滞、肝大，造成生育功能和肝功能障碍，甚至可以致癌。不过在一般烹调过程中，油脂加热的温度不高，时间亦短，聚合物的生成不是很明显，对营养价值的影响也不大。但是在食品工业中油炸食物时，油脂长期反复使用，加热温度又高，有可能降低营养价值，生成较多的有毒聚合物。因此，应尽量避免油温过高，减少油脂反复使用的次数。

### （二） 油脂常用评价指标

认识鉴别油脂质量除了注意油脂的气味、颜色、口感，以及是否具有食用油应有的色泽、透明度、滋味，有无杂质及异味等感官指标外，油脂常用的评价指标还有过氧化值、酸价、羰基价等。酸价、过氧化值是反应油脂质量的指标，数值越低，表明油脂质量越好、产品越新鲜。

一般来说，油脂或富含油脂的食物，储藏期间在空气中的氧气、日光、微生物及酶的作用下，会产生酸臭和口味变苦涩，甚至还会产生有毒物质的现象，称为油脂的酸败。

油脂对空气中的氧极为敏感，尤其是不饱和脂肪酸，能自动生成有不良气味的醛类、酮类和低分子有机酸，这些物质是油脂"哈喇味"的主要来源。用这种油脂烹、炒、煎、炸的菜肴或制作糕点不仅失去芳香而且会使食物有异味。

油脂的酸败对油脂质量的影响很大。油炸过程中，类胡萝卜素在油脂中氧化，通过游离基的传递而破坏，使油脂原来的色素发生变化。由于不饱和脂肪酸的氧化分解，油脂中的必需脂肪酸及脂溶性维生素也会遭到不同程度的破坏。因此，氧化酸败的油脂营养价值降低，并且产生对人体健康有害的物质。长期食用酸败的油脂，轻者可引起呕吐、腹泻；重者能引起肝大，易造成维生素 $B_2$ 的缺乏，从而引起各种炎症；食用氧化酸败的油脂，还会造成生物氧化体系的某些酶，如细胞氧化酶、琥珀酸脱氢酶受到破坏，影响人体的代谢。因此，防止油脂酸败十分重要。

## 八、 食物蛋白质的评价

食物的种类千差万别，各种食物蛋白质的含量、氨基酸模式都不一样，人体对它的消化、吸收和利用程度也存在差异，其营养价值不完全相同。一般来说，动物蛋白质的营养价值优于植物蛋白质。

在实际工作中，人们依据不同的应用目的设计了多种评价指标，但就某一种评价方法而言，因其只能以某一种现象作为观察评定指标，所以有一定局限性。综合说来，营养学上主要从食物蛋白质的"量"和"质"两个方面来考察。即一方面要从"量"的角度考察食物中蛋白质含量的多少，另一方面则要从"质"的角度考察其必需氨基酸的含量及模式以及机体对该食物蛋白质的消化、利用程度。

为充分发挥食物蛋白质的互补作用，在调配膳食时应遵循 3 个原则。

（1）食物的生物学种属愈远愈好，如动物性和植物性食物之间的混合比单纯植物性食物之间的混合要好。

（2）搭配的种类愈多愈好。

（3）食用时间愈近愈好，因为单个氨基酸在血液的停留时间约 4h，然后到达组织器官，再合成组织器官的蛋白质。而合成组织器官蛋白质的氨基酸必须同时到达才能发挥互补作用。

## 九、食谱美味调整和评价

营养均衡虽然是膳食配餐的主要原则，但是美味可口是人们具备良好接受性和长期坚持的前提。食物的功能，首先就是满足人们对香气和美味的欲望，也就是说引起人们的食欲，所以，膳食只有在营养均衡和口味较好同时体现时，才能保证人们长期膳食营养均衡。

评价膳食的美味可口要从色、香、味、形上综合考虑，而且要避免食品单调重复。我国主食相对简单，主要是大米、面粉及其制品，所以要重点考虑菜肴、水果等副食的搭配，以及它们的烹调方法，达到食物多样、口味丰富的要求。

常用的味觉物质有酸味物质、甜味剂、咸味剂、苦味物质、辣味物质、鲜味物质。

### 1. 酸味物质

酸味烹调的主要作用是增加菜肴香味，除去不良味道和气味；减少维生素 C 的损失，促进原料中钙、磷、铁等无机物的溶解，以利于消化吸收；刺激食欲，利于消化；防果蔬褐色变；具有防腐作用。常用酸味物质有以下几种。

（1）食醋　如陈醋、香醋、米醋等。

（2）乳酸　存在于传统食品泡菜、酸菜中，也存在于酸牛乳中；另外在合成醋和酱菜的制作中，也加入乳酸作为酸味剂。

（3）苹果酸　在烹饪行业中用作甜酸点心的酸味剂，在食品工业中用作果冻、饮料等的酸味剂。

（4）柠檬酸　在食品工业中用的较为普遍，在制作拔丝类菜肴及一些水果类甜菜时也常使用。

### 2. 甜味剂

（1）蔗糖　如白砂糖、冰糖、赤砂糖、红糖等。

（2）麦芽糖　通常作为调味品的麦芽糖制品称为饴糖，是糊精和麦芽糖的混合物。在菜肴和面点制作中，常用饴糖作为调料。

（3）蜂蜜　蜂蜜在烹调中常应用于糕点和风味菜肴的制作。

（4）糖精。

### 3. 咸味剂

在众多的咸味物质中，唯有食盐是最完美纯正的咸味剂，不仅仅因为它的口味，而是由它在生理平衡中的重要作用决定的。

### 4. 苦味物质

（1）生物碱类　植物来源的苦味物质以生物碱类为最多，如苦味基准物质的硫酸（或盐酸）奎宁就是，另外还有嘌呤族生物碱。

（2）啤酒花　啤酒花是甜菊科植物的雌花经水蒸气蒸馏而得，其中主要苦味物质是 α 酸。

（3）糖苷类　它们是许多果、蔬皮和核仁中常见的苦味物质。

### 5. 辣味物质

辣味在烹调中具有增香、去异味、刺激食欲的功用、辣味调料都来自植物，如辣椒、花椒、葱、蒜、生姜等，人对不同辣味料的感受强度有很大的区别，从辣到辛辣的依次顺序为辣椒、胡椒、花椒、生姜、蒜、芥末。

### 6. 鲜味物质

鲜味是氨基酸、肽、蛋白质和核苷酸的信息。鲜味并非一种基本味，目前，公认的有鲜味感的化合物有 40 多种。常用的有以下几种。

（1）谷氨酸钠（味精）　谷氨酸钠对人舌头上的味受体感知阈值很低，谷氨酸钠的鲜味只有在食盐存在时才得以体现，增鲜作用最显著的是 pH 在 6~7。谷氨酸钠在高温（120℃以上）、无盐或者碱性条件下，无增鲜效果。

（2）肌苷酸和鸟苷酸　肌苷酸主要存在于香菇、酵母等菌类食物中；鸟苷酸广泛存在于肉类中，瘦肉类含量尤多。

（3）琥珀酸　又名丁二酸，它除了具有鲜味感之外，还有明显的鲜味效果，贝类食物的鲜味主要来源于琥珀酸。酱油和酱类调味的鲜味也与琥珀酸有密切关系。

## 项目四　利用膳食宝塔和食物交换份法选择食物

食谱一般分为一日食谱和一周食谱。无论是一周食谱，还是一日食谱，原料的数量都要适度。过多的大鱼大肉，从数量上看，十分丰富，但并未达到预期的营养效果。真正意义上的食谱不是炫耀富有，更不是以量取胜，应该与人的消化功能相协调，与人体的生理需要相适应。

对于健康人群来说，一周食谱应该动、植物多种多样，数量充足，特别要注意乳制品、豆制品和水果的搭配。膳食宝塔和实物交换份是完成一周食谱最简便、最实用的方法。

## 一、平衡膳食宝塔

### (一) 平衡膳食宝塔概述

中国居民平衡膳食宝塔(以下简称膳食宝塔)(图 8-1)是根据《中国居民膳食指南》的核心内容,结合中国居民膳食的实际状况,把平衡膳食的原则转化成各类食物的质量,便于人们在日常生活中实行。

膳食宝塔共分五层,包含我们每天应吃的主要食物种类。膳食宝塔各层位置和面积不同,这在一定程度上反映出各类食物在膳食中的地位和应占的比重。新的膳食宝塔图增加了水和身体活动的形象,强调足量饮水和增加身体活动的重要性。

膳食宝塔建议的各类食物摄入量都是指食物可食部分的生重。各类食物的质量不是指某一种具体食物的质量,而是一类食物的总量。

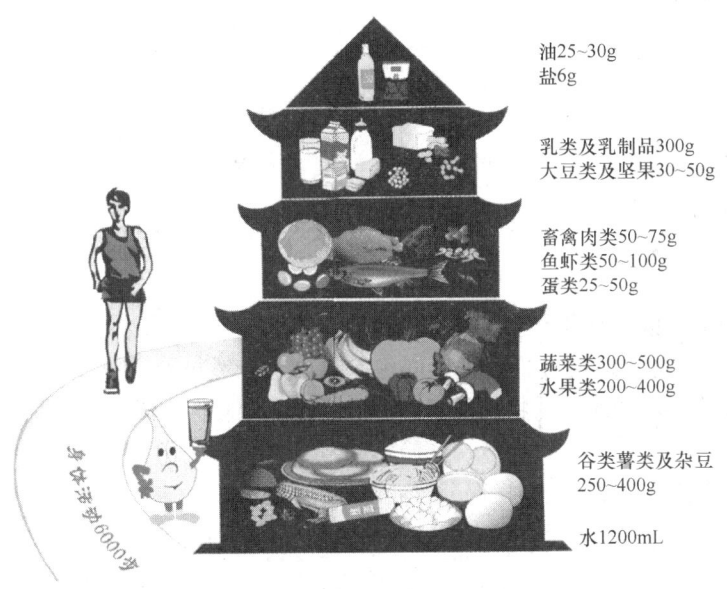

图 8-1 中国居民平衡膳食宝塔(2007)
来源:中国营养学会

膳食宝塔指明的每天适宜摄入食物量和各类是为了给人们以直观印象,并非严格规定。中国营养学会理事长葛可佑强调,他们推广的是"均衡"包含的理想,提倡的是长期坚持的态度。

### (二) 膳食宝塔的应用

1. 确定你自己的食物需要量 (表 8-1)

从事轻微体力劳动的成年男子如办公室职员等,可参照中等能量(10032kJ)膳食来安排自己的进食量。

从事中等强度体力劳动者如钳工、卡车司机和一般农田劳动者可参照高能量（11704kJ）膳食进行安排；不参加劳动的老年人可参照低能量（7524kJ）膳食来安排。

女性一般比男性的食量小，因为女性体重较低及身体构成与男性不同。女性需要的能量往往比从事同等劳动的男性低836kJ或更多些。

表8-1　　　　　　不同能量膳食食物推荐摄入量　　　　　　单位：kcal

| 食物 | 低能量（约1800） | 中能量（约2400） | 高能量（约2800） |
| --- | --- | --- | --- |
| 谷类 | 300 | 400 | 500 |
| 蔬菜 | 400 | 450 | 500 |
| 水果 | 100 | 150 | 200 |
| 肉、禽 | 50 | 75 | 100 |
| 蛋类 | 25 | 40 | 50 |
| 鱼虾 | 50 | 50 | 50 |
| 豆类及豆制品 | 50 | 50 | 50 |
| 乳类及乳制品 | 100 | 100 | 100 |
| 油脂 | 25 | 25 | 25 |

注：1kcal=4.18kJ。

### 2. 同类互换，调配丰富多彩的膳食

宝塔包含的每一类食物中都有许多的品种，虽然每种食物都与另一种不完全相同，但同一类中各种食物所含营养成分往往大体上近似，在膳食中可以互相替换。

应用平衡膳食宝塔应当把保证营养与美味结合起来，按照同类互换、多种多样的原则调配一日三餐。同类互换就是以粮换粮、以豆换豆、以肉换肉（表8-2）。

表8-2　　　谷类食物互换表（相当于100g米、面的谷物食物）　　　单位：g

| 食物名称 | 质量 | 食物名称 | 质量 |
| --- | --- | --- | --- |
| 大米、糯米、小米 | 100 | 烧饼 | 140 |
| 富强粉、标准粉 | 100 | 烙饼 | 150 |
| 玉米面、玉米糁 | 100 | 馒头、花卷 | 160 |
| 挂面 | 100 | 窝头 | 140 |
| 面条（切面） | 120 | 鲜玉米 | 750~800 |
| 面包 | 120~140 | 饼干 | 100 |

### 3. 要合理分配三餐食量

我国多数地区居民习惯于一天吃三餐。三餐食物量的分配及间隔时间应与作息时间和劳动状况相匹配，一般早、晚餐各占30%，午餐占40%为宜，特殊情况可适当调整。通常上午的工作学习都比较紧张，营养不足会影响学习工作效率，所以早餐应当是正正经经的一顿饭。早餐除主食外至少应包括乳、豆、蛋、肉中的1~2种，并搭配适量蔬菜或水果。

### 4. 要因地制宜充分利用当地资源

我国幅员辽阔，各地的饮食习惯及物产不尽相同，只有因地制宜充分利用当地资源才能有效地应用平衡膳食宝塔。例如牧区乳类资源丰富，可适当提高乳类摄取量；渔区可适当提高鱼及其他水产品摄取量；农村山区则可利用山羊乳以及花生、瓜子、核桃、榛子等资源。

在某些情况下，由于地域、经济或物产所限无法采用同类互换时，也可以暂用豆类替代乳类、肉类；或用蛋类替代鱼、肉；不得已时也可用花生、瓜子、榛子、核桃等干坚果替代肉、鱼、乳等动物性食物。

### 5. 要养成习惯，长期坚持

膳食对健康的影响是长期的结果。应用平衡膳食宝塔需要自幼养成习惯，并坚持不懈，才能充分体现其对健康的重大促进作用。

## 二、食物交换份法

食物交换份法是将常用食物按其所含营养素量的近似值归类，计算出每类食物每份所含的营养素值和实物质量，然后将每类食物的内容列出表格，供配餐时交换使用的一种方法。使用时，可以根据不同能量需要，按蛋白质、脂肪和碳水化合物的合理分配比例，计算出各类食物的实际质量或交换系数，并按每份食物等值交换表选择食物，食物交换份法简单易行，是食谱调整的一种简单方法。

食品交换份法常将食物划分为以下五大类。

### 1. 谷类和薯类

谷类包括米、面、杂粮；薯类包括马铃薯、甘薯、木薯等。主要提供碳水化合物、蛋白质、膳食纤维、B族维生素。

### 2. 动物性食物

动物性食物包括肉、禽、鱼、乳、蛋等，主要提供蛋白质、脂肪、矿物质、维生素A和B族维生素。

### 3. 豆类及制品

豆类及制品包括大豆及其他干豆类，主要提供蛋白质、脂肪、膳食纤维和B族维生素。

### 4. 蔬菜水果类

蔬菜水果类包括鲜豆、根茎、叶菜、茄果等，主要提供膳食纤维、矿物质、

维生素 C 和胡萝卜素

**5. 纯能量物质**

纯能量物质包括动植物油、淀粉、食用糖和酒类，主要提供能量。植物油还可提供维生素 E 和必需脂肪酸。

各类食物的每单位食物交换代表量如表 8-3～表 8-9 所示。

表 8-3　　等值肉、蛋类交换表　　单位：g

| 食品 | 质量 | 食品 | 质量 | 食品 | 质量 | 食品 | 质量 |
|---|---|---|---|---|---|---|---|
| 鸡蛋粉 | 15 | 熟叉烧肉 | 35 | 带骨排骨 | 25 | 鹌鹑蛋 | 60 |
| 熟火腿 | 20 | 熟酱牛肉 | 35 | 鸭肉 | 50 | 鸭蛋 | 60 |
| 肥猪肉 | 25 | 瘦猪肉 | 25 | 鸡蛋 | 60 | 带鱼 | 80 |
| 香肠 | 20 | 午餐肉 | 35 | 鸡肉 | 50 | 对虾 | 80 |
| 草鱼 | 80 | 熟酱鸭 | 35 | 鹅肉 | 50 | 松花蛋 | 60 |
| 大黄鱼 | 80 | 大肉肠 | 35 | 兔肉 | 100 | 青虾 | 80 |
| 鲤鱼 | 80 | 牛肉 | 50 | 蟹肉 | 100 | 鲜贝 | 80 |
| 甲鱼 | 80 | 羊肉 | 50 | 鸡蛋清 | 150 | 水浸鱿鱼 | 100 |
| 比目鱼 | 80 | 黑鲢 | 80 | 水浸海参 | 350 | 鲫鱼 | 80 |

注：每份肉蛋类提供蛋白质 9g，碳水化合物 6g，能量 90kcal。

表 8-4　　等值蔬菜交换表　　单位：g

| 食品 | 质量 | 食品 | 质量 | 食品 | 质量 | 食品 | 质量 |
|---|---|---|---|---|---|---|---|
| 毛豆 | 70 | 鲜豇豆 | 250 | 油菜 | 500 | 黄瓜 | 500 |
| 慈姑 | 100 | 倭瓜 | 400 | 韭菜 | 500 | 蕹菜 | 500 |
| 山药 | 150 | 白萝卜 | 500 | 芹菜 | 500 | 芥蓝菜 | 500 |
| 胡萝卜 | 200 | 大白菜 | 500 | 油菜苔 | 500 | 绿豆芽 | 500 |
| 鲜豌豆 | 70 | 扁豆 | 250 | 西葫芦 | 500 | 茄子 | 500 |
| 百合 | 100 | 洋葱 | 250 | 苦瓜 | 500 | 丝瓜 | 500 |
| 芋头 | 100 | 蒜苗 | 250 | 番茄 | 500 | 苋菜 | 500 |
| 荸荠 | 150 | 南瓜 | 400 | 冬瓜 | 500 | 龙须菜 | 500 |
| 藕、凉薯 | 150 | 菜瓜 | 400 | 苤蓝 | 500 | 塌棵菜 | 500 |
| 茭白 | 500 | 圆白菜 | 500 | 莴苣 | 500 | 瓢儿菜 | 500 |
| 冬笋 | 500 | 菠菜 | 500 | 茴香 | 500 | 鲜蘑菇 | 500 |
| 水浸海带 | 500 | 青椒 | 500 | 茼蒿 | 500 | | |

注：每份蔬菜提供蛋白质 5g，碳水化合物 17g，能量 90kcal。

表 8-5　　　　　　　　　等值水果类交换表　　　　　　　　　单位:%

| 食品 | 质量 | 食品 | 质量 | 食品 | 质量 | 食品 | 质量 |
|---|---|---|---|---|---|---|---|
| 柿子、荔枝 | 150 | 葡萄 | 200 | 梨、桃 | 200 | 猕猴桃 | 200 |
| 李子、杏 | 200 | 橘子 | 200 | 西瓜 | 500 | 草莓 | 300 |
| 香蕉 | 150 | 橙子 | 200 | 苹果 | 200 | 柚子 | 200 |

注：每份水果提供蛋白质 1g，碳水化合物 21g，能量 90kcal。

表 8-6　　　　　　　　等值油脂硬果类食品交换表

| 食品 | 质量 | 食品 | 质量 | 食品 | 质量 | 食品 | 质量 |
|---|---|---|---|---|---|---|---|
| 花生油 | 10 | 豆油 | 10 | 葵花子 | 25 | 杏仁 | 25 |
| 黄油 | 10 | 红花油 | 10 | 核桃 | 25 | 花生米 | 25 |
| 玉米油 | 10 | 香油 | 10 | 菜子油 | 10 | 西瓜子 | 40 |

注：每份油脂硬果类提供脂肪 10g，能量 90kcal。

表 8-7　　　　　　　　　等值奶类食品交换表　　　　　　　　　单位：g

| 食品 | 质量 | 食品 | 质量 | 食品 | 质量 | 食品 | 质量 |
|---|---|---|---|---|---|---|---|
| 乳粉 | 20 | 脱脂乳粉 | 25 | 乳酪 | 25 | 无糖酸乳 | 130 |
| 牛乳 | 160 | 羊乳 | 160 | | | | |

注：每份奶类提供蛋白质 5g，脂肪 5g，碳水化合物 6g，能量 90kcal。

表 8-8　　　　　　　　　等值大豆类交换表　　　　　　　　　单位：g

| 食品 | 质量 | 食品 | 质量 | 食品 | 质量 | 食品 | 质量 |
|---|---|---|---|---|---|---|---|
| 腐竹 | 20 | 豆腐干 | 50 | 大豆粉 | 25 | 南豆腐 | 150 |
| 大豆 | 25 | 北豆腐 | 100 | 豆腐丝 | 50 | 豆浆 | 400 |

注：每份大豆类提供蛋白质 9g，脂肪 4g，碳水化合物 4g，能量 90kcal。

表 8-9　　　　　　　　　等值谷物类交换表　　　　　　　　　单位：g

| 食品 | 质量 | 食品 | 质量 | 食品 | 质量 | 食品 | 质量 |
|---|---|---|---|---|---|---|---|
| 大米 | 25 | 马铃薯 | 125 | 绿豆 | 25 | 挂面 | 25 |
| 标准粉 | 25 | 咸面包 | 37.5 | 鲜荸荠 | 150 | 荞麦面 | 25 |
| 干莲子 | 25 | 籼米 | 25 | 小米 | 25 | 馒头 | 35 |
| 慈姑 | 75 | 生面条 | 30 | 鲜山药 | 125 | 粳米 | 25 |
| 藕粉 | 25 | 饼干 | 25 | 玉米面 | 25 | 干粉条 | 25 |

注：每份谷物类提供热能 90kcal，蛋白质 2g，脂肪 0.5g，碳水化合物 19g。

　　食物交换份法是一个粗略但快速的编制食谱的方法。根据不同能量的各种食物用量，参考食物交换代表量，确定不同能量供给量的实物交换份数。使用食物交换份法进行食物交换时，只能是同类食物之间进行互换，不同类食物之间不能进行互换，否则将增大食谱营养素含量的差别和不确定性。

膳食也可根据个人年龄、性别、身高、体重、劳动强度及季节等情况适当调整。一般来说，人们的进食量可自动调节，当一个人的食欲得到满足时，他对能量的需要也就会得到满足。

 **思考题**

请评价你最近的膳食摄入情况？

# 食品安全的危害识别和分析

**知识目标**

了解食品危害的途径和类型。

**能力目标**

熟悉国家食品安全标准中各种食品污染的限量。

能够利用下列食品安全国家标准查询食品中各种污染物的限量：GB 2763—2012《食品安全国家标准　食品中农药最大残留限量》；GB 2762—2012《食品安全国家标准　食品中污染物限量》；GB 2761—2011《食品安全国家标准　食品中真菌毒素限量》。

## 背景知识

食品安全性评估程序适用于所有的食品危害因素的安全性评价。按照 CAC 规定，危害风险评估按以下 4 个步骤进行：危害识别、危害描述、暴露评估和风险描述。危害识别采用的是定性方法，其余三步采用定量方法。

危害识别：识别可能产生健康不良效果并且可能存在于某种或某类特别的生物、化学和物理因素。

危害描述：对于食品中可能存在的生物、化学和物理因素有关的健康不良效果性质定性和/或定量评价。

暴露评估：对于通过食品的可能摄入和其他有关途径接触的生物、化学和物理因素的定性和/或定量评价。

风险描述：根据危害确认、危害描述和暴露量评估，对某一给定人群的已知的或潜在健康不良效果的发生可能和严重性程度进行定性或定量的估计，其中不包括伴随的不确定性。

食品安全危害（food safety hazards）是指潜在损坏或危及食品安全和质量的

因子或因素，包括生物、化学以及物理性的危害，对人体健康和生命安全造成危害。一旦食品含有这些危害因素或者受到这些危害因素的污染，就会成为具有潜在危害的食品（potentially hazardotIs foods），尤其指可能发生微生物性危害的食品。

食品安全危害可以发生在食物链的各个环节，其差异较大，按照食品危害分析的通常分类，有三种类型。

## 一、生物性危害

常见的生物性危害包括细菌、病毒、寄生虫以及真菌。

### （一）细菌

按其形态，细菌分为球菌、杆菌和螺形菌；按其致病性，细菌又可分为致病菌、条件病菌和非致病菌。食品中细菌对食品安全和质量的危害表现在两个方面：引起食品腐败变质；引起食源性疾病。若食品被致病菌污染，将会造成严重的食品安全问题。

#### 1. 致病菌

致病菌对食品的污染有两种情况。第一种是生前感染，如乳、肉在禽畜生前即潜存着致病菌。主要有引起食物中毒的肠炎沙门菌、猪霍乱沙门菌等沙门菌；也有能引起人畜共患的结核病的结核杆菌、布氏病（波状热）的布鲁杆菌、炭疽病的炭疽杆菌。第二种是外界污染，致病菌来自外环境，与畜体的生前感染无关。主要有痢疾杆菌、副溶血性弧菌、致病性大肠杆菌、伤寒杆菌、肉毒梭菌等。这些致病菌通过带菌者粪便、病灶分泌物、苍蝇、工（用）具、容器、水、工作人员的手等途径传播，造成食品的污染。

#### 2. 条件致病菌

通常情况下不致病，但在一定的特殊条件下才有致病力的细菌。常见的有葡萄球菌、链球菌、变形杆菌、韦氏梭菌、蜡样芽孢杆菌等。能在一定条件下引起食物中毒。

#### 3. 非致病菌

在自然界分布极为广泛，在土壤、水体、食物中更为多见。食物中的细菌绝大多数都是非致病菌，这些非致病菌中，有许多都与食品腐败变质有关。能引起食品腐败变质的细菌，称为腐败菌，是非致病菌中最多的一类。

### （二）病毒

病毒非常微小，不仅肉眼看不见，而且在光学显微镜下也看不见，需用电子显微镜才能察觉到。病毒对食品的污染不像细菌那么普遍，但一旦发生污染，产生的后果将非常严重。

### （三）寄生虫

在寄生关系中，寄生虫的中间宿主具有重大的食品安全意义。畜禽、水产是许多寄生虫的中间宿主,消费者食用了含有寄生虫的畜禽和水产品后,就可能感染寄生虫。例如吸虫(Trematoles)中间宿主是淡水鱼、龙虾等节肢动物,生吃或烹调不适,会使人感染吸虫。

### (四) 真菌

真菌可以破坏食品的品质,有的产生毒素,造成严重的食品安全问题。例如黄曲霉素、杂色曲霉素、赭曲霉素可以导致肝损伤,并具有很强的致病作用。

**1. 黄曲霉毒素**

(1) 性质  黄曲霉毒素是结构相似的一类化合物,是由黄曲霉和寄生曲霉产生的一类代谢产物,具有极强的毒性和致癌性。能够溶解于氯仿、甲醇及乙醇等,但不溶解于水、己烷、石油醚和乙醚中。在紫外线照射下产生荧光,可利用该特性测定黄曲霉毒素。根据荧光颜色、$R_f$值及结构的不同加以鉴定。分别命名为黄曲霉毒素 $B_1$、$B_2$、$G_1$、$G_2$、$M_1$、$M_2$、$P_1$ 及黄曲霉毒素 $Q_1$ 等。黄曲霉毒素 $B_1$ 及黄曲霉毒素 $B_2$ 产生蓝紫色荧光;黄曲霉毒素 $G_1$ 及黄曲霉毒素 $G_2$ 产生黄绿色荧光。在粮油食品天然污染中以黄曲霉毒素 $B_1$ 最多见,而且其毒性和致癌性最强,因此,在食品卫生监测中常以黄曲霉毒素 $B_1$ 作为污染指标。

黄曲霉毒素耐热,在一般的烹调加工温度下,不能被破坏。在280℃时发生裂解,其毒性被破坏。在加氢氧化钠的碱性条件下,黄曲霉毒素的内酯环被破坏,形成香豆素钠盐,该钠盐溶于水,故可通过水洗予以去除。

(2) 危害

①急性中毒:黄曲霉毒素是剧毒物质,其毒性为氰化钾的10倍,对鱼、鸡、鸭、大鼠、豚鼠、兔、猫、狗、猪、牛、猴及人均有强烈毒性,以最敏感的雏鸭而言,其$LD_{50}$为 $0.333\mu g/kg$ ($0.267 \sim 0.3901\mu g/kg$)。黄曲霉毒素属于肝脏毒。除抑制肝细胞 DNA、RNA 的合成外,也抑制肝脏蛋白质的合成,一次口服中毒剂量后,$2\sim3d$ 可出现肝实质细胞坏死、胆管上皮增生、肝脂肪浸润及肝出血等急性病变。人体组织的体外试验证实黄曲霉毒素对人体组织有毒性,如含 $10mg/L$ 黄曲霉毒素的组织培养液可使人胚肝细胞 RNA 减少,细胞核形状改变,$1mg/L$ 可阻止肝细胞 DNA 和 RNA 的合成。

②慢性中毒:长期少量持续摄入可引起慢性毒性,主要表现为动物生长障碍,肝脏出现亚急性或慢性损伤。

③致癌性:在猴、大鼠、鱼类及家禽等多种动物诱发实验性肝癌。不同的动物致癌的剂量差别很大,其中以大白鼠最为明显。黄曲霉毒素诱发肝癌的能力比二甲基亚硝胺大75倍,是目前公认的最强的化学致癌物质之一。黄曲霉毒素不仅可诱发动物肝癌,对其他部位也可致肿瘤,如胃腺瘤、肾癌、直肠癌及乳腺、卵巢、小肠等部位肿瘤。

**2. 赭曲霉毒素**

(1) 性质  赭曲霉毒素是由曲霉属和青霉属产生的一组真菌代谢产物,包括赭曲霉毒素 A、赭曲霉毒素 B、赭曲霉毒素 C 和赭曲霉毒素 D。其中赭曲霉毒素 A 是已知毒性最强的，可由赭曲霉、洋葱曲霉、鲜绿青霉、圆弧青霉、变幻青霉等产生。赭曲霉毒素 A 耐热，在正常烹调条件下不能被破坏，微溶于水，在紫外光照射下可产生微绿色荧光。该毒素相当稳定，溶于乙醇后在冰箱内避光可保存 1 年。

赭曲霉毒素主要污染玉米、大豆、可可豆、大麦、柠檬类水果，腌制的火腿、花生、咖啡豆等。赭曲霉在天然食物基质、合成或半合成的培养基中都能产生毒素，将产毒强的赭曲霉菌株在碎麦粒上培养，可产生大量的赭曲霉毒素 A，而用含有 4% 蔗糖和 20% 酵母浸膏的半合成培养基培养赭曲霉也可产生赭曲霉毒素 A。

（2）危害 赭曲霉毒素 A 的急性毒性很强，大鼠经口 $LD_{50}$ 为 20～22mg/kg。动物中毒的靶器官主要为肾脏和肝脏，可见到肾曲管上皮细胞萎缩、间质细胞纤维化及肾小球透明变性等；肝脏可见脂肪变性及肝细胞透明样变、点状坏死及灶性坏死等。

大鼠和仓鼠试验发现赭曲霉毒素还有胚胎毒性和致畸性，如吸收胎增加、胎仔发育迟缓或者脑积水、额小及心脏缺损等。有报道给猴染毒赭曲霉毒素 A 后可诱导肾细胞的异常分裂，提示其有致突变的可能。一些动物试验还显示赭曲霉毒素 A 是一种肾脏致癌剂，用含 40mg/kg 赭曲霉毒素 A 的饲料喂养小鼠 2 年，动物全部出现肾病，部分动物还出现肾癌和肾腺瘤。

流行病学资料表明，巴尔干地方性肾病可能与居民膳食受赭曲霉毒素 A 污染有关。

近年已有报道，阿尔及利亚及突尼斯人的肾病发病与赭曲霉毒素 A 摄入量高有明显相关性。1993 年国际癌症研究机构（IARC）已将赭曲霉毒素 A 定为人类可能的致癌剂。

## 二、化学性危害

常见的化学性危害有重金属、自然毒素、农用化学药物、洗消剂及其他化学性危害。

### （一）重金属

重金属，如汞、镉、铅、砷等，均为对食品安全有危害的金属元素。食品中的重金属主要来源于三个途径：①农用化学物质的使用、工业三废的污染；②食品加工过程所使用不符合卫生要求的机械、管道、容器以及食品添加剂中含有毒金属；③作为食品的植物在生长过程中从含高金属的地质中吸取了有毒重金属。

1. 汞对食品的污染及危害

（1）污染来源 汞及其化合物广泛应用于工农业生产和医疗卫生行业，可通过废水、废气、废渣等途径污染食品。另外，用有机汞拌种，或在农作物生长期施用有机汞农药均可污染农作物。除职业接触外，进入人体的汞主要来源于受污染的食品。据我国对各类食品中汞的化学形式研究，发现水产品中的汞主要以甲基汞形式存在，而植物性食品中的汞则以无机汞为主。水产品中特别是鱼、虾、贝类食品中甲基汞污染对人体的危害最大。例如，日本的水俣病事件，由于当地水域受汞污染，经食物链的生物富集作用使鱼体内汞含量高达 20~60mg/kg，为生活水域汞含量的数万倍。

(2) 对人体的危害　微量汞对人体不致引起危害，但进入体内的数量过多，则会损害人体的健康。汞由胃肠道吸收与其存在形式有关。金属汞很少由胃肠道吸收，故其经口毒性极小。二价无机汞化物在胃肠道内的吸收率为 1.4%~15.6%，平均为 7%。吸收后经血液转运，约以相等的量分布于红细胞和血浆中，并与血红蛋白和血浆蛋白的巯基结合。二价无机汞化物不易通过胎盘屏障，主要由尿和粪排出。有机汞的吸收率较高，如甲基汞的胃肠道吸收率为 95%。血液中的汞 90% 与红细胞结合，10% 与血浆蛋白结合，并通过血液分布于全身，血液中汞含量可反映近期摄入体内的水平，也可作为体内汞负荷程度的指标，通常以 0.5μmol/L（100μg/L）作为正常值上限。

甲基汞脂溶性较高，易于扩散并进入组织细胞之中，主要蓄积于肾脏和肝脏，并通过血-脑脊液屏障进入脑组织。大脑对甲基汞有特殊的亲和力，其浓度比血液浓度高 3~6 倍。

甲基汞也可随头发的生长而进入毛发，血液中浓度与头发浓度之比为 1∶250。毛发中甲基汞含量与摄入量成正比，因此发汞值可以反映体内汞的水平。甲基汞主要由粪排出，由尿排出很少。一般认为血汞在 200μg/L 以上，发汞在 50μg/g 以上，尿汞在 2μg/L 以上，即表明有汞中毒的可能。

汞由于存在形式的不同，其毒性亦异，无机汞化物多引起急性中毒，有机汞多引起慢性中毒。有机汞在人体内的生物半衰期平均为 70d 左右，而在脑内半衰期为 180~250d。甲基汞可与体内含巯基的酶结合，成为酶的抑制剂，从而破坏细胞的代谢和功能。

慢性甲基汞中毒的病理损害主要为细胞变性、坏死，周围神经髓鞘脱失。中毒表现起初为疲乏、头晕、失眠，而后感觉异常，手指、足趾、口唇和舌等处麻木，严重者可出现共济失调、发抖、说话不清、失明、听力丧失、精神紊乱，更重者可因剧烈痉挛而死。

**2. 镉对食品的污染及危害**

(1) 污染来源　镉对食品的污染主要是工业废水的排放造成的。含镉工业废水污染水体，经水生生物浓集，使水产品中镉含量明显增高。含镉污水灌溉农田亦可污染土壤，经作物吸收而使食品中镉残留量增高。用含镉金属作容器存放酸性食品或饮料时，可使大量的镉溶出，造成对食品的严重污染。日本某镉污染严重的地区，稻米平均含量为 1.41mg/kg（非污染区为 0.08mg/kg），贝类含镉量高达420mg/kg（非污染区为0.05mg/kg）。食品被镉污染后，含镉量有很大差别，海产品和动物食品（尤其是肾脏）高于植物性食品，而植物性食品中以谷类、根茎类、豆类含量较高。

(2) 对人体的危害　进入人体的镉以消化道摄入为主，镉在消化道的吸收率为1%~12%，一般为5%，低蛋白、低钙和低铁的膳食有利于镉的吸收，维生素D也可促进镉的吸收。吸收的镉经血液运至全身。血液中的镉一部分与红细胞结合，一部分与血浆蛋白结合。红细胞中的镉部分与血红蛋白结合，部分可能以金属硫蛋白的形式与低分子蛋白质结合。这些结合的镉主要分布于肾和肝。肾脏含镉量约占全身蓄积量的1/3，而肾皮质镉浓度是全肾脏镉浓度的1.5倍。这是因为含镉的金属硫蛋白可经肾小球过滤进入肾小管，或者排出体外，或重吸收，从而造成了镉在肾近小曲管的选择性蓄积。因此，肾脏是慢性镉中毒的靶器官。体内的镉可通过粪、尿、毛发等途径排出，半衰期为15~30年。正常人血镉质量浓度<50μg/L，尿镉质量浓度<3μg/L。如血镉质量浓度>250μg/L或尿镉质量浓度>15μg/L，则表示有过量镉接触和镉中毒的可能。

镉对体内巯基酶具有较强的抑制作用，长期摄入镉后可引起镉中毒，主要损害肾脏、骨骼和消化系统，特别是损害肾近曲小管上皮细胞，影响重吸收功能，临床上出现蛋白尿、氨基酸尿、高钙尿和糖尿，使体内呈负钙平衡而导致骨质疏松症。日本神通川流域的"骨痛病"（痛痛病）就是由于镉污染造成的一种典型的公害病。此病的主要特征是背部和下肢疼痛，行走困难、蛋白尿、骨质疏松和假性骨折。

此外，摄入过多的镉还可引起高血压、动脉粥样硬化、贫血等。锌、镉是相互拮抗的元素，镉可以干扰结合锌的酶。进入体内的镉可置换含锌酶中的锌，并抑制该酶活性。提高锌的摄入，能拮抗镉的毒性作用。

### 3. 铅对食品的污染及其危害

(1) 污染来源　含铅工业"三废"的排放和汽车尾气是铅污染食品的主要来源；食品加工用机械设备和管道含铅，在适宜的条件下，可移行于食品中；食品的容器和包装材料也是铅的重要来源，如陶瓷食具的釉彩、铁皮罐头盒的镀焊锡含铅，用这些食具盛酸性食品，或是涂料脱落时，铅易溶出污染食品，用铁桶或锡壶盛酒也可将铅溶出；印刷食品包装材料的油墨、颜料、儿童玩具的涂料也是铅的来源；某些食品添加剂或生产加工中使用的化学物质含铅杂质，亦可污染食品。含铅农药（如砷酸铅等）的使用，可造成农作物的铅污染。

(2) 对人体的危害　人体内的铅主要来源于食物。据国外报道，每天进入人体的铅来自食物者大约有400μg，水10μg，城市空气26μg，农村空气1μg，估计目前人体内铅的总量是古代人的100倍。进入消化道的铅约有5%~10%被吸收，吸收部位主要是十二指肠，吸收率受食物中蛋白质、钙、植酸等影响。体内铅主要经过肾和肠道排出。铅在体内的半衰期较长，故可长期在体内蓄积。尿铅、血铅、发铅是反映体内铅负荷的常用指标。血铅正常值上限为 2.4μmol/L，尿铅为 0.39μmol/L（0.08mg/L）。

铅的毒性作用主要是损害神经系统、造血系统和肾脏。食物铅污染所致的中毒主要是慢性损害作用，主要表现为贫血、神经衰弱、神经炎和消化系统症状，如食欲缺乏、胃肠炎、口腔金属味、面色苍白、头昏、头痛、乏力、失眠、烦躁、肌肉关节疼痛、便秘、腹泻等。严重者可导致铅中毒性脑病。儿童摄入过量铅可影响其生长发育，导致智力低下。

**4. 砷对食品的污染及其危害**

（1）污染来源　砷是一种非金属元素，但由于其许多理化性质类似于金属，故常将其归为"类金属"之列。砷及其化合物广泛存在于自然界，并大量用于工农业生产中，故食品中通常含有微量的砷。食品中的砷污染主要来源于含砷农药、空气、土壤和水体。

如使用含砷农药过量或使用时间距收获期太近，可致农作物中砷含量明显增加。如水稻孕穗期施用有机砷农药，收获的稻米中砷残留量可达 3~10mg/kg，而正常稻谷含砷不超过 1mg/kg。用含砷废水灌溉农田后，可使小白菜含砷量高达 60~70mg/kg，而一般蔬菜中砷平均含量在 0.5mg/kg 以下。

（2）对人体的危害　食品中砷的毒性与其存在的形式有关。食品中的砷有无机砷和有机砷两种形式。一般认为三价砷的毒性大于五价砷，无机砷的毒性大于有机砷。砷化物是一种原浆毒，对体内蛋白质有很强的亲和力。食物和饮水中的砷经消化道进入体内后与多种含巯基的酶结合，使之失去活性，抑制细胞的正常代谢，从而出现一系列症状。

长期摄入砷化物可引起慢性中毒，表现为腹泻、便秘、食欲减退、消瘦等消化道症状。

皮肤可出现色素沉着，手掌和足底过度角化。血管受累时呈肢体末梢坏疽，即所谓慢性砷中毒黑脚病。神经系统为多发性神经炎，神经衰弱综合征。

目前已证实多种无机砷化合物具有致突变性，可导致体内外基因突变、染色体畸变并抑制 DNA 损伤的修复。流行病学调查表明，无机砷化合物可能与人类的皮肤癌和肺癌的发生有关。

**（二）自然毒素**

许多食品含有自然毒素，例如发芽的马铃薯（土豆）含有大量的龙葵毒素，可引起中毒或致人死亡；鱼胆中含的 5-α-鲤醇，能损害人的肝肾和心脑，造成中毒和死亡；霉变甘蔗中含 3-硝基丙醇，可致人死亡。自然毒素有的是食物本身就带有，有的则是细菌或真菌在食品中繁殖过程中所产生的。

**（三）农用化学药物**

食品植物在种植生长过程中，使用了农药杀虫剂、除草剂、抗氧化剂、抗生素、促生长素、抗霉剂以及消毒剂等，或畜禽鱼等动物在养殖过程中使用的抗生素，合成抗菌药物等，这些化学药物都可能给食物带来危害。世界各国对农用化学药物的品种、使用范围以及残留量作了严格限制。

### 1. 有机氯农药

有机氯是最早使用的一种农药，主要有六六六及DDT等，在环境中稳定性强，不易降解，在环境和食品中残留期长。如DDT在土壤中消失95%的时间需3~30年（平均10年），通过食物链进入体内后，因是脂溶性物质，主要蓄积于脂肪组织中。

有机氯农药多数属于中等毒或低毒。急性中毒时，主要表现为神经毒作用，如震颤抽搐和瘫痪等。有机氯农药的慢性毒性作用主要侵害肝、肾和神经系统等。用5mg/kg的DDT给大鼠或小鼠灌胃，可引起肝脂肪浸润和肝小叶中心增生。人在慢性中毒时，初期有知觉异常，进而出现共济失调，精神异常，肌肉痉挛，肝、肾损害，如肝大，蛋白尿等。

有机氯农药能诱发细胞染色体畸变，因为有机氯可通过胎盘屏障进入胎儿，部分品种及其代谢产物具有一定致癌作用。人群流行病学调查资料表明，使用有机氯农药较多的地区比使用较少的地区畸胎发生率和病死率高10倍左右。关于其致癌作用，一般认为高剂量DDT可使小鼠肝癌增多，但对一些接触者进行的流行病学调查和一些自愿者每天口服DDT 35mg，时间长达21.5个月，体内DDT的蓄积量为一般人的几十至几百倍时，未见致癌的证据。

关于六六六的致癌作用也有很多报道。给小鼠20mg/（kg·d），可引起肝癌。工业品六六六，纯α、β、γ异构体在较大剂量时也可引起肝癌。但对大量长期接触六六六和DDT的工人作肝脏活体组织检查，仅发现慢性肝损害。

由于有机氯农药化学性质稳定，不易降解，在环境和食品上长期残留，并通过食物链逐级浓缩，具有一定的潜在危害，因此许多国家已停止生产和使用，我国已于1983年停止生产，1984年停止使用。

### 2. 有机磷农药

有机磷农药是目前使用量最大的一种杀虫剂，常用产品是敌百虫、敌敌畏、乐果、马拉硫磷等。大多数有机磷农药的性质不稳定，易迅速分解，残留时间短，在生物体内也较易分解，故在一般情况下少有慢性中毒。有机磷农药对人的危害主要是引起急性中毒。有机磷属于神经性毒剂，可通过消化道、呼吸道和皮肤进入体内，经血液和淋巴转运至全身。其毒性作用机制主要是与生物体内胆碱酯酶结合，形成稳定的磷酰化乙酰胆碱酯酶，使胆碱酯酶失去活性，从而导致乙酰胆碱在体内大量堆积，引起胆碱能神经纤维高度兴奋。

### 3. 拟除虫菊酯类

本类产品是人工合成的除虫菊酯，可用作杀虫剂和杀螨剂，具有高效、低毒、低残留、用量少的特点。目前大量使用的产品有数十个品种，如溴氰菊酯（敌杀死）、丙炔菊酯、苯氰菊酯、三氟氯氰菊酯等。其毒性作用机制是通过对钠泵的干扰使神经膜动作电位的去极化期延长,阻断神经传导。另外,还具有改变膜的流动性,增加兴奋性神经介质和 cGMP 的释放,干扰细胞色素 c 和电子传递系统功能。此类农药由于施用量小,残留低,一般慢性中毒少见,急性中毒多由于误服或生产性接触所致。

#### 4. 氨基甲酸酯类

这类农药属中等毒性农药,目前使用量较大,主要用作杀虫剂(如西维因、速灭威、混灭威、呋喃丹、克百威、灭多威、敌克松、害扑威等)或除草剂(如丁草特、野麦畏、哌草丹、禾大壮等)。该类农药的特点是药效快,选择性高,对温血动物、鱼类和人的毒性较低,容易被土壤中的微生物分解,在体内不蓄积,属于可逆性胆碱酯酶抑制剂。急性中毒主要表现为胆碱能神经兴奋症状,慢性毒性和三致(致癌、致畸、致突变),毒性方面报道不一,目前尚无定论。有实验报道,此类农药在弱酸条件下可与亚硝酸盐结合生成亚硝胺,有潜在致癌作用。

### (四) 洗消剂

洗消剂是一个常被忽视的食品安全危害。问题产生的原因有:①使用非食品用的洗消剂,造成对食品及食品用具的污染;②不按科学方法使用洗消剂,造成洗消剂在食品及用具中的残留。例如,有些餐馆使用洗衣粉清洗餐具、蔬菜或水果,造成洗衣粉中的有毒有害物毒,如增白剂等,对食品及餐具的污染。

### (五) 其他化学危害

化学性危害情况比较复杂,污染途径较多,上述是一些常见的、主要化学性危害,还有滥用机械润滑油等其他化学性危害。

## 三、物理性危害

物理性危害与化学性危害和生物性危害相比,有其特点,往往消费者看得见。因而,也是消费者经常表示不满和投诉的事由。物理性危害包括碎骨头、碎石头、铁屑、木屑、头发、蟑螂等昆虫的残体、碎玻璃以及其他可见的异物。物理性危害不仅令食品造成污染,而且时常也损坏消费者的健康。

# 项目一 肉类食品危害识别和分析

2008 年,全国肉类总产量 7279 万吨,人均占有量达 55kg,超过了世界平均水平。其中,猪、牛、羊肉产量达 5614 万吨,比 1952 年增长 16.6 倍;牛肉产量为 613 万吨,比 1980 年增长 22 倍;羊肉产量为 380 万吨,比 1980 年增长 7 倍;禽肉产量为 1534 万吨,比 1985 年增长 9 倍。随着人们生活水平的提高,城乡居民对猪、牛、羊、禽肉等的需求不断增加，我国畜禽产业有了很大发展。畜禽产品产量的不断增加，丰富了城乡居民菜篮子，大大提高了我国人民的物质生活水平，改善了生活质量。与此同时，消费者更加关注和重视食品的质量安全问题，并对畜产食品的品种和质量提出了更高要求。但近年来，国内国际上食品安全问题频繁出现，疯牛病、瘦肉精、二噁英、口蹄疫、禽流感、猪流感等一系列与肉类食品相关的安全事故层出不穷，不仅造成了重大的经济损失，而且危害了人体健康。肉类食品安全问题已成为社会广泛关注的话题，也是各国政府与学术研究的首选课题。

## 一、肉类食品质量安全问题已经成为社会关注的焦点

作为重要的畜产食品，肉类食品是农产品的重要组成部分，肉类食品的质量安全关系到广大人民群众的身体健康和生命安全，关系到经济的健康发展和社会的稳定，已经成为国家公共安全的重要组成部分。

近年来，畜产品质量安全问题时有发生，肉类食品所引发的中毒事故一直占较高的比例。1998年内地供港活猪内脏含有盐酸克伦特罗（瘦肉精）导致17人中毒；2001年，浙江省杭州、嘉兴、金华等地的大量市民因食入含有瘦肉精的猪肉发生中毒，之后瘦肉精中毒事件在不少省市也时有发生；2003年查出的反季节金华火腿是用兑入敌敌畏农药的水浸泡过的火腿；2005年肯德基奥尔良鸡翅等的调料被查出含苏丹红；2006年多宝鱼中检出孔雀石绿等多种禁用渔药残留；2008年市面上出现用高浓度甲醛溶液浸泡过的银鱼。肉品产业危机四伏，肉品质量安全问题引起了社会的广泛关注。

肉品质量安全问题同样也是全世界共同的难题。1986年英国首次发现的疯牛病引起世界的恐慌，也敲响了世界食物质量安全的警钟；2003年底至2004年春的高致病性禽流感以及2009年4月至今的猪流感席卷全球，并对人类安全构成了严重的威胁，确保肉类食品安全刻不容缓。

## 二、肉类食品中的安全危害分类

一般来说，肉类食品安全问题主要出现在三个环节：一是原料的生产过程，比如生猪养殖等，可能会受到农药、兽药、激素等化学物质的危害；二是加工过程，比如胴体的劈半分割等，可能以生物性、物理性危害为主；三是贮存、运输及消费过程，如贮运过程中温度环境条件不适宜，消费过程没有正确食用或处理等。

在肉类食品的生产、加工、贮藏、包装、运输和销售等过程中，因操作不当就有可能造成外来污染物的污染。根据对人类造成危害的来源与性质，可以将危害肉类食品安全的有害物质分为三类：一是生物性危害，包括真菌、细菌及细菌毒素、霉菌毒素、病毒、有毒腐败物质、寄生虫等虫害；二是化学性危害，包括

天然存在的及污染的各种化学物，如天然毒物、兽药、农药、重金属等；三是物理性危害，包括混入食品的各种外来物理物质，如金属、玻璃、碎骨、头发等对人体有害的物质及类似异物。

### （一）生物性危害

食品中的生物性危害主要是指有害生物本身及其代谢产物对食品的污染，从而对食品消费者的健康造成的损害。

#### 1. 微生物污染

肉类的营养丰富，水分和蛋白含量高，是致病微生物的"温床"。同时，微生物污染的传播方式很多且不易被察觉，因此，致病微生物引发的肉类安全事件最为频繁。肉类食品在加工过程中，极易遭受微生物的污染。鲜肉中微生物的来源分为内源性和外源性两部分，内源性污染是指生猪在屠宰前，受到微生物的感染，病原微生物在体内直接污染鲜肉；外源性污染是指在屠宰、加工、贮藏、销售等环节的微生物污染。

健康家畜屠宰后的肌肉组织内部是无菌的，但屠宰以后，其自身的防御体系被打破，而肌肉组织中又含有丰富的营养物质，适宜微生物的生长。肉类表面的微生物主要是畜禽在屠宰、分割及流通过程中被污染的，屠宰过程中的微生物污染是肉被污染的开端。肉初始污染的微生物主要来源于动物裸露在外的皮毛、屠宰和分割用的刀具、胃肠道内容物、工人的手、传送带和案板、生产用水以及加工环境等。与外界环境的接触增加了微生物污染的机会，皮毛、接触物、排泄物以及屠宰、加工所用的设备等都与冷却肉微生物污染紧密相关，这些都是微生物污染的重要媒介。其中，屠宰、加工用器具以及操作人员的手是胴体微生物污染的重要来源。在对冷却肉的生产过程调查后发现，屠宰工具是胴体的重要污染源，屠宰分割用刀具的细菌总数在 $10000CFU/cm^2$ 以上，工人的手细菌总数在 $10000 \sim 1000000 CFU/cm^2$，分割用的案板和传送带污染更是严重，细菌总数都在 $1000000 CFU/cm^2$ 以上。在屠宰分割过程中，空气、加工器具、操作台、操作人员及一些与胴体或分割肉接触的设备也会对胴体产生交叉污染，严重影响着冷却肉的卫生品质。

#### 2. 寄生虫

食源性寄生虫病的发病率近年明显上升，其中常见的有华支睾吸虫、颚口线虫、肺吸虫、广州管圆线虫、绦囊虫5种寄生虫病，这些寄生虫以牲畜和水产类食品为宿主。生的或未煮熟的食品容易感染寄生虫，通常情况下，彻底加热食品可以杀死食品所带的寄生虫。由于消费者生吃含有感染性寄生虫的食品，就会使寄生虫病传播给人类，从而造成危害。

#### 3. 害虫（有害动物）

害虫（有害动物）包括所有对肉类食品卫生带来危害的动物，如各种啮齿类动物、昆虫、鸟类等。害虫（有害动物）的危害包括：直接消耗肉类食品；

在肉类食品中留下粪便、毛发等异物；给肉类食品带来致病性微生物和寄生虫污染。因此，在肉类食品加工中，控制害虫（有害动物）通过微生物污染而传播的食源性疾病是十分必要的。

### （二）化学性危害

食品的化学性危害是指食品中的天然有害物质和有害的化学物质污染食品而引起的危害。肉类食品中的化学污染主要有农用化学品污染（农药、消毒剂、燃料、润滑剂、清洗剂等）和添加剂污染。目前，牲畜饲养过程中大量使用各种化学合成药物、抗生素甚至激素类物质，导致畜肉品质和风味下降，并且有毒有害物质的残留，不仅威胁人类健康，也严重污染生态环境。近年来，肉制品中有毒有害物质的残留，已成为某些国家作为限制我国肉类产品准入的技术壁垒。因此，肉类食品中的化学污染问题也越来越受到关注。

#### 1. 农药残留

农药的使用主要是在饲料作物和饲草的种植过程中，目的是为了使饲料作物和饲草不受虫害侵袭。但是农药会在植物体内残留，然后进入生物圈和食物链，造成对生态平衡的破坏和人体内有机磷、有机氯等的蓄积。因此牲畜的养殖过程不仅将饲料、饲草的营养物质转化为肉、蛋、乳等畜产品，同时也将农药引入畜产食品中，造成农药残留，从而对人体造成显性或潜在的危害。

#### 2. 滥用饲料添加剂

作为饲料添加剂使用的兽药、抗生素、生长促进剂等化学制品或生物制品，易在肉及可食性内脏中残留。有害物质的残留和富集以及耐药性与生态学的影响，直接影响动物性食品的安全性，危及人类的食用安全从而危害人类健康。

兽药是用于治疗畜禽疾病的各类药物。按用途分类，兽药主要包括：抗生素类药物、抗寄生虫药物、激素类药物。抗生素和化学合成抗生素统称抗微生物药物，是最主要的兽药残留。兽药残留是指畜禽在应用兽药后，蓄积或存留于机体（细胞、组织、器官）内或产品（如鸡蛋、乳品、肉品等）中的原形药物及其代谢物，包括与兽药有关的杂质的残留。不遵守休药期的规定、非法使用违禁药物、不合理用药等是造成兽药残留超标的主要原因。兽药残留的后果，一方面是导致动物源性食品中的兽药残留，摄入人体后影响人类的健康；另一方面，各种养殖场大量排泄物向周围环境排放，兽药又成为环境污染物，给生态环境带来不利影响。

#### 3. 食品添加剂污染

食品添加剂是食品工业发展的重要组成部分，从某种意义上来说没有食品添加剂，就没有现代食品加工业。但是不科学地使用食品添加剂，会对加工农产品的质量安全带来影响，给广大消费者健康造成了急性、亚急性和慢性危害。

食品添加剂污染是指由于食品添加剂用量过大、富集沉积、毒性叠加等原因造成对人体的致癌、致畸、致突变等危害。造成食品添加剂污染的因素可以分为以下3种：一是有些食品添加剂生产企业不按规程生产，致使生产出的食品添加剂产品本身质量存在问题；二是食品添加剂的使用不按标准执行；三是违规使用国家明令禁止的有毒添加剂或将工业用原料添加到食品中。

4. 其他有害化学物质

除以上几种肉类食品安全危害之外，重金属矿物质残留和加工化学产物危害也是危害肉制品的因素。重金属残留主要包括铜、锌、砷等元素，此外畜禽饮水中的氟、钙元素也容易超标。重金属矿物质经过食物链的生物放大作用，在较高级生物体内富集起来，从而转移到畜产食品中，其中尤其以肉类和可食性内脏及其制品最为严重，然后通过食物进入人体，在人体的某些器官中积蓄起来造成慢性中毒，危害人体健康。

(三) 物理性危害

物理性污染物的危害包括混入食品的各种外来物理物质，如天花板、墙壁的脱落物（涂料）；工器具上脱落的漆片、铁锈、竹木器具上脱落的硬质纤维；无保护装置的照明设备的碎片；因头发外露而造成脱落的头发等。

## 三、肉类食品中安全危害的相应控制措施

(一) 生物性危害的控制

合理布局厂房设施设备，减少不必要的二次污染。如生产线划分污染区与洁净区，保持地面、墙壁、天花板的等卫生；使用便于清洁消毒的设备，避免微生物滋生；在生产中采用适当的清洁程序，减少由屠宰工具造成的微生物污染，从而防止深部组织发生外源性污染；包装过程中避免外界的二次污染，抑制微生物生长繁殖；工作人员应遵守卫生操作规程，避免将微生物、病原菌传播到食品上而发生二次污染；定期杀灭害虫，使用杀虫剂后应将设备、工具和容器彻底清洗，除去残留药物。

(二) 化学性危害的控制

饲料作物和饲草的种植过程中，农药的使用要严格遵守《农药合理使用准则》，科学、合理使用农药，严禁使用违禁药物作为饲料添加剂，谨慎使用抗生素；肉制品的加工过程中，应规范使用食品添加剂，不滥用不超量添加，禁止用有毒添加剂或工业用原料；加工设备上使用的润滑油必须是食品级润滑油；限制使用含砷、铅等金属的食品加工用具、管道等易与食品接触的物品和包装材料，以及含有此类重金属的添加剂和各种原材料。

(三) 物理性危害的控制

车间内天花板、墙壁、加工器具、设备、操作台等应使用耐腐蚀、易清洗、不易脱落的材料；生产线上方的灯具应装有防护罩；工人应身体健康并定期体检；有良好的个人卫生，做到勤洗澡、勤理发，工作服和工作帽必须每天更换；

不留长指甲不涂指甲油，禁戴耳环、戒指等饰物、头发不得外露。

## 项目二　水产品中 $N$ – 亚硝胺物质的危害识别和分析

腌制水产品因其风味独特，并能提升防腐性能、延长货架期，故深受消费者及生产经营者的喜爱。随着人民生活水平的提升，消费者逐渐提高了食品安全的意识，其中腌制水产品的安全性问题也受到人们的关注。据报道，南方沿海地方的鼻咽癌和胃癌发病率较高与长期食用腌制水产品有关。由此，国内重视了对腌制食品的研究。一些学者、专家对某些地区的海产品进行了硝酸盐、亚硝酸盐、亚硝胺含量的调查，结果发现，在腌制水产品中检测到了不同水平含量的致癌物质 $N$ – 亚硝胺，其中以二甲基亚硝胺最为常见。本任务分析腌制水产品中 $N$ – 亚硝胺的性质和形成机制，分析关于 $N$ – 亚硝胺的危害，并提出了有建设性意义的预防对策，以供借鉴。

### 一、$N$ – 亚硝胺物质的结构及性质

$N$ – 亚硝胺是一种 $N$ – 亚硝基化合物，其基本结构为：

$$\begin{array}{c} R_1 \\ \phantom{R}\diagdown \\ N\!-\!N\!=\!O \\ \phantom{R}\diagup \\ R_2 \end{array}$$

可分为对称性亚硝胺和非对称性亚硝胺。

当 $R_1$ 等于 $R_2$ 时，称为对称性亚硝胺，如二甲基亚硝胺（ND – MA）和二乙基亚硝胺（NDEA）；当 $R_1$ 不等于 $R_2$ 时，称为非对称性亚硝胺，如 $N$ – 亚硝基甲乙胺（NMEA）和 $N$ – 亚硝基甲苄胺等。同时，亚硝胺由于相对分子质量不同，可以表现为蒸气压大小不同，能够被水蒸气蒸馏出来并不经衍生化直接由气相色谱仪测定的为挥发性亚硝胺，否则称为非挥发性亚硝胺。在常温下，低相对分子质量的亚硝胺（如二甲基亚硝胺）为黄色液体，高相对分子质量的亚硝胺多为固体。除了某些亚硝胺（如二甲基亚硝胺、二乙基亚硝胺、二乙醇亚硝胺以及某些 $N$ – 亚硝基氨基酸等）可以溶于水及有机溶剂外，大多数亚硝胺是不溶于水，仅溶于有机溶剂中，稍溶于水和脂肪。在通常情况下，$N$ – 亚硝胺化学性质相对稳定，不易水解、氧化和转为亚甲基等，在中性和碱性环境中较稳定，在特定条件下也能发生水解、加成、还原、氧化等反应。

### 二、$N$ – 亚硝胺形成的化学机理及其形成条件

一般新鲜的水产品中不含有挥发性的 $N$ – 亚硝胺，但腌制水产品中常常含有 $N$ – 亚硝胺物质，这主要是水产品在腌制加工时已不完全新鲜，蛋白质分解产生

胺类物质，而且在腌制过程中使用的是粗盐，通常含有硝酸盐、亚硝酸盐，其中硝酸盐对人体无危害，但由于微生物作用，如金黄色葡萄球菌、大肠杆菌、白喉棒状杆菌等，能使硝酸盐还原成亚硝酸盐，从而使亚硝酸盐蓄积。而在适宜的条件下，亚硝酸盐与胺类发生亚硝基化作用易生成具有强致癌性的 $N$ - 亚硝胺物质。

此外，人类是 $N$ - 亚硝胺引起癌症的易感群体。亚硝酸盐能导致人类机体异常，引起高铁血红蛋白症。亚硝酸盐在胃肠道的酸性环境中会与各种氨基化合物（主要来自蛋白质分解产物）反应，产生致癌的 $N$ - 亚硝基化合物，从而引起消化系统癌变，给人类带来了潜在的危险性。

目前，有关 $N$ - 亚硝胺的形成条件研究更多的是对腌制肉类、火腿、烟酒等食品，腌制水产品中 $N$ - 亚硝胺的形成条件及其生成量影响有待于进一步研究，通过对水产腌制品的 $N$ - 亚硝胺及其前体物质本底含量分析，分别研究腌制温度、腌制时间、pH、盐水产品质量比等因素对水产腌制品的硝酸盐、亚硝酸盐及 $N$ - 亚硝胺的影响。

### 三、腌制水产品中残留 $N$ - 亚硝胺的危害性研究

研究发现，亚硝胺是一种很强的致癌物质，在已检测的 300 种亚硝胺类化合物中，已证实有 90% 至少可诱导 1 种动物致癌，其中二甲基亚硝胺、乙基亚硝胺、二乙基亚硝胺至少对 20 种动物具有致癌活性。因此，各个国家也作出了亚硝胺的相应限量标准。

#### （一）我国海产品及肉制品中 $N$ - 亚硝胺的限量标准

近些年，我国食品安全事件发生频繁，提高食品监管力度十分必要，危害因子的限量标准也显得日益重要。目前，我国已对海产品和肉制品中二甲基亚硝胺和二乙基亚硝胺的含量制定出了限量标准，见表 9 - 1。

表 9 - 1　　　　　　　　食品中 $N$ - 亚硝胺允许的限量标准

| 品种 | 限量标准/（μg/kg） | |
| --- | --- | --- |
| | $N$ - 二甲基亚硝胺 | $N$ - 二乙基亚硝胺 |
| 海产品 | ≤4 | ≤7 |
| 肉制品 | ≤3 | ≤5 |

#### （二）$N$ - 亚硝胺的强致癌性

据报道，$N$ - 亚硝胺的致癌作用需要在体内经过一个代谢活化过程，其致癌性具有明显的亲器官性，如二甲基亚硝胺、二乙基亚硝胺、二丙基亚硝胺、二丁基亚硝胺经口摄入可引起肝癌；二乙基亚硝胺还可引起肾癌、食管癌；二丁基亚硝胺还可引起膀胱癌。虽然目前对 $N$ - 亚硝胺是否对人类有致癌性还尚无定论，

但根据某些学者专家的研究资料表明,人类的某些致癌可能与之密切有关。此外,N-亚硝胺还具有急性毒性、致畸性、致突变性。

### 四、N-亚硝胺物质的预防控制

日常饮食与人体健康息息相关,人们一定要切实做好预防控制措施,降低N-亚硝胺物质对人体健康的危害。基于腌制水产品加工技术,主要可以从以下几点出发:①保证腌制原材料的新鲜度。水产品具有低脂肪、高蛋白等特点,而蛋白质容易因腐败分解产生大量的胺类物质,应尽量避免其产生,减少亚硝胺的形成。②避免或减少微生物的侵入。有资料显示,水产品在腌制过程中会存在微生物,如红色嗜盐菌、乳酸菌、李斯特杆菌等,这些微生物可能会促进腌制水产品中N-亚硝胺的合成。③降低腌制水产品中亚硝酸盐残留量。运用化学方法或生物方法降低水产品腌制中亚硝酸盐的含量,从而阻断N-亚硝胺的合成,如添加天然产物、微生物发酵、酶法等。④改进腌制水产品加工储藏方法。有研究表明,在腌制水产品过程中会受到腌制温度、腌制时间、盐的添加量、pH等因素影响,不同条件下,水产腌制品中硝酸盐、亚硝酸盐及N-亚硝胺的含量是不同的,并且有一定的相关性。同时,在加工水产品时,亚硝胺类化合物也会受外界条件及本身的影响,因此,选择适宜条件下生产加工贮藏也是非常重要的,且贮藏不宜太久。

## 思考题

2012年的"立顿"绿茶、茉莉花茶和铁观音袋泡茶检测出含有被国家禁止在茶叶上使用的高毒农药灭多威,请根据国家标准判断是否存在食品安全问题(表9-2)。

表9-2　　　　　各国农药残留相关标准　　　　　单位:mg/kg

| 农药名称 | 中国标准 | 日本标准 | 欧盟标准 | 报告检出残留余量范围 |
| --- | --- | --- | --- | --- |
| 噻嗪酮 | 10 | 20 | 0.05 | 0~0.3 |
| 氯氰菊酯 | 20 | 20 | 0.5 | 0~0.44 |
| 苯醚甲环唑 | 10 | 10 | 0.05 | 0~0.03 |
| 灭多威总量 | 3 | 20 | 0.1 | 0~1.1 |
| 硫丹总量 | 20 | 30 | 30 | 0~0.35 |
| 哒螨灵 | 5 | 10 | 0.05 | 0~0.43 |
| 吡虫啉 | 0.5 | 10 | 0.05 | 0~1.4 |
| 多菌灵和苯菌灵 | 5 | 10 | 0.1 | 0~0.13 |

续表

| 农药名称 | 中国标准 | 日本标准 | 欧盟标准 | 报告检出残留余量范围 |
|---|---|---|---|---|
| 氟氯氰菊脂 | 1 | 无标准 | 1 | 0~0.17 |
| 联苯菊酯 | 5（推荐） | 25 | 5 | 0~1.7 |
| （顺式）氰戊聚酯 | 2 | 1 | 0.05 | 0~0.12 |
| 溴虫腈 | 无标准 | 无标准 | 50 | 0~3.3 |
| 啶虫脒 | 无标准 | 无标准 | 0.1 | 0~2.5 |
| 毒死蜱 | 无标准 | 10 | 0.1 | 0~0.4 |
| 甲基硫菌灵 | 无标准 | 无标准 | 0.1 | 0~0.11 |
| 乐果 | 无标准 | 1 | 0.05 | 0~0.06 |
| 灭幼脲 | 无标准 | 无标准 | 无标准 | 0~0.08 |
| 敌百虫 | 无标准 | 0.5 | 0.1 | 0~0.03 |
| 氧乐果 | 无标准 | 1 | 0.05 | 0~0.02 |
| 三氟氯氰菊酯 | 无标准 | 15 | 无标准 | 0~0.45 |
| 恶二唑虫 | 无标准 | 无标准 | 0.05 | 0~3.9 |
| 四螨嗪 | 无标准 | 20 | 0.05 | 0~0.04 |
| 辛硫磷 | 无标准 | 0.1 | 0.1 | 0~0.01 |
| 三唑醇 | 无标准 | 20 | 0.2 | 0~0.02 |
| 仲丁威 | 无标准 | 0.5 | 无标准 | 0~0.03 |
| 异丙威 | 无标准 | 无标准 | 无标准 | 0~0.02 |
| 腈菌唑 | 无标准 | 20 | 无标准 | 0~0.02 |
| 吡螨胺 | 无标准 | 2 | 无标准 | 0~0.03 |
| 氟硅唑 | 无标准 | 无标准 | 无标准 | 0~0.02 |

根据上述数据回答以下问题：

1. 该"立顿"茶农药残留符合标准吗？
2. 我国的茶叶农药残留标准科学吗？
3. 该"立顿"茶为何会有违禁农残？

# 模块十 食物中毒及食品安全应急处理体系

> **知识目标**
> 了解食品中毒的特点和分类，了解食品安全应急处理的基本原则。
>
> **能力目标**
> 能够对食物中毒进行简单鉴别，并制定食品安全应急处理预案。

**背景知识**

关于《食物中毒诊断标准及技术处理总则》（GB 14938—1994）中食物中毒的定义。

## 一、食物中毒的概念

食物中毒系指摄入了含有生物性和化学性有毒有害物质的食品，或把有毒有害物质当作食品摄入后出现的非传染性急性或亚急性疾病。食物中毒既不包括因暴饮暴食而引起的急性胃肠炎、食源性肠道传染病（如伤寒）和寄生虫病（如旋毛虫、猪囊尾蚴病），也不包括因一次大量或长期少量摄入某些有毒、有害物质而引起的以慢性毒害为主要特征（如致癌、致畸、致突变）的疾病。

## 二、食物中毒的特点

食物中毒发生的原因各不相同，但发病具有如下共同特点：①发病呈暴发性，潜伏期短，来势急剧，短时间内可能有多数人发病，发病曲线呈上升的趋势；②中毒患者一般具有相似的临床表现，常常出现恶心、呕吐、腹痛、腹泻等消化道症状；③发病与食物有关，患者在近期内都食用过同样的食物，发病范围局限在食用该有毒食物的人群，停止食用该食物后很快停止，发病曲线在突然上升之后即呈突然下降趋势，无余波；④食物中毒患者对健康人不具传染性。有的食物中毒具有明显的地区性和季节性，例如，我国肉毒梭菌毒素中毒90%以上发生在新疆地区；副溶血性弧菌食物中毒多发生在沿海各省；而霉变甘蔗和酵米面食物中毒多发生在北方。食物中毒全年皆可发生，但第二、第三季度是食物中毒的高发季节，尤其是第三季度。

在我国引起食物中毒的各类食物中，动物性食品引起的食物中毒较为常见，占50%以上。其中肉及肉制品引起的食物中毒居首位。

### 三、食物中毒分类

按病原物质可将食物中毒分为四类：①细菌性食物中毒。主要有沙门菌食物中毒、变形杆菌食物中毒、副溶血性弧菌食物中毒、葡萄球菌肠毒素食物中毒、肉毒梭菌食物中毒、蜡样芽孢杆菌食物中毒、韦梭菌食物中毒、致病性大肠杆菌食物中毒、酵米面椰毒假单胞菌毒素食物中毒、结肠炎耶尔森菌食物中毒、链球菌食物中毒、志贺菌食物中毒等。②有毒动、植物中毒。指误食有毒动、植物或摄入因加工、烹调不当未除去有毒成分的动、植物食物而引起的中毒，其发病率较高，病死率因动植物种类而异。有毒动物中毒，如河豚鱼、有毒贝类等引起的中毒；有毒植物中毒，如毒蕈，含氰苷果仁、木薯、四季豆中毒等。③化学性食物中毒。指误食有毒化学物质或食入被其污染的食物而引起的中毒，发病率和病死率均比较高，如某些金属或类金属化合物、亚硝酸盐、农药等引起的食物中毒。④真菌毒素和霉变食品中毒。食用被产毒真菌及其毒素污染的食物而引起的急性疾病，其发病率较高，病死率因菌种及其毒素种类而异，如赤霉病麦、霉变甘蔗等中毒。

## 项目一　细菌性食物中毒的鉴别

细菌性食物中毒是由于吃了含有大量细菌或细菌毒素的食物而引起的中毒，是食物中毒中最常见的一类。由活菌引起的食物中毒称感染型，由菌体产生的毒素引起的食物中毒称毒素型。有的食物中毒既有感染型，又有毒素型。

细菌性食物中毒发生的基本条件是：①细菌污染食物；②在适宜的温度、水分、pH及营养条件下，细菌急剧大量繁殖或产毒；③进食前食物加热不充分，未能杀灭细菌或破坏其毒素。

细菌性食物中毒全年皆可发生，但在夏秋季节发生较多，引起细菌性食物中毒的食物主要为动物性食品。一般病程短、恢复快、预后良好，对抵抗力低的人群，如老人、儿童、患者和身体衰弱者，发病症状常较为严重。

## 一、沙门菌食物中毒

沙门菌属种类繁多,目前国际上已发现2300多个血清型,我国有255个。其中引起食物中毒的主要有鼠伤寒沙门菌、猪霍乱沙门菌、肠炎沙门菌等。沙门菌进入肠道后大量繁殖,除使肠黏膜发炎外,大量活菌释放的内毒素同时引起机体中毒。

1. 流行病学特点

(1) 中毒全年都可发生,但多以夏季为主,主要在5~10月,7~9月最多。

(2) 中毒食品以动物性食品为多见。主要是肉类,如病死牲畜肉、冷荤、熟肉等,也可由鱼、禽、乳、蛋类食品引起。

(3) 中毒原因主要是由加工食品用具、容器或食品存储场所生熟不分、交叉污染,食前未加热处理或加热不彻底引起。

2. 发病机制

沙门菌随同食物进入机体,一般要达到104~108h才出现临床症状。在肠道内繁殖,破坏肠黏膜,并通过淋巴系统进入血液,出现菌血症,引起全身感染;释放出毒力较强的内毒素,内毒素和活菌共同侵害肠黏膜引起炎症,出现体温升高和急性胃肠症状。

3. 中毒表现

沙门菌食物中毒有多种多样的中毒表现,临床有5种类型,即胃肠炎型、类霍乱型、类伤寒型、类感冒型和败血症型,其共同特点如下:①潜伏期一般为12~36h,短者6h,长者48~72h。②中毒初期表现为头痛、恶心、食欲不振,以后出现呕吐、腹泻、腹痛、发热,重者可引起痉挛、脱水、休克等。③腹泻一日数次至十余次,或数十次不等,主要为水样便,少数带有黏液或血。

4. 预防措施

(1) 防止污染 不食用病死牲畜肉,加工冷荤熟肉一定要生熟分开。要采取积极措施控制感染沙门菌的病畜肉类流入市场。

(2) 高温杀灭 如烹调时肉块不宜过大,禽蛋煮沸8min以上等。

(3) 控制繁殖 沙门菌繁殖的最适温度为37℃,但在20℃以上即能大量繁殖,因此低温储存食品是一项重要预防措施。冷藏食品如果控制在5℃以下,并做到避光、断氧,则效果更佳。

## 二、葡萄球菌食物中毒

葡萄球菌在空气、土壤、水、粪便、污水及食物中广泛存在,主要来源于动物及人的鼻腔、咽喉、皮肤、头发及化脓性病灶。葡萄球菌可产生多种毒素(A、B、C、D、E型)和酶类。引起食物中毒的主要是能产生肠毒素的葡萄球菌,其中以金黄色葡萄球菌致病力最强。此菌耐热性不强,最适生长温度为

37℃，最适 pH 为 7.4，大约 50% 以上的金黄色葡萄球菌菌株可在实验室条件下产生两种或两种以上的葡萄球菌肠毒素。食物中的肠毒素耐热性强，一般烹调温度不能将其破坏，218～248℃油温下经 30min 才能被破坏。

1. 流行病学特点

（1）中毒多发生在夏、秋季节，其他季节亦可发生。

（2）中毒食品主要为乳及乳制品、蛋及蛋制品、各类熟肉制品，其次为含有乳制品的冷冻食品，个别也有含淀粉类食品。

（3）中毒原因主要是被葡萄球菌污染后的食品在较高温度下保存时间过长，如在 25～30℃ 环境中放置 5～10h，就能产生足以引起食物中毒的葡萄球菌肠毒素。

2. 发病机制

葡萄球菌肠毒素引起食物中毒的机制目前尚未全部阐明。有研究认为，葡萄球菌肠毒素对小肠黏膜细胞无直接破坏作用，而以完整的分子经消化道吸收入血，到达中枢神经后刺激呕吐中枢致病。

3. 中毒表现

（1）起病急，潜伏期短，一般在 2～3h，多在 4h 内，最短 1h，最长不超过 10h。

（2）中毒表现为典型的胃肠道症状，表现为恶心、剧烈而频繁地呕吐（严重者可呈喷射状，呕吐物中常有胆汁、黏液和血）、腹痛、腹泻（水样便）等。

（3）年龄越小对本葡萄球菌肠毒素的敏感性越强，因此儿童发病较多，病情较成人严重。

（4）病程较短，一般在 1～2d 痊愈，很少死亡。

4. 预防措施

（1）防止污染

①防止带菌人群对各种食物的污染。定期对食品加工人员、饮食从业人员、保育员进行健康检查；对患局部化脓性感染（疖疮、手指化脓）、上呼吸道感染（鼻窦炎、化脓性咽炎、口腔疾病等）者，应暂时调换其工作。②防止葡萄球菌对乳制品的污染。要定期对奶牛的乳房进行检查，患化脓性乳腺炎时其乳不能食用；健康奶牛的乳在挤出后，除应防止葡萄球菌污染外，亦应迅速冷却至 10℃ 以下，防止在较高温度下该菌的繁殖和毒素的形成。此外，乳制品应以消毒乳为原料。③患局部化脓性感染的畜、禽肉尸应按病畜、病禽肉处理，将病变部位除去后，按条件可食肉经高温处理以熟制品出售。

（2）防止肠毒素的形成　在低温、通风良好条件下储存食物不仅可防止葡萄球菌生长繁殖，亦是防止毒素形成的重要条件。因此，食物应冷藏或置阴凉通风的地方，如剩饭在常温下存放应置阴凉通风的地方，其放置时间亦不应超过 6h，在气温较高的夏、秋季节，食前还应彻底加热。

### 三、肉毒梭菌毒素食物中毒

肉毒梭菌是一种革兰阳性厌氧菌，具有芽孢，主要存在于土壤、江河湖海的淤泥及人畜粪便中。食物中毒是由肉毒梭菌产生的外毒素（Exotoxin）即肉毒毒素（Botulinumtoxin）所致。肉毒梭菌可产生 A、B、Cα、Cβ、D、E、F、G 等 8 型肉毒毒素，引起人类中毒的有 A、B、E、F 四种类型，其中 A、B 型最为常见。该类毒素是一种强烈的神经毒素，毒性比氰化钾强 10000 倍，对人的致死量约为 $10^{-9}$ mg/kg。肉毒梭菌芽孢能耐高温，干热 180℃经 5~15min 方能杀死芽孢。杀死 A 型肉毒梭菌芽孢需要湿热：100℃经 6h，120℃经 4min。肉毒梭菌的各菌型之间对温度的抵抗力略有差异，E 型肉毒梭菌芽孢不耐高热，100℃经 1min、90℃经 5min、80℃经 30min 即死亡，但 70℃经 2h 仍能存活。F 型的芽孢在 110℃经 10min，可被杀灭。

1. 流行病学特点

（1）四季均可发生中毒，多发生在冬、春季节。

（2）中毒食品与饮食习惯有关，主要为家庭自制的豆类制品（发酵豆、面酱、臭豆腐），其次为肉类和罐头食品。

（3）中毒原因主要是被污染了肉毒毒素的食品在食用前未进行彻底的加热处理。

2. 发病机制

随食物进入肠道的肉毒毒素在小肠内被胰蛋白酶活化并释放出神经毒素，后者被小肠黏膜细胞吸收入血，作用于周围神经与肌肉接头处、自主神经末梢及颅神经核，可阻止胆碱能神经末梢释放乙酰胆碱，使神经冲动的传递受阻，终致肌肉麻痹和瘫痪。重症者可见脑神经核及脊髓前角退行性变，脑及脑膜充血、水肿及血栓形成。

3. 中毒表现

（1）潜伏期数小时至数天不等，一般为 12~48h，最短者 6h，长者可达 8~10d。

（2）中毒主要表现为运动神经麻痹症状，如头晕、无力、视物模糊、眼睑下垂、复视、咀嚼无力、步态不稳、张口和伸舌困难、咽喉阻塞感、饮食发呛、吞咽困难、呼吸困难、头颈无力、垂头等。

（3）患者症状的轻重程度可有所不同，病死率较高。

4. 预防措施

（1）停止食用可疑中毒食品。

（2）自制发酵酱类时，原料应清洁新鲜，腌前必须充分冷却，盐量要达到 14% 以上，并提高发酵温度。要经常日晒，充分搅拌，使氧气供应充足。

（3）不吃生酱。

（4）肉毒梭菌毒素不耐热，加热80℃经30min或100℃经10~20℃，可使各型毒素破坏，所以对可疑食品进行彻底加热是破坏毒素预防肉毒梭菌毒素中毒的可靠措施。

### 四、副溶血弧菌食物中毒

副溶血弧菌是一种嗜盐性细菌。存在于近岸海水、海底沉积物和鱼、贝类等海产品中，为革兰阴性，有鞭毛，兼性厌氧菌；在含2%~4%氯化钠的普通培养基上生长最佳，在无食盐培养基上不生长，但在营养成分丰富的无机盐培养基上，此菌仍能良好生长。生长的pH范围为5.0~9.6，最适为7.5~8.5；温度范围为15~40℃，最适为37℃。

副溶血性弧菌中毒是我国沿海地区最常见的一种食物中毒。

副溶血弧菌不耐热，75℃加热5min或90℃加热1min即可杀灭。对酸敏感，在稀释1倍的食醋中经1min即可死亡。在淡水中生存不超过2d，海水中能生存47d以上。繁殖的最适温度为30~37℃。带有少量细菌的食品，在适宜温度下经3~4h，细菌可急剧增加，并可引起食物中毒。

1. 流行病学特点

（1）副溶血弧菌食物中毒多发生在6~9月份高温季节，海产品大量上市时。

（2）中毒食品主要是海产品，其次为咸菜、熟肉类、禽肉、禽蛋类，约半数为腌制品。

（3）中毒原因主要是烹调时未烧熟、煮透，或熟制品污染后未再彻底加热。

2. 发病机制

副溶血弧菌食物中毒主要因副溶血弧菌的活菌所致。人体摄入致病活菌$10^6$个以上，几小时后即可发生胃肠炎。细菌在胃肠道繁殖，引起组织病变，并可产生耐热溶血毒素对肠道共同作用。

3. 中毒表现

（1）潜伏期一般在6~10h左右，最短者1h，长者24~48h。

（2）发病急，主要症状为恶心、呕吐、腹泻、腹痛、发热，尚有头痛、多汗、口渴等症状。

（3）呕吐、腹泻严重，腹泻多为水样便，重者为黏液便和黏血便，失水过多者可引起虚脱并伴有血压下降。

（4）大部分患者发病后2~3d恢复正常；少数重症患者可休克、昏迷而死亡。

4. 预防措施

（1）停止食用可疑中毒食品。

（2）加工海产品，如鱼、虾、蟹、贝类一定要烧熟煮透。蒸煮时间需加热100℃经30min。海产品用盐渍也可有效的杀死细菌。

(3) 烹调或调制海产品生冷拼盘时可加适量食醋。

(4) 加工过程中生熟用具要分开，宜在低温下储藏。对烹调后的鱼虾和肉类等熟食品，应放在10℃以下存放，存放时间最好不超过2d。

### 五、O157：H7 大肠杆菌食物中毒

O157：H7 大肠杆菌是致泻性大肠埃希菌中肠出血性大肠杆菌的一种最常见的血清型，可寄居于牛、猪、羊、鸡等家畜家禽的肠内，一旦侵入人的肠内，便依附肠壁，产生类志贺样毒素和肠溶血毒素，导致发生出血性结肠炎和溶血性尿毒综合征。我国早在1987年就从腹泻粪中分离出O157：H7 菌株，但一直未发生暴发流行。美国于1982年以后频频出现由 O157：H7 菌株引发的食物中毒，至今已记载了60多起。1996年5~8月日本发生了迄今为止世界上最大规模的O157：H7 食物中毒事件，暴发流行，9000多名儿童感染，11名死亡。O157：H7 毒力极强，很少量的病菌即可使人致病，对细胞破坏力极大，主要侵犯小肠远端和结肠，引起肠黏膜水肿出血，同时可引起肾脏、脾脏和大脑的病变。该菌不耐高温，60℃经20min可灭活；耐酸不耐碱；对氯敏感。

**1. 流行病学特点**

（1）流行地区以欧美日等发达国家多见，北方较南方多见，提示感染流行与饮食习惯有关。病菌基本上是通过食品和饮品传播，且多以暴发形式流行，尤以食源性暴发更多见。

（2）常见中毒食品和饮品是肉及肉制品、汉堡包、生牛乳、乳制品、蔬菜、鲜榨果汁、饮水等，传播途径以通过污染食物经食物感染较为多见，直接传播较罕见。

（3）中毒多发生在夏秋季，尤以6~9月更多见。人类对此菌普遍易感，其中小儿和老人更易感。

**2. 中毒表现**

（1）起病急骤，潜伏期为2~9d，最快仅5h。

（2）中毒表现主要为突发性的腹部痉挛，有时为类似于阑尾炎的疼痛。有些患者仅为轻度腹泻，有些有水样便，继而转为血性腹泻，腹泻次数有时可达每天10余次，低热或不发热；许多患者同时有呼吸道症状。

（3）严重者可造成溶血性尿毒综合征、血栓性血小板减少性紫癜、脑神经障碍等多器官损害，危及生命，老人和儿童患者病死率较高。

**3. 预防措施**

（1）停止食用可疑中毒食品。

（2）不吃生的或加热不彻底的牛乳、肉等动物性食品。不吃不干净的水果、蔬菜。剩余饭菜食用前要彻底加热。防止食品生熟交叉污染。

（3）养成良好的个人卫生习惯，饭前便后洗手。避免与患者密切接触，在

接触时应特别注意个人卫生。

（4）食品生产、加工企业尤其是餐饮业应严格保证食品的安全性。

（5）大力提倡体育锻炼，提高身体素质，增强机体免疫力，以抵御细菌的侵袭。

## 项目二　真菌性食物中毒的鉴别

由于食入霉变食品引起的中毒称为真菌性食物中毒。近年来这方面的报道渐多。有些是急性中毒，病死率极高；有些是慢性中毒，可发生癌变。目前已引起全世界的广泛重视。主要是谷物、油料或植物储存过程中生霉，未经适当处理即作食料，或是已做好的食物放久发霉变质误食引起，也有的是在制作发酵食品时被有毒真菌污染或误用有毒真菌株。发霉的花生、玉米、大米、小麦、大豆、小米、植物秧秸和黑斑白薯是引起真菌性食物中毒的常见食料，常见的真菌有：曲霉菌如黄曲霉菌、棒曲霉菌、米曲霉菌、赭曲霉菌；青霉菌如毒青霉菌、桔青霉菌、岛青霉菌、纯绿青霉菌；镰刀霉菌如半裸镰刀霉菌、霉菌。真菌中毒是因真菌毒素引起，由于大多数真菌毒素不被通常高温破坏，所以真菌污染的食物虽经高温蒸煮食后仍可中毒。

### 一、黄曲霉毒素中毒

黄曲霉毒素主要由黄曲霉菌产生，其他曲霉菌和青霉菌也可产生少许。这些真菌主要寄生于花生、玉米、大米、小麦等谷物及油料，其中以花生和玉米最易受污染，一般热带及亚热带地区污染较重，食用被黄曲霉毒素污染的食物等可引起中毒。1993年黄曲霉毒素被世界卫生组织（WHO）的癌症研究机构划定为1类致癌物，是一种毒性极强的剧毒物质。黄曲霉毒素主要损害肝脏，表现为肝细胞核肿胀、脂肪变性、出血、坏死及胆管上皮、纤维组织增生。同时肾脏也可受损害，主要表现为肾曲小管上皮细胞变性、坏死，有管型形成。

#### 1. 中毒表现

早期有胃部不适、腹胀、厌食、呕吐、肠鸣音亢进、一过性发热及黄疸等。严重者2~3周内出现肝脾大、肝区疼痛、皮肤黏膜黄染、腹腔积液、下肢水肿、黄疸、血尿等。也可出现心脏扩大、肺水肿、胃肠道出血、昏迷甚至死亡。

食品中所污染的主要是黄曲霉毒素 B1，其毒性目前认为有三种临床特征：急性中毒、慢性中毒和致癌性。

（1）急性中毒　主要为肝损害所致，出现消化道症状，严重者出现水肿、昏迷以致死亡。

（2）慢性中毒　长期摄入小剂量的黄曲霉毒素则造成慢性中毒。主要变化为肝脏出现慢性损伤，如肝实质细胞变性、肝硬化等。

（3）致癌性　黄曲霉毒素是目前所知的致癌性最强的化学物质。

#### 2. 预防措施

坚果、花生、粮食等不要储存太久。使用前打开包装确认有无变质，如果明显发霉的食品坚决不食用；防止食物霉变，注意食品的保存期；加工、食用食品前用水冲洗，煮熟再食用。

#### 3. 中毒救治

本品中毒无特效解毒剂，以对症、保肝等综合治疗为主。

（1）彻底清除毒物　早期中毒者，可催吐、洗胃或导泻，必要时可灌肠，以促进毒素的排出。

（2）保护肝肾功能　对急性中毒者，给与大剂量维生素 C 及 B 族维生素、能量合剂、葡醛内脂等药物治疗。

（3）对症治疗　解痉镇痛、利尿、纠正水电解质紊乱，必要时行血液透析治疗。

（4）抗真菌药物的应用　如两性霉素 B，亦可选用灰黄霉素，制霉菌素等。

### 二、赤霉病麦中毒

小麦赤霉病别名麦穗枯、烂麦头、红麦头，是小麦的主要病害之一。小麦赤霉病在全世界普遍发生，主要分布于潮湿和半潮湿区域，尤其气候湿润多雨的温带地区受害严重。从幼苗到抽穗都可受害，主要引起苗枯、茎基腐、秆腐和穗腐，其中为害最严重的是穗腐。染病麦粒中含多种毒素，食用后可导致人畜中毒。

#### 1. 毒性物质

赤霉病是由若干种镰孢属的真菌侵染所致，其中以禾谷镰刀菌占绝对优势。病菌的分生孢子镰刀形，微弯，基部有脚胞，3～5 个隔膜。单个孢子无色，聚集一起呈粉红色，分生孢子形成的最低温为 8℃，适温为 25℃。有性时期形成的适温为 15～20℃。子囊壳深蓝色于紫色。子囊无色，棍棒状，内生 8 个子囊孢子，呈单行、双行或螺旋状排列。子囊孢子无色，纺锤形，两端较钝，一般有 2 个隔膜。子囊孢子萌发的温度范围为 4～35℃，以 25～30℃最适，相对湿度不能低于 72%。

#### 2. 中毒表现

赤霉病麦中毒潜伏期一般为十几分钟至半小时，长的可延至 2～4h。主要症状有恶心、呕吐、腹痛、腹泻、头昏、头痛、嗜睡、乏力，少数患者有发烧、畏寒等，症状一般在 1d 左右，慢的 1 周左右自行消失，预后良好。

#### 3. 流行病学特点

麦类赤霉病每年都会发生，我国麦类赤霉病每 3～4 年有一次大流行，每流行一次，就发生一次人畜食物中毒。一般多发生于麦收以后吃了受病害的新麦，也有因误食库存的赤霉病麦或霉玉米引起中毒的。

#### 4. 预防措施

预防赤霉病麦中毒的关键在于防止麦类、玉米等谷物受到真菌的侵染和产毒。主要措施有：加强田间和贮藏期的防菌措施，包括选用抗霉品种；降低田间水位，改善田间小气候；使用高效、低毒、低残留的杀菌剂；及时脱粒、晾晒，降低谷物水分含量至安全水分；贮存粮食要勤翻晒，注意通风；去除或减少粮食中病粒或霉粒。

## 项目三　有毒动植物食品中毒的鉴别

有毒动植物食物中毒是指误食有毒动植物或食用方法不当而引起的食物中毒。包括：①有毒动物组织中毒，如河豚鱼、贝类、动物甲状腺及肝脏等；②有毒植物中毒，如毒蕈、木薯、四季豆、发芽马铃薯、山大茴（又称红茴香）及鲜黄花菜等。

### 一、河豚鱼中毒

河豚鱼中毒是指食用了含有河豚毒素的鱼类引起的食物中毒。在我国主要发生在沿海地区及长江、珠江等河流入海口处。

#### 1. 毒性物质

河豚鱼的有毒成分为河豚毒素，是一种神经毒，有河豚素、河豚酸、河豚卵巢毒素及河豚肝脏毒素。河豚毒素对热稳定，220℃以上可分解。河豚鱼的卵巢和肝脏毒性最强，其次为肾脏、血液、眼睛、鳃和皮肤。鱼死后较久时，内脏毒素可渗入肌肉，使本来无毒的肌肉也含毒。河豚的毒素常随季节变化而有差异，每年2～5月为卵巢发育期，毒性最强；6～7月产卵后，卵巢萎缩，毒性减弱。故河豚鱼中毒多发生于春季。

#### 2. 中毒表现

（1）发病急，潜伏期一般10～45min，长者达3h。

（2）先感觉手指、口唇、舌尖麻木或有刺痛感，然后出现恶心、呕吐、腹痛、腹泻等胃肠道症状，并有四肢无力、口唇、舌尖及肢端麻痹，进而四肢肌肉麻痹，以致身体摇摆、行走困难，甚至全身麻痹成瘫痪状。

（3）严重者眼球运动迟缓，瞳孔散大，对光反射消失，然后言语不清、皮肤黏膜青紫、血压和体温下降，呼吸先迟缓、浅表，而后呼吸困难，最后呼吸衰竭而死亡。

#### 3. 预防措施

（1）捕捞时必须将河豚鱼剔除。

（2）水产部门必须严格执行《水产品卫生管理办法》，严禁出售鲜河豚鱼。加工干制品必须严格执行规定大操作程序。

（3）加强宣传河豚鱼的毒性及危害，学会识别河豚鱼，不擅自吃沿海地区捕捞或捡拾的不认识的鱼。

（4）严禁饭店、酒店自行加工河豚鱼。

## 二、鱼类引起的组胺中毒

引起此类中毒的鱼大多是含组胺高的鱼类，主要是海产鱼中的青皮红肉鱼类，如金枪鱼、秋刀鱼、竹荚鱼、沙丁鱼、青鳞鱼、金线鱼、鲐鱼等。当鱼不新鲜或腐败时，鱼体中游离组氨酸经脱羧酶作用产生组胺。当组胺积蓄至一定量时，食后便可引起中毒。

### 1. 中毒表现

（1）潜伏期一般为 0.5～1h，最短可为 5min，最长达 4h。

（2）以局部或全身毛细血管扩张、通透性增强、支气管收缩为主，主要症状为脸红、头晕、头痛、心慌、脉速、胸闷和呼吸窘迫等，部分患者出现眼结膜充血、瞳孔散大、视物模糊、脸发胀、唇水肿、口和舌及四肢发麻、恶心、呕吐、腹痛、荨麻疹、全身潮红、血压下降等。

（3）中毒特点是发病快、症状轻、恢复迅速，偶有死亡病例报道。

### 2. 预防措施

（1）不吃腐败变质的鱼，特别是青皮红肉的鱼类。市售鲜鲐鱼等应冷藏或冷冻，要有较高的鲜度，其组胺含量应符合 GB 2733—2005《鲜、冻动物性水产品卫生标准》规定。

（2）选购鲜鲐鱼等要特别注意其鲜度，如发现鱼眼变红、色泽不新鲜、鱼体无弹性时，则不得食用。选购后应及时烹调，如盐腌，应劈开鱼背并加 25% 以上的食盐腌制。

（3）食用鲜、咸鲐鱼时，烹调前应去内脏、洗净，切成两寸段，用水浸泡 4～6h，可使组胺量下降 44%，烹调时加入适量雪里蕻或红果，组胺可下降 65%，不宜油煎或油炸。

（4）有过敏性疾患者，以不吃此类鱼为宜。

## 三、毒蕈中毒

毒蕈又称毒蘑菇，是指食后可引起中毒的蕈类。在我国目前已鉴定的蕈类中，可食用蕈近 300 种，有毒蕈类约有 100 种，可致人死亡的至少有 10 种，分别是褐鳞小伞、肉褐鳞小伞、白毒伞、褐柄白毒伞、毒伞、残托斑毒伞、毒粉褶蕈、秋生盔孢伞、包脚黑褶伞、鹿花蕈。由于生长条件的差异，不同地区发现的毒蕈种类、大小、形态不同，所含毒素亦不一样。

毒蕈的有毒成分十分复杂，一种毒蕈可以含有几种毒素，而一种毒素又可存在于数种毒蕈之中。毒蕈中毒全国各地均有发生，多发生在高温多雨的夏秋季节，以家庭散发为主，有时在一个地区连续发生多起，常常是由于误采毒蘑菇食用而中毒。

**1. 中毒表现**

毒蕈中毒的临床表现复杂多样，因毒蕈种类不同，其有毒成分、临床表现也不同。目前，一般将毒蕈中毒临床表现分为 5 种类型。

（1）胃肠炎型　引起此型中毒的毒蕈多见于红菇属、乳菇属、粉褶蕈属、黑伞蕈属、白菇属和牛肝蕈属中的一些毒蕈，其中以红菇属国内报道最多。有毒物质可能为类树脂、甲醛类的化合物，对胃肠道有刺激作用。潜伏期一般为 0.5~6h，多在食后 2h 左右发病，最短仅 10min。主要症状为剧烈恶心、呕吐，阵发性腹痛，有的呈绞痛，以上腹部和脐部为主，剧烈腹泻，水样便，每日可多达 10 余次，不发热。该型中毒病程较短，经过适当对症处理可迅速恢复，一般病程 2~3d，预后良好，病死率低。

（2）神经精神型　引起该型中毒的毒蕈约有 30 种，所含毒性成分多种多样，多为混合存并，目前尚在研究之中。潜伏期一般为 0.5~4h，最短仅 10min。临床表现最为复杂多变，以精神兴奋、精神抑制、精神错乱、矮小幻觉或以上表现交互出现为特点。患者常狂笑、手舞足蹈、行动不稳、共济失调，可出现"小人国幻觉症"，闭眼时幻觉更明显，还可有迫害妄想，类似精神分裂症。重症患者出现谵妄、精神错乱、抽搐、昏迷等。可有副交感神经兴奋症状，如流涎、流泪、大量出汗、瞳孔缩小、脉缓、血压下降等。也可引起交感神经兴奋，如瞳孔散大、心跳加快、血压上升、颜面潮红。部分患者有消化道症状。病程 1~2d，病死率低。

（3）溶血型　引起该型中毒的多为鹿花蕈（又为马鞍蕈）、褐鹿花蕈、赭鹿花蕈等。潜伏期 6~12h，最长可达 2d，初始表现为恶心、呕吐、腹泻等胃肠道症状，发病 3~4d 后出现溶血性黄疸、肝脾大、肝区疼痛，少数患者出现血红蛋白尿。严重者出现心律不齐、谵妄、抽搐或昏迷。也可引起急性肾衰竭，导致预后不良。给予肾上腺皮质激素治疗可很快控制病情，病程 2~6d，一般病死率不高。

（4）脏器损害型　此型中毒最为严重，病情凶险，如不及时抢救，病死率极高。毒素主要成分为毒肽类和毒伞肽类，存在于毒伞属（如毒伞、白毒伞、鳞柄白毒伞）、褐鳞小伞及秋生盔孢伞蕈。按病情发展可分为 5 期，但有时分期并不明显。

①潜伏期：一般 10~24min，最短可为 6~7min。

②胃肠炎期：恶心、呕吐、脐周腹痛、水样便腹泻，每日 10 余次，甚至更多，一般多在持续 1~2d 后逐渐缓解，部分严重患者继胃肠炎后病情迅速恶化，出现休克、昏迷、抽搐、惊厥、全身广泛出血，呼吸衰竭，在短时间内死亡。

③假愈期：患者症状暂时缓解或消失，约持续 1~2d。此期毒素由肠道吸收，通过血液进入脏器与靶细胞结合，逐渐侵害实质脏器。轻度中毒患者肝损害不严重，可由此期进入恢复期。对假愈期的患者，一定要注意观察，提高警惕，以免误诊误治。

④脏器损害期：患者突然出现肝、肾、心、脑等脏器损害，出现肝脏大、黄疸、肝功能异常，甚至发生急性肝坏死、肝昏迷。也可出现弥散性血管内凝血（DIC），表现有呕吐、咯血、鼻出血、皮下和黏膜下出血。肾脏受损，尿中出现蛋白、管型、红细胞，个别患者出现少尿、尿闭或血尿，甚至尿毒症、肾衰竭。此期还可出现内出血和血压下降。患者烦躁不安、淡漠、嗜睡，甚至惊厥、昏迷、死亡。病死率一般为 60%~80%。部分患者出现精神障碍，如时哭时笑等。

⑤恢复期：经积极治疗，一般在 2~3 周后进入恢复期，中毒症状消失、肝功好转，也有的患者 6 周以后方可痊愈。

（5）日光性皮炎型　引起该型中毒的毒蘑菇是胶陀螺（猪嘴蘑），潜伏期一般为 24h 左右，开始多为颜面肌肉震颤，继之手指和脚趾疼痛，上肢和面部可出现皮疹。暴露于日光部位的皮肤，可出现肿胀，指甲部剧痛、指甲根部出血，患者的嘴唇肿胀外翻、形似猪嘴。少有胃肠炎症状。

**2. 预防措施**

（1）停止食用并销毁毒蘑菇和用毒蘑菇制作的食品，加工盛放毒蘑菇食品的容器炊具也应洗刷干净。

（2）毒蘑菇中毒的原因主要是误食，由于毒蘑菇难以鉴别，在中毒发生后应及时通过新闻媒体进行广泛宣传，教育当地群众不要采集野蘑菇食用，以免中毒再次发生。

（3）关于毒蕈与食用蕈的鉴别，目前尚缺乏简单可靠的方法，一般认为毒蕈有如下一些特征可供参考：颜色奇异鲜艳，形态特殊，蕈盖有斑点、疣点，损伤后流浆、发黏，蕈柄上有蕈环、蕈托，气味恶劣，不长蛆，不生虫，破碎后易变色，煮时能使银器变色、大蒜变黑等。

## 四、含氰苷类植物中毒

引起食物中毒的往往是一些核仁和木薯。苦杏仁中含有苦杏仁苷，木薯和亚麻子中含有亚麻苦苷。此外苦桃仁、枇杷仁、李子仁、樱桃仁也都含有毒成分氰苷。氰苷可在酶或酸的作用下释放出氢氰酸。含氰苷类植物中毒以散发为主。

**1. 中毒表现**

苦杏仁中毒潜伏期为半小时至数小时，一般 1~2h。主要症状为口内苦涩、头晕、头痛、恶心、呕吐、心悸、脉速、四肢无力，继而出现胸闷、不同程度的呼吸困难，有时呼出气可闻到苦杏仁味，严重者意识不清、呼吸微弱、四肢冰冷、昏迷，常发出尖叫。继之意识丧失，瞳孔散大，对光反射消失，牙关紧闭，全身阵发性痉挛，最后因呼吸麻痹或心跳停止而死亡。空腹、年幼及体弱者中毒症状重，病死率高。

2. 预防措施

加强宣传教育，不生吃各种苦味果仁，也不能食用炒过的苦杏仁。若食用果仁，必须用清水充分浸泡，再敞锅蒸煮，使氢氰酸挥发掉。不吃生木薯，食用时必须将木薯去皮，加水浸泡2d，再敞锅蒸煮后食用。

## 项目四　化学性食物中毒的鉴别

### 一、亚硝酸盐食物中毒

亚硝酸盐食物中毒是指食用了含硝酸盐及亚硝酸盐的蔬菜或误食亚硝酸盐后引起的一种高铁血红蛋白血症，也称肠源性青紫病。

1. 亚硝酸盐的来源

（1）蔬菜中硝酸盐　新鲜的叶菜类，如菠菜、芹菜、大白菜、小白菜、圆白菜、生菜、韭菜、甜菜、菜花、萝卜叶、灰菜和荠菜等，含有较多的硝酸盐，在肠道内硝酸盐还原菌的作用下转化为亚硝酸盐。新鲜蔬菜贮存过久，腐烂蔬菜及放置过久的煮熟蔬菜，亚硝酸盐的含量明显增高。

（2）腌制蔬菜　刚腌不久的蔬菜中含有大量亚硝酸盐，尤其是加盐量少于12%、气温高于20℃的情况下，可使菜中亚硝酸盐含量增加，第7～8d达高峰，一般于腌后20d消失。

（3）苦井水含较多的硝酸盐　如用该水煮粥或食物，在不洁的锅内放置过夜后，则硝酸盐在细菌作用下可还原成亚硝酸盐。

（4）食用蔬菜过多时　大量硝酸盐进入肠道，对于儿童胃肠功能紊乱、贫血、蛔虫症等消化功能欠佳者，其肠道内的细菌可将蔬菜中硝酸盐转化为亚硝酸盐，且在肠道内过多过快的形成以致来不及分解，结果大量亚硝酸盐进入血液导致中毒。

（5）腌肉制品　加入过量硝酸盐及亚硝酸盐。

（6）食盐不当　误将亚硝酸盐当作食盐。

2. 中毒表现

（1）潜伏期一般为10～15min，大量食入变质蔬菜或未腌透菜类者，一般为1～3h，个别可长达20h后发病。

（2）症状体征有头痛、头晕、无力、胸闷、气短、嗜睡、心悸、恶心、呕吐、腹痛、腹泻、口唇、指甲及全身皮肤、黏膜青紫等。严重者可有心率减慢，心律不齐，昏迷和惊厥，常因呼吸循环衰竭而死亡。

### 3. 急救处理

（1）消除毒 物催吐、洗胃和导泻。

（2）解毒剂 氧化型亚甲蓝（美蓝）可使高铁血红蛋白还原为低铁血红蛋白，恢复携氧功能。剂量以 1~2mg/kg，加入 50% 葡萄糖液 20~40mL 中，缓慢静脉注射，一般 30min 后症状即可缓解；1~2h 后可重复半量或全量，以后根据病情适当延长用药间隔或减少用量，直至皮肤黏膜青紫消失。此外，维生素 C 亦可还原高铁血红蛋白，故可口服大量维生素 C 或静脉注射维生素 C 500mg。临床上用亚甲蓝、维生素 C 和葡萄糖三者合用，效果较好。

（3）对症治疗 出现严重发绀应吸氧。若经亚甲蓝、维生素 C 及输液治疗后，症状仍明显存在着，可输入适量新鲜血液。

### 4. 预防措施

（1）保持蔬菜新鲜，禁食腐烂变质蔬菜。短时间不要进食大量含硝酸盐较多的蔬菜；勿食大量刚腌的菜，腌菜时盐应稍多，至少待腌制 15d 以上再食用。

（2）肉制品中硝酸盐和亚硝酸盐的用量应严格按国家卫生标准的规定，不可多加。

（3）不喝苦井水，不用苦井水煮饭、煮粥，尤其勿存放过夜。

（4）妥善保管好亚硝酸盐，防止错把其当成食盐或碱而误食中毒。

## 二、砷化物中毒

砷和砷化物广泛应用于工业、农业、医药卫生业。砷（As）本身毒性不大，而其化合物一般均有剧毒，特别是三氧化二砷的毒性最强。三氧化二砷（$As_2O_3$）又名亚砷酐、砒霜、信石、白砷、白砒。为白色粉末，可用于杀虫剂、杀鼠剂、药物、染料工业、皮毛工业及消毒防腐剂等。

### 1. 中毒原因

常见原因是食品加工时，使用的原料或添加剂中含砷量过高，或误食含砷农药拌种的粮食及喷洒过含砷农药不久的蔬菜，食用盛过含砷杀虫剂的容器或袋子盛放的成品和粮食，或食用碾磨过农药的工具加工过的米面等。或将三氧化二砷当作食盐、碱面、碳酸氢钠等使用。

### 2. 临床表现

（1）潜伏期 1~2h，亦可短至 15~30min，长达 4~5h。

（2）症状体征 ①急性胃肠炎最早出现。表现为恶心、呕吐、腹绞痛、腹泻（水样或米汤样，有时混有血）。严重者导致脱水、电解质紊乱、酸中毒、休克等。②休克常于中毒 24h 内发生，表现为烦躁不安、四肢厥冷、出汗、脉细速、血压下降等。③神经系统损伤表现为头痛、头昏，严重者发生急性中毒性脑病，表现为兴奋、躁动、谵妄、抽搐、昏迷等。中毒后 1~3 周，可发生周围神经病，表现为四肢麻木、刺痛、无力、痛觉过敏或痛觉减退或消失、肌无力、肌萎缩、跟腱反射减退或消失。④中毒性肝病表现为肝大、黄疸、肝区疼痛等。⑤中毒性肾病表现为少尿、无尿等。⑥中毒性心肌损伤表现为心悸、气短、心动过速、心律失常等。⑦其他中毒后 2～3 周，发生贫血、粒细胞减少、血小板减少，数周后可发生脱发、指甲变形、手足掌面过度角化、指（趾）甲出现白色横纹（Mess 纹）等。

### 3. 急救治疗

（1）消除毒物　催吐、洗胃。洗胃后口服或从洗胃管导入 30g 活性炭或新配制的氢氧化铁溶液 30mL（三氯化铁或硫酸亚铁中加入少量氨水或碱液）2～3 次，使三氧化二砷与之结合成不溶性砷酸铁，随后用硫酸钠导泻。

（2）特效解毒剂　巯基类药物有良好的驱砷作用：①5% 二巯丙磺钠 5mL，肌肉注射，第 1～2d 每 6～8h 1 次；第 3～7d 每天 1～2 次，以后每天 1 次。尿砷正常后停药。②二巯丁二钠 1g，溶于生理盐水 10mL，缓慢静脉注射，每天 2～3 次，用药 3～5d 后，视情况减量或停药。③二巯丙醇 150～200mg，肌肉注射，第 1～2d 每 4h 1 次；第 3d 每 6h 1 次。以后逐渐减量。

（3）血液透析　对病情严重，特别是伴有肾衰竭者，可起到既排砷又可减轻因肾衰竭造成的后果。

（4）对症、支持治疗　为及时纠正脱水与电解质紊乱，防治心、脑、肝、肾等损伤及周围神经病造成的肌肉萎缩、垂腕、垂足等后遗症。

### 4. 预防措施

（1）严格保管好砷化合物，要有明显的标记，不得与食品、调料、粮食等混放在一起。

（2）严防误食砒霜拌过的种子。

（3）严禁用盛装过砷化合物的容器存放粮食或食品。

（4）蔬菜采集、上市前严禁喷洒砷剂，严禁食用喷洒过砷剂不久的蔬菜。

## 项目五　食品和餐饮企业食物中毒应急预案的制定

为有效预防和控制食物中毒事故，×××企业在食物中毒紧急情况下熟悉处理程序，为确保×××企业员工及客人人身安全提供保障，特制定本案。

### 一、组织机构

×××企业预防食物中毒事故设立应急处理指挥部办公室，办公室下设后勤保障组、外围警戒组。

#### 1. 指挥部办公室

主任：×××

成员：×××　　×××　　×××　　×××

2. 后勤保障组

组长：×××　　值班电话：×××

成员：×××　　×××

3. 外围警戒组

组长：×××　　值班电话：×××

成员：×××　　×××　　×××　　×××　　×××

## 二、工作职责

1. 办公室职责

负责抢救食物中毒人员的组织指挥、通讯联络、值班等综合工作。

2. 后勤保障组职责

负责抢救食物中毒人员的后勤保障工作。

3. 外围警戒组职责

设置事故现场警戒区域，禁止所有人员（除救护人员外）入内。

## 三、应急处置工作程序

（1）报警　发生食物中毒事件，在场人员应立即向办公室报警，并立即通知人力资源部、保安部、餐饮部负责人。

报警电话：×××

医院急救：×××

指挥中心办公室：×××

××部负责人：×××

值班电话：×××

（2）接警

①一般食物中毒事故：指挥部办公室接到报警后，负责启动应急处置预案，立即组织、指挥相关人员奔赴事发现场救助食物中毒人员，并及时向指挥部领导汇报事故应急处理情况。

②重大食物中毒事故：发生重大食物中毒事故，指挥部领导进岗工作，听取指挥部办公室关于事故性质、发生地点、时间及各项救援工作安排情况汇报。立即组织、指挥相关人员奔赴事发现场抢救食物中毒人员，同时向上级机关和当地政府领导汇报事故情况，请求支援。总指挥根据事故性质可亲自或委托分管领导奔赴事发现场指挥协调工作。

（3）食物中毒的临床表现　食物中毒通常会引起腹痛、恶心、呕吐、腹泻等，一般餐后少则半小时、多则48h就可发病。患者除有上述急性胃肠炎症状外，还有神经系统症状，如头痛、怕冷、发热、乏力、瞳孔散大、视力模糊、吞咽及呼吸困难等，中毒严重者可因腹泻造成脱水性休克或因衰竭而死亡。我国对食物中毒制定了详细诊断标准，主要是以病人的潜伏期和中毒的特有表现为依据。最明显的特征有：中毒病人在相近的时间内均食用过某种共同的中毒食品，未食用者不中毒；在停止食用中毒食品后，发病很快停止；潜伏期较短，发病急剧，病程亦较短；所有中毒病人的临床表现基本相似；一般无人与人之间的直接传染。

（4）发生食物中毒事件，在场人员报警后，要立即进行自救或互救，可用筷子或手指刺激咽部帮助催吐，尽快排出毒物，同时制止在场所有人员就餐。

（5）救援组赶到现场后，负责组织、指挥食物中毒事件的应急处置措施。现场救援组人员应冷静分析中毒原因，针对引起中毒的食物以及吃下去的时间长短，及时采取如下三点应急措施：①催吐。如果进食的时间在 1~2h 前，可使用催吐的方法。立即取食盐 20g，加开水 200mL，冷却后一次喝下。如果无效，可多喝几次，迅速促使呕吐。亦可用鲜生姜 100g，捣碎取汁用 200mL 温水冲服。如果吃下去的是变质的食物，则可服用十滴水来促使迅速呕吐。②导泻。如果病人进食受污染的食物时间已超过 2~3h，但精神仍较好，则可服用泻药，促使受污染的食物尽快排出体外。一般用大黄 30g 一次煎服，老年患者可选用元明粉 20g，用开水冲服，即可缓泻。体质较好的老年人，也可采用番泻叶 15g，一次煎服或用开水冲服，也能达到导泻的目的。③解毒。如果是吃了变质的鱼、虾、蟹等引起的食物中毒，可取食醋 100mL，加水 200mL，稀释后一次服下。此外，还可采用紫苏 30g、生甘草 10g 一次煎服。若是误食了变质的防腐剂或饮料，最好的急救方法是用鲜牛乳或其他含蛋白质的饮料灌服。救援过程中要给病人以良好的护理，尽量使其安静，避免精神紧张；注意休息，防止受凉，同时补充足量的淡盐开水。

（6）后勤保障组负责根据现场实际情况，请求、接待社会救援部门帮助，准备好急救药品等物资。拨打 120 急救电话，应讲清楚单位街道、门牌号等详细地址；事故性质（最好能讲清引起食物中毒原因）；涉及范围；伤亡人数；前救援情况；拨打电话人姓名、所在单位和电话号码；然后派专人在路口等候急救车的到来，指引急救车到现场的道路，以便迅速、准确到达事发现场。

（7）外围工作组负责　①立即划定警戒区，疏散现场人员，封闭所有就餐场所和食堂操作间，禁止所有人员（除工作人员和 120 救护人员外）入内。②派专人把守，保护好现场，封存所有中毒食品或疑似中毒食品及其原料，对已带出现场的应及时追回。③采取病人标本，以备送检。④待事故处理完毕后，对食品、餐具及食品用工具进行无害化处理或销毁。根据不同的中毒食品，对中毒场所采取相应的消毒处理，以免扩大中毒范围。

（8）在场人员应积极配合 120 急救机构工作。

（9）食物中毒事件的处理要坚持"四不放过"原则，并通过事件加强员工职业健康安全思想教育。

（10）食物中毒事件的预防

①从符合国家卫生防疫等相关规定的正规厂家购买原料。购买和食用定型包装食品时，请注意查看有无生产日期、保质期和生产单位，不要食用超过保质期的食品。

②保持操作间和餐厅环境整洁，妥善保管有毒有害物品，农药、杀虫剂、杀鼠剂和消毒剂等不得存放在食品加工场所，避免被误食、误用。

③加工、贮存食物时要做到生、熟分开，隔夜食品在食用前必须加热煮透后方可食用。

④操作间设备布局和工艺流程应当合理，防止待加工食品与直接入口食品、原料与成品交叉污染，食品不得接触有毒物、不洁物。餐具、饮具和盛放直接入口食品的容器，使用前必须洗净、消毒，炊具、用具用后必须洗净，保持清洁。

⑤使用的洗涤剂、消毒剂应当对人体安全、无害。

⑥食堂工作人员每年必须进行健康检查并办理健康证。新参加工作和临时参加工作的食堂工作人员必须进行健康检查，取得健康证明后方可参加工作。凡患有疾病、伤寒、病毒性肝炎等消化道传染病（包括病原携带者）、活动性肺结核、化脓性或者渗出性皮肤病以及其他有碍食品卫生的疾病的，不得参加接触直接入口食品的工作。

⑦食堂工作人员应当经常保持个人卫生，加工食品时，必须将手洗净，穿戴清洁的工作衣、帽、口罩。

⑧健全本单位的食品卫生管理制度，配备专职或者兼职食品卫生管理人员，加强对食品及食堂环境卫生的检验工作。

⑨加强食品工作人员安全知识培训和专业技能培训，宣传食品卫生、营养知识，监督食品生产经营人员的健康检查。

⑩非食堂工作人员禁止进入操作间。

## 思考题

请根据"项目五"内容制定某酒店食物中毒事故的预防措施与应急预案。

# 模块十一 食品安全认证体系

**知识目标**

了解目前 GMP、SSOP、HACCP、ISO 22000 四种国际上通用的认证体系。

**能力目标**

能够建立食品企业的食品安全认证体系。

## 背景知识

### 一、GMP 认证

GMP 是 Good Manufacturing Practice 的缩写，中文意思是良好作业规范，是一种特别注重制造过程中产品质量与卫生安全的自主性管理制度。它适用于制药、食品的行业，要求企业从原料、人员、设施设备、生产过程、包装运输、质量控制等方面按国家有关法规达到卫生质量要求，形成一套可操作的作业规范帮助企业改善企业卫生环境，及时发现生产过程中存在的问题，加以改善。

GMP 的主要内容可以概括为湿件、硬件、软件。湿件是指人员——需有一定数量的专业技术人员，所有工作人员均需进行专业知识培训和 GMP 知识培训；硬件指厂房、设施与设备——厂房设施要符合 GMP 洁净级别要求，生产药品时必须在洁净区内生产，使用的生产设备要求先进性与适用性相结合，设备易清洁，不得与药品发生任何变化（一般均采用不锈钢材料制作）；软件指组织、制度、工艺、操作、卫生标准、记录、教育等管理规定——必需制定完善的技术标准、管理标准、工作标准和记录凭证类文件，它包括了生产、技术、质量、设备、物料、验证、销售、厂房、净化系统、行政、卫生、培训等各方面。

随着 GMP 的发展，国际间实施了药品 GMP 认证。我国原卫生部于 1995 年 7 月 11 日下达卫药发（1995）第 35 号文件（"关于开展药品 GMP 认证工作的通知"），同年，成立中国药品认证委员会。1998年国家药品监督管理局成立后，建立了国家药品监督管理局药品认证管理中心。国家药品监督管理局负责全国药品GMP认证工作。国家药品监督管理局药品认证管理中心承办药品GMP认证的具体工作。省、自治区、直辖市药品监督管理局负责本辖区药品生产企业药品GMP认证申报资料的初审及日常监督管理工作。

食品GMP认证由美国在20世纪60年代发起，当初除美国已立法强制实施食品GMP外，其他如日本、加拿大、新加坡、德国、澳大利亚、中国等国家均尚采取劝导方式辅导业者自动自发实施。食品GMP一半是指规范食品加工企业硬件设施、加工工艺和卫生质量管理等的法规性文件。企业为了更好地执行GMP的规定，可以结合本企业的加工品种和工艺特点，在不违背法规性GMP的基础上制定自己的良好加工指导文件。GMP所规定的内容，是食品加工企业必须达到的最基本的条件。

## 二、SSOP认证

SSOP（Sanitation Standard Operation Procedures）是卫生标准操作程序的简称。是食品企业为了满足食品安全的要求，在卫生环境和加工要求等方面所需实施的具体程序。SSOP至少包括8个方面：加工用水和冰的安全性；食品接触表面的清洁卫生；防止交叉污染；洗手、消毒和卫生间设施；防止污染物（杂质等）造成的不安全；有毒化合物（洗涤剂、消毒剂、杀虫剂等）的贮存、管理和使用；加工人员的健康状况；虫、鼠的控制（防虫、灭虫、防鼠、灭鼠）。SSOP计划一定要具体、切忌原则性的、抽象的理论，要具有可操作性。

20世纪90年代，美国频繁爆发食源性疾病，造成每年七百万人次感染和七千人死亡。调查数据显示，其中有大半感染或死亡的原因与肉、禽产品有关。这一结果促使美国农业部（USDA）重视肉、禽产品的生产状况，并决心建立一套涵盖生产、加工、运输、销售所有环节在内的肉禽产品生产安全措施，从而保障公众的健康。1995年2月颁布的《美国肉、禽产品HACCP法规》中第一次提出了要求建立一种书面的常规可行程序——卫生标准操作程序（SSOP），确保生产出安全、无掺杂的食品。同年12月，美国FDA颁布的《美国水产品的HACCP法规》中进一步明确了SSOP必须包括的8个方面及验证等相关程序，从而建立了SSOP的完整体系。

SSOP指企业为了达到GMP所规定的要求，保证所加工的食品符合卫生要求而制定的指导食品生产加工过程中如何实施清洗、消毒和卫生保持的作业指导文件。它没有GMP的强制性，是企业内部的管理性文件。GMP的规定是原则性的，是相关食品加工企业必须达到的基本条件。SSOP的规定是具体的，主要是指导卫生操作和卫生管理的具体实施，相当于ISO 9000质量体系中过程控制程序中的作业指导书。制定SSOP计划的依据是GMP，GMP是SSOP的法律基础，使企业达到 GMP 的要求，生产安全卫生的食品是制定和执行 SSOP 的最终目的。GMP、SSOP 控制的是一般的食品卫生方面的危害，HACCP 重点控制食品安全方面的显著性危害。SSOP 与 GMP 是 HACCP 的前提条件。

### 三、HACCP 认证

HACCP 是英文"Hazard Analysis Critical Control Point"的首字母缩写，中文名称为危害分析和关键点控制。是一个为国际认可的、保证食品免受生物性、化学性及物理性危害的预防体系。HACCP 体系是一种建立在良好操作规范（GMP）和卫生标准操作规程（SSOP）基础之上的控制危害的预防性体系，它的主要控制目标是食品的安全性，因此它与其他的质量管理体系相比，可以将主要精力放在影响产品安全的关键加工点上，而不是将每一个步骤都放上很多精力，这样在预防方面显得更为有效。该体系由 7 个方面的内容组成：进行危害分析（HA）和确定预防计划措施；确定关键控制点；建立关键限值；监控每个关键控制点；建立关键限值发生偏离时可采取的纠偏措施；建立记录保存系统；建立验证程序等。它作为一种科学的、系统的方法，应用在从初级生产至最终消费过程中，通过对特定的危害及其控制措施进行确定和评价，从而确保食品的安全。其重点在于预防而不是依赖于对最终产品的测试，它具有较高的经济效益和社会效益。被国际权威机构认可为控制由食品引起的疾病的最有效的方法。

HACCP 的概念起源于 20 世纪的美国，在开发航天食品时开始应用 HACCP 原理。HACCP 概念的雏形是 1971 年由美国国家食品保护会议上首次被提出，1973 年美国食品药品管理局（FDA）首次将 HACCP 食品加工控制概念应用于罐头食品加工中，以防止腊肠毒菌感染。

2002 年 5 月 20 日，国家质检总局开始强制推行 HACCP 体系。这一强制性标准包括 2002 年 5 月 20 日起实施的《出口食品生产企业卫生注册登记规定》及配套文件，目的在于与国际通用食品卫生注册管理水平接轨。（这一强制性标准取代了从 1994 年一直沿用的《出口食品厂、库卫生注册细则》和《出口食品厂、库卫生要求》，列出的卫生注册必须接受 HACCP 体系评审的产品目录中包括罐头类、水产品类、肉及肉制品、速冻蔬菜、果蔬汁、含肉或水产品的速冻方便食品共六大类。）

2002 年 5 月 20 日起凡属以上类型的食品企业新申请卫生注册登记，必须先通过 HACCP 体系评审。因此前已获得卫生注册登记许可的企业，则必须在规定的时间内完成 HACCP 体系的建立并通过评审。

每次卫生许可注册登记的有效期为 3 年，已经获得认证的企业必须在复检时通过 HACCP 体系评审。这意味着他们分别有 1 年或两年的过渡期，但尽管如此，至迟到 2004 年底，所有涉及前述六大类出口产品的企业都必须跨过 HACCP 这道门槛。

2002 年 7 月 19 日卫生部印发《食品企业 HACCP 实施指南》，要求各地卫生部门应结合当地实际，积极鼓励并指导食品企业进行实施。

### 四、ISO 22000 认证

随着消费者对食品安全的要求不断提高，各国纷纷制定了食品安全法规和标准。但是，各国的法规特别是标准繁多且不统一，使食品生产加工企业难以应付，妨碍了食品国际贸易的顺利进行。为了满足各方面的要求，在丹麦标准协会的倡导下，通过国际标准化组织（ISO）协调，将相关的标准在国际范围内进行整合，国际标准化组织于 2005 年 9 月 1 日发布的最新国际标准：ISO 22000：2005，食品安全管理体系。

《ISO 22000 食品安全管理体系要求》标准包括 8 个方面的内容，即范围、规范性引用文件、术语和定义、政策和原理、食品安全管理体系的设计、实施食品安全管理体系、食品安全管理体系的保持和管理评审。ISO 22000 的目的是让食物链中的各类组织执行食品安全管理体系，其范围从饲料生产者、初级生产者、食品制造商、运输和仓储工作者、转包商到零售商和食品服务环节以及相关的组织，如设备、包装材料生产者、清洗行、添加剂和配料生产者。

ISO 22000 是该标准族中的第一个文件，该标准族将包括下列文件：

ISO/TC 22004：食品安全管理体系——ISO 22000：2005 应用指南，于 2005 年 11 月发布。

ISO/TC 22004：食品安全管理体系——对提供食品安全管理体系审核和认证机构的要求，将对 ISO 22000 认证机构的合格评定提供协调一致的指南，并详细说明审核食品安全体系符合标准的规则，于 2006 年第一季度发布。

ISO 22005：饲料和食品链的可追溯性体系设计和发展的一般原则和指导方针，它将立刻作为一个国标标准草案运行。ISO 22000 和 ISO/T22004 是 ISO 技术委员会 ISO/TC34（食品）的工作小组的 WGB（食品安全管理体系）开发的，来自 23 个国家的专家参加了工作小组，还有一些国际组织以联络员的身份参加，除了食品规范委员会外，还包括欧盟食品和饮料行业联合会和世界食品安全组织等，他们参加了 ISO/TS22003 的开发。

ISO 22000 规定了一个食品安全管理体系的要求，并结合公认的关键元素，以确保从食品链至最后消费点的食品安全。通过 ISO 22000 认证的企业是按照要求已经建立了完善的食品安全保证体系，因此，其生产的食品是优质和安全的，消费者可以放心地选购使用。

## 项目一　食品企业通过 GMP 认证

GMP 良好操作规范是保障食品安全和质量而制定的贯穿食品生产全过程的

一系列技术要求、措施和方法。GMP是政府强制性的食品生产、贮存卫生法规。我国目前GMP认证的依据如下：

## 一、食品企业通用卫生规范

《食品企业通用卫生规范》（GB 14881—2013）规定了食品企业的食品加工过程、原料采购、运输、贮存、工厂设计与设施的基本卫生要求及管理准则。本规范适用于食品生产、经营的企业、工厂，并作为制定各类食品厂的专业卫生规范的依据。

## 二、各类食品企业卫生规范

我国根据原食品卫生法的规定修订了食品企业卫生规范，后又经过修订，现在有效的卫生规范如下：

① GB 12697—1990《果酒厂卫生规范》。
② GB 13122—1991《面粉厂卫生规范》。
③ GB 12694—1994《肉类加工厂卫生规范》。
④ GB 16330—1996《饮用天然矿泉水厂卫生规范》。
⑤ GB 8953—1988《酱油厂卫生规范》。
⑥ GB 8954—1988《食醋厂卫生规范》。
⑦ GB 8955—1988《食用植物油厂卫生规范》。
⑧ GB 8957—1988《糕点厂卫生规范》。
⑨ GB 17403—1998《巧克力厂卫生规范》。
⑩ GB 17404—1998《膨化食品良好生产规范》。
⑪ GB 17405—1998《保健食品良好生产规范》。
⑫ GB 8956—2003《蜜饯企业良好生产规范》。
⑬ GB 12695—2003《饮料企业良好生产规范》。
⑭ GB 12693—2003《乳制品企业良好生产规范》。
⑮ GB 19303—2003《熟肉制品企业生产卫生规范》。
⑯ GB 19304—2003《定型包装饮用水企业生产卫生规范》。
⑰ GB/T 19479—2004《生猪屠宰良好操作规范》。
⑱ GB/T 20575—2006《鲜、冻肉生产良好操作规范》。
⑲ GB 16568—2006《奶牛场卫生规范》。
⑳ GB/T 20938—2007《罐头食品企业良好操作规范》。
㉑ GB/T 20942—2007《啤酒企业良好操作规范》。
㉒ GB/T 20940—2007《肉类制品企业良好操作规范》。
㉓ GB/T 20941—2007《水产食品加工企业良好操作规范》。
㉔ GB/T 20941—2007《水产食品加工企业良好操作规范》。

㉕GB/T 21710—2008《蛋制品卫生操作规范》。
㉖GB/T 22637—2008《天然肠衣加工良好操作规范》。
㉗GB/T 23544—2009《白酒企业良好生产规范》。
㉘GB/T 23543—2009《葡萄酒企业良好生产规范》。
㉙GB/T 23542—2009《黄酒企业良好生产规范》。
㉚GB/T 23887—2009《食品包装容器及材料生产企业通用良好操作规范》。
㉛GB/T 23531—2009《食品加工用酶制剂企业良好生产规范》。
㉜GB 23790—2010《食品安全国家标准 粉状婴幼儿配方食品良好生产规范》。
㉝GB/T 26630—2011《大米加工企业良好操作规范》。
㉞GB 29923—2013《食品安全国家标准 特殊医学用途配方食品企业良好生产规范》。

### 三、出口食品卫生规范

针对出口的食品，通过 GMP 认证需要审核的卫生规范如下。

①SN/T 1879.1—2007《进出口食品储运场所与人员卫生规范第1部分：储藏库房》。
②SN/T 1879.2—2007《进出口食品储运场所与人员卫生规范第2部分：储运人员》。
③SN/T 1880.1—2007《进出口食品包装卫生规范第1部分：通则》。
④SN/T 1880.2—2007《进出口食品包装卫生规范第2部分：聚对苯二甲酸乙二醇酯包装》。
⑤SN/T 1880.3—2007《进出口食品包装卫生规范第3部分：软包装》。
⑥SN/T 1880.4—2007《进出口食品包装卫生规范第4部分：一次性包装》。
⑦SN/T 1880.5—2007《进出口食品包装卫生规范第5部分：金属包装》。
⑧SN/T 1881.1—2007《进出口易腐食品货架贮存卫生规范第1部分：液态乳制品》。
⑨SN/T 1881.2—2007《进出口易腐食品货架贮存卫生规范第2部分：新鲜果蔬》。
⑩SN/T 1881.3—2007《进出口易腐食品货架贮存卫生规范第3部分：糕点类食品》。
⑪SN/T 1881.4—2007《进出口易腐食品货架贮存卫生规范第4部分：熟肉制品》。
⑫SN/T 1882.1—2007《进出口粮食储运卫生规范第1部分：粮食储藏》。
⑬SN/T 1882.2—2007《进出口粮食储运卫生规范第2部分：粮食运输》。
⑭SN/T 1884.1—2007《进出口水果储运卫生规范第1部分：水果储藏》。
⑮SN/T 1884.2—2007《进出口水果储运卫生规范第2部分：水果运输》。

⑯SN/T 1885.1—2007《进出口水产品储运卫生规范第 1 部分：水产品保藏》。

⑰SN/T 1885.2—2007《进出口水产品储运卫生规范第 2 部分：水产品运输》。

⑱SN/T 1883.1—2007《进出口肉类储运卫生规范第 1 部分：肉类储藏》。

⑲SN/T 1883.2—2007《进出口肉类储运卫生规范第 2 部分：肉类运输》。

## 项目二　食品企业制定 SSOP

　　SSOP 是由食品加工企业帮助完成在食品生产中维护 GMP 的全面目标而使用的过程，尤其是 SSOP 描述了一套特殊的与食品卫生处理和加工厂环境的清洁程度及处理措施满足它们的活动相联系的目标。在某些情况下，SSOP 可以减少在 HACCP 计划中关键控制点的数量，使用 SSOP 减少危害控制而不是 HACCP 计划，不减少其重要性或显示更低的优先权。实际上危害是通过 SSOP 和 HACCP 关键控制点的组合来控制的。一般来说，涉用到产品本身或某一加工工艺、步骤的危害是由 CCP 来控制，而涉及到加工环境或人员等有关的危害通常是由 SSOP 来控制比较合适。在有些情况下，一个产品加工操作可以不需要一个特定的 HACC 计划，这是因为危害分析显示没有显著危害，但是所有的加工厂都必须对卫生状况和操作进行监测。

　　在我国食品生产企业都制定有各种卫生规章制度，对食品生产的环境、加工的卫生、人员的健康进行控制。

　　为确保食品在卫生状态下加工，充分保证达到 GMP 的要求，加工厂应针对产品或生产场所制订并且实施一个书面的 SSOP 或类似的文件。SSOP 最重要的是具有 8 个卫生方面（且不限于这 8 个方面）的内容，加工者根据这 8 个主要卫生控制方面加以实施，以消除与卫生有关的危害。实施过程中还必须有检查、监控，如果实施不力还要进行纠正和记录保持。这些卫生方面适用于所有种类的食品零售商、批发商、仓库和生产操作。

### 一、水和冰的安全性

　　生产用水（冰）的卫生质量是影响食品卫生的关键因素。对于任何食品的加工，首要的一点就是要保证水（冰）的安全。食品加工企业一个完整的 SSOP 计划，首先要考虑与食品接触或与食品接触物表面接触的水（冰）的来源与处理应符合有关规定，并要考虑非生产用水及污水处理的交叉污染问题。

1. 食品加工者必须提供在适宜的温度下足够的饮用水（符合国家饮用水标准）

　　对于自备水井，通常要认可水井周围环境、深度，井口必须斜离水井以促进适宜的排水,它们也就密封以禁止污水的进入。对贮水设备(水塔、储水池、蓄水罐等)要定期进行清洗和消毒。无论是城市供水还是自备水源都必须有效地加以控制,有合格的证明后方可使用。

2. **对于公共供水系统必须提供供水网络图,并清楚标明出水口编号和管道区分标记**

合理地设计供水、废水和污水管道,防止饮用水与污水的交叉污染及虹吸倒流造成的交叉污染。要检查期间内,水和下水道应追踪至交叉污染区和管道死水区域。

在加工操作中易产生交叉污染的关键区域包括以下几处。

水管龙头需要一个典型的真空中断器或其他阻止回流装置以避免产生负压情况。如果水管中浸满水,而水管没有防止回流装置保护,脏水可能被吸入饮用水中。

清洗/解冻/漂洗槽水位不应进入低于水边缘之间有两倍于进水管直径的空气间隙以防止回吸。

要定期对大肠菌群和其他影响水质的成分进行分析。企业至少每月1次进行微生物监测,每天对水的pH和余氯进行监测,当地主管部门对水的全项目的监测报告每年2次。水的监测取样,每次必须包括总的出水口,一年内做完所有的出水口。取样方法:先进行消毒并放水5min。

对于废水排放,要求地面有一定坡度易于排水,加工用水、台案或清洗消毒池的水不能直接流到地面,地沟(明沟、暗沟)要加箅子(易于清洗、不生锈),水流向要从清洁区到非清洁区,与外界接口要防异味、防蚊蝇。

当冰与食品或食品表面相接触时,它必须以一种卫生的方式生产和储藏。由于这种原因,制冰用于水必须符合饮用水标准,制冰设备卫生、无毒、不生锈,储存、运输和存放的容器卫生、无毒、不生锈。食品与不卫生的物品不能同存于冰中。冰必须防止由于人员在其上走动引起的污染,制冰机内部应检验以确保清洁并不存在交叉污染。

若发现加工用水存在问题,应终止使用,直到问题得到解决。水的监控、维护及其他问题处理都要记录保持。

## 二、食品接触表面的清洁

保持食品接触表面在清洁是为了防止污染食品。与食品接触表面一般的包括:直接(加工设备、工器具和台案、加工人员的手或手套、工作服等)和间接(未经清洗消毒的冷库、卫生间的门把手、垃圾箱等)两种。

1. **食品接触表面在加工前和加工后都应彻底清洁,并在必要时消毒**

加工设备和器具的清洗消毒:首先必须进行彻底清洗(除去微生物赖以生长的营养物质、确保消毒效果),再进行冲洗,然后进行消毒(首先82℃水如肉类加工厂、消毒剂如次氯酸钠 100~150mg/L、物理方法如紫外线、臭氧等)。

加工设备和器具的清洗消毒的频率：大型设备在每班加工结束之后，工器具每 2~4h，加工设备、器具（包括手）被污染之后应立即进行。

### 2. 检验者需要判断是否达到了适度的清洁

为达到这一点，他们需要检查和监测难清洗的区域和产品残渣可能出现的地方，如加工台面下或钻在桌子表面的排水孔内等是产品残渣聚集、微生物繁殖的理想场所。

### 3. 设备的设计和安装应易于清洁，这对卫生极为重要

设计和安装应无粗糙焊缝、破裂和凹陷，表里如一，以防止避开清洁和消毒化合物。在不同表面接触处应具有平滑的过渡。另一个相关问题是虽然设备设计得好，但已超过它的可用期并已刮擦或坑洼不平以至于它不能被充分地清洁，那么这台设备应修理或替换掉。

设备必须用适于食品表面接触的材料制作。要耐腐蚀、光滑、易清洗、不生锈。多孔和难于清洁的木头等材料，不应被用作为食品接触表面。食品接触表面是食品可与之接触的任意表面。若食品与墙壁相接触，那么这堵墙是一个产品接触表面，需要一同设计、满足维护和清洁要求。

其他的产品接触表面还包括那些人员的手接触后不再经清洁和消毒而直接接触食品的表面，例如不能充分清洗和消毒的冷藏库、卫生间的门把、垃圾箱和原材料包装。

### 4. 手套和工作服也是食品接触表面

手套比手更容易清洗和消毒，如使用手套的话，每一个食品加工厂应提供适当的清洁和消毒的程序。不得使用线手套，且不易破损。工作服应集中清洗和消毒，应有专用的洗衣房，洗衣设备、能力要与实际相适应，不同区域的工作服要分开，并每天清洗消毒（工作服是用来保护产品的，不是保护加工人员的）。不使用时它们必须贮藏于不被污染的地方。

工器具清洗消毒几点注意事项：固定的场所或区域；推荐使用热水、注意蒸汽排放和冷凝水；要用流动的水；注意排水问题；注意科学程序，防止清洗剂、消毒剂的残留。

在检查发现问题时应采取适当的方法及时纠正，如再清洁、消毒、检查消毒剂浓度、培训员工等。记录包括检查食品接触面状况；消毒剂浓度；表面微生物检验结果等。记录的目的是提供证据，证实工厂消毒计划充分，并已执行。发现问题能及时纠正。

## 三、交叉污染的防止

交叉污染是通过生的食品、食品加工者或食品加工环境把生物或化学的污染物转到移食品的过程。此方面涉及到预防污染的人员要求、原材料和熟食产品的

隔离和工厂预防污染的设计。

### 1. 人员要求

适宜的对手进行清洗和消毒能防止污染。手清洗的目的是去除有机物质和暂存细菌，所以消毒能有效地减少和消除细菌。但如果人员戴着珠宝或涂抹手指。佩戴管形、线形饰物或缠绷带，手的清洗和消毒将不可能有效。有机物藏于皮肤和珠宝或线带之间是导致微生物迅速生长的理想部位，当然也成为污染源。

个人物品也能导致污染并需要远离生产区存放。他们能从加工厂外引入污物和细菌，存放设施不必是精心制作的小室，它甚至可以是一些小柜子，只要远离生产区。

在加工区内吃、喝或抽烟等行为不应发生，这是基本的食品卫生要求。在几乎所有情况下，手经常会靠近鼻子，约50%的人的鼻孔内有金黄色葡萄球菌。

皮肤污染也是一个相关点。未经消毒的肘、胳膊或其他裸露皮肤表面不应与食品或食品接触表面相接触。

### 2. 隔离

防止交叉污染的一种方式是工厂的合理选址和车间的合理设计布局。一般在建造以前应本着减小问题的原则反复查看加工厂草图，提前与有关部门取得联系。这个问题一般是在生产线增加产量和新设备安装时发生。

食品原材料和成品必须在生产和储藏中分离以防止交叉污染。可能发生交叉污染的例子是生、熟品相接触，或用于储藏原料的冷库同样储存了即食食品。原料和成品必须分开，原料冷库和熟食品冷库分开是解决这种交叉污染的最好办法。产品贮存区域应每日检查。另外注意人流、物流、水流和气流的走向，要从高清洁区到低清洁区，要求人走门、物走传递口。

### 3. 人员操作

人中操作也能导致产品污染。当人员处理非食品的表面，然后又未清洗和消毒手就处理食物产品时易发生污染。

食品加工的表面必须维持清洁和卫生。这包括保证食品接触表面不受一些行为的污染，如把接触过地面的货箱或原材料包装袋放置到干净的台面上，或因来自地面或其他加工区域的水、油溅到食品加工的表面而污染。

若发交叉污染要及时采取措施防止再发生；必要时停产直到改进；如有必要，要评估产品的安全性；记录采取的纠正措施。记录一般包括：每日卫生监控记录、消毒控制记录、纠正措施记录。

## 四、手清洁、消毒和卫生间设施的维护

手的清洗和消毒的目的是防止交叉污染。一般的清洗方法和步骤为：清水洗手，擦洗洗手皂液，用水冲净洗手液，将手浸入消毒液中进行消毒，用清水冲洗，干手。

手的清洗和消毒台需设在方便之处，且有足够的数量，如果不方便的话，它们将不会被使用，流动消毒车也是一种不错的方式。但它们与产品不能离得太近，不应构成产品污染的风险。需要配备冷、热混合水，皂液和干手器，或其他适宜的比如像热空气的干手设备。手的清洗台的建造需要防止再污染，水龙头以膝动式、电力自动式或脚踏式较为理想。检查时应该包括测试一部分的手清洗台以确信它能良好工作。清洗和消毒频率一般为：每次进入车间时；加工期间每30min至1h进行1次；当手接触了污染物、废弃物后等。

一种普通的操作是在工作台上消毒液的作用。这是为了加工人员弄脏他们的手或设备时消毒，以保持微生物的最低数量。但即使在最好的消毒状况时，这也不是彻底有效的。因为手和设备带有有机物质，其可能使细菌免于消毒剂的作用。在通常情况下，消毒剂在氧化有机物时就被用光而没有剩余的消毒剂阻止细菌生长。这样子，这些消毒剂实际上成为一个污染源，不应鼓励。

卫生间需要进入方便、卫生和良好维护，具有自动关闭、不能开向加工区的门。这关系到空中或飘浮的病原体和寄生虫进入。检查应包括每个工厂的每个厕所的冲洗。如果便桶周围不密封，人员可能在鞋上沾上粪便污物并带进加工区域。

卫生间的设施要求：位置要与车间相连接，门不能直接朝向车间，通风良好，地面干燥，整体清洁；数量要与加工人员相适应；使用蹲坑厕所或不易被污染的坐便器；清洁的手纸和纸篓；洗手及防蚊蝇设施；进入厕所前要脱下工作服和换鞋；一般情况下要达到三星酒店的水平。

## 五、防止外来污染物污染

食品加工企业经常要使用一些化学物质，如润滑剂、燃料、杀虫剂、清洁剂、消毒剂等，生产过程中还会产生一些污物和废弃物，如冷凝物和地板污物等。下脚料在生产中要加以控制，防止污染食品及包装。关键卫生条件是保证食品、食品包装材料和食品接触面不被生物的、化学的和物理的污染物污染。

加工者需要了解可能导致食品被间接或不被预见的污染，而导致食用不安全的所有途径，如被润滑剂、燃料、杀虫剂、冷凝物和有毒清洁剂中的残留物或烟雾剂污染。工厂的员工必须经过培训，达到防止和认清这些可能造成污染的间接途径。

可能产生外部污染的原因如下。

（1）有毒化合物的污染　非食品级润滑油被认为是污染物，因为它们可能含有毒物质；燃料污染可能导致产品污染；只能用被允许的杀虫剂和灭鼠剂来控制工厂内害虫，并应该按照标签说明使用；不恰当的使用化学品、清洗剂和消毒剂可能会导致食品外部污染，如直接的喷洒或间接的烟雾作用。当食品、食品接触面、包装材料暴露于上述污染物时，应被移开、盖住或彻底的清洗；员工们应该警惕来自非食品区域或邻近的加工区域的有毒烟雾。

(2) 因不卫生的冷凝物和死水产生的污染　被污染的水滴或冷凝物中可能含有致病菌、化学残留物和污物，导致产品被污染；缺少适当的通风会导致冷凝物或水滴滴落到产品、食品接触面和包装材料上；地面积水或池中的水可能溅到产品、产品接触面上，使得产品被污染。脚或交通工具通过积水时会产生喷溅。

水滴和冷凝水较常见，且难以控制，易形成霉变。一般采取的控制措施有：顶棚呈圆弧形；良好通风；合理用水；及时清扫；控制车间温度稳定；提前降温；拉干等。包装材料的控制方法常用的有：通风、干燥、防霉、防鼠；必要时进行消毒；内外包装分别存放。食品贮存时物品不能混放，且要防霉、防鼠等。化学品的正确使用和妥善保管。

任何可能污染食品或食品接触面的掺杂物，建议在开始生产时及工作时间每4h检查1次，并记录每日卫生控制情况。

## 六、有毒化合物的处理、贮存和使用

食品加工需要特定的有毒物质，这些有害有毒化合物主要包括：洗涤剂、消毒剂（如次氯酸钠）、杀虫剂（如1605）、润滑剂、试验室用药品（如氰化钾）、食品添加剂（如硝酸钠）等。没有它们工厂设施无法运转，但使用时必须小心谨慎，按照产品说明书使用，做到正确标记、贮存安全，否则会导致企业加工的食品被污染的风险。

所有这些物品需要适宜的标记并远离加工区域，应有主管部门批准生产、销售、使用的证明；主要成分、毒性、使用剂量和注意事项；带锁的柜子；要有清楚的标识、有效期；严格的使用登记记录；自己单独的贮藏区域，如果可能，清洗剂和其他毒素及腐蚀性成分应贮藏于密贮存区内；要有经过培训的人员进行管理。

## 七、雇员的健康状况

食品加工者（包括检验人员）是直接接触食品的人，其身体健康及卫生状况直接影响食品卫生质量。管理好患病或有外伤或其他身体不适的员工，他们可能成为食品的微生物污染源。对员工的健康要求一般包括：不得患有有碍食品卫生的传染病（如肝炎、结核等）；不能有外伤、化妆、佩戴首饰和带入个人物品；必须具备工作服、帽、口罩、鞋等，并及时洗手消毒。应持有效的健康证，制订体检计划并设有体验档案，包括所有和加工有关的人员及管理人员，应具备良好的个人卫生习惯和卫生操作习惯。涉及到有疾病、伤口或其他可能成为污染源的人员要及时隔离。食品生产企业应制定有卫生培训计划，定期对加工人员进行培训，并记录存档。

## 八、害虫的灭除和控制

害虫主要包括中啮齿类动物、鸟和昆虫等携带某种人类疾病源菌的动物。通过害虫传播的食源性疾病的数量巨大，因此虫害的防治对食品加工厂是至关重要的。害虫的灭除和控制包括加工厂（主要是生区）全范围，甚至包括加工厂周围，重点是厕所、下脚料出口、垃圾箱周围、食堂、贮藏室等。食品和食品加工区域内保持卫生对控制害虫至关重要。

去除任何产生昆虫、害虫的滋生地，如废物、垃圾堆积场地、不用的设备、产品废物和未除尽的植物等是减少吸引害虫的因素。安全有效的害虫控制必须由厂外开始。厂房的窗、门和其他开口，如开的天窗、排污洞和和水泵管道周围的裂缝等能进入加工设施区。采取的主要措施包括：清除滋生地和预防进入的风幕、纱窗、门帘、适宜的挡鼠板、翻水弯等；还包括产区用的杀虫剂、车间入口用的灭蝇灯入粘鼠胶、捕鼠笼等。但不能用灭鼠药。

家养的动物，如用于防鼠的猫和用于护卫的狗或宠物不允许在食品生产和贮存区域。由这些动物引起的食品污染构成了同动物害虫引起的类似风险。

存在的主要问题：不注重日常工作，应付检查为主，记录不真实，方法不当，效果不佳。

在建立 SSOP 之后，企业还必须设定监控程序，实施检查、记录和纠正措施。企业要在设定监控程序时描述如何对 SSOP 的卫生操作实施监控。它们必须指定何人、何时及如何完成监控。对监控结果要检查，对检查结果不合格的还必须要采取措施加以纠正。对以上所有的监控行动、检查结果和纠正措施都要记录，通过这些记录说明企业不仅制订并实行了 SSOP，而且行之有效。

食品加工企业日常的卫生监控记录是工厂重要的质量记录和管理资料，应使用统一的表格，并归档保存。

卫生监控记录表格基本要素为：被监控的某项具体卫生状况或操作，以预先确定的监控频率来记录监控状况，记录必要的纠正措施。

监控程序应该包括：实行了什么程序和规范，如何实行；由谁对实施卫生程序负责；实施卫生操作的频率和地点；建立卫生计划的监控记录。

卫生计划中的监控和纠正措施的记录，将说明卫生计划中运转在控制之下。另外，记录也可以帮助指出存在的问题和发展的趋势，还可以显示出卫生计划中需要改进的地方。

遵守 SSOP 是必要的，SSOP 能极大地提高 HACCP 计划的效力。

## 项目三　食品企业通过 HACCP 认证

目前我国对 HACCP 认证没有要求强制执行，国家颁布的关于 HACCP 体系的国家标准和其他标准如下：

GB/T 27341—2009《危害分析与关键控制点（HACCP）体系　食品生产企

业通用要求》。

GB/T 24400—2009《食品冷库 HACCP 应用规范》。

GB/T 27342—2009《危害分析与关键控制点（HACCP）体系 乳制品生产企业要求》。

GB/T 22656—2008《调味品生产 HACCP 应用规范》。

GB/T 22098—2008《啤酒企业 HACCP 实施指南》。

GB/T 25007—2010《速冻食品生产 HACCP 应用准则》。

GB/T 20551—2006《畜禽屠宰 HACCP 应用规范》。

GB/T 20809—2006《肉制品生产 HACCP 应用规范》。

GB/T 19537—2004《蔬菜加工企业 HACCP 体系审核指南》。

GB/T 19838—2005《水产品危害分析与关键控制点（HACCP）体系及其应用指南》。

GB/T 19538—2004《危害分析与关键控制点（HACCP）体系及其应用指南》。

NY/T 1570—2007《乳制品加工 HACCP 准则》。

SN/T 1252—2003《危害分析及关键控制点（HACCP）体系及其应用指南》。

## 一、我国 HACCP 认证的依据

GB/T 27341—2009《危害分析与关键控制点（HACCP）体系 食品生产企业通用要求》。

GB 14881—2013《食品安全国家标准 食品生产通用卫生规范》。

## 二、HACCP 的认证范围

我国 HACCP 的认证范围见表 11-1。

表 11-1　　　　　　　　我国 HACCP 认证范围

| 代码 | 行业类别 | 种类示例 |
| --- | --- | --- |
| C | 加工1（易腐烂的动物产品）包括农业生产后的各种加工，如：屠宰 | C1 畜禽屠宰及肉制品加工<br>C2 蛋及蛋制品加工<br>C3 乳及乳制品加工<br>C4 水产品的加工<br>C5 蜂产品的加工<br>C6 速冻食品制造 |
| D | 加工2（易腐烂的植物产品） | D1 果蔬类产品加工<br>D2 豆制品加工<br>D3 凉粉加工 |
| E | 加工3（常温下保存期长的产品） | E1 谷物加工<br>E2 坚果加工 |

续表

| 代码 | 行业类别 | 种类示例 |
|---|---|---|
| E | 加工3（常温下保存期长的产品） | E3 罐头加工<br>E4 饮用水、饮料的制造<br>E5 酒精、酒的制造<br>E6 焙烤类食品的制造<br>E7 糖果类食品的制造<br>E8 食用油脂的制造<br>E9 方便食品（含休闲食品）的加工<br>E10 制糖<br>E11 盐加工<br>E12 制茶<br>E13 调味品、发酵制品的制造<br>E14 营养、保健品制造 |
| G | 餐饮业 | G1 餐饮及服务 |

### 三、食品企业建立 HACCP 食品安全管理体系的步骤

（1）建立工作小组由企业的管理人员、生产技术人员、安全卫生控制人员、销售人员、仪器设备维修人员及有关专家组成工作组。小组成员负责进行危害分析，制订 HACCP 计划并监督计划的实施。

（2）分析产品特性，编制生产流程图由 HACCP 小组编制生产的流程图，根据产品特性，对销售和贮存方式以及最终用途进行危害分析。

（3）进行生产过程中的危害分析进行生产过程中的危害分析以确定企业所生产的食品是否存在影响食品安全的危害，以及明确企业为控制危害所采取的预防措施。

（4）确定关键控制点（CCP）以及危害的预防措施关键控制点是指能够实施控制的一个点、步骤或程序，但每个引入或产生显著危害的点、步骤或工序未必都是关键控制点。确定关键控制点的目的是使一个潜在的食品危害被预防、消除或减少到可以接受的最低水平。食品加工必须从原料的栽培、收获开始，指导消费者食用为止，对其中的关键控制点加以控制。不同行业、不同生产厂家以及不同的产品、不同的生产工艺的关键控制点不同，同一步骤中不同的危害关键控制点也不同；确定 CCP 应该结合实际情况，因地制宜。

（5）确立关键控制点的临界值（CL）依据有关法规、标准、规范、技术文献和实践经验等确定关键控制点的临界值，以确保危害得到控制。

（6）关键控制点的控制根据危害的性质确定监控对象、监控方式、频度及监控人员。

（7）关键控制点失控后的纠正措施 在某关键控制点失控后建立一个改正行为计划来确保对在生产偏差过程中所产生的食品进行适当的处置。所有的纠正措施应确保失控的原因得到纠正、不会因失控而使有害于人类健康的劣质食品进入流通市场。

（8）HACCP管理体系运行情况的验证 应对HACCP体系的运行情况进行不定期的验证，目的是：已确定的HACCP计划是否适合于本工厂，HACCP体系是否有效执行，HACCP执行后是否减少了与产品有关的风险。

（9）程序文件的记录及保存 HACCP管理体系实施的各个程序应形成文件，所有的文件、记录、表格均应按照规范严格编写并保存。

## 项目四 食品企业通过 ISO 22000 认证

### 一、ISO 22000 认证的范围

我国目前制定的关于 ISO 22000 的标准和中国合格评定国家认可委员会（CNAS）认可的范围见表 11-2。

### 二、食品企业实施通过 ISO 22000 认证的步骤

**1. 组建食品安全工作小组**

（1）食品安全小组负责制定 ISO 22000 计划以及实施和验证 ISO 22000 体系。

（2）食品安全小组的人员构成尽量多学科、多部门，技术力量不足可以外聘专家。

**2. 确定 ISO 22000 认证的范围**

例如有选择地解决危害问题还是解决所有的危害问题。

**3. 描述产品，确定产品的预期用途**

（1）包括所有与危害分析相关的原辅料、包装材料、产成品。

（2）描述的内容是基于危害分析的需要。

**4. 绘制和确认生产工艺流程图**

食品安全小组应深入生产线，详细了解产品的生产加工过程，在此基础上绘制产品的生产工艺流程图，制作完成后需要现场验证流程图。

**5. 危害分析**

（1）危害分析 范围要广泛、全面，要包含所用的原料、产品加工的每一步骤和所用设备、终产品及其储存和分销方式、一直到消费者如何使用产品等。在此阶段，要尽可能列出所有可能出现的潜在危害。没有发生理由的危害不会在 ISO 22000 计划中作进一步考虑。

模块十一 | 食品安全认证体系

表11-2  我国 ISO 22000 的认证范围

| 大类 | 中类 | 小类 | 内容 | 专项技术要求 | 是否被CNAS认可 |
|---|---|---|---|---|---|
| C1300 农副食品加工业 | C1310 谷物磨制 | C1311 | 碾米业 | CNCA/CTS 0006—2008《食品安全管理体系 谷物磨制品生产企业要求》 | ★是 |
| | | C1312 | 磨粉业 | CNCA/CTS 0006—2008《食品安全管理体系 谷物磨制品生产企业要求》 | ★是 |
| | | C1319 | 其他谷物加工 | CNCA/CTS 0006—2008《食品安全管理体系 谷物磨制品生产企业要求》 | ★是 |
| | C1320 饲料加工 | C1321 | 配合饲料制造业 | CNCA/CTS 0007—2008《食品安全管理体系 饲料加工企业要求》 | ★是 |
| | | C1322 | 单一饲料制造业 | CNCA/CTS 0007—2008《食品安全管理体系 饲料加工企业要求》 | ★是 |
| | C1330 植物油加工 | C1331 | 食用植物油加工业 | CNCA/CTS 0008—2008《食品安全管理体系 食用植物油生产企业要求》 | ★是 |
| | C1340 制糖 | C1341 | 甘蔗糖加工 | CNCA/CTS 0009—2008《食品安全管理体系 制糖企业要求》 | ★是 |
| | | C1342 | 甜菜糖加工 | CNCA/CTS 0009—2008《食品安全管理体系 制糖企业要求》 | ★是 |
| | | C1349 | 其他糖加工 | CNCA/CTS 0009—2008《食品安全管理体系 制糖企业要求》 | ★是 |

续表

| 大类 | 中类 | 小类 | 内容 | 专项技术要求 | 是否被CNAS认可 |
|---|---|---|---|---|---|
| C1300 农副食品加工业 | C1350 屠宰及肉类加工 | C1351 | 畜禽屠宰 | FSMS03—2007《食品安全管理体系 肉及肉制品生产企业要求》 | ★是 |
| | | C1352 | 肉制品及副产品加工 | GB/T 27301—2008《食品安全管理体系 肉及肉制品生产企业要求》 | ★是 |
| | C1360 水产品加工 | C1361 | 水产品冷冻加工业 | GB/T 27304—2008《食品安全管理体系 水产品加工企业要求》 | ★是 |
| | | C1362 | 鱼糜制品及水产品干、腌制加工业 | GB/T 27304—2008《食品安全管理体系 水产品加工企业要求》 | ★是 |
| | | C1363 | 鱼油提取及制品的制造 | GB/T 27304—2008《食品安全管理体系 水产品加工企业要求》 | ★是 |
| | | C1369 | 其他水产品加工业 | GB/T 27304—2008《食品安全管理体系 水产品加工企业要求》 | ★是 |
| | C1370 蔬菜、水果和坚果加工 | C1371 | 水果蔬菜速冻加工 | GB/T 27307—2008《食品安全管理体系 速冻果蔬生产企业要求》 | ★是 |
| | | C1372 | 水果蔬菜干制加工 | GB/T 27307—2008《食品安全管理体系 速冻果蔬生产企业要求》 | ★是 |
| | | C1373 | 水果蔬菜腌制 | GB/T 27307—2008《食品安全管理体系 速冻果蔬生产企业要求》 | ★是 |
| | | C1379 | 坚果和其他加工 | GB/T 27307—2008《食品安全管理体系 速冻果蔬生产企业要求》（其他加工该专业类别可根据具体项目再筛选其他适用的专项技术要求） | ★是 |

| | | | | |
|---|---|---|---|---|
| | | C1391 | 淀粉及淀粉制品的制造 | CNCA/CTS 0010—2008《食品安全管理体系 淀粉及淀粉制品生产企业要求》 | ★是 |
| | C1390 其他农副产品 | C1392 | 豆制品制造 | CNCA/CTS 0011—2008《食品安全管理体系 豆制品生产企业要求》 | ★是 |
| | | C1393 | 蛋品加工 | CNCA/CTS 0012—2008《食品安全管理体系 蛋制品生产企业要求》 | ★是 |
| | | C1399 | 其他未列明的农副食品加工 | 适宜时,可根据项目的具体情况选择适用的专项技术要求 | ★是 |
| C1400 食品制造业 | C1410 烘焙食品制造 | C1411 | 面包、糕点制造 | CNCA/CTS 0013—2008《食品安全管理体系 烘焙食品生产企业要求》 | ★是 |
| | | C1412 | 饼干制造 | CNCA/CTS 0013—2008《食品安全管理体系 烘焙食品生产企业要求》 | ★是 |
| | | C1419 | 其他烘焙食品制造 | CNCA/CTS 0013—2008《食品安全管理体系 烘焙食品生产企业要求》 | ★是 |
| | C1420 糖果、巧克力及蜜饯制造 | C1421 | 糖果、巧克力制造 | CNCA/CTS 0014—2008《食品安全管理体系 糖果、巧克力及蜜饯生产企业要求》 | ★是 |
| | | C1422 | 蜜饯制作 | CNCA/CTS 0014—2008《食品安全管理体系 糖果、巧克力及蜜饯生产企业要求》 | ★是 |
| | C1430 方便食品制造 | C1431 | 米、面制品制造 | CNCA/CTS 0013—2008《食品安全管理体系 烘焙食品生产企业要求》 | ★是 |
| | | C1432 | 冷冻食品制造 | GB/T 27302—2008《食品安全管理体系 速冻方便食品生产企业要求》(以其他原料为主的冷冻食品可能再增选其他相关专项准则) | ★是 |

续表

| 大类 | 中类 | 小类 | 内容 | 专项技术要求 | 是否被CNAS认可 |
|---|---|---|---|---|---|
| C1400 食品制造业 | C1430 方便食品制造 | C1439 | 方便面及其他方便食品制造 | CNCA/CTS 0013—2008《食品安全管理体系 烘焙食品生产企业要求》（其他方便食品根据具体项目还有可能再增选其他相关专项技术要求） | ★是 |
| | C1440 液体乳及乳制品制造 | C1441 | 鲜奶制造 | 无，尚未发布 | ★是 |
| | | C1442 | 酸奶制造 | 无，尚未发布 | ★是 |
| | | C1443 | 奶粉制造 | 无，尚未发布 | ★是 |
| | | C1449 | 其他奶酪、其他奶制品制造业 | 无，尚未发布 | ★是 |
| | C1450 罐头食品制造业 | C1451 | 肉、禽类罐头制造 | GB/T 27303—2008《食品安全管理体系 罐头生产企业要求》 | ★是 |
| | | C1452 | 水产罐头制造 | GB/T 27303—2008《食品安全管理体系 罐头生产企业要求》 | ★是 |
| | | C1453 | 蔬菜、水果罐头制造 | GB/T 27303—2008《食品安全管理体系 罐头生产企业要求》 | ★是 |
| | | C1459 | 其他罐头食品制造业 | GB/T 27303—2008《食品安全管理体系 罐头生产企业要求》 | ★是 |
| | | C1461 | 味精制造 | CNCA/CTS 0017—2008《食品安全管理体系 味精生产企业要求》 | ★是 |
| | | C1462 | 酱油、食醋及类似制品的制造 | CNCA/CTS 0016—2008《食品安全管理体系 调味品、发酵制品生产企业要求》 | ★是 |

| | | | |
|---|---|---|---|
| C1460 调味品、发酵制品业 | C1469 | 其他调味品、发酵制品的制造 | CNCA/CTS 0016—2008《食品安全管理体系 调味品、发酵制品生产企业要求》 | ★是 |
| C1470 餐饮业 | C1471 | 正餐服务 | GB/T 27306—2008《食品安全管理体系 餐饮业要求》 | ★是 |
| | C1472 | 快餐服务 | GB/T 27306—2008《食品安全管理体系 餐饮业要求》 | ★是 |
| | C1473 | 饮料及冷饮服务 | GB/T 27306—2008《食品安全管理体系 餐饮业要求》（含饮料或冷饮制作时，增选食品安全管理体系 冷冻饮品及食用冰生产企业要求或食品安全管理体系 果蔬汁生产企业要求） | ★是 |
| | C1474 | 公共食堂 | GB/T 27306—2008《食品安全管理体系 餐饮业要求》 | ★是 |
| | C1479 | 其他餐饮服务 | GB/T 27306—2008《食品安全管理体系 餐饮业要求》 | ★是 |
| C1490 其他食品制造 | C1491 | 营养、保健品制造 | CNCA/CTS 0018—2008《食品安全管理体系 营养保健品生产企业要求》 | ★是 |
| | C1492 | 冷冻饮品及食用水制造 | CNCA/CTS 0019—2008《食品安全管理体系 冷冻饮品及食用冰生产企业要求》 | ★是 |
| | C1493 | 盐加工 | CNCA/CTS 0016—2008《食品安全管理体系 调味品、发酵制品生产企业要求》 | ★是 |
| | C1494 | 食品及饲料添加剂制造 | CNCA/CTS 0020—2008《食品安全管理体系 食品及饲料添加剂生产企业要求》 | ★是 |
| | C1499 | 其他未列明的食品制造 | 适宜时，可根据项目的具体情况选择适用的专项技术要求 | ★是 |

续表

| 大类 | 中类 | 小类 | 内容 | 专项技术要求 | 是否被CNAS认可 |
|---|---|---|---|---|---|
| C1500 饮料制造业 | C1510 酒精制造 | C1511 | 食用酒精制造业 | CQC 未认可专业 | 否 |
| | C1520 酒的制造 | C1521 | 白酒制造 | CNCA/CTS 0022—2008《食品安全管理体系 白酒生产企业要求》 | ★是 |
| | | C1522 | 啤酒制造 | CNCA/CTS 0023—2008《食品安全管理体系 啤酒生产企业要求》 | ★是 |
| | | C1523 | 黄酒制造 | CNCA/CTS 0024—2008《食品安全管理体系 黄酒生产企业要求》 | ★是 |
| | | C1524 | 葡萄酒制造 | CNCA/CTS 0025—2008《食品安全管理体系 葡萄酒生产企业要求》 | ★是 |
| | | C1529 | 其他酒制造 | 根据项目具体情况,选用以上四个酒类中的适用的专项技术要求 | ★是 |
| | C1530 软饮料制造 | C1531 | 碳酸饮料制造 | CNCA/CTS 0026—2008《食品安全管理体系 饮料生产企业要求》 | ★是 |
| | | C1532 | 瓶(罐)装饮用水制造 | CNCA/CTS 0026—2008《食品安全管理体系 饮料生产企业要求》 | ★是 |
| | | C1533 | 果菜汁及果菜汁饮料制造 | GB/T27305—2008《食品安全管理体系 果蔬汁生产企业要求》 | ★是 |
| | | C1534 | 含乳饮料和植物蛋白饮料制造 | CNCA/CTS 0026—2008《食品安全管理体系 饮料生产企业要求》 | ★是 |

| | | | | |
|---|---|---|---|---|
| C1530 软饮料制造 | C1535 | 固体饮料制造 | CNCA/CTS 0026—2008《食品安全管理体系 饮料生产企业要求》 | ★是 |
| | C1539 | 茶饮料及其他软饮料制造 | CNCA/CTS 0026—2008《食品安全管理体系 饮料生产企业要求》 | ★是 |
| C1540 精制茶加工 | | | CNCA/CTS 0027—2008《食品安全管理体系 茶叶加工生产企业要求》 | ★是 |

（2）危害评价　小组对每一个危害发生的可能性及其严重程度进行评价，以确定出对食品安全非常关键的显著危害（具有风险性和严重性），并将其纳入 ISO 22000 计划。

（3）进行危害分析时应将安全问题与一般质量问题区分开。应考虑生物危害、化学危害、物理的危害。

（4）提出措施　列出危害分析工作单，用来组织和明确危害分析的思路，并考虑对每一危害可采取哪种控制措施。

### 6. 确定关键控制点

应用判定树的逻辑推理方法，确定 ISO 22000 系统中的关键控制点（CCP）。对判定树的应用应当灵活，必要时也可使用其他的方法。

### 7. 建立每个关键控制点的关键限值

（1）每个关键控制点应有一项或多项控制措施，每一项控制措施要有一或多个相应的关键限值。

（2）关键限值的确定应以科学为依据，可来源于科学刊物、法规性指南、专家、试验研究等。用来确定关键限值的依据和参考资料应作为 ISO 22000 方案支持文件的一部分。

### 8. 建立起对每个关键控制点进行监测的系统

（1）通过监测系统能够发现关键控制点是否失控。

（2）操作限值是比关键限值更严格的限值，在超过操作限值时就进行加工调整。

（3）只有在超出关键限值时才采取纠偏行动。

（4）监控系统应包括：

①监控内容：通常通过观察和测量来评估一个 CCP 的操作是否在关键限值内。

②监控方法：设计的监控措施必须能够快速提供结果。

③监控设备：例如温湿度计、钟表、天平、pH 计、水分活度计、化学分析设备等。

④监控频率：监控可以是连续的或非连续的，如有可能，应采取连续监控。

⑤监控人员：流水线上的人员、设备操作者、监督员、维修人员、质量保证人员等。

### 9. 建立纠偏措施

对每一个关键控制点都应预先建立相应的纠偏措施，以便在出现偏离时实施。

### 10. 建立验证程序

包括对 CCP 的验证和对 HACCP 体系的验证。

（1）CCP 的验证　监测设备校准、校准记录的复查、针对性的采样检测、

CCP 记录的复查。

（2）ISO 22000 体系的验证。

①验证的频率：每年至少进行一次或在系统发生故障时、产品原材料或加工过程发生显著改变时或发现了新的危害时进行。

②验证内容：检查产品说明和生产流程图的准确性；检查 CCP 是否按 ISO 22000 的要求被监控；监控活动是否在 ISO 22000 计划中规定的场所执行；监控活动是否按照 ISO 22000 计划中规定的频率执行；当监控表明发生了偏离关键限制的情况时，是否执行了纠偏行动；设备是否按照 ISO 22000 计划中规定的频率进行了校准；工艺过程是否在既定的关键限值内操作；检查记录是否准确和是否按照要求的时间来完成等。

11. 建立文件和记录档案

（1）危害分析小结　包括书面的危害分析工作单和用于进行危害分析和建立关键限值的任何信息的支持文件，包括：制定抑制细菌性病原体生长的方法时所使用的充足的资料，建立产品安全货架寿命所使用的资料，以及在确定杀死细菌性病原体加热强度时所使用的资料。除了数据以外，支持文件也可以包含向有关顾问和专家进行咨询的信件。

（2）HACCP 计划　包括食品安全小组名单及相关的责任、产品描述、经确认的生产工艺流程和 HACCP 计划小结。HACCP 计划小结应包括产品名称、CCP 所处的步骤和危害的名称、关键限值、监控措施、纠偏措施、验证程序和保持记录的程序。

（3）ISO 22000 计划实施过程中发生的所有记录。

（4）其他支持性文件例如验证记录，包括 HACCP 计划的修订等。

## 思考题

最新的食品安全认证体系 FSSC 22000 和 ISO 22000 有什么区别？

# 模块十二　食品安全法律法规体系

**知识目标**

了解我国与食品安全有关的法律、法规，掌握主要食品法律、法规的基本内容和要求。

**能力目标**

能够解读与食品安全有关的法律、法规，并能运用法律、法规对食品违法事件进行分析。

## 背景知识

食品法律法规是指由国家制定或认可，以加强食品监督管理、确保食品卫生与安全、防止食品污染和有害因素对人体的危害、保障人民身体健康、增强人民体质为目的，通过国家强制力保证实施的法律法规的总和。食品法律法规虽然是法律法规中的一种类型，但因其固有的特性，与其他法律法规有着重要的区别。

在制定食品法律法规时，主要以宪法中有关保护人民健康的规定作为立法的来源和法律依据；以保护和增进人体健康作为立法的思想依据、出发点和落脚点；把食品科学作为立法的科学依据，科学立法，使得法学和食品科学有机结合起来，促进食品科技进步；以我国社会经济条件作为食品立法的物质依据，正确处理好食品立法与现实条件、经济发展之间的关系，以适应社会主义市场经济的需要，保护人体健康、保障经济和社会的可持续发展；以国家政策为立法的政策依据，立法时客观反映社会发展规律和要求，充分体现人民的意愿，使食品法律法规能够在现实生活中得到普遍遵守和贯彻；体现和履行已参与的国际条约和惯例等有关规定，学习、借鉴国外先进的食品法律法规，不断完善我国的食品法律法规体系。

食品立法活动主要遵循以下原则：遵循宪法的基本原则；依照法定的权限和

程序的原则；从国家整体利益出发，维护社会主义法制的统一和尊严的原则；坚持民主立法的原则；从实际出发的原则；对人民健康高度负责的原则；预防为主的原则以及发挥中央和地方两方面积极性的原则。

食品法律法规的制定具有四大特点：一是权威性。食品立法是国家的一项专门活动，只能由具有食品立法权的国家权力机关进行，其他任何国家机关、社会组织和公民个人均不得进行食品立法。二是职权性。享有食品立法权的国家权力机关只能在其特定的权限范围内进行与其职权相适应的食品立法活动。三是程序性。食品立法活动必须依照法定程序进行。四是综合性。食品立法活动不仅包括制定新的规范性食品法律文件的活动，还包括认可、修改、补充或废止等一系列食品立法活动。因此，食品法律法规的制定是国家权力机关依照法定的权限和程序，制定、认可、修改、补充或废止规范性食品相关法律文件的活动。

食品法律法规在实施过程中要考虑到其效力范围和适用规则。食品法律法规效力范围是指食品法律法规的生效范围或适用范围，具体包括时间效力、空间效力、对人的效力三个方面。食品法律法规适用规则是指食品法律法规间发生冲突时如何选择适用的食品法律法规。

食品法律法规的时间效力是指食品法律法规何时生效、何时失效、对食品法律发挥生效前所发生的行为和事件是否具有溯及力的问题。食品法律法规的生效时间通常表现为在食品法律法规文件中明确规定从法律法规文件颁布之日起施行；由其颁布后的某一具体时间生效；公布后先予以试行或暂行，然后由立法机关加以补充修改，再通过为正式法律法规公布试行，在试行期间也具有法律效力；在食品法律法规中没有规定其生效日期，在实践中均以公布的时间为生效时间。食品法律法规的失效时间通常表现为从新法颁布实施之日起，相应的旧法即自行废止；新法代替了内容基本相同的旧法，在新法中明确宣布旧法废止。食品法律法规的溯及力是指新法颁布实施后对它生效前所发生的事件和行为是否适用的问题。我国食品法律法规一般不溯及既往，但为了更好地保护公民、法人和其他组织的权利和利益而作的特别规定除外。

食品法律法规的空间效力是指食品法律法规生效的地域范围。由全国人民代表大会及其常委会制定的食品法律法规、国务院及其各部委发布的食品行政法规和规章等规范性文件，在全国范围内有效；由地方人民代表大会及其常委会、民族自治机关颁布的地方性食品法规、自治条例、单行条例、地方人民政府制定的政府食品规章，只在规章等规范性文件管辖区域范围内有效；中央国家机关制定的食品法律法规，若明确规定特定适用范围的则在规定的范围内有效；某些法律法规还具有域外效力。

食品法律法规对人的效力是指食品法律法规对哪些人具有约束力。我国公民、外国人、无国籍人在我国境内，适用于我国食品法律法规；我国公民在我国境外，原则上适用于我国食品法律法规，若有特别规定的按规定办；外国人、无国籍人在我国境外侵害了我国国家或公民、法人的权益，或者与我国公民、法人发生食品法律关系，也适用于我国食品法律法规。

食品法律法规的适用原则包括：上位法优于下位法；同位阶的食品法律法规具有同等法律效力，在各自权限范围内适用；特别法优于一般法；新法优于旧法；不溯及既往原则。

中国现行的食品法律法规主要有《中华人民共和国食品安全法》（以下简称《食品安全法》)、《中华人民共和国农产品质量安全法》（以下简称《农产品质量安全法》)、《中华人民共和国产品质量法》（以下简称《产品质量法》)、《中华人民共和国食品安全法实施条例》（以下简称《食品安全法实施条例》）及其他相关的食品安全管理法律法规。

## 项目一 《食品安全法》的实施

2009年2月28日，第十一届全国人大常委会第七次会议审议通过了《中华人民共和国食品安全法》（以下简称《食品安全法》），于2009年6月1日正式施行。《食品安全法》全方位构筑食品安全法律屏障，对规范食品生产经营活动，防范食品安全事故的发生，增强食品安全监管工作的规范性、科学性和有效性，提高我国食品安全整体水平，切实保证食品安全，保障公众身体健康和生命安全，具有重要意义。

### 一、制定《食品安全法》的历程

2004年7月21日召开的国务院第59次常务会议和2004年9月1日国务院发布的《国务院关于进一步加强食品安全工作的决定》（国发〔2004〕23号)，要求国务院法制办抓紧组织修改食品卫生法。国务院法制办于2004年7月成立了由中央编办和国务院有关部门负责同志为成员的食品卫生法修改领导小组，组织起草食品卫生法修订草案。此后，国务院法制办赴上海、浙江、福建、江西、四川等地调研；收集研究了许多国家的食品卫生安全制度；多次召开论证会，邀请有关专家对制度设计进行研究、论证；先后6次将征求意见稿送全国人大和国务院有关部门、各省级政府、有关行业协会以及部分食品生产经营企业征求意见。在反复研究各方面意见的基础上，国务院法制办会同国务院有关部门对食品卫生法修订草案作了进一步修改，并根据修订的内容将《食品卫生法修订草案》更名为《食品安全法草案》。2007年11月，国务院常务会议通过该《草案》提请全国人大常委会审议。

全国人大一直高度重视食品安全立法，常委会领导多次就食品安全问题听取有关部门汇报，并作出重要指示。2006年初，全国人大常委会根据全国人大代表的议案和建议,将修改食品卫生法列入全国人大常委会立法计划。根据全国人大常委会立法工作要求,全国人大教科文卫委员会积极介入该法草案的起草工作,先后六次召开修订食品卫生法座谈会,听取有关议案领衔代表、国务院有关部门及专家的意见和建议;先后赴山东、广东、浙江等地进行调研,了解食品安全现状,听取各方面意见。2008年5月,全国人大纪律委员会、教科文卫委员会和全国人大常委会法工委联合在京召开座谈会,分别听取国务院有关部门、专家和食品生产经营企业的意见。根据立法工作要求,全国人大教科文卫委员会经认真研究,分别于2007年11月和2008年8月向全国人大常委会提交了审议报告和审议意见。

2007年12月,第十届全国人大常委会对食品安全法草案进行了初次审议。2008年4月,第十一届全国人大常委会将食品安全法草案向社会全文公布征求意见,自4月20日至5月20日共收到意见11327件。此后,第十一届全国人大常委会分别于2008年8月和10月对该草案进行了二审和三审。2009年2月28日,全国人大常委会第四次审议并通过了《食品安全法》。

## 二、制定《食品安全法》的意义

**1. 制定《食品安全法》是保障食品安全,保证公众身体健康和生命安全的需要**

通过制定《食品安全法》,建立以食品安全标准为基础的科学管理制度;理顺食品安全监管体制;明确各监管部门的职责,确立食品生产经营者是保证食品安全第一责任人的法定义务(此三个方面为食品安全法规定的主要内容)。从法律制度上解决我国当前食品安全工作中存在的主要问题。

**2. 制定《食品安全法》是促进食品工业和食品贸易发展的需要**

通过制定《食品安全法》,可以更加严格地规范食品生产经营活动,促使生产者依据法律、法规和食品安全标准从事生产经营活动,在生产经营活动中重质量、重服务、重信誉、重自律,对社会和公众负责,推动食品产业规模不断扩大,促进食品行业的发展。

**3. 制定《食品安全法》是加强社会领域立法,完善食品安全法律制度的需要**

制定《食品安全法》,在法律框架内解决食品安全问题,着眼于以人为本,关注民生,切实解决人民最关心、最现实的利益问题,贯彻科学发展观的要求。同时,与农产品质量安全法、农业法、动物防疫法、产品质量法、进出口商品检验法、农药管理条例等相配套,进一步完善了食品安全法律制度。

## 三、《食品安全法》的主要内容及特点

《食品安全法》共分10章104条,内容包括总则、食品安全风险监测和评

估、食品安全标准、食品生产经营、食品检验、食品进出口、食品安全事故处置、监督管理、法律责任、附则。

《食品安全法》在延续《食品卫生法》行之有效制度的基础上，根据食品安全新形势，从实际情况出发，吸收国内外食品安全监管的成功经验和做法，以保证食品安全为主线，针对食品安全监管中的漏洞，在不同层面、多个角度进行了体制创新、制度创新和机制创新，为食品安全工作构筑了新的框架平台。立法重点明确，在食品安全风险监测和评估、食品安全标准的制定、食品生产经营、食品检验、食品安全事故处理、监督管理和法律责任等方面都做了全面妥善的规定，法的适用性和可操作性都比较强。现行的《食品安全法》可以归纳为八大特点。

**1. 规定国务院设立食品安全委员会，食品安全监管体制更加科学、有效**

食品安全是重要的公共卫生问题。为了解决食品安全监督管理中的职责不清等突出问题，该法规定了国务院各有关主管部门按照各自职责分工依法行使职权，对食品安全分段实施监管的监督管理体制。国务院设立食品安全委员会，作为高层次的议事协调机构，协调、指导食品安全监管工作。国务院卫生行政部门承担食品综合协调职责，负责食品的安全风险评估、食品安全标准制定、食品安全信息公布、食品检验机构的资质认定条件和检验规范的制定，组织查处食品安全重大事故。农业部门负责初级农产品生产环节的监管；质量监督部门负责食品生产加工环节的监管；工商部门负责食品流通环节的监管；国家食品药品监督管理部门负责餐饮服务活动的监管。这种体制有利于各司其职，对改善食品安全状况，实际上也发挥了积极作用。

**2. 明确食品安全风险评估的法律地位，食品安全监管有了科学依据**

食品安全问题的主要表现形式是食源性疾病、营养缺乏性疾病。食品安全风险评估就是对食品中生物性、化学性和物理性危害对人体健康可能造成的不良影响进行的科学评估。将食品安全风险评估结果作为制定食品安全标准和政策的科学依据，是人们对食品安全监管规律的深刻认识，已成为许多国家的普遍做法。据此，该法确立了食品安全风险评估制度，明确规定：国家建立食品安全风险评估制度，对食品、食品添加剂中生物性、化学性和物理性危害进行风险评估。并规定国务院卫生行政部门负责组织食品安全风险评估工作。为了保证食品安全风险评估的结果得到利用，该法规定，食品安全风险评估结果是制定、修订食品安全标准和对食品安全实施监督管理的科学依据；风险评估得出食品不安全结论的，监管部门应依据各自职责立即采取措施，确保该食品停止生产经营，并告知消费者停止食用。需要修订、制定相关食品安全国家标准的，国务院卫生行政部门应当立即制定、修订；国务院卫生行政部门应当会同国务院有关部门，根据风险评估结果和食品安全监督管理信息，对食品安全状况进行综合分析，对可能具有较高程度安全风险的食品，国务院卫生行政部门应提出食品安全风险警示，并予以公布。

### 3. 规范食品安全标准的制定，有利于保障监管工作的统一性

为了解决目前一种食品有多套标准适用的问题，该法规定，制定食品安全标准，应当以保障公众身体健康为宗旨，做到科学合理、安全可靠。并规定制定食品安全国家标准由国务院卫生行政部门负责制定、公布，国务院标准化行政部门提供国家标准编号。国务院卫生行政部门应当对现行食用农产品质量安全标准、食品卫生标准、食品质量标准和有关食品的行业标准中强制执行的标准予以整合，统一公布为食品安全标准。除食品安全标准外，不得制定其他的食品强制性标准。有关产品国家标准涉及食品安全国家标准规定内容的，应当与食品安全国家标准相一致。

为了保证食品安全标准的科学性和权威性，该法规定，食品安全国家标准应当经食品安全国家标准审评委员会审查通过。食品安全国家标准审评委员会由卫生、农业、食品等方面的专家以及国务院有关部门的代表组成。制定食品安全国家标准，应当依据食品安全风险评估结果并充分考虑食用农产品质量安全风险评估结果，参照相关的国际标准和国际食品安全风险评估结果，广泛听取食品生产经营者和消费者的意见。

### 4. 规范食品检验行为，保证食品检验数据和结论的客观、公正

为了规范食品检验机构和食品检验活动，保证食品检验数据和结论的客观、公正，该法规定：一是食品检验机构按照国家有关认证认可的规定取得资质认定后，方可从事食品检验活动。二是食品检验机构的资质认定条件和检验规范，由国务院卫生行政部门制定。三是食品检验实行食品检验机构与检验人负责制，由食品检验机构指定的检验人独立进行。检验人应当按照有关法律、法规的规定，并按照食品安全标准和检验规范对食品进行检验，保证出具的检验数据和结论客观、公正，不得出具虚假的检验报告。

为了避免食品安全监管出现遗漏，该法规定，食品安全监督管理部门对食品不得实施免检。食品安全监管部门应当对食品进行定期或不定期的抽样检验。进行抽样检验应当购买抽取的样品，不得收取检验费和其他任何费用。这些都体现了科学、公正执法的理念。

### 5. 注重食品生产经营的管理，维护好消费者的权益

食品安全法强化了食品生产经营者作为食品安全第一责任人制度，要求食品生产经营者建立健全本单位的食品安全管理制度，加强对职工安全知识培训，配备专职或者兼职食品安全管理人员，做好对所生产经营食品的检验检测工作，依法从事食品生产经营活动。这样有助于强化企业的责任意识，提高食品安全整体水平。食品安全法还赋予了行业协会明确的职责，要求加强行业自律，引导食品生产经营者依法生产经营，推动行业诚信建设，宣传、普及食品安全知识。要求新闻媒体开展食品安全法律、法规以及食品安全标准知识的宣传，并对违反该法

的行为进行舆论监督。针对食品生产经营中的突出问题做出了针对性规定。如要求食品生产经营者按照食品安全标准关于食品添加剂的品种、使用范围、用量的规定使用食品添加剂；不得在食品生产中使用食品添加剂以外的化学物质和其他可能危害人体健康的物质。同时还规定，食品添加剂的使用不仅要经过食品安全风险评估，证明安全可靠，还必须证明技术上确有必要，否则不被允许使用。为了更好从制度上保证食品生产经营者成为食品安全的第一责任人，该法除规定食品生产经营许可、从业人员健康管理等制度外，还规定了以下制度：

一是生产经营食品的基本准则。该法规定，食品生产经营应当符合食品安全标准，并符合相应的原料处理场所和生产经营设备等食品安全管理要求。同时，该法明确禁止生产经营，用非食品原料生产的食品或添加食品添加剂以外的化学物质的食品，或用回收食品作为原料生产的食品；病死、毒死或者死因不明的禽、畜、兽、水产动物肉类及其制品；营养成分不符合食品安全标准的专供婴幼儿和其他特定人群的主辅食品等。

二是食品标签制度。该法规定，预包装食品的包装上应当有标签，标签应当标明成分或者配料表、保质期、所使用的食品添加剂等事项。该法还对声称具有特定保健功能的食品做出特别规定，除上述要求外，其标签、说明书应当载明适宜人群、不适宜人群、功效成分或者标志性成分及其含量等。

三是索票索证制度。该法规定，食品生产者采购食品原料、食品添加剂、食品相关产品，应当查验供货者的许可证和产品合格证明文件。食品生产企业应建立食品原料、添加剂、食品相关产品进货查验记录制度和食品出厂检验记录制度。同时，食品经营者采购食品，应当查验供货者的许可证和食品合格的证明文件。食品经营企业应当建立食品进货查验记录制度。

四是食品召回制度。该法借鉴了国际通行做法，从生产、经营和监管三个方面确立了食品召回制度。

第一，食品生产者发现其生产的食品不符合食品安全标准，应当立即停止生产，召回已经上市销售的食品，通知相关生产经营者和消费者，并记录召回和通知情况。

第二，食品经营者发现其经营的食品不符合食品安全标准，应当立即停止经营，通知相关生产经营者和消费者，并记录停止经营和通知情况。食品生产者认为应当召回的，应当立即召回。

第三，食品生产经营者未依法召回或停止经营不符合食品安全标准的食品的，食品安全监管部门可以责令其召回或停止经营。

### 6. 加大了对进口食品的监管力度，确保进口食品的安全

为了保障我国公民的生命安全和身体健康，该法对食品进口做了以下规定：一是进口的食品、食品添加剂以及食品相关产品应当符合我国食品安全国家标准，无国家标准或首次进口的新品种，进口商应当向国务院卫生行政部门提出申

请并提交相关安全性评估材料。二是向我国境内出口食品的出口商或者代理商应当向国务院出入境检验检疫主管部门备案；向我国境内出口食品的境外食品生产企业应当经国务院出入境检验检疫主管部门注册。三是进口预包装食品的标签、说明书应当符合该法以及我国其他有关法律、行政法规的规定和食品安全国家标准的要求。

为了维护我国出口食品的良好形象，该法规定，出口的食品由出入境检验检疫机构进行监督、抽检，海关凭出入境检验检疫机构签发的通关证明放行。出口食品生产企业和出口食品原料种植、养殖场应当向国务院出入境检验检疫主管部门备案。此外该法还规定，国家出入境检验检疫部门应当收集、汇总进出口食品安全信息，并及时通报相关部门、机构和企业；建立进出口食品的进口商、出口商和出口食品生产企业的信誉记录，并予以公布。有不良记录的，应加强检验检疫。

### 7. 规范食品安全监管部门的权力和责任，监管制度更加合理

制定食品安全法的目的，是为了保证食品安全，保障公众身体健康和生命安全。食品安全监管须"以人为本"，科学监管。为此，该法在监管体制、监管依据、监管内容、监管手段、监管信息等方面，都做出了具体的规定。针对目前食品安全监管中执行力不强、执法不严等问题，该法赋予监管部门制止、查处违法行为的必要权力，规定：食品安全监管部门履行食品安全监管职责时，有权进入生产经营场所实施现场检查；对生产经营的食品进行抽样检验；查阅、复制有关合同、票据、账簿以及其他有关资料；查封、扣押有证据证明不符合食品安全标准的食品，违法使用的食品原料、添加剂、食品相关产品，以及用于违法生产经营或者被污染的工具、设备；查封违法从事食品生产经营活动的场所等。根据权力和责任相一致的原则，该法同时还规定，食品安全监管部门不履行该法规定的职责或者滥用职权、玩忽职守、徇私舞弊的，依法对直接负责的主管人员和其他直接责任人员给予记大过或降级的处分；造成严重后果的，给予撤职或开除的处分；其主要负责人应当引咎辞职。

公众对食品安全问题享有知情权，但为了防止不负责任的传言或者炒作引起消费者不必要的恐慌，针对当前食品安全信息公布不规范、不统一、有的不够科学等问题，该法明确规定，国家建立食品安全信息统一公布制度，对食品安全信息公布的主体、渠道、形式等分别作出了详细规定，保证公众获得真实、准确、及时的食品安全信息。

### 8. 强化了公民权益保障的有效措施，加大对违法行为的处罚力度

为了切实保障人民群众的生命安全和身体健康，必须加大对食品生产经营违法行为的处罚力度。据此，该法对用非食品原料生产食品或在食品中添加食品添加剂以外的化学物质，或用回收食品作为原料生产食品，生产经营营养成分不符合食品安全标准的专供婴幼儿和其他特定人群的主辅食品，经营病死、毒死或者死因不明的禽、畜、兽、水产动物肉类及其制品，未经安全性评估利用新的食品

原料从事食品生产或者从事食品添加剂和食品相关产品新品种的生产等，处以最高多达货值金额 10 倍的罚款，吊销其许可证。对依照该法规定被吊销食品生产、流通或者餐饮服务许可证的单位，其直接负责的主管人员自处罚决定作出之日起 5 年内不得从事食品生产经营管理工作。生产或不符合食品标准的食品销售明知是不符合食品安全标准的食品，消费者除要求赔偿损失外，还可以向生产者或销售者要求支付价款 10 倍的赔偿金。

针对虚假食品广告欺骗、误导消费者损害消费者权益的情况，该法加强了对食品广告的监管。一是食品安全监督管理部门或承担食品检验职责的机构、食品行业协会、消费者协会不得以广告或其他形式向消费者推荐食品。二是社会团体或者其他组织、个人在广告中向消费者推荐不符合食品安全标准的食品，使消费者合法权益受到损害的，与食品生产经营者承担连带责任。为了保证使权益受到损害的消费者优先得到赔偿，该法还规定，应当承担民事赔偿责任和缴纳罚款、罚金，其财产不足以同时支付时，先承担民事赔偿责任。这样规定更多地体现了消费者与经营者之间的民事法律关系，强化了对消费者民事权利的保护，也有利于增强法律的可操作性。

## 项目二 《食品安全法实施条例》

《食品安全法实施条例》经国务院第 73 次常务会议通过，自 2009 年 7 月 20 日起施行。该条例包括 10 章 64 条，旨在进一步落实企业作为食品安全第一责任人的责任，强化各部门在食品安全监管方面的职责，将《食品安全法》一些较为原则的规定具体化。

### 一、落实企业责任

为了落实食品生产经营者作为食品安全第一责任人的责任，该条例做了以下三方面规定：

#### 1. 落实食品生产企业的安全管理责任

生产是食品安全的基础，保障食品安全，必须对食品生产过程实施全过程控制。为此，该条例规定，企业应当建立并执行原料验收、生产过程安全管理、设备管理等食品安全管理制度；应当就原料、生产关键环节、检验和运输交付等事项制定并实施控制要求；生产过程中发生不符合控制要求的，要立即查明原因并采取整改措施；并应如实记录食品生产过程的安全管理情况，记录的保存期限不得少于 2 年。

#### 2. 建立食品批发企业的销售记录制度

落实食品生产经营者的责任，要求做到问题食品的可追溯。为此，在《食品安全法》已详细规定食品生产经营者的进货索证索票义务的基础上，该条例补充规定：食品批发企业应当如实记录批发食品的名称、数量、购货者名称及联系方式等，或保留载有上述信息的销售票据；记录、票据的保存期限不得少于2年。

#### 3. 规定餐饮服务提供者的安全管理责任

餐饮服务属于食品的消费环节，其安全状况直接影响消费者的身体健康和生命安全。为此，该条例规定，餐饮服务提供者应当制定并实施原料采购控制要求，确保所购原料符合食品安全标准；发现待加工食品及原料有腐败变质等情况的，不得加工或使用。该条例还要求餐饮服务提供企业应定期清洗和维护食品加工、冷藏等设施设备。

## 二、强化政府监管

为了促使地方各级政府和政府有关部门切实承担起食品安全监管责任，有效执行食品安全法确立的分工负责与统一协调相结合的食品安全监管体制，该条例做了以下规定：

#### 1. 强化地方政府完善食品安全监管工作协调配合机制的责任

地方人民政府应当对本行政区域的食品安全监管工作负总责。该条例规定，县级以上地方人民政府应当建立健全食品安全监管部门的协调配合机制，整合、完善食品安全信息网络，实现食品安全信息共享和食品检验等技术资源的共享。条例还特别明确了县级、市级人民政府统一组织、协调食品安全监管工作的职责，规定县级人民政府应当统一组织、协调本级卫生、农业、质检、工商、食品药品监管部门，依法对本行政区域内的食品生产经营者进行监督管理；对发生食品安全事故风险较高的食品生产经营者，应当重点加强监督管理。在卫生部公布食品安全风险警示信息，或者接到所在地省级卫生部门依照该条例第十条规定通报的食品安全风险监测信息后，市级和县级人民政府应当立即组织本级卫生、农业、质检、工商、食品药品监管部门采取有针对性的措施，防止发生食品安全事故。

#### 2. 明确制定食品安全风险监测计划、标准规划等工作的负责部门

该条例进一步细化了食品安全法的有关职责规定，明确国家食品安全风险监测计划由卫生部会同质检总局、工商总局等部门制定，食品安全国家标准规划由卫生部会同农业部、质检总局等部门制定，食品安全国家标准审评委员会由卫生部负责组织，食品安全标准实施情况的跟踪评价工作由省级以上卫生部门会同同级农业、质检等部门负责。

#### 3. 强化各部门在食品安全监管工作中的协调与配合

在实行食品安全分段监管的情况下，为保证监管工作的整体性和有效性，有必要进一步强化各监管部门间的协调与配合，以实现各监管环节间的无缝衔接。为此，该条例规定，卫生部应当向质检总局等部门通报食品安全风险监测数据和

分析结果；省级以上卫生、农业部门应当相互通报食品安全风险监测和食用农产品质量安全风险监测的相关信息，卫生部和农业部应当相互通报食品安全风险评估结果和食用农产品质量安全风险评估结果等相关信息；参与事故调查的部门应当在卫生部门的统一组织协调下分工协作、相互配合，提高事故调查处理的工作效率；食品安全日常监管信息涉及两个以上监管部门职责的，由相关部门联合公布。

### 三、重大事故问责

该条例规定：县级以上地方人民政府不履行食品安全监督管理法定职责，本行政区域出现重大食品安全事故、造成严重社会影响的，依法对直接负责的主管人员和其他直接责任人员给予记大过、降级、撤职或开除的处分。县级以上卫生行政、农业行政、质量监督、工商行政管理、食品药品监督管理部门或其他有关行政部门不履行食品安全监督管理法定职责、日常监督检查不到位或滥用职权、玩忽职守、徇私舞弊的，依法对直接负责的主管人员和其他直接责任人员给予记大过或降级的处分；造成严重后果的，给予撤职或开除的处分；其主要负责人应引咎辞职。

### 四、原则的规定具体化

为了确保食品安全法得到全面、有效、准确执行，该条例对食品安全法中较为原则的制度做了具体规定。主要有以下几方面内容：

**1. 规定了应当启动食品安全风险评估工作的情形**

在食品安全法已经明确规定食品安全风险评估制度的基础上，该条例明确下列情形应当启动食品安全风险评估工作：

（1）为制定或修订食品安全国家标准提供科学依据需要进行风险评估的。

（2）为确定监管的重点领域、重点品种需要进行风险评估的。

（3）发现新的可能危害食品安全的因素的。

（4）需要判断某一因素是否构成食品安全隐患的等。

**2. 细化了食品复检制度**

为方便企业和消费者查阅复检机构名录，同时避免因多次复检加重企业或财政负担，维护复检申请人的合法权益，该条例规定，复检机构名录由国务院认证认可监督管理部门、卫生部、农业部等部门共同公布，复检机构出具的复检结论为最终检验结论；复检机构由复检申请人自行选择，但不得与初检机构为同一机构。

**3. 明确了食品安全日常监管信息的内容**

《食品安全法》第八十二条规定了食品安全日常监管信息的公布部门。该条例进一步明确食品安全日常监管信息包括：

（1）依照食品安全法实施行政许可的情况。
（2）责令停止生产经营的食品、食品添加剂、食品相关产品的名录。
（3）查处食品生产经营违法行为的情况。
（4）专项检查整治工作情况等。

### 4. 进一步明确了"病毒性肝炎"的范围

《食品安全法》第三十四条第一款规定："患有痢疾、伤寒、病毒性肝炎等消化道传染病的人员，以及患有活动性肺结核、化脓性或者渗出性皮肤病等有碍食品安全的疾病的人员，不得从事接触直接入口食品的工作。"条例进一步明确了"病毒性肝炎"的范围，规定从事接触直接入口食品工作的人员患有痢疾、伤寒、甲型病毒性肝炎、戊型病毒性肝炎等消化道传染病，以及患有活动性肺结核、化脓性或者渗出性皮肤病等有碍食品安全的疾病的，食品生产经营者应当将其调整到其他不影响食品安全的工作岗位。

### 5. 对食品召回制度等内容做了细化规定

该条例对食品召回制度做出详细规定：对依照《食品安全法》第53条规定被召回的食品，食品生产者应当进行无害化处理或予以销毁，防止其再次流入市场。对因标签、标识或说明书不符合食品安全标准而被召回的食品，食品生产者在采取补救措施且能保证食品安全的情况下可以继续销售；销售时应向消费者明示补救措施。

该条例的公布施行，有利于进一步落实企业的食品安全第一责任，强化政府及其有关部门的食品安全监管工作，有效配合《食品安全法》的实施，从制度上改善我国的食品安全状况，切实提高食品安全整体水平。

## 项目三 《农产品质量安全法》的实施

《中华人民共和国农产品质量安全法》（以下简称《农产品质量安全法》）于2005年10月22日由国务院审议通过并提请全国人大审议，经隔短短半年时间，全国人大常务委员会经过三次审议，于2006年4月29日第十届全国人民代表大会常务委员会第二十一次会议通过，胡锦涛于同日以第四十九号主席令颁布，自2006年11月1日起施行。

### 一、《农产品质量安全法》的重要意义

国以民为本，民以食为天，食以安为先。农产品质量安全直接关系人民群众的日常生活、身体健康和生命安全；关系社会的和谐稳定和民族发展；关系农业对外开放和农产品在国内外市场的竞争。《农产品质量安全法》的正式出台，是关系"三农"乃至整个社会经济长远发展的一件大事，具有十分重大而深远的

影响和划时代的意义。出台《农产品质量安全法》，是坚持科学发展观，推动农业生产方式转变，为发展高产、优质、高效、生态、安全的现代农业和社会主义新农村建设提供坚实支撑的现实要求；是构建和谐社会，规范农产品产销秩序，保障公众农产品消费安全，维护最广大人民群众根本利益的可靠保障；是推进农业标准化，提高农产品质量安全水平，全面提升我国农产品竞争力，应对农业对外开放和参与国际竞争的重大举措；是填补法律空白，推进依法行政，转变政府职能，促进体制创新、机制创新和管理创新的客观要求。

## 二、出台《农产品质量安全法》的有关背景

人们每天消费的食物，有相当大的部分是直接来源于农业的初级产品，即《农产品质量安全法》所称的"农产品"。农产品的质量安全状况如何，直接关系着人民群众的身体健康乃至生命安全。农产品质量安全问题被称之为社会四大问题之一。农产品的农（兽）药残留及有害物质超标，食物中毒事件不断发生，食品质量问题成为近年消费者投诉之首。近年来全球有数亿人因为摄入污染的食品和饮用水而生病。中国每年食物中毒报告例数为2万~4万人，专家估计每年实际食物中毒例数在20万~40万人；2004年卫生部通报的381起重大食物中毒事件中，由有毒动、植物引起的有140起，占37%，中毒1466人。我们不但要保证老百姓吃得饱，还要保证老百姓吃得安全、吃得放心，这是坚持以人为本，对人民高度负责的体现。全国人大常委会虽已制定了《食品卫生法》和《产品质量法》，但前者不调整种植业养殖业等农业生产活动；后者只适用于经过加工、制作的产品，不适用于未经加工、制作的农业初级产品。为了从源头上保障农产品质量安全，维护公众的身体健康，促进农业和农村经济的发展，有必要制定专门的《农产品质量安全法》。在中央的高度重视和各有关方面的共同努力下，《农产品质量安全法》在很短的时间内得以顺利出台。

## 三、《农产品质量安全法》的调整范围和主要内容

《农产品质量安全法》调整的范围包括三个方面的内涵：一是关于调整的产品范围问题。该法所指农产品是指来源于农业的初级产品，即在农业活动中获得的植物、动物、微生物及其产品。二是关于调整的行为主体问题。既包括农产品的生产者和销售者，也包括农产品质量安全管理者和相应的检测技术机构和人员等。三是关于调整的管理环节问题。既包括产地环境、农业投入品的科学合理使用、农产品生产和产后处理的标准化管理，也包括农产品的包装、标识、标志和市场准入管理。可以说，《农产品质量安全法》对涉及农产品质量安全的方方面面都进行了相应的规范，调整的对象全面、具体，符合中国的国情和农情。

《农产品质量安全法》共分八章五十六条，内涵相当丰富。第一章为总则，对农产品的定义，农产品质量安全的内涵，法律的实施主体，经费投入，农产品

质量安全风险评估、风险管理和风险交流，农产品质量安全信息发布，安全优质农产品生产，公众质量安全教育等方面做出了规定；第二章为农产品质量安全标准，对农产品质量安全标准体系的建立，农产品质量安全标准的性质，农产品质量安全标准的制定、发布、实施的程序和要求等进行了规定；第三章为农产品产地，对农产品禁止生产区域的确定，农产品标准化生产基地的建设，农业投入品的合理使用等方面作出了规定；第四章为农产品生产，对农产品生产技术规范的制定，农业投入品的生产许可与监督抽查、农产品质量安全技术培训与推广、农产品生产档案记录、农产品生产者自检、农产品行业协会自律等方面进行了规定；第五章为农产品包装和标识，对农产品分类包装、包装标识、包装材质、转基因标识、动植物检疫标识、无公害农产品标志和优质农产品质量标志做出了规定；第六章为监督检查，对农产品质量安全市场准入条件、监测和监督检查制度、检验机构资质、社会监督、现场检查、事故报告、责任追溯、进口农产品质量安全要求等进行了明确规定；第七章为法律责任，对各种违法行为的处理、处罚做出了规定；第八章为附则。

### 四、《农产品质量安全法》确立的基本制度

《农产品质量安全法》主要包括以下十项基本制度：一是政府统一领导、农业主管部门为主体、相关部门分工协作配合的农产品质量安全管理体制，这一管理体制明确了农业主管部门在农产品质量安全监管中的主体地位（《农产品质量安全法》总则第三条、第四条、第五条等）。二是农产品质量安全标准的强制实施制度，政府有关部门应按照保障农产品质量安全的要求，依法制定和发布农产品质量安全标准并监督实施，不符合农产品质量安全标准的农产品，禁止销售（《农产品质量安全法》总则第八条和第二章全部）。三是防止因农产品产地污染而危及农产品质量安全的农产品产地管理制度（《农产品质量安全法》第三章全部）。四是农产品生产记录制度和农业投入品生产、销售、使用制度（《农产品质量安全法》第四章第二十条至二十五条）。五是农产品质量安全市场准入制度（《农产品质量安全法》第三十三条、第三十七条）。六是农产品的包装和标识管理制度（《农产品质量安全法》第五章全部第二十八条至三十二条）。七是农产品质量安全监测制度（《农产品质量安全法》第二十六条、第三十四条至三十六条）。八是农产品质量安全检查监督检查制度（《农产品质量安全法》第三十九条等）。九是农产品质量安全的风险分析、评估制度和信息发布制度（《农产品质量安全法》第六条、第七条等）。十是对农产品质量安全违法行为的责任追究制度（《农产品质量安全法》第四十条、第四十一条和第七章全部共十四条）。同时，法律还明确了各级政府要将农产品质量安全管理工作纳入本级国民经济和社会发展规划，并安排农产品质量安全经费，用于开展农产品质量安全工作。

## 五、《农产品质量安全法》的配套规章制度

农业部相继出台了与《农产品质量安全法》相配套的规章制度有:《农产品产地安全管理办法》(农业部令 2006 第 71 号)、《农产品包装和标识管理办法》(农业部令 2006 第 170 号)、《农产品质量安全检测机构管理办法》(农业部令 2007 第 17 号)和《农产品质量安全监测管理办法》(农业部令 2012 第 17 号)等。同时,要求各级地方人民政府和农业主管部门积极做好相关配套规章制度建设。

## 六、《农产品质量安全法》对农产品产地管理的规定

生产过程是影响农产品质量安全的关键环节。《农产品质量安全法》对农产品生产者在生产过程中保证农产品质量安全的基本义务作了规定。主要包括:

(1) 依照规定合理使用农业投入品　农产品生产者应当按照法律、行政法规和国务院农业主管部门的规定,合理使用化肥、农药、兽药、饲料和饲料添加剂等农业投入品,严格执行农业投入品使用安全间隔期或者休药期的规定,禁止使用国家明令禁止使用的农业投入品,防止因违反规定使用农业投入品危及农产品质量安全。

(2) 依照规定建立农产品生产记录　农产品生产企业和农民专业合作经济组织应当建立农产品生产记录,如实记载使用农业投入品的有关情况、动物疫病和植物病虫草害的发生和防治情况,以及农产品收获、屠宰、捕捞的日期等情况。

(3) 对其生产的农产品的质量安全状况进行检测　农产品生产企业和农民专业合作经济组织应当自行或者委托检测机构对其生产的农产品的质量安全状况进行检测,经检测不符合农产品质量安全标准的,不得销售。为贯彻实施好《农产品质量安全法》中关于农产品产地管理的规定,农业部进一步制定了《农产品产地安全管理办法》。

## 七、《农产品质量安全法》对农产品生产者在生产过程中应当遵守保障农产品质量安全的规定

生产过程是影响农产品质量安全的关键环节。《农产品质量安全法》对农产品生产者在生产过程中保证农产品质量安全的基本义务作了规定。主要包括:

(1) 依照规定合理使用农业投入品　农产品生产者应当按照法律、行政法规和国务院农业主管部门的规定,合理使用化肥、农药、兽药、饲料和饲料添加剂等农业投入品,严格执行农业投入品使用安全间隔期或者休药期的规定,禁止使用国家明令禁止使用的农业投入品,防止因违反规定使用农业投入品危及农产品质量安全。

(2) 依照规定建立农产品生产记录　农产品生产企业和农民专业合作经济

组织应当建立农产品生产记录,如实记载使用农业投入品的有关情况、动物疫病和植物病虫草害的发生和防治情况,以及农产品收获、屠宰、捕捞的日期等情况。

(3) 对其生产的农产品的质量安全状况进行检测 农产品生产企业和农民专业合作经济组织应当自行或者委托检测机构对其生产的农产品的质量安全状况进行检测,经检测不符合农产品质量安全标准的,不得销售。

### 八、《农产品质量安全法》对农产品包装和标识的规定

逐步建立农产品的包装和标识制度,对于方便消费者识别农产品质量安全状况,对于逐步建立农产品质量安全追溯制度,都具有重要作用。《农产品质量安全法》对于农产品包装和标识的规定主要包括:

(1) 对国务院农业主管部门规定在销售时应当包装和附加标识的农产品,农产品生产企业、农民专业合作经济组织以及从事农产品收购的单位或者个人,应当按照规定包装或者附加标识后方可销售;属于农业转基因生物的农产品,应当按照农业转基因生物安全管理的规定进行标识。依法需要实施检疫的动植物及其产品,应当附具检疫合格的标志、证明。

(2) 农产品在包装、保鲜、贮存、运输中使用的保鲜剂、防腐剂和添加剂等材料,应当符合国家有关强制性的技术规范。

(3) 销售的农产品符合农产品质量安全标准的,生产者可以申请使用无公害农产品标识;农产品质量符合国家规定的有关优质农产品标准的,生产者可以申请使用相应的农产品质量标志。为贯彻实施好《农产品质量安全法》中关于农产品包装和标识的规定,农业部进一步制定了《农产品产地安全管理办法》。

### 九、《农产品质量安全法》对农产品质量安全实施监督检查的规定

依法实施对农产品质量安全状况的监督检查,是防止不符合农产品质量安全标准的产品流入市场、进入消费,危害人民群众健康和安全的必要措施,是农产品质量安全监管部门必须履行的法定职责。《农产品质量安全法》规定的农产品质量安全监督检查制度的主要内容包括:①县级以上政府农业主管部门应当制定并组织实施农产品质量安全监测计划,对生产中或者市场上销售的农产品进行监督抽查,监督抽查结果由省级以上政府农业主管部门予以公告,以保证公众对农产品质量安全状况的知情权。②监督抽查检测应当委托具有相应的检测条件和能力检测机构承担,并不得向被抽查人收取费用。被抽查人对监督抽查结果有异议的,可以申请复检。③县级以上农业主管部门可以对生产、销售的农产品进行现场检查,查阅、复制与农产品质量安全有关的记录和其他资料,调查了解有关情况。对经检测不符合农产品质量安全标准的农产品,有权查封、扣押。④对检查发现的不符合农产品质量安全标准的产品,责令停止销售、进行无害化处理或者

予以监督销毁；对责任者依法给予没收违法所得、罚款等行政处罚；对构成犯罪的，由司法机关依法追究刑事责任。

### 十、《农产品质量安全法》对国家建立农产品质量安全监测制度的规定

建立农产品质量安全监测制度是为了全面、及时、准确地掌握和了解农产品质量安全状况，根据农产品质量安全风险评估结果，对风险较大的危害进行例行监测，既为政府管理提供决策依据，又为有关团体和公众及时了解相关信息，最大限度地减少影响农产品质量安全因素对人民身体的危害。农产品质量安全监测制度的具体规定主要包括：监测计划的制定依据、监测的区域、监测的品种和数量、监测的时间、产品抽样的地点和方法、监测的项目和执行标准、判定的依据和原则、承担的单位和组织方式、呈送监测结果和分析报告的格式、结果公告的时间和方式等。为贯彻实施好《农产品质量安全法》中关于实施农产品质量安全监测制度的规定，农业部进一步制定了《农产品质量安全监测管理办法》。

### 十一、《农产品质量安全法》对检测机构的规定

《农产品质量安全法》规定，监督抽查检测应当委托相关的农产品质量安全检测机构进行，检测机构必须具备相应的检测条件和能力，由省级以上人民政府农业行政主管部门或者其授权的部门考核合格，同时应当依法经计量认证合格。规定应当充分利用现有的符合条件的检测机构，主要是避免重复建设和资源浪费。建立农产品质量安全检验检测机构，开展农产品生产环节和市场流通等环节质量安全监测工作，是实施农产品质量安全监管的重要手段，也是世界各国尤其是发达国家的普遍做法。在《农产品质量安全法》中做这样的规定，对于政府依法开展农产品质量安全监管，确保农产品质量安全，保证人民群众的身体健康和生命安全，具有十分重要的意义。目前，通过农业部授权认可和国家计量认证的农产品质量安全检验检测中心已达238家，全国省、市、县农业部门已经建立检测机构1100多家，检测内容基本涵盖了主要农产品、农业投入品和农业环境等相关领域，拥有各类检测技术人员近2万名。为贯彻实施好《农产品质量安全法》中关于农产品质量安全检测机构的有关规定，农业部进一步制定了《农产品质量安全检测机构资格认定管理办法》。

### 十二、《农产品质量安全法》对批发市场的规定

《农产品质量安全法》明确规定了禁止销售的农产品范围，同时规定农产品批发市场应当设立或者委托农产品质量安全检测机构，对进场销售的农产品质量安全状况进行抽查检测；发现不符合农产品质量安全标准的，应当要求销售者立即停止销售，并向农业行政主管部门报告；应当建立进货检查验收制度。该法中还规定了批发市场相应的民事赔偿责任和法律责任。农产品批发市场主要是由国

家投资的公益性事业，做这样的规定既参照了国际通行惯例，又充分考虑我国产品市场流通的现状。一方面，农产品批发市场作为提供农产品交易场所的独立法人单位，应当承担进入市场的农产品的质量安全责任，并有义务保证市场上农产品的质量安全；另一方面，目前我国大中城市的农产品主要通过批发市场流通，农产品批发市场是联系农产品生产、运输、消费等链条的关键环节，批发市场承担起相关的把关责任，就意味着向前可以追溯生产者的责任，向后可以保护消费者的消费安全。

### 十三、《农产品质量安全法》对县级以上地方人民政府的规定

农产品种类繁多，生产周期长，从生产到供应环节多，影响质量安全的因素多，农产品质量安全控制难度较大，加强农产品质量安全管理是一项长期艰巨的任务。从世界范围来看，政府作为公共安全的管理者，有义务履行农产品质量安全监管责任。从我国来看，全面提高农产品质量安全水平，建立健全农产品质量安全监管制度和长效机制，离不开政府的组织领导和统筹规划。为此，《农产品质量安全法》强化了地方人民政府对农产品质量安全监管的责任，对县级以上地方人民政府的职责和义务进行了专门规定：第一，县级以上人民政府应当将农产品质量安全管理工作纳入本级国民经济和社会发展规划，并安排农产品质量安全经费，用于开展农产品质量安全工作。第二，县级以上地方人民政府统一领导、协调本行政区域内的农产品质量安全工作，并采取措施，建立健全农产品质量安全服务体系，提高农产品质量安全水平。第三，各级人民政府及有关部门应当加强农产品质量安全知识的宣传，提高公众的农产品质量安全意识，引导农产品生产者、销售者加强质量安全管理，保障农产品消费安全。第四，县级以上人民政府应当加强农产品基地建设，建设农产品标准生产示范区和无规定动植物疫病区，改善农产品生产条件，加强对农产品生产的指导。

## 思考题

案情介绍：2010 年 3 月 12 日，A 县质监局执法人员在对本地某乳业有限责任公司（以下简称 a 乳业公司）检查时，发现该公司成品仓库中存有 B 地某乳业有限责任公司（以下简称 b 乳业公司）生产的液体乳，标注生产日期为 3 月 15 日。

经查，a 乳业公司是 b 乳业公司的分公司，但也是独立法人单位。该批液体乳是由 b 乳业公司统一调配，用于配货销售。a 乳业公司共进 500 件，已销售 200 件，货值金额 15000 元。

针对此案，A 县质监局案件审理委员会有两种不同意见：

一种意见认为，b 乳业公司的行为违反了《食品安全法》第四十八条"食品

和食品添加剂的标签、说明书，不得含有虚假、夸大的内容，不得涉及疾病预防、治疗功能。生产者对标签、说明书上所载明的内容负责"的有关规定，应按《食品安全法》第八十六条第二项进行处罚。该条款规定"生产经营无标签的预包装食品、食品添加剂或者标签、说明书不符合该法规定的食品、食品添加剂的，由有关主管部门按照职责分工，没收违法所得、违法生产经营的食品和用于违法生产经营的工具、设备、原料等物品，并依据违法生产经营的食品货值金额处以罚款，情节严重的责令停产停业，直至吊销许可证"。b乳业公司伪造生产日期的行为属生产经营含有虚假内容标签液体乳行为，且b乳业公司在A县销售该产品，因此A县质监局应按《食品安全法》第八十六条第二项对b乳业公司进行处罚。

另一种意见认为，a乳业公司虽是分公司，但也是独立法人单位，应独立承担法律责任。因此，应按《食品安全法》第八十六条第二项，由A县质监局对a乳业公司处罚。

问题：根据本案介绍的情况，你对上述两种意见如何评价？你认为本案应如何处理？

# 模块十三　安全食品认证

**知识目标**

了解无公害农产品、绿色食品、有机食品的发展概况。掌握无公害农产品、绿色食品、有机食品的概念和申办（或认证）程序。会识别无公害农产品、绿色食品、有机食品标志及使用与管理。

**能力目标**

能根据相关技术标准或要求，填写无公害农产品、绿色食品、有机食品申请书。条件许可的情况下，联系未获得认证的企业帮助其获得相关认证。

**背景知识**

随着经济发展水平和生活水平的提高，人们对食品的要求已经从能吃得饱变为要吃得好、吃出营养、吃出健康。所以，无公害农产品、绿色食品、有机食品等食品认证应运而生。

目前在食品市场上也经常看到一些广告词，比如：天然、野生、环保、绿色、无公害、无污染、健康等。其中天然、环保、无污染等均无特定清晰一致的标准。同时全球环境恶化，不断出现的食品安全事故等现象，使消费者对食品缺乏某种安全感。为了减少食品安全事故的发生，保护消费者利益，规范食品行业秩序，保证食品工业持续健康发展，很有必要了解我国的食品产品认证制度。

食品产品认证是一种产品质量认证，是国际上通行的对食品进行评价的有效方法，已成为许多国家的政府和相关机构用来保证食品质量和安全的重要调控和管理的手段。食品产品认证多为自愿性认证。

# 项目一 无公害农产品的审批

## 一、概述

### (一) 无公害农产品和无公害农产品认证

#### 1. 无公害农产品

无公害农产品是指产地环境、生产过程、产品质量符合国家有关标准和规范的要求,经认证合格获得认证证书并允许使用无公害农产品标志的未经加工或初加工的食用农产品。

#### 2. 无公害农产品的特征

(1) 安全性　无公害农产品严格参照国家标准或地方标准进行生产与加工。其有3个保证体系。

①生产全过程监控。产前、产中、产后3个环节严格把关,发现问题及时处理、纠正,直至取消无公害食品标志。

②实行归口专项管理。根据我国农业部和国家质检总局2002年4月联合发布的《无公害农产品管理办法》规定,各省农业行政主管部门的农业环境监测机构对无公害农产品基地环境质量进行检测和评价。

③实行抽查、复查和标志有效期制度。无公害食品认证不实行终身制,其有效期为3年。在此期间,认证部门将不定期组织抽检、审查,发现不合格随时吊销其无公害农产品认证。

(2) 优质性　无公害农产品在初级生产阶段严格控制了化肥、农药用量,禁用高毒、高残留农药,建议使用生物肥药及具有环保认证标志肥药及有机肥;严格控制农用灌溉水质,生产的农产品无异味、口感好、色泽鲜艳。在加工农产品过程中无有毒、有害添加成分。

(3) 高附加值　无公害农产品是经各省农业环境监测机构认定的标志产品,价格较一般食品高。国内外市场表明,无公害农产品比一般农产品价格高5%～20%,而且市场需求旺盛。生产无公害农产品既可提高农业经济效益,增加农民收入,又保护了农业生态环境,促进农业可持续发展。

#### 3. 无公害农产品认证

无公害农产品认证是依据国家认证认可制度和相关政策法规、程序,按照无公害食品标准,对未经加工或初加工食用农产品的产地环境、农业投入品、生产过程和产品质量进行全程审查验证,向评定合格的农产品颁发无公害农产品认证证书,并允许使用全国统一的无公害农产品标志的活动。

无公害农产品认证工作是实施"无公害食品行动计划"的一项重要内容和推进措施。无公害农产品认证的目的是保障基本安全,满足大众消费,属于政府推动的公益性认证,不收取费用,同时具有一定的强制性。从产地环境、生产过程和产品质量 3 个重点环节控制危害因素含量,保障农产品的质量。

无公害农产品认证采取产地认定与产品认证相结合的模式,贯彻从"农田到餐桌"全过程管理的指导思想,打破了过去农产品质量安全管理分行业、分环节管理的理念。强调以生产过程控制为重点,以产品管理为主线,以市场准入为切入点,以保证最终产品消费安全为基本目标。

(二)无公害农产品认证依据与认证标准体系

**1. 认证依据**

《中华人民共和国农业法》《中华人民共和国认证认可条例》《中华人民共和国农产品质量安全法》是制定无公害农产品认证工作制度所遵循的法律法规。"无公害食品行动计划"是制定无公害农产品认证制度的政策依据,并提供政策导向。《无公害农产品管理办法》是全面规范农产品认定认证、监督管理的法规。《无公害农产品标志管理办法》规范了无公害农产品标志印制、使用、管理等工作。《无公害农产品产地认定程序》和《无公害农产品认证程序》规范了认定认证工作的行为。

**2. 认证标准体系**

(1) 无公害农产品产地环境质量标准  发展无公害农业,首先要求产地环境必须符合"无公害"质量要求,一旦产地受到污染,就失去了无公害农产品生产的基本条件。2001 年 9 月,国家质检总局批准了 4 个农产品产地环境要求标准,分别是:

①农产品安全质量无公害蔬菜产地环境要求(GB/T 18407.1—2001)。

②农产品安全质量无公害水果产地环境要求(GB/T 18407.2—2001)。

③农产品安全质量无公害畜禽肉产品产地环境要求(GB/T 18407.3—2001)。

④农产品安全质量无公害水产品产地环境要求(GB/T 18407.4—2001)。

以上 4 个标准分别对影响无公害蔬菜、水果、畜禽肉产品和水产品生产的水、空气、土壤等环境条件按照现行的国家标准的有关要求,结合无公害产品的生产实际做出了规定,为无公害产品产地的选择提高了环境依据。

(2) 无公害农产品生产技术规范  无公害农产品生产过程的控制是保证无公害产品质量的关键环节,生产技术标准是无公害农产品标准体系的核心,包括无公害食品生产资料使用准则和无公害食品生产技术操作规程两部分。无公害食品生产资料使用准则是对生产无公害食品过程中物质投入的一个原则性规定,包括生产无公害食品的农药、肥料、食品添加剂、饲料添加剂、畜禽水产养殖用药的使用准则,对允许、限制和禁止使用的生产资料及其使用方法、使用剂量、使用次数和休药期等做出了明确规定。无公害食品生产技术操作规程是以上述准则为依据,按作物种类、畜禽种类等和不同农业区域的生产特性分别制定的,用于指导无公害食品的生产活动，规范无公害食品生产的技术操作规程，包括农产品种植、畜禽饲养、水产养殖和食品加工等技术操作规程。

（3）无公害农产品质量安全标准　对于无公害农产品质量安全要求，国家制定了4项强制性标准，分别是：

①农产品安全质量无公害蔬菜安全要求（GB 18406.1—2001）。

②农产品安全质量无公害水果安全要求（GB 18406.2—2001）。

③农产品安全质量无公害畜禽肉产品安全要求（GB 18406.3—2001）。

④农产品安全质量无公害水产品安全要求（GB 18406.4—2001）。

以上标准对无公害农产品中重金属、硝酸盐、亚硝酸盐和农药残留给出了限量要求和试验方法，是衡量无公害食品最终产品质量的指标尺度。这些标准虽然跟普通食品的国家标准一样，规定了食品的外观品质和卫生品质等内容，但其某些安全卫生指标（如农药残留和重金属）高（或严）于国家标准。

## 二、无公害农产品认证程序

无公害农产品认证包括产地认定和产品认证两个方面。产地认定是产品认证的前提和必要条件，是由省级农业行政主管部门组织实施，认定结果报农业部农产品质量安全中心备案、编号；产品认证是在产地认定的基础上对产品生产全过程的一种综合考核评价，由中心统一组织实施，认证结果报农业部、国家认证认可监督管理委员会公告。

无公害农产品认证的过程是一个自上而下的监督管理行为，产地认定主要解决生产环节的质量安全控制问题，是对农业生产过程的检查监督行为；产品认证主要解决产品安全和市场准入问题，是对管理成效的确认，包括监督产地环境、投入品使用、生产过程的检查及产品的准入检测等方面。

现对无公害农产品产地认定与产品认证一体化工作流程（图13-1）进行介绍。

1. **申请人申请**

从事农产品生产的单位和个人，可以直接向所在县级农产品质量安全工作机构提出无公害农产品产地认定和产品认证一体化申请，并提交相关材料：

2. **受理与形式审查**

县级工作机构自收到申请之日起10个工作日内，负责完成对申请人申请材料的形式审查，重点审核申报材料的可行性和完整性。符合要求的，在《无公害农产品产地认定与产品认证报告》（以下简称《认证报告》）签署推荐意见，连同申请材料报送地级工作机构审查。不符合要求的，书面通知申请人整改、补充材料。

3. **符合性确认**

地级工作机构自收到申请材料、县级工作机构推荐意见之日起15个工作日

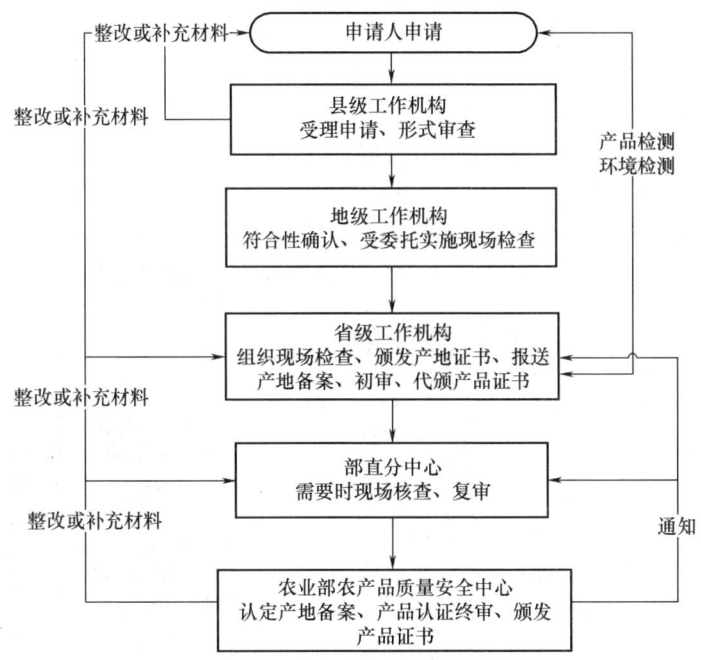

图 13-1 产地认定与产品认证一体化审查流程简图

内,对全套申请材料进行符合性审查,重点把握申报材料的真实性和可靠性,符合要求的,在《认证报告》上签署审查意见(北京、天津、重庆等直辖市和计划单列市的地级工作合并到县级一并完成),报送省级工作机构。不符合要求的,书面告之县级工作机构,通知申请人整改、补充材料。

### 4. 现场检查

省级工作机构自收到申请材料及县、地两级工作机构推荐、审查意见之日起 20 个工作日内,应当组织或者委托地、县两级有资质的检查员对产地认定申请材料进行审查。材料审查不符合要求的,应当书面通知申请人。

材料审查符合要求的,省级农业行政主管部门组织有资质的检查员参加的检查组,按照《无公害农产品认证现场检查工作程序》对产地进行现场检查。现场检查不符合要求的,应当书面通知申请人。

申请材料和现场检查符合要求的,省级工作机构通知申请人委托具有资质的检测机构对其产地环境和申请认证产品进行抽样检测。检测机构应当按照标准进行检验,根据检测结果出具环境检验报告、环境评价报告和出具产品检测报告,分送省级农业行政主管部门和申请人。不符合要求的,省级农业行政主管部门应当书面通知申请人。

省级工作机构对材料审查、现场检查、环境检验、环境现状评价和产品检测结果进行全面评审,作出认证结论。符合要求的,进行全面评审,并在《认证报告》上作出认定初审结论。

通过初审的，报请省级农业行政主管部门颁发《无公害农产品产地认定证书》，同时将申请材料、《认证报告》和《无公害农产品产地认定与产品认证现场检查报告》及时报送部直各业务对口分中心复审。未通过初审的，书面告之地、县级工作机构通知申请人整改、补充材料。

### 5. 备案与颁发证书

农业部农产品质量安全中心审核颁发《无公害农产品证书》前，申请人应当获得《无公害农产品产地认定证书》或者省级工作机构出具的产地认定证明。

## 三、无公害农产品的标志及管理

### 1. 无公害农产品标志

无公害农产品标志（图13-2）的标准颜色由绿色和橙色组成。基本图案主要由麦穗、对勾和无公害农产品字样组成，麦穗代表农产品，对勾表示合格，金色寓意成熟和丰收，绿色象征环保和安全。

### 2. 无公害农产品标志的使用与管理

获得无公害农产品认证证书的单位或个人，可以在证书规定的产品、包装、标签、广告、说明书上使用无公害农产品标志，用以证明产品符合无公害产品标准。

图13-2 无公害农产品标志

标志使用者应当在证书规定的产品范围和有效期内使用标志，不得超范围和逾期使用，不得买卖和转让。

标志的使用受县级以上地方人民政府农业行政主管部门、质量技术监督部门以及农业部农产品质量安全中心的监督、管理和检查。对不符合使用规定的，农业部农产品质量安全中心将暂停或撤销其认证证书及标识使用权。任何伪造、变造、盗用、冒用、买卖和转让标志以及违反《无公害农产品标志管理办法》规定的，按照国家有关法律法规的规定，予以行政处罚；构成犯罪的，依法追究刑事责任。

# 项目二 绿色食品的审批

## 一、概述

### （一）绿色食品概念与分类

### 1. 绿色食品

绿色食品是遵循可持续发展原则，按照特定生产方式生产，经专门机构认定，许可使用绿色食品标志商标的无污染的安全、优质、营养类食品。无污染是指在绿色食品生产、加工过程中，通过严密监测、控制，防范农药残留、放射性物质、重金属、有害细菌等对食品生产各个环节的污染，以确保绿色食品的洁净；优质特征不仅包括产品的外表包装水平高，而且还包括内在品质优良、营养价值和卫生指标高。

**2. 绿色食品的特征**

绿色食品与普通食品相比有以下显著特征：

（1）产品必须出自最佳的生态环境　绿色食品生产从原料生产地的生态环境入手，由法定的环境监测部门对产品原料产地及其周围的生态环境因子经过定点采样监测，判定其是否具备生产绿色食品的基础条件。而不是简单地禁止生产过程中化学合成物质的使用。

（2）产品实行全程质量控制　绿色食品生产实施从农场到餐桌的全程质量控制。通过产前环节的环境监测和原料检测；产中环节的具体生产、加工操作规程的落实；产后环节的产品质量、卫生指标、包装、保鲜、运输、贮藏、销售控制，确保绿色食品的整体产品质量，并提高整个生产过程的技术含量。而不是简单地对最终产品的有害成分含量和卫生指标进行测定。

（3）对产品依法实行标志管理　绿色食品标志商标作为特定的产品质量证明商标，已由中国绿色食品发展中心在国家工商行政管理总局注册，从而使绿色食品标志商标专用权受《中华人民共和国商标法》保护，这样既有利于约束和规范企业的经济行为，也有利于保护广大消费者的利益。

**3. 绿色食品分类**

从政策性、技术性、经济性、适用性和协调统一性等方面进行综合考虑，将绿色食品分 A 级和 AA 级两个等级。

（1）A 级绿色食品　指生产地的环境质量符合《绿色食品产地环境质量标准》的要求，生产过程中严格按照绿色食品生产资料使用准则和生产操作规程要求，限量使用限定的化学合成生产资料，按特定的生产操作规程生产、加工，产品质量及包装符合特定标准，并经专门机构认定，许可使用 A 级绿色食品标志的产品。

（2）AA 级绿色食品　指生产地的环境质量符合《绿色食品产地环境质量标准》的要求，生产过程中不使用化学合成的肥料、农药、兽药、饲料添加剂、食品添加剂和其他有害于环境和身体健康的物质，按特定的生产操作规程生产、加工，产品质量及包装符合特定标准，经专门机构认定，许可使用 AA 级绿色食品标志的产品。因 AA 级绿色食品等同于有机食品，我国已于 2008 年 6 月停止受理 AA 级绿色食品认证。

**（二）绿色食品标准体系**

**1. 绿色食品标准的概念**

绿色食品标准是在绿色食品生产中必须遵守、绿色食品质量认证及标志使用管理时必须依据的技术性文件。绿色食品标准是由农业部发布的推荐性国家农业行业标准，对经认证的绿色食品生产企业来说，是强制性标准，必须严格执行。

## 2. 绿色食品主要标准的内容

绿色食品标准的内容主要有：绿色食品产地环境质量标准、绿色食品生产技术标准、绿色食品产品质量标准、绿色食品包装标签标准、绿色食品贮藏运输标准、绿色食品其他相关标准。这些标准对绿色食品产前、产中、产后全过程质量控制技术和指标作了全面的规定，构成了一个科学、完整的标准体系（图13-3）。

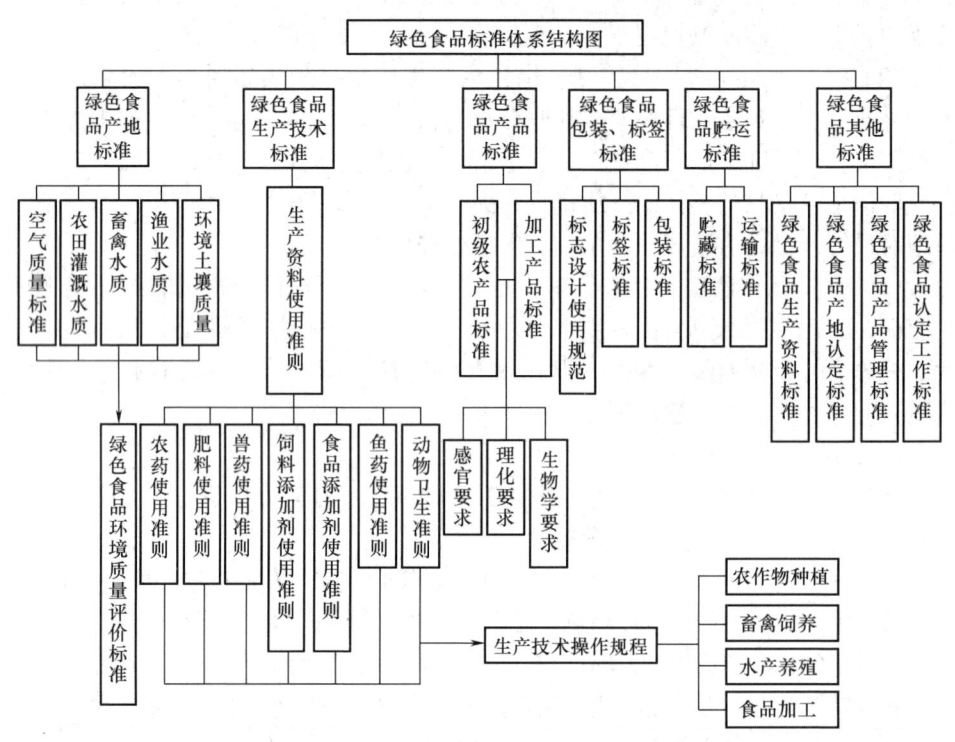

图13-3 绿色食品标准体系框架

## 二、绿色食品认证程序

绿色食品管理机构有中国绿色食品发展中心（CGFDC）、中国绿色食品协会。绿色食品认证申报，实际上是绿色食品产品质量认证和许可使用绿色食品标志的申报。绿色食品认证申请包括企业申请、初审（文件审查）、现场审核、环境监测、产品监测、综合审核、专家评审和颁证8个环节。认证流程如图13-4所示。

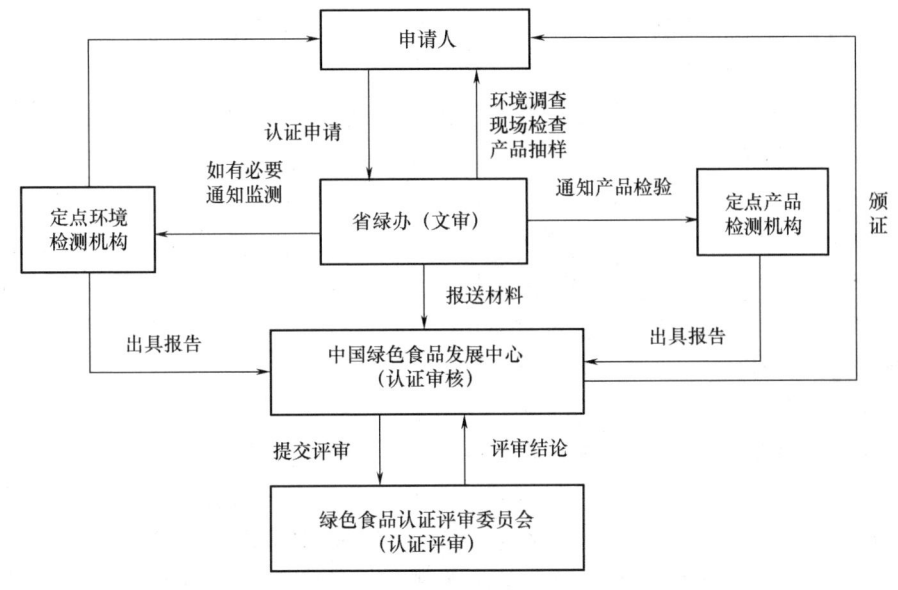

图 13-4 绿色食品认证程序

**1. 认证申请**

申请人向中国绿色食品发展中心（以下简称中心）及其所在省（自治区、直辖市）绿色食品办公室、绿色食品发展中心（以下简称省绿办）领取《绿色食品标志使用申请书》《企业及生产情况调查表》及有关资料，或从中心网站（网址：www.greenfood.org.cn）下载。申请人填写并向所在省绿办递交《绿色食品标志使用申请书》《企业及生产情况调查表》及相关材料。

**2. 受理及文审**

省绿办收到上述申请材料后，进行登记、编号，5个工作日内完成对申请认证材料的审查工作，并向申请人发出《文审意见通知单》，同时抄送中国绿色食品发展中心认证处。申请认证材料不齐全的，要求申请人收到《文审意见通知单》后10个工作日提交补充材料。申请认证材料不合格的，通知申请人本生长周期不再受理其申请。申请认证材料合格的，组织现场检查。

**3. 现场检查、产品抽样**

省绿办应在《文审意见通知单》中明确现场检查计划，并在计划得到申请人确认后委派2名或2名以上检查员进行现场检查。检查员根据《绿色食品检查员工作手册》（试行）和《绿色食品产地环境质量现状调查技术规范》（试行）中规定的有关项目进行逐项检查。每位检查员单独填写现场检查表和检查意见。现场检查和环境质量现状调查工作在5个工作日内完成，完成后5个工作日内向省绿办递交现场检查评估报告和环境质量现状调查报告及有关调查资料。现场检查合格，可以安排产品抽样。凡申请人提供了近1年内绿色食品定点产品监测机构出具的产品质量检测报告，并经检查员确认，符合绿色食品产品检测项目和质量要求的，免产品抽样检测。

现场检查合格，需要抽样检测的产品安排产品抽样。①当时可以抽到适抽产品的，检查员依据《绿色食品产品抽样技术规范》进行产品抽样，并填写《绿色食品产品抽样单》，同时将抽样单抄送中国绿色食品发展中心（CGFDC）认证处。特殊产品（如动物性产品等）另行规定。②当时无适抽产品的，检查员与申请人当场确定抽样计划，同时将抽样计划抄送CGFDC认证处。③申请人将样品、产品执行标准、《绿色食品产品抽样单》和检测费寄送绿色食品定点产品监测机构。现场检查不合格，不安排产品抽样。

4. 环境监测

绿色食品产地环境质量现状调查由检查员在现场检查时同步完成。经调查确认，产地环境质量符合《绿色食品产地环境质量现状调查技术规范》规定的免测条件，免做环境监测。根据《绿色食品产地环境质量现状调查技术规范》的有关规定，经调查确认，必要进行环境监测的，省绿办自收到调查报告2个工作日内以书面形式通知绿色食品定点环境监测机构进行环境监测，同时将通知单抄送CGFDC认证处。定点环境监测机构收到通知单后，40个工作日内出具环境监测报告，连同填写的《绿色食品环境监测情况表》，直接报送CGFDC认证处，同时抄送省绿办。

5. 产品检测

绿色食品定点产品监测机构自收到样品、产品执行标准、《绿色食品产品抽样单》、检测费后，20个工作日内完成检测工作，出具产品检测报告，连同填写的《绿色食品产品检测情况表》，报送CGFDC认证处，同时抄送省绿办。

6. 认证审核

省绿办收到检查员现场检查评估报告和环境质量现状调查报告后，3个工作日内签署审查意见，并将认证申请材料、检查员现场检查评估报告、环境质量现状调查报告及《省绿办绿色食品认证情况表》等材料报送CGFDC认证处。CGFDC认证处收到省绿办报送材料、环境监测报告、产品检测报告及申请人直接寄送的《申请绿色食品认证基本情况调查表》后，进行登记、编号，在确认收到最后一份材料后2个工作日内下发受理通知书，书面通知申请人，并抄送省绿办。CGFDC认证处组织审查人员及有关专家对上述材料进行审核，20个工作日内做出审核结论。审核结论为"有疑问，需现场检查"的，CGFDC认证处在2个工作日内完成现场检查计划，书面通知申请人，并抄送省绿办。得到申请人确认后，5个工作日内派检查员再次进行现场检查。审核结论为"材料不完整或需要补充说明"的，CGFDC认证处向申请人发送《绿色食品认证审核通知单》，同时抄送省绿办。申请人需在20个工作日内将补充材料报送CGFDC认证处，并抄送"省绿办"。审核结论为"合格"或"不合格"的，CGFDC 认证处将认证材料、认证审核意见报送绿色食品评审委员会。

### 7. 认证评审

绿色食品评审委员会自收到认证材料、认证处审核意见后 10 个工作日内进行全面评审，并做出认证终审结论。认证终审结论为"认证不合格"，评审委员会秘书处在做出终审结论 2 个工作日内，将《认证结论通知单》发送申请人，并抄送省绿办。本生产周期不再受理其申请。结论为"认证合格"，颁发证书。

### 8. 颁证

CGFDC 在 5 个工作日内将办证的有关文件（《办证通知》《合同》《外包装设计手册》《防伪标签订单》）寄发"认证合格"申请人，并抄送省绿办。申请人在 60 个工作日内与 CGFDC 签定《绿色食品标志商标使用许可合同》。最后由 CGFDC 主任签发证书。领取绿色食品标志使用证书时，需同时办理如下手续：①缴纳标志服务费（标准见新的收费办法）；②送审产品使用绿色食品标志的包装设计样图；③订制绿色食品标志防伪标签；④法人代表委托书。

## 三、绿色食品标志及管理

### 1. 绿色食品标志

绿色食品标志是经中国绿色食品发展中心在国家工商行政管理局商标总局注册的质量证明商标，用以证明食品商品具有无污染的安全、优质、营养的品质特性，和其他商标一样，绿色食品标志具有商标所有的通性：专用性、限定性和保护地域性，受法律保护。绿色食品注册商标有 4 种形式：一是绿色食品标志图形；二是中文"绿色食品"；三是英文"Greenfood"；四是上述中英文与图形的组合形式。如图 13-5 所示。

（1）绿色食品标志

（2）绿色食品文字商标（中文）

（3）绿色食品文字商标（英文）

（4）绿色食品标志、文字组合商标

图 13-5  绿色食品注册商标形式

### 2. 绿色食品标志编号

中国绿色食品发展中心对每一个批准使用绿色食品标志的产品都给其一个特

定的编号,以确定其"身份"。标志的使用采用"一品一号"的原则,也就是说每一个产品都有其独有的编号,每一个编号都是唯一的。绿色食品标志中的编号形式为"LB-××-××××××××××(A/AA)"编号的形式及其所代表的含义如表13-1所示。

表13-1　　　　　　　　　绿色食品标志编号形式

| 代码 | LB | XX | XX | XX | XX | XXXX | A（AA） |
|------|----|----|----|----|----|------|---------|
| 含义 | "绿标" | 产品类别 | 认证年份 | 认证月份 | 省份（国别） | 产品序号 | 产品级别 |

### 3. 绿色食品商标使用要求

绿色食品标志在产品上使用时,须严格按照《绿色食品标志设计标准手册》的规范要求正确设计,并在中国绿色食品发展中心认定的单位印制。《中国绿色食品商标标志设计使用规范手册》对绿色食品标志的标准图形、标准字体、图形与字体的规范组合、标准色、广告用语,以及用于食品系列化包装的标准图形、编号规范都作了明确规定。

绿色食品标志许可使用有效期为3年。到期后若欲继续使用,须在使用期满前3个月重新申报。未重新申报者,视为自动放弃使用权,收回绿色食品证书,并进行公告。

## 项目三　有机食品的审批

### 一、概述

#### （一）有机食品概念与特点

#### 1. 有机农业

遵照一定的有机农业生产标准,在生产中不采用基因工程获得的生物及其产物,不使用化学合成的农药、化肥、生长调节剂、饲料添加剂等物质,遵循自然规律和生态学原理,协调种植业和养殖业的平衡,采用一系列可持续发展的农业技术以维持持续稳定的农业生产体系的一种农业生产方式。

#### 2. 有机食品

它是按《有机产品》（GB/T 19630—2011）标准生产、加工,并且必须经过具有资质的独立的认证机构认证的一切农副产品,包括粮食、蔬菜、水果、乳制品、畜禽产品、水产品、蜂产品及调料等。在生产、加工过程中不使用任何人工合成的化肥、农药和添加剂。有机食品需要经过24~36个月的有机转换期种植才能认证为有机食品。有机食品必须通过国家认监委审批的具有有机食品认证资格的认证机构进行认证,并获取相关证书后方可称为有机转换食品或有机食品。

### 3. 有机食品的特征

有机食品与其他优质食品最显著差别是它在生产和加工过程中绝对禁止使用农药、化肥、激素等人工合成物质，而且生产要比其他食品难得多，需要建立全新的生产体系，采用相应的替代技术。其特点：

（1）有机食品生产和加工过程中更多地考虑了生态环境保护和资源持续利用的内容，解决了常规农业生产中最严重的环境污染和生态破坏的问题，是可持续性的农作方式。

（2）有机食品没有污染或污染物尽可能少，有益于人类健康。

（3）有机食品的生产、加工等需要一系列基本的规范、标准。

（4）有机食品需要第三方组织机构的认证。

### （二）有机食品认证标准

有机食品认证是指由认证机构按照有机产品国家标准和《有机产品认证管理办法》的规定，对有机产品生产和加工过程进行评价的活动。认证过程中，认证机构将对产品是否严格按照有机方式进行生产、加工、按照指定数量进行销售和售后服务等方面进行检查。

2012年3月1日，GB/T 19630—2011正式实施，各认证机构统一按照该标准开展有机食品认证工作，该标准分为4个部分。

有机食品认证程序

根据《有机产品认证实施规则》（CNCA-N-009：2011），有机食品认证程序如图13-6所示。

#### 1. 认证申请

认证委托人应提交的文件和相关资料。

#### 2. 认证受理

认证机构应当根据有机产品认证依据、程序等要求，自收到认证委托人书面申请10个工作日内对提交的申请文件和资料进行评审并保存评审记录，以确保：①认证要求规定明确、形成文件并得到理解；②认证机构和认证委托人之间在理解上的差异得到解决；③对于申请的认证范围，认证委托人的工作场所和任何特殊要求，认证机构均有能力开展认证服务。

申请材料齐全、符合要求的，予以受理认证申请；对不予受理的，应当书面通知认证委托人，并说明理由。

#### 3. 现场检查准备与实施

（1）检查员实地检查  根据所申请产品的对应的认证范围，认证机构应委派具有相应资质和能力的检查员组成检查组。每个检查组应至少有一名相应认证范围注册资质的专业检查员。对同一认证委托人的同一生产单元不能连续3年以上（含3年）委派同一检查员实施检查。

（2）检查任务  认证机构在现场检查前应向检查组下达检查任务书，内容

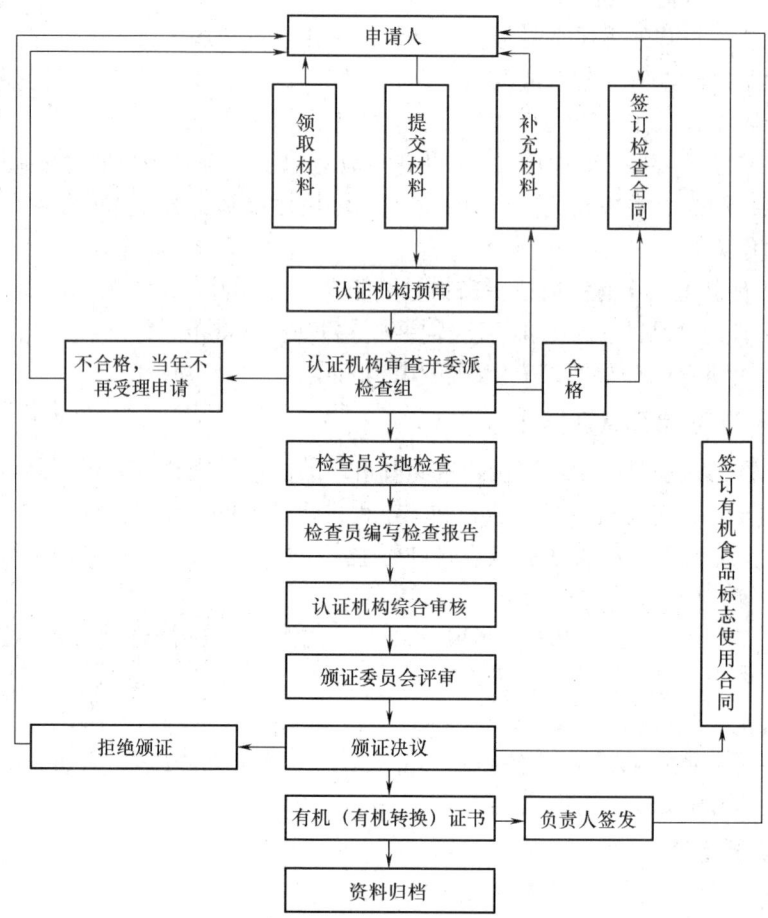

图 13-6 有机产品认证流程图

包括但不限于：①认证委托人的联系方式、地址等；②检查依据，包括认证标准、认证实施规则和其他规范性文件；③检查范围，包括检查的产品种类、生产加工过程和生产加工基地等；④检查组成员，检查的时间要求；⑤检查要点，包括管理体系、追踪体系、投入物的使用和包装标识等；⑥上年度认证机构提出的不符合项（适用时）。

（3）文件评审 在现场检查前，应对认证委托人的管理体系文件进行评审，确定其适宜性、充分性及与认证要求的符合性，并保存评审记录。

（4）检查计划

①检查组应制订检查计划，并在现场检查前得到认证委托人的确认。

②现场检查时间应当安排在申请认证产品的生产、加工的高风险阶段。因生产季等原因，初次现场检查不能覆盖所有申请认证产品的，应当在认证证书有效

期内实施现场补充检查。

③应对生产单元的全部生产活动范围逐一进行现场检查;多个农户负责生产(如农业合作社或公司＋农户)的组织应检查全部农户。应对所有加工场所实施检查。需在非生产、加工场所进行二次分装/分割的,也应对二次分装/分割的场所进行现场检查,以保证认证产品的完整性。

(5) 检查实施　根据认证依据的要求对认证委托人的管理体系进行评审,核实生产、加工过程与认证委托人所提交的文件的一致性,确认生产、加工过程与认证依据的符合性。

(6) 样品检测

①应对申请认证的所有产品进行检测,并在风险评估基础上确定检测项目。认证证书发放前无法采集样品的,应在证书有效期内进行检测。

②认证机构应委托具备法定资质的检测机构对样品进行检测。

③有机生产或加工中允许使用物质的残留量应符合相关法规、标准的规定。有机生产和加工中禁止使用的物质不得检出。

(7) 产地环境质量状况　认证委托人应出具有资质的监(检)测机构对产地环境质量进行的监(检)测报告以证明其产地的环境质量状况符合 GB/T 19630—2011《有机产品》的规定。土壤和水的检测报告委托方应为认证委托人。

(8) 有机转换要求

①未能保持有机认证的生产单元,需重新经过有机转换才能再次获得有机认证。

②有机转换计划须获得认证机构批准,并且在开始实施转换计划后每年须经认证机构核实、确认。未按转换计划完成转换的生产单元不能获得认证。

(9) 投入品

①有机生产或加工过程中允许使用 GB/T 19630.1—2011 附录 A、附录 B 及 GB/T 19630.2—2011 附录 A、附录 B 列出的物质。

②对未列入 GB/T 19630.1—2011 附录 A、附录 B 或 GB/T 19630.2—2011 附录 A、附录 B 的投入品,认证委托人应在使用前向认证机构提交申请,详细说明使用的必要性和申请使用投入品的组分、组分来源、使用方法、使用条件、使用量以及该物质的分析测试报告(必要时),认证机构应根据 GB/T 19630.1—2011 附录 C 或 GB/T 19630.2—2011 附录 C 的要求对其进行评估。经评估符合要求的,由认证机构报国家认监委批准后方可使用。

③国家认监委可在专家评估的基础上,公布有机生产、加工投入品临时补充列表。

(10) 检查报告

①认证机构应规定检查报告的格式。

②应通过检查记录、检查报告等书面文件,提供充分的信息使认证机构能做

出客观的认证决定。

③检查报告应包括检查组通过风险评估对认证委托人的生产、加工活动与认证要求符合性的判断，对其管理体系运行有效性的评价，对检查过程中收集的信息以及对符合与不符合认证要求的说明，对其产品质量安全状况的判定等内容。

④检查组应对认证委托人执行标准的总体情况做出评价，但不应对认证委托人是否通过认证做出书面结论。

### 4. 认证决定

认证机构应基于对产地环境质量在现场检查和产品检测评估的基础上做出认证决定。认证决定同时应考虑的因素还应包括：产品生产、加工特点，企业管理体系稳定性，当地农兽药管理和社会整体诚信水平等。

对于符合认证要求的认证委托人，认证机构应颁发认证证书。

对于不符合认证要求的认证委托人，认证机构应以书面的形式明示其不能通过认证的原因。

认证委托人如对认证决定结果有异议，可在10个工作日内向认证机构申诉，认证机构自收到申诉之日起，应在30个工作日内进行处理，并将处理结果书面通知认证委托人。

认证委托人如认为认证机构的行为严重侵害了自身合法权益，可以直接向认证监管部门申诉。

### 5. 颁发证书与签订使用合同

有机产品认证证书有效期为1年。认证机构应当与获得认证的单位或个人签订有机产品标志使用合同，明确标志使用的条件与要求。

### 6. 认证后管理

（1）认证机构应当每年对获证组织至少实施一次现场检查。认证机构应在风险评估的基础上每年至少对5%的获证组织实施一次不通知的现场检查。

（2）认证机构应及时获得获证组织变更信息，对获证组织有效管理，以保证其持续符合认证的要求。

（3）认证机构在与认证委托人签订的合同中，应明确约定获证组织需建立信息通报制度，及时向认证机构通报相关变更信息。

## 二、有机食品标志及管理

### 1. 有机食品标志

有机产品认证标志（图13-7）分为中国有机产品认证标志和中国有机转换产品认证标志。

中国有机产品认证标志标有中文"中国有机产品"字样和相应英文（OR-GANIC）。

在有机产品转换期内生产的产品或者以转换期内生产的产品为原料的加工产品，应当使用中国有机转换产品认证标志。该标志标有中文"中国有机转换产品"字样和相应英文（CONVERSION TO ORGANIC）。

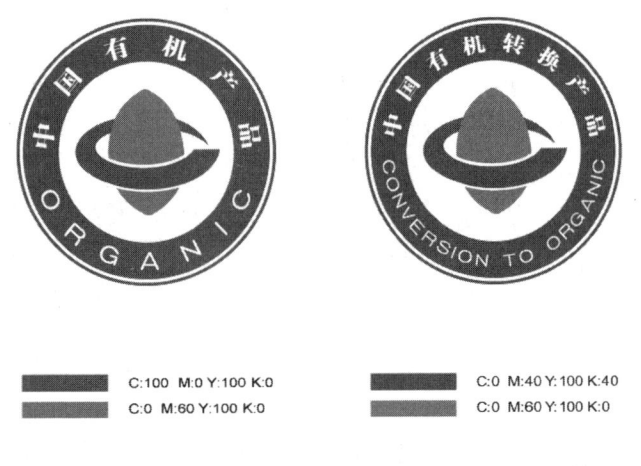

(1) 中国有机产品认证标志　　(2) 中国有机转换产品认证标志

图 13-7　有机产品认证标志图案

### 2. 有机食品标志的使用与管理

有机产品认证标志应当在有机产品认证证书限定的产品范围、数量内使用。

获证单位或者个人可以将有机产品认证标志印制在获证产品标签、说明书及广告宣传材料上，并可以按照比例放大或者缩小，但不得变形、变色。

在获证产品或者产品最小包装上加施有机产品认证标志的同时，应当在相邻部位标注有机产品认证机构的标识或者机构名称（图 13-8），其相关图案或者文字应当不大于有机产品认证标志。

图 13-8　中绿华夏有机食品认证中心（COFCC）的有机食品认证标志

有机产品认证机构在做出撤销、暂停使用有机产品认证证书的决定的同时，应当监督有关单位或者个人停止使用、暂时封存或者销毁有机产品认证标志。

 **思考题**

将全班学生进行分组，从无公害农产品、绿色食品、有机食品中任选一种，每组模拟企业写一份申请书。

# 模块十四　食品安全标准体系

**知识目标**

了解食品安全标准体系的构成和制定。

**能力目标**

能够根据《食品安全国家标准管理办法》建立食品企业的食品安全标准。

## 背景知识

### 一、我国食品安全标准的分类

我国现行食品质量标准分为：国家标准、行业标准、地方标准和企业标准。每级产品标准对产品的质量、规格和检验方法都分别有明确规定。

1. 国家标准

国家标准是全国食品工业共同遵守的统一标准，由国务院标准化行政主管部门制定，其代号为"GB"或 GB/T，分别为"国标"二字汉语拼音的第一个字母（GB 为强制执行，GB/T 为推荐执行）如 GB 1534—2003《花生油》，GB 13103—1991《色拉油卫生标准》。对于有些食品，尤其是出口产品，国家还鼓励积极采用国际标准。

2. 行业标准

行业标准是针对没有国家标准而又需要在全国某个食品行业范围内统一的技术要求而制定的。行业标准由国务院有关行政主管部门制定，并报国务院标准化行政主管部门备案。在公布国家标准之后，该项行业标准即行废止。如 SB/T 10068—1992《挂面》，QB/T 1252—1991《面包》。

3. 地方标准

地方标准是指对没有国家标准和行业标准而又需要在省、自治区、直辖市范围内统一的食品工业产品的安全、卫生要求而制定的。地方标准由省、自治区、直辖市标准化行政主管部门制定，并报国务院标准化行政主管部门和国务院有关行政主管部门备案。在公布国家标准或者行业标准之后，该项地方标准即行废止。

**4. 企业标准**

企业标准是食品工业企业生产的食品没有国家标准和行业标准时所制定的，作为组织生产的依据。企业的产品标准须报当地政府标准化行政主管部门和有关行政主管部门备案。已有国家标准或行业标准的，国家鼓励企业制定严于或高于国家标准或行业标准的企业标准在企业内部使用。企业标准代号为"Q"，即"企"字汉语拼音的第一个字母。

另外按约束力不同，可将国家标准、行业标准分为强制性标准、推荐性标准和指导性技术文件三种。

## 二、我国食品安全标准的内容

（1）食品相关产品中的致病性微生物、农药残留、兽药残留、重金属、污染物质以及其他危害人体健康物质的限量规定。
（2）食品添加剂的品种、使用范围、用量。
（3）专供婴幼儿的主辅食品的营养成分要求。
（4）对与食品安全、营养有关的标签、标识、说明书的要求。
（5）与食品安全有关的质量要求。
（6）食品检验方法与规程。
（7）其他需要制定为食品安全标准的内容。
（8）食品中所有的添加剂必须详细列出。
（9）食品生产经营过程的卫生要求。

## 三、我国食品安全标准的特点

食品安全标准相对于原来的食品卫生标准、食品质量标准具有了全新的理念和精神，这也正应了《食品安全法》相对于《食品卫生法》的超越和跨度；安全价值的凸显，是社会治理理念的变革。食品安全标准是强制执行的标准，是食品安全技术法规的重要组成部分，其具有如下特点：

### （一）强制性

食品安全标准是强制执行的标准。除食品安全标准外，不得制定其他的食品强制性标准。由食品安全标准取代原来有关食品的强制性标准，使其成为唯一的食品强制性标准。比照 WTO/TBT 协定，强制执行的食品安全标准属于"技术法规"的范畴，食品安全标准应遵守 WTO 协定对技术法规的要求。

## （二）唯一性

食品安全标准具有唯一性，除食品安全标准外，不得制定其他的食品强制性标准。国务院卫生行政部门应当对现行的食用农产品质量安全标准、食品卫生标准、食品质量标准和有关食品的行业标准中强制执行的标准予以整合，统一公布为食品安全国家标准。有关产品国家标准涉及食品安全国家标准规定内容的，应当与食品安全国家标准相一致。食品安全地方标准是食品安全国家标准的单项补缺，在没有食品安全国家标准，又确有必要制定地方标准的情况下才可制定并要求备案，国家标准一经颁布，即应立即废止。食品安全企业标准是企业内部执行的标准，没有什么强制性标准或推荐性标准之分的必要性。

## （三）安全性

制定食品安全标准，应当以保障公众身体健康为宗旨，做到安全可靠。虽然食品安全是相对的，不是食品固有的生物特性，其在不同的经济发展阶段，对不同的主体内容和水平都有差别，但食品安全所体现的安全性精神实质却始终是一致的。

## （四）科学性

食品安全标准在制定前，应当依据风险评估结果，参照相关的国际标准和国际食品安全风险评估结果，并广泛听取食品生产经营者和消费者的意见。食品安全标准制定的基础从文化转向了技术，预示着科学技术的发展对食品安全标准的制定修订将产生深远影响，科学技术的进步将促使食品安全保护水平的提升。

《食品安全法》赋予了食品安全标准特定的含义和要求，在某种意义上说其已不是一般的技术要求，而是食品生产经营的依据、食品安全监管的依据和食品安全责任追究和认定的准则，具有了食品安全技术法规的地位和作用。

### 四、食品安全标准的制定过程

食品卫生标准是国家提出的各种食品都必须达到的统一卫生质量要求，按照《食品安全法》规定，我国对食品有关的强制性标准，包括食品卫生标准，予以整合，统一公布为食品安全国家标准。食品中的有害物质的容许量标准按食品毒理学的原则和方法制定的。

#### 1. 动物毒性实验

进行动物（如白鼠）毒性试验，一般首先测定出该毒物的 $LD_{50}$ 后进行亚急性及慢性毒性试验。亚急性毒性试验是在相当于动物生命的 1/10 左右的时间内（如 3~6 个月），使动物每日或反复多次接触被检化学物质，其剂量则根据 $LD_{50}$ 等来确定，一般为 $LD_{50}$ 的 1/10 以下。慢性毒理学试验是使试验动物的生命大部分的时间或终身接触被检化学物质（一般以 6 个月以上到 2 年）。亚急性和慢性试验最常用的动物是大白鼠。进行这一系列试验的目的是确定动物的最大无作用量。

### 2. 确定动物最大无作用量

化学物质对机体的毒性作用或损害作用表现在引起机体发生生物变化，一般情况下，这种变化可随着剂量的逐渐下降而减少，当减到一定数量而尚未到零时，生物学变化的程度已达到零，这一剂量为最大无作用量（maximal no-effect lever，简称 MNL）。

### 3. 确定人体每日容许摄入量

人体每日容许摄入量（acceptable daily intake，简称 ADI），系指人类终生每日摄入该化学物质，对人体的健康没有任何已知的不良效应的剂量，以相当以人体每千克体重的毫克数来表示。这一剂量不可能在人体实际测量，主要根据 MNL，按千克体重换算而来，在换算中，必须考虑人和动物种族间差异和个体差异。为安全起见，常考虑一定的安全系数，一般定为 100。所以

$$ADI = MNL \times 1/100 \text{ (mg/kg)}$$

### 4. 确定一日中食物总容许量

这一数值是根据 ADI 推算而来。由于一般化学物质进入人体的途径不仅限于食品，还可能有饮水和空气等。如果某物质除食品外，并无其他进入人体的来源，则 ADI 即相当于每日摄取的各种食品中该物质容许摄入量的总和。

### 5. 确定该物质在每种食品中的最高容许量

先要通过膳食调查，了解含有该种物质的食品种类，以及各种食品的每日摄取量。假定人体每日摄取粮食和蔬菜的量分别是 500g 和 250g，含有该种物质的其他食品的每日摄入量为 50g，则三种食品该物质的平均容许量应为 2.4/（500 + 250 + 50）= 3mg/kg。不论含有这种物质的食品有多少种，均可如此计算。

### 6. 制订食品安全标准

按照上述方法计算出的各种食品中该有毒物质的最高容许量，固然可以制定为标准，公布执行。但事实上，这一数值只是该物质在各种食品中允许含有的最高限度，是计算出的理论值。因此，这应根据实际情况作适当调整，调整的原则是在确保人体健康的前提下，兼顾需要和生产技术水平及经济水平，同时考虑与国际标准和国外先进标准的接轨问题。在具体制定时，还应考虑有害物质的毒性、特点和实际摄入情况，将标准以严制定或略加放宽。

## 项目一　我国动物源性食品安全标准的制定

随着生活水平的日益提高，食品安全越来越受到人们关注，动物源性食品作为百姓餐桌必不可少的部分，其卫生、质量和安全是首当其冲必须予以重视的。然而近年来动物源性食品违法事件，如健美猪、问题乳、病死猪等屡屡见诸媒

体，经过国家相关监管部门的多年探索实践，对违法行为的监管打击初见成效，但也暴露出一些制约监管的瓶颈问题。从国家食品安全监管法律法规沿革、动物源性食品安全各环节标准现状、存在问题几个方面作以浅析，并结合自身感悟，做一些浅显建议，以供同行参考。

## 一、国家食品安全监管法律法规沿革

新中国成立以来，国家高度重视食品安全工作，相继于1965年、1979年、1983年、1995年和2009年颁布《食品卫生管理试行条例》《中华人民共和国食品卫生管理条例》《中华人民共和国食品卫生法（试行）》《中华人民共和国食品卫生法》和现行的《中华人民共和国食品安全法》。食品安全监管走过了半个世纪的法治历程，已经初步形成了一套相对完善的食品安全监管法律法规体系。2012年，卫生部等8部委颁布了《食品安全国家标准"十二五"规划》（卫监督发（2012）40号），国务院也下发了《国务院关于加强食品安全工作的决定》（国发（2012）20号）的通知，食品安全监管工作位于一个新的历史起点。

## 二、动物源性食品安全标准现状及存在问题

### （一）饲养环节标准现状及问题

2004年农业部发布了猪、肉牛、奶牛、肉羊和鸡共5个饲养标准；2003～2010年先后发布了细毛羊、绍兴鸭、种公牛和黄羽肉鸡4个饲养管理技术规程。

2001～2006年先后发布实施各种猪、牛、羊、禽、兔以及蜜蜂共18个无公害食品相关的饲养管理准则、兽药使用准则以及兽医防疫准则，部分地区建立了一定数量的地方性标准。截至目前，动物饲养环节仅有GB 4706.47—2005《动物繁殖和饲养用电加热器的特殊要求》1个国家标准，地方标准全为推荐性标准，而有关动物饲养的农业行业标准除了兽药使用准则及各兽医防疫准则和猪用、鸡用饲养隔离器标准外，全部为推荐性标准。纵观饲养环节的现行标准可以看出，标准规范的角度杂乱，部分重要的如鸭、鹅或其他经济动物饲养标准不全，几乎没有强制性的标准。目前普遍认为，强制性规范饲养的重要性对于动物源性食品安全来说是首当其冲的，有益于推进缺省标准的制定和标准级别的提升工作。

### （二）屠宰环节标准现状及问题

现行的畜禽屠宰操作标准为2004年开始实施的《牛屠宰操作规程》《肉鸡屠宰操作规程》以及2008年修订实施的《生猪屠宰操作规程》；屠宰产品的品质检验由商业部门实施，执行标准为1999年颁布的《生猪屠宰产品品质检验规程》和2001年颁布的《牛羊屠宰产品品质检验规程》；屠宰产品的传染病和寄生虫检疫由动物卫生监督部门实施，执行的标准为农业部2010年颁布的生猪、家禽、牛和羊4个屠宰检疫规程（农医发〔2010〕27号）。从现行标准看，认为

存在以下问题：一是缺少羊、鸭、鹅等动物的屠宰操作规程和禽类屠宰产品品质检验规程；二是现行 2 个屠宰产品品质检验规程规定传染病和寄生虫的检验和处理按照《肉品卫生检验试行规程》（1959 年农业部、卫生部、对外贸易部、商业部颁布）规定执行，而依据《动物防疫法》《动物检疫管理办法》，传染病和寄生虫的检疫应由动物卫生监督部门按照生猪、家禽、牛和羊 4 个屠宰检疫规程（农医发〔2010〕27 号）规定执行，两者规定存在职能重复或是冲突。

### （三） 加工环节标准现状及问题

屠宰后的肉类产品加工环节的相关标准也是动物源性食品卫生安全标准必不可少的部分，该环节的监督实施部门有卫生监督部门、商业部门和质量监督部门。因动物源性食品的种类、加工及检测技术等的多样化，肉与肉制品的卫生安全相关标准较繁杂，现行的主要标准有卫生部发布的《鲜、冻畜肉卫生标准》《熟肉制品卫生标准》《腌腊肉制品卫生标准》《肉类罐头卫生标准和食品卫生微生物学检验（肉与肉制品）》以及《肉类加工厂卫生规范》等；商务部发布的《安全肉制品质量认证评审准则》以及部分配套的腌猪肉、乳猪肉等行业标准；质检总局发布的肉与肉制品中如 pH、脂肪酸、胆固醇、维生素、氮、磷、金属元素等 32 种指标或成分含量的测定标准，《鲜、冻片猪肉》《分割牛肉》《兔肉标准》以及《冷却猪肉加工技术要求》《肉制品生产 HACCP 应用规范》《鲜、冻肉生产良好操作规范》和《熟肉制品企业生产卫生规范》等多种标准。此环节的标准在动物源性食品产业链上最多，分类也最细，认为也存在一些问题：一是多部门从多角度多层面建立动物源性食品加工标准，显得繁杂无序，欠系统；二是我国动物源性食品作坊式加工比例较大，很难自主执行如此多的标准规范；三是动物源性食品检测机构的检测能力现状与检测标准要求存在差距。

### （四） 流通环节标准现状及问题

肉与肉制品的运输流通环节如无良好操作规范，也易引发食品安全危险，现行流通环节的相关安全标准较少，可执行的主要是 2007 年和 2008 年颁布及实施的《鲜、冻肉运输条件》和《肉与肉制品物流规范》两个国家标准。主要存在的问题是肉与肉制品的运输流通流动性大，除交通、公安部门以外的执法部门监督执法在此环节的执法权力有限，也很少因运输或物流条件不标准而实施执法行为，管理相对人为了保证自己的经济利益，也很少在运输环节暴露问题，因此标准的现实执行意义不大。

## 三、 动物源性食品安全标准的建立

动物源性食品安全标准现状和存在的问题如下：一是个别动物源性食品安全监管的重要标准或者已有标准的重要指标缺失，不能满足食品安全监管需求。国家应该紧急调研标准短板实情，加紧制定亟待建立的标准。如病死动物或者病害动物产品的鉴定标准就是在动物源性食品安全监管方面亟待建立的一个标准，该标准一旦出台，必将成为食品安全监管执法的一把利剑。二是多部门制定的各环节动物源性食品标准混杂不清、近似甚至相悖。建议加紧成立食品安全标准清理牵头组织，对现行无实际执行意义标准进行废除，对混杂不清或相似标准进行梳理整合，对相悖标准进行修订统一。三是提高标准的科学性和合理性。成立食品安全标准技术研究和管理机构，加大食品安全风险评估及检测方法等基础研究投入，确保出台标准的质量。四是保证食品安全标准与法律法规的对接吻合，尽早实现"执法需要什么样的结论，标准就能提供什么样的支撑"的局面，保障法律法规的顺畅运行。五是开放标准获取渠道，强化标准的宣传贯彻实施，逐渐改变现行标准浮于实际一纸空文的状态，推进标准的有效实施。

## 项目二　我国粮油食品安全国家标准的制定

我国粮油标准体系由国家标准、行业标准、地方标准和企业标准构成。目前现行粮油国家标准 304 项，行业标准 195 项。按标准化的对象划分，体系包括基础标准、测定方法标准、机械标准和卫星标准四大类。

我国粮油标准中，涉及粮油食品安全的标准 978 项（国家标准 639 项，行业和地方标准 339 项），涉及到卫生、农业、粮食、检验检疫、商业、轻工、林业、化工、机械等多个行业，其中食品中有毒有害物质限量标准 82 项，与食品接触材料卫生标准 37 项，食品试验、检验、检疫方法标准 554 项，食品安全监控与管理技术标准 182 项。食品包装标签、标识标准 8 项，特定食品安全标准 115 项。

### 一、我国粮油食品安全标准体系建设的不足

从我国整个粮油食品安全标准体系来看，水平较低。这与我国粮油食品安全标准体系建设的不足有很大关系。主要有以下几个方面影响。

（1）我国粮油行业的生产、储备、加工方面的影响　运输、贸易是多部门的管理体制，这必然造成标准交叉重复，管理低下的现象。

（2）对标准工作的重视程度不够，尤其是对方法标准的重视程度不够　一是表现在思想认识方面；二是表现在企业方面，尤其是企业，不少粮油企业没有专人负责标准化工作、信息渠道不畅通、对标准的出版发行、更新、撤销等信息缺乏足够的认识，经常发生新标准已实施了一段时间，企业才得到该信息，或因为在质量监督抽查中被判不合格后才知道要执行新标准。比如 2003 年 11 月 11 日起发布的《大豆油》等 8 个食用油的新标准，到 2004 年 10 月 1 日正式实施的时候，还是有很多油脂企业应对不及，造成了不同程度的损失。

（3）缺少粮油食品标准化的专业人才和专门机构，基础科研工作不足，标准制定修订的依据缺乏　过去，粮食行业的科研单位只有原国家粮食储备局北

京、西安、成都、武汉、无锡、郑州六个研究院所，以及江南大学、河南工业大学、武汉工业学院，南京经济学院等几所高校，还有一些企业事业单位虽然也有研究，但都相对分散独立、不成体系。整体科研的技术力量、经费、水平等严重不足。随着全国粮油标准化技术委员会及四个技术工作组的成立组建，粮油食品标准化的工作将逐步走向正规。

（4）经费缺乏　目前制定、修订一项国家家标准，国标委的拨款为 5000~8000 元，远远不够标准制定、修订过程中研究、验证、研讨、送审等的费用。而制定、修订行业标准则没有拨款。

（5）我国参与国际标准化组织的标准化活动不够　基本上只是被动接受而缺少主动参与。因此我们在认真做好国际标准的跟踪和验证研究的同时，也要积极参与国际标准组织的活动，在国际上发出我们的呼声和建议。

## 二、国内外粮油食品安全标准体系差异分析

目前我国粮油食品安全标准体系与其他发达国家和地区相比，主要存在着以几方面的差异。

（1）由于我国标准化工作起步较晚，前期重视程度不够，投入不足，因此粮油食品安全标准如同其他标准一样，存在标准老化、标龄长、复审修订不及时，不能适应实际需要的问题。按照国际通行做法，标准的修订周期多为 3~5 年，而我国目前粮油食品安全标准的绝大多数标龄过长。以试验、检验、检疫方法标准为例，国标和各类行标中分别只有 29.9% 和 28.1% 的标龄小于 5 年，而标龄超过 10 年的则分别为 43.8% 和 59.2%。再比如有关粮油食品农药残留限量的 32 个标准中，只有 4 个标准是在 10 年内制定、修订的，其余 28 项的标龄均超了 10 年，比例为 87.5%，可见我们在对标准的复审和修订方面还有很多工作要做。

（2）粮油食品安全标准也同样存在国家标准、行业标准、地方标准之间交叉重复的现象。例如对植物油过氧化值的检验方法就有 GB/T 5538—2005、SN 04020—1986、SN/T 0801.3—1999 等 3 个标准。再比如 GB 16333—1996《双甲脒等农药在食品中最大残留限量标准》中对林丹的限量为 0.1mg/kg，而在新修订的 GB 2715—2005《粮食卫生标准》中的规定限量为 0.05mg/kg。

（3）我国粮油食品国家标准中分为强制性和推荐性两种，而西方发达国家和地区以及标准化组织是没有强制性标准的。目前，我国粮油食品安全标准中有 144 项强制性标准，其中包括 7 项方法标准。在我国，强制性标准属于技术法规；而在美国，其标准没有强制性，而是通过法律法规的引用而产生约束作用。根据 WTO/TBT 协定，有为了保证五种正当目标的实现，才允许各国制定与国际标准不一致的技术法规和标准。这五种正当目标是：保障国家安全、反欺诈行为、保护人类健康和安全、保护动植物的生命和健康以及保护环境。根据这五种正当目

标,我国粮油食品安全标准中仍有部分强制性标准是不适宜的,尤其是方法标准。TBT 协议规定标准是推荐性的,ISO/IEC 指南 Ⅱ 定义的标准可以是强制性的,也可以是自愿性(推荐性)的。我国今后应根据实际情况,正确认识标准的强制性,逐步减少强制性粮油食品安全标准的数量。

(4) 政府在标准制定中承担的责任太多。目前国际上对标准的管理主要有三种模式:第一种是政府主导模式,以原苏联和我国为代表,其优点是有一定的效率,特别是经济不发达的时期和地区;缺点是距离市场太远,不能实际灵活地反映市场需要。第二种是市场化模式,以欧盟为代表,其优点是贴近市场,标准制定过程有投入也有产出;缺点是有时周期较长。第三种是以美国为代表的模式,继承了美国早期的委员会的模式,其特点是对下负责,突出行业、协会的服务性质,这种受托管理的性质和民主协调的机制,很适合标准草案的拟定和技术标准的审定。对于这三种方式,应兼收并蓄,各取所长,以追求最理想的效果。目前在我国粮油食品安全标准体系中,政府应该狠抓关系到卫生、人类健康、动植物的安全、环境污染等最基本的方面,如最大残留限量、包装、标签标志等,而将检测方法标准交给民间团体,将加工、管理规范交给企业等。

(5) 技术标准的竞争力不足。随着国际贸易中关税壁垒的削弱,WTO 各成员国之间以技术法规、标准、合格评定程序为主要内容的"技术贸易壁垒"代替关税壁垒已经成为更加重要的贸易障碍,国际市场的竞争从常规的价格竞争、质量竞争、服务竞争和品牌竞争逐步演进到关键领域的技术标准竞争,有人形容说,"得标准者得天下"。发达国家和地区利用其科技水平高、经济实力强和法律法规健全的优势,频繁使用标准化的手段作为技术壁垒,主要有如下几种形式。

①技术法规、标准繁多,要求高,修订频繁,使发展中国家难以达到。
②合格评定程序复杂,操作环节烦琐,费用昂贵。
③在包装、标签以及劳工保护等方面要求严格。
④设置"绿色技术壁垒"。
⑤积极参与和极力控制对其有利的国际标准的制定、修订工作。
⑥滥施入境检验、检疫措施。

比如日本对国外进口的大米,要有多项检测指标,这就是对它自己市场的一种保护;美国市场上的食品是否具备贴上有机食品标签的资格,需经美农业部批准的专门机构认证,这对其他国家的农产品出口商来说,又是一个潜在的技术壁垒。目前我国粮油食品安全标体系中还缺少有竞争力的技术性指标,而在标准设置此类指标时又往往科研基础不足,难以应付贸易伙伴的质询。例如,由于目前我国"大米"国家标准中没有相关限制性的指标,导致泰国陈大米能够进入到我国市场。

我国入世后,国内市场面临着国外市场的冲击。因此,通过设置技术性指标,能够帮助我们国内尚不成熟的市场实现平稳过渡,逐步走向成熟。

## 项目三　我国复合调味料食品安全标准的制定

### 一、复合调味料概况

调味品是指在饮食、烹饪和食品加工中广泛应用的用于调和滋味和气味,并具有去腥、除膻、解腻、增香、增鲜等作用的产品,是能增加菜肴的色、香、味,促进食欲的辅助食品。复合调味料是指将两种或两种以上调味料为主要原料,添加或者不添加油脂、天然香辛料及动植物食物等成分,采用物理的、化学的或者生物的技术措施,进行加工、处理及包装,最终制成可供安全食用的一类定型调味料产品。

根据市场的调研,目前复合调味料按形态可分为固态复合调味料、液态复合调味料、复合调味酱三类。其中固态复合调味料产品有固态复合香辛料、固态复合腌制料、固态炸粉调味料固态复合汤料、固态复合风味调味料等。液态复合调味料有鲜味汁、烧烤汁、汤汁(高汤)调味料、炝料、复合调味油等。复合调味酱有复合烧烤酱、复合辣椒酱、麻辣调料酱、油辣子酱、沙拉酱、蛋黄酱、复合风味酱等。若按食用方式则可分为:即食类复合调味料,如方便食品复合调味酱包、千岛酱等;非即食类复合调味料,如盖浇饭调味酱包、火锅底料等。

大多数的复合调味料尚未有统一的强制性食品安全标准。目前固态复合调味料的生产加工企业所采用的标准都是企业自定的企业标准,不同企业同类产品的企业标准中设定的项目数差异大,安全指标限值的差异较大。

### 二、国内标准情况

目前与复合调味料类产品相关的国内标准共计35项,其中国家标准8项,行业标准13项,地方标准14项;强制性标准9项,推荐性标准26项。涉及生产卫生规范有2项;术语定义标准有2项,其余均为产品标准。具体参见表14–1。

表14–1　　　　　　　　　相关国内标准汇总表

| 序号 | 产品类别 | 标准名称 | 标准编号 | 标准属性 | 标准分类 |
| --- | --- | --- | --- | --- | --- |
| 1 | 复合调味酱 | 水产调味酱卫生标准 | GB 10133—2005 | 国家强制性 | 卫生标准 |
| 2 | 固态复合调味料 | 香辛料和调味品名称 | GB/T 12729.1—2008 | 国家推荐性 | 定义标准 |
| 3 | 固态复合调味料 | 香辛料调味品通用技术条件 | GB/T 15691—2008 | 国家推荐性 | 产品标准 |
| 4 | 固态复合调味料 | 香料和调味品辐照杀菌工艺 | GB/T 18526.4—2001 | 国家推荐性 | 工艺标准 |
| 5 | 调味品 | 调味品分类 | GB/T 20903—2007 | 国家推荐性 | 分类标准 |
| 6 | 复合调味酱 | 油辣椒 | GB/T 20293—2006 | 国家推荐性 | 产品标准 |
| 7 | 复合调味酱 | 蚝油 | GB/T 21999—2008 | 国家推荐性 | 产品标准 |

续表

| 序号 | 产品类别 | 标准名称 | 标准编号 | 标准属性 | 标准分类 |
|---|---|---|---|---|---|
| 8 | 调味品 | 调味品生产HACCP应用规范 | GB/T 22656—2008 | 国家推荐性 | 卫生规范标准 |
| 9 | 固态复合调味料 | 调味盐 | QB 2020—2003 | 行业强制性 | 产品标准 |
| 10 | 复合调味酱 | 芝麻酱 | SB/T 10260—1996 | 行业推荐性 | 产品标准 |
| 11 | 固态复合调味料 | 鸡精调味料 | SB/T 10371—2003 | 行业推荐性 | 产品标准 |
| 12 | 固态复合调味料 | 鸡粉调味料 | SB/T 10415—2007 | 行业推荐性 | 产品标准 |
| 13 | 液态复合调味料 | 调味料酒 | SB/T 10416—2007 | 行业推荐性 | 产品标准 |
| 14 | 液态复合调味料 | 鸡汁调味料 | SB/T 10458—2008 | 行业推荐性 | 产品标准 |
| 15 | 复合调味酱 | 番茄调味酱 | SB/T 10459—2008 | 行业推荐性 | 产品标准 |
| 16 | 固态复合调味料 | 菇精调味料 | SB/T 10484—2008 | 行业推荐性 | 产品标准 |
| 17 | 固态复合调味料 | 海鲜粉调味料 | SB/T 10485—2008 | 行业推荐性 | 产品标准 |
| 18 | 固态复合调味料 | 牛肉粉调味料 | SB/T 10513—2008 | 行业推荐性 | 产品标准 |
| 19 | 固态复合调味料 | 排骨粉调味料 | SB/T 10528—2009 | 行业推荐性 | 产品标准 |
| 20 | 复合调味酱 | 花生酱 | NY/T 958—2006 | 行业推荐性 | 产品标准 |
| 21 | 复合调味酱 | 辣椒酱 | NY/T 1070—2006 | 行业推荐性 | 产品标准 |
| 22 | 固态复合调味料 | 固体复配调味料卫生标准 | DB11/009—1991 | 地方强制性 | 卫生标准 |
| 23 | 固态复合调味料 | 固态调味品卫生要求 | DB11/515—2008 | 地方强制性 | 卫生标准 |
| 24 | 复合调味酱 | 半固态（酱）调味品卫生要求 | DB11/518—2008 | 地方强制性 | 卫生标准 |
| 25 | 液态复合调味料 | 液态调味品卫生要求 | DB11/517—2008 | 地方强制性 | 卫生标准 |
| 26 | 液态复合调味料 | 食用调味油卫生要求 | DB11/518—2008 | 地方强制性 | 卫生标准 |
| 27 | 液态复合调味料 | 糟卤 | DB31/32—2002 | 地方强制性 | 产品标准 |
| 28 | 复合调味酱 | 火锅底料 | DB50/105—2006 | 地方强制性 | 产品标准 |
| 29 | 复合调味酱 | 火锅调料（底料）技术要求 | DBSI/T389—2006 | 地方强制性 | 产品标准 |
| 30 | 固态复合调味料 | 固态调味品卫生规范 | DB/440100/T32—2009 | 地方强制性 | 产品标准 |
| 31 | 复合调味酱 | 半固态（酱）调味品卫生规范 | DB/440100/T32—2009 | 地方强制性 | 产品标准 |
| 32 | 固态复合调味料 | 固态调味品卫生规范 | DBSI/T389—2006 | 地方强制性 | 卫生标准 |
| 33 | 复合调味酱 | 半固态（酱）调味品卫生规范 | DBI440100/T33—2009 | 地方强制性 | 卫生标准 |
| 34 | 液态复合调味料 | 液态调味品卫生规范 | DBI440100/T34—2009 | 地方强制性 | 卫生标准 |
| 35 | 液态复合调味料 | 食用调味油卫生规范 | DBJ440100/T35—2009 | 地方强制性 | 卫生标准 |

## 三、国外标准情况

目前与调味料产品相关的国际标准主要有以下10项，具体见表14-2。另外还有一些国外标准和技术法规中对复合调味料产品中微生物限量做了专门规定。

表14-2　　　　　　　相关国外或地区标准汇总表

| 序号 | 标准名称 | 标准编号 | 标准归属 |
| --- | --- | --- | --- |
| 1 | 调味品使用指南 | CAC/GL662008 | 国际食品法典委员会 |
| 2 | 芒果酸辣酱使用标准 | CODEX~160-1987 | 国际食品法典委员会 |
| 3 | 发酵豆酱区域使用标准 | CODEXSTAN298R2009 | 国际食品法典委员会 |
| 4 | 韩式辣酱区域使用标准 | CODEXSTAN294R | 国际食品法典委员会 |
| 5 | 风味调味料 | JAS农林告310-1975AMD-2001 | 日本有机农业标准 |
| 6 | 调味汁 | JAS农林告9551975AMD2000 | 日本有机农业标准 |
| 7 | 调味汁品质表示标准 | JAS农林告16672000AMD2003 | 日本有机农业标准 |
| 8 | 香辛料及调味料咖喱粉 | CNS80491981 | 中国"台湾标准检验局" |
| 9 | 风味调味料 | CNS80551981 | 中国"台湾标准检验局" |
| 10 | 风味调味料 | CNS87321982 | 中国"台湾标准检验局" |

## 四、标准中部分安全技术指标的比较

### (一) 酸价、过氧化值

理化指标酸价是指中和1g有机物质中所含游离脂肪酸所需氢氧化钾毫克数。精制的新鲜油脂通常是中性，含有少量脂肪酸，酸价较小。如果保存不当，受温度或湿度的影响，使脂肪酸水解而产生游离脂肪酸，致使酸价增高。如产品酸价超标，说明油脂已氧化劣变，不能食用。过氧化值是指100g油脂中过氧化物的毫摩尔质量。过氧化值的增加是油脂开始酸败的象征，与油脂新鲜程度密切相关。过氧化值超标的食品口感具有"哈喇味"，不能食用。含油型复合调味料中油脂含量较高，国内同类产品标准如GB/T 20293—2006《油辣椒》，NY/T 958—2006《花生酱》等都设立了该项指标。含油型复合调味料相关国家标准、行业标准和各省市的地方标准，酸价的限值范围为1.8~6.5mg KOH/g；过氧化值的限值范围为0.1~0.25g/100g。

但是标准值之间存在一定的交叉矛盾现象。例如北京市地方标准 DB11/516—2008 中对沙拉酱的酸价未做规定，过氧化值的限量为≤0.1g/100g，而广州市地方标准 T33—2009/DBJ440100 中对酸价的限量为≤3.0mg KOH/g，过氧化值的限量则为≤0.25g/100g。过氧化值限量的设置存在矛盾，而沙拉酱、蛋黄酱中等复合调味酱中因为常常使用酸性配料（食醋、酸度调节剂），故设立酸价的指标其实并不是很合适。

### (二) 指示菌限量

食品中的指标菌是用以指示食品的卫生状况及安全性的指示性微生物。食品中菌落总数、大肠菌群、霉菌数量越多,越能加速食品腐败变质。因此指示菌超标,说明该产品受到外界污染,含有各种细菌,保质期缩短,容易变质。比较各国复合调味料中的指示菌限量发现,指示菌的限量值与调味料的形态没有直接关系,而与产品的食用方式相关,即分为即食类和非即食类分别制定限值。国内外标准中多数对复合调味油指示菌限量不做要求,非即食类菌落总数不做要求。

1. 菌落总数（即食类）

比较即食类复合调味料相关国家标准、行业标准和各省市的地方标准以及新西兰、挪威、智利、古巴、以色列、南非、西班牙等国的食品微生物限量规定：国内标准限值范围是 300~50000CFU/g,国外标准最高安全限值是 1000000CFU/g,且国际标准大多采用三级采样方案。

2. 大肠菌群（即食类）

比较即食类复合调味料国内相关国家标准、行业标准和各省市的地方标准以及挪威、以色列等国外的食品微生物限量规定：国内标准限值范围是 30~150MPN/100g；国外标准中以色列的标准规定蛋黄酱中大肠菌群≤10CFU/g,辣椒粉中大肠菌群≤100CFU/g,芝麻酱中大肠菌群≤100CFU/g,混合调味品中大肠菌群≤100CFU/g；挪威对蛋黄酱、调味汁、汤料中大肠菌群的规定限值是 m 为 10CFU/g,M 为 100CFU/g。

3. 大肠菌群（非即食类）

比较非即食类复合调味料国内相关国家标准、行业标准和各省市的地方标准以及加拿大等国外食品微生物限量规定：国内标准限值范围是 30~150MPN/100g；国外标准限值 m 为 10CFU/g,M 为 1000CFU/g。

4. 霉菌（即食类）

比较即食类复合调味料国内相关国家标准、行业标准和各省市的地方标准以及加拿大、新西兰、荷兰、智利、以色列、古巴等国外食品微生物限量规定：国内外一级采样方案标准限值范围是 25~10000CFU/g,国外三级采样方案标准限值范围是 50~10000CFU/g。

5. 霉菌（非即食类）

比较非即食类复合调味料国内相关国家标准、行业标准和各省市的地方标准以及加拿大、智利、以色列等国外的食品微生物限量规定：国内外一级采样方案标准限值范围是 50~400CFU/g,国外三级采样方案标准限值范围 500~10000CFU/g。通过比较发现,指示菌的设立也存在一定问题,例如即食类复合调味料蛋黄酱在广州市地方标准 DBJ440100/T33—2009 中大肠菌群的限值是 ≤30MPN/100g,以色列食品微生物限量规定则小于等于 10CFU/g,挪威食品微生物限量中按三级采样方案,m 为 10CFU/g,M 为 100CFU/g,n 为 5,c 为 2,即判定 1 批次产品合格与否必须对其中 5 个样品进行检测,其中允许有 2 个样品的霉菌总数在 10~100CFU/g。可见现有的复合调味料标准不仅不能统一涉及食品安全指标，给监督检查工作带来困扰，而且这样交叉的标准体系往往容易产生对外贸易的壁垒。因此复合调味料食品安全标准制定将结合国内外标准限值对现有标准中的指标进行梳理和统一。

### （三）蜡样芽孢杆菌限量

比较加拿大、新西兰、挪威、南非、英国以及中国香港的标准中蜡样芽孢杆菌的限量规定：除南非为不得检出外，其余采用三级采样的范围在 100～1000000CFU/g，英国、中国香港为 <1000CFU/g。国内标准中尚未对蜡样芽孢杆菌限值做出规定。

## 五、制定复合调味料食品安全标准的建议

复合调味料相关的标准既有国家标准又有行业标准，各省市还有不同的地方标准，有强制性标准也有推荐性标准，更有绝大多数企业使用的是企业标准，多套标准长期并行，且存在一定的交叉、重复和相互矛盾的现象，从而造成在实际操作中按某个标准监督检查合格的产品，按照另一套标准就有可能不合格。针对目前复合调味料标准体系存在的主要问题提出如下建议。

### （一）依据产品特性设立相应的安全指标

从上述的比较中不难发现，不同标准中设立的主要安全指标如指示菌、酸价、过氧化值限量等均存在交叉现象。此外，根据对复合调味料企业的调研发现，部分复合调味料企业生产过程中灭菌存在一些问题，尤其是用于方便面汤料的天然香辛料，直接沸水冲调用时，由于天然香辛料一般只用普通粉碎机进行粉碎和筛分而未灭菌等，以致细菌总数超标。因此即食类复合调味料有必要设立菌落总数的指标。又如调味油产品中常含有大量动植物油脂，其油脂抗氧化剂及其添加量、过氧化值、酸价等指标在制定食品安全标准时应予考虑。另外复合调味料中配料成分复杂，超量、超范围使用防腐剂、合成色素等食品添加剂的现象时有发生，因此在制定食品安全标准时应当规定添加剂、营养强化剂符合 GB 2760—2011 和 GB 14880—2012 的要求。而致病菌限量和真菌毒素、污染物指标则可以直接引用现行的强制性国家标准。

### （二）标准中应明确产品分类及术语定义

现行标准中对复合调味料相关的术语定义和分类不甚明确，例如国家标准 GB/T 20903—2007 中将复合调味料分为固态、液态和复合调味酱，把蚝油列在复合调味酱类别之外，而按照复合调味酱中风味酱的定义"以肉类、鱼类、贝类、果蔬、植物油、香辛调味料、食品添加剂和其他辅料配合而成的具有某种风味的调味酱。"蚝油也应该符合复合调味酱中风味酱这一类别。又如北京市地方标准 DB11/516—2008《半固态（酱）调味品卫生要求》中将半固态（酱）调味品分为发酵型和非发酵型，而国际标准中微生物限量规定通常将调味品分为即食

类或非即食类进行判定。因此制定复合调味料食品安全标准时有必要将产品分类与指标判定统一，进一步明确各类别的定义及所包含的产品类型。

（三）复合调味料中某些新型原辅料应有规范依据

随着人们对食品原汁原味的追求，天然提取物在复合调味料中的应用开始越来越广泛。天然抽提物由于含多种氨基酸、有机酸、核酸类鲜味成分及低分子肽和糖类物质，因此它提供的味感不但鲜美浓郁而且丰满醇厚。天然抽提物以动植物为主要原料，常用的动物原料以猪、牛、鸡及海产品居多，植物原料则以葱、姜、蒜、番茄等蔬菜类原料居多。然而很多提取物并未得到卫生部门的审批，其在食品中的安全性能尚未经过安全性评价，因而在制定复合调味料的食品安全标准时有必要规定使用新资源食品作为原料的，应符合中华人民共和国卫生部《新资源食品管理办法》的规定。

根据食品安全法清理整合现有标准的精神，有必要制定统一的复合调味料食品安全标准，统一过氧化值限量的设定，以进一步规范市场，实现复合调味料质量安全管理的标准化，给政府职能部门的执法和监管带来便利。

## 思考题

比较 GB 19295—2011《速冻面米制品》和 GB 19295—2003《速冻面米制品》标准的不同，特别是关于金黄色葡萄球菌的规定。

# 模块十五 食品安全性评价

**知识目标**

了解食品安全性评价的基本概念和过程，了解风险评估的概念和意义。

**能力目标**

能够对新食品原料、转基因食品、食品添加剂等进行安全性评价，并进行初步的风险评估。

**背景知识**

食品安全性评价是运用毒理学动物试验结果，并结合人群流行病学调查资料来阐述食品中某种特定物质的毒性及潜在危害、对人体健康的影响性质和强度，预测人类接触后的安全程度。

食品安全性评价主要是阐明某种食品是否可以安全食用，食品中有关危害形成或物质的毒性及其风险大小，利用毒理学资料确实该物质的安全剂量，以便通过风险评估进行风险控制。它是食品安全质量管理的重要内容，其目的是保证食品的安全可靠性。安全性评价的组分包括正常食品成分、食品添加剂、环境污染物、农药、转移到食品中的包装成分、天然毒素、霉菌毒素及其他任何可能在食品中发现的可疑物质。

应用食品毒理学的方法对食品进行安全性评价，为我们正确认识和安全使用食品添加剂（包括营养强化剂）、开发新食品原料及保健食品的开发提供了可靠的技术保证，为我们正确评价和控制食品容器和包装材料、辐照食品、食品工具与设备用洗涤消毒剂、食品农药残留及兽药残留的安全性提供了可靠的操作方法。

## 一、食品毒理学基本概念

### 1. 食品毒理学

应用毒理学方法研究食品中外源化学物的性质、来源与形成，它们的不良作用与可能的有益作用及其机制,并确定这些物质的安全限量和评定食品的安全性。

**2. 毒物**

在一定条件下,较小剂量就能够对生物体产生损害作用或使生物体出现异常反应的外源化学物称为毒物。

**3. 外源化学物**

存在于外界环境中,而能被机体接触并进入体内的化学物;它不是人体的组成成分,也不是人体所需的营养物质。近来,确切的概念应称为"外来生物活性物质"。

**4. 毒性**

外源化学物与机体接触或进入体内的易感部位后,能引起损害作用的相对能力,或简称为损伤生物体的能力。也可简述为外源化学物在一定条件下损伤生物体的能力。食品中的外源化学物也可能在一定条件下呈有益作用或不良作用。

毒理学的一个基本原则和首要目的就是要对毒性进行定量。欧洲中世纪的科学家 Paracelsus(1493—1541)曾说过:"所有的物质都是毒物,没有一种不是毒物的。正确的剂量才使得毒物与药物得以区分"(The dose makes the poison)。一般来说,毒物和非毒物之间没有严格的界限。同一种化学物质,由于使用剂量、对象和方法的不同,则可能是毒物,也可能是非毒物。例如,亚硝酸盐(Nitrate)对正常人是毒性物质,但对氰化物中毒者则是有效的解毒剂。另外,人体对硒(Se)的每日安全摄入量为 50~200μg,如低于 50μg 则会导致心肌炎、克山病等疾病,并诱发免疫功能低下和老年性白内障的发生;如摄入量在 200~1000μg 则会导致中毒,如每日摄入量超过 1mg 则可导致死亡。

**5. 化学损害**

所谓化学损害是指通过改变生物体内的生物化学过程甚至导致器质性病变的损伤。如有机磷酯化合物类农药主要通过抑制胆碱酯酶的活力,使生物体乙酰胆碱超常累积,因而导致生物体的极度兴奋而死亡。

**6. 毒性物质的分类**

(1)按其来源 分天然、合成和半合成三类。

(2)按其用途及分布范围 分工业、环境、食品有毒成分、农用、医用、军事、放射性、生物性和化妆品中分布的有害化学物。

(3)按其毒性强弱 又可分为剧毒、高毒、中毒、低毒、微毒等。

**7. 毒物的毒效应**

(1)急性毒性 指机体一次给予受试化合物,低毒化合物可在 24h 内多次给予,经吸入途径和急性接触,通常连续接触 4h,最多连续接触不得超过 24h,在短期内发生的毒效应。食品毒理学研究的途径主要是经口给予受试物,方式包括:①灌胃;②喂饲;③吞咽胶囊等。急性毒性研究的目的,主要是探求化学物的致死剂量，以初步评估其对人类的可能毒害的危险性。

（2）蓄积毒性　指低于一次中毒剂量的外源化学物，反复与机体接触一定时间后致使机体出现的中毒作用。一种外源化学物在体内蓄积作用的过程，表现为物质蓄积和功能蓄积两个方面。

（3）亚慢性、慢性毒性

①亚慢性毒性：指机体在相当于1/20左右生命期间，少量反复接触某种有害化学和生物因素所引起的损害作用。

②慢性毒性：指外源化学物质长时间少量反复作用于机体后所引起的损害作用。

（4）"三致"作用　指致突变、致畸、致癌作用。

## 二、我国食品安全性毒理学评价法律法规和标准

1. 《中华人民共和国食品安全法》

第十三条：国家建立食品安全风险评估制度，对食品、食品添加剂中生物性、化学性和物理性危害进行风险评估。

2. 食品安全性毒理学评价程序和试验方法（共21个标准）

GB 15193.1—2003《食品安全性毒理学评价程序》。

GB 15193.2—2003《食品毒理学实验室操作规范》。

GB 15193.3—2003《急性毒性试验》。

GB 15193.4—2003《鼠伤寒沙门菌/哺乳动物微粒体酶试验》。

GB 15193.5—2003《骨髓细胞微核试验》。

GB 15193.6—2003《哺乳动物骨髓细胞染色体畸变试验》。

GB 15193.7—2003《小鼠精子畸形试验》。

GB 15193.8—2003《小鼠睾丸染色体畸变试验》。

GB 15193.9—2003《显性致死试验》。

GB 15193.10—2003《非程序性DNA合成试验》。

GB 15193.11—2003《果蝇伴性隐性致死试验》。

GB 15193.12—2003《体外哺乳类细胞（V79/HGPRT）基因突变试验》。

GB 15193.13—2003《30天和90天喂养试验》。

GB 15193.14—2003《致畸试验》。

GB 15193.15—2003《繁殖试验》。

GB 15193.16—2003《代谢试验》。

GB 15193.17—2003《慢性毒性和致癌试验》。

GB 15193.18—2003《日容许摄入量（ADI）的制定》。

GB 15193.19—2003《致突变物、致畸物和致癌物的处理方法》。

GB 15193.20—2003《TK基因突变试验》。

GB 15193.21—2003《受试物处理方法》。

### 三、毒性参数和安全限值

#### 1．毒性参数的分类

可以利用两种方法来描述或比较外源化学物的毒性。一种是比较相同剂量外源化学物引起的毒作用强度；另一种是比较引起相同的毒作用的外源化学物剂量。后一种方法更易于定量，这就规定了下列毒性参数和安全限值的各种概念。

在实验动物体内试验得到的毒性参数可分为两类。一类为毒性上限参数，是在急性毒性试验中以死亡为终点的各项毒性参数；另一类为毒性下限参数，即有害作用阈剂量及最大未观察到有害作用剂量，可以从急性、亚急性、亚慢性和慢性毒性试验中得到。毒性参数的测定是毒理学试验剂量—效应关系和剂量—反应关系研究的重要内容。

#### 2．致死剂量或浓度

致死剂量或浓度指在急性毒性试验中外源化学物引起受试实验动物死亡的剂量或浓度，通常按照引起动物不同死亡率所需的剂量来表示。

（1）绝对致死量或浓度（$LD_{100}$ 或 $LC_{100}$）　指引起一组受试实验动物全部死亡的最低剂量或浓度。由于一个群体中，不同个体之间对外源化学物的耐受性存在差异，个别个体耐受性过高，并因此造成 100% 死亡的剂量显著增加。所以表示一种外源化学物的毒性高低或对不同外源化学物的毒性进行比较时，一般不用绝对致死量（$LD_{100}$），而采用半数致死量（$LD_{50}$）。$LD_{50}$ 较少受个体耐受程度差异的影响，较为准确。

（2）半数致死剂量或浓度（$LD_{50}$ 或 $LC_{50}$）　指引起一组受试实验动物半数死亡的剂量或浓度。它是一个经过统计学处理计算得到的数值，常用以表示急性毒性的大小。$LD_{50}$ 数值越小，表示外源化学物的毒性越强；反之，$LD_{50}$ 数值越大，则毒性越低。与 $LD_{50}$ 概念相似的毒性参数，还有半数致死浓度（$LC_{50}$），即能使一组实验动物在经呼吸道接触外源化学物一定时间（一般固定为 2h 或 4h）后，死亡 50% 所需的浓度（$mg/m^3$）。环境毒理学中，还有半数耐受限量（Median tolerance limit，MTL）用于表示一种环境污染物对某种水生生物的急性毒性，即一群水生生物（例如鱼类）中 50% 个体在一定时间（48h）内可以耐受（不死亡）的某种环境污染物在水中的浓度（mg/L），一般用 $MTL_{48}$ 表示。

（3）最小致死剂量或浓度（MLD，$LD_{01}$ 或 MLC，$LC_{01}$）　指一组受试实验动物中，仅引起个别动物死亡的最小剂量或浓度。

（4）最大耐受剂量或浓度（MTD，$LD_0$ 或 MTC，$LC_0$）　指一组受试实验动物中，不引起动物死亡的最大剂量或浓度。

#### 3. 观察到的有害作用的最低剂量（Lowest observed adverse effect level，LOAEL）

观察到的有害作用的最低剂量在规定的暴露条件下，通过实验和观察，一种物质引起机体（人或实验动物）形态、功能、生长、发育或寿命可检测到的有害改变的最低剂量或浓度。此种有害改变与同一物种、品系的正常（对照）机体是可以区别的。LOAEL 是通过实验和观察得到的，应具有统计学意义和生物学意义。

4. 未观察到的有害作用剂量（No observed adverse effect level, NOAEL）

未观察到的有害作用剂量在规定的暴露条件下，通过实验和观察，一种物质不引起机体（人或实验动物）形态、功能、生长、发育或寿命可检测到的有害改变的最高剂量或浓度。机体（人或实验动物）在形态、功能、生长、发育或寿命改变可能检测到，但被判断为非损害作用。

5. 未观察到的作用剂量（No observed effect level, NOEL）

未观察到的作用剂量在规定的暴露条件下，通过实验和观察，与同一物种、品系的正常（对照）机体比较，一种物质不引起机体（人或实验动物）形态、功能、生长、发育或寿命可检测到的改变的最高剂量或浓度。在具体的实验研究中，比 NOAEL 高一档的实验剂量就是 LOAEL。应用不同物种品系的实验动物、接触时间、染毒方法和指标观察有害效应，可得出不同的 LOAEL 和 NOAEL。

急性、亚急性、亚慢性和慢性毒性试验都可分别得到各自的 LOAEL 或 NOAEL。因此，在讨论 LOAEL 或 NOAEL 时应说明具体条件，并注意该 LOAEL 有害作用的严重程度。LOAEL 或 NOAEL 是评价外源化学物毒性作用与制定安全限值的重要依据，具有重要的理论和实践意义。

6. 阈值

阈值为一种物质使机体（人或实验动物）刚开始发生效应的剂量或浓度，即稍低于阈值时效应不发生，而达到或稍高于阈值时效应将发生。一种化学物对每种效应都可有一个阈值，因此一种化学物可有多个阈值。对某种效应，对不同的个体可有不同的阈值，同一个体对某种效应的阈值也可随时间而改变。就目前科学发展程度，对于某些化学物和某些毒效应还不能证实存在阈剂量（如遗传毒性致癌物和性细胞致突变物）。阈剂量应该在实验测定的 NOEL 和 LOEL 之间。在利用 NOEL 或 LOEL 时应说明测定的是什么效应，什么群体和什么染毒途径。当所关心的效应被认为是有害效应时，就称为 NOAEL 或 LOAEL。阈剂量并不是实验中所能确定的，在进行危险性评价时通常用 NOAEL 或 NOEL 作为阈值的近似值。

7. 安全限值

动物试验外推到人通常有三种基本的方法：利用不确定系数（安全系数）；利用药物动力学（广泛用于药品安全性评价并考虑到受体敏感性的差别）；利用数学模型。毒理学家对于"最好"的模型及模型的生物学意义尚无统一的意见。

安全限值是指为保护人群健康，对生活和生产环境和各种介质（空气、水、食物、土壤等）中与人群身体健康有关的各种因素（物理、化学和生物）所规定的浓度和接触时间的限制性量值。在低于此种浓度和接触时间内，根据现有的知识，不会观察到任何直接和/或间接的有害作用。也就是说，在低于此种浓度和接触时间内，对个体或群体健康的危险度是可忽略的。安全限值可以是每日容许摄入量（ADI）、可耐受摄入量（TI）、参考剂量（RfD）、参考浓度（RfC）和最高容许浓度（MAC）等。

（1）每日容许摄入量（Acceptable daily intake，ADI） 是以体重表达的每日容许摄入量，以此量终生摄入无可测量的健康危险性（标准人为60kg）。

（2）可耐受摄入量（Tolerable intake，TI） 是由IPCS（国际化学品安全规划署）提出的，是指没有可估计的有害健康的危险性对一种物质终生摄入的容许量，取决于摄入途径。TI可以用不同的单位来表达，如吸入可表示为空气中浓度（如 $\mu g/m^3$ 或 $mg/m^3$）。

（3）参考剂量和参考浓度是美国环境保护局（EPA）对非致癌物质进行危险性评价提出的概念 参考剂量（Reference dose，RfD）和参考浓度（Reference concentration，RfC），是指一种日平均剂量和估计值。人群（包括敏感亚群）终身暴露于该水平时，预期在一生中发生非致癌（或非致突变）性有害效应的危险度很低，在实际上是不可检出的。

（4）最高容许浓度（Maximal allowable concenrtation，MAC） 系指某一外源化学物可以在环境中存在而不致对人体造成任何损害作用的浓度。我国在制定MAC时遵循"在保证健康的前提下，做到经济合理，技术可行"的原则，因此与上述几种以保护健康为基础的安全限值有区别。MAC的概念对生活环境和生产环境都适用，但人类在生活与生产活动中的具体接触情况存在较大差异，同一外源化学物在生活环境中与生产环境中的MAC也不相同。

### 8. 不确定系数和安全系数

（1）安全系数（Safety factor，SF） 是根据所得的最大无有害作用剂量（NOAEL）提出安全限值时，为解决由动物实验资料外推至人的不确定因素及人群毒性资料本身所包含的不确定因素而设置的转换系数。安全系数一般采用100，据认为安全系数100是为物种间差异（10）和个体间差异（10）两个安全系数的乘积。

（2）不确定系数（UF） 为求得可耐受摄入量（TI）说明关键研究（Pivotal study）的适宜性（可信性），物种间外推，在人个体间变异，全部资料的适宜性（充分性）和毒性的性质的各个因子的乘积。将临界效应（Critical effect）的NOAEL或LOAEL除以不确定系数即求得安全限值。

## 四、食品安全性毒理学评价试验的四个阶段和内容

第一阶段：急性毒性试验。它是一次性投较大剂量后观察动物的变化，观察

期大约为 1 周，从而判定动物的致死量（LD）和半致死量（LD$_{50}$）。半致死量是指实验动物死亡一半的投药量。如果投药量大于 5000mg/kg，无死亡，可认为该品毒性较低，无需做致死量精确测定。

第二阶段：遗传毒性试验。遗传毒性试验的组合应该考虑原核细胞与真核细胞、体内试验与体外试验相结合的原则。从 Ames 试验或 V79/HGPRT 基因突变试验、骨髓细胞微核试验或哺乳动物骨髓细胞染色体畸变试验、TK 基因突变试验或小鼠精子畸形分析（或睾丸染色体畸变分析试验）中分别各选一项。

① 基因突变试验：鼠伤寒沙门菌/哺乳动物微粒体酶试验（Ames 试验）为首选，其次考虑选用 V79/HGPRT 基因突变试验，必要时可另选其他试验。

② 骨髓细胞微核试验或哺乳动物骨髓细胞染色体畸变试验。

③ TK 基因突变试验。

④小鼠精子畸形分析或睾丸染色体畸变分析。

⑤其他备选遗传毒性试验：显性致死试验、果蝇伴性隐性致死试验，非程序性 DNA 合成试验。

⑥30 天喂养试验。

⑦传统致畸试验。

第三阶段：亚慢性毒性实验。实验期在 3 个月左右，检验该品的毒性对机体的重要器官或生理功能的影响包括繁殖和致畸实验。

第四阶段：慢性毒性实验。考查少量该品长期对机体的影响，确定最大无作用量（MNL）。一般以寿命较短敏感的动物的一生为一个试验阶段，如用大白鼠试验 2 年，小白鼠试验 1.5 年。

我国已建立了较为完善的食品安全性毒理学评价程序和方法，评价范围涉及食品生产、加工、保藏、运输和销售过程中所涉及的可能对健康造成危害的化学、生物和物理因素的安全性，评价对象包括食品添加剂（含营养强化剂）、食品新资源及其成分、新资源食品、辐照食品、食品容器与包装材料、食品工具、设备、洗涤剂、消毒剂、农药残留、兽药残留、食品工业用微生物等。只要我们能按照法规标准的要求严格执行评价程序，并按照食品添加剂、洗涤剂、消毒剂、农药残留、兽药残留等限量条件对食品进行控制，就能有效保证食品安全。

## 项目一　新食品原料的安全性评价

### 一、新食品原料的概念

在我国新研制、新发现、新引进的无食用习惯的，符合食品基本要求的物品称新资源食品。自 2013 年 10 月 1 日起施行的《新食品原料安全性审查管理办法》中将"新资源食品"修改为"新食品原料"。《新食品原料安全性审查管办法》中规定新食品原料是指在我国无传统食用习惯的以下物品。

（1）动物、植物和微生物。
（2）从动物、植物和微生物中分离的成分。
（3）原有结构发生改变的食品成分。
（4）其他新研制的食品原料。

## 二、新食品原料的相关法律法规

2006年由卫生部颁布《新资源食品管理办法》《新资源食品安全性评价规程》《新资源食品卫生行政许可申报与受理规定》三个法规，要求于2007年12月1日强制执行。

《新食品原料安全性审查管理办法》（以下简称《办法》）经2013年2月5日中华人民共和国卫生部部务会审议通过，2013年5月31日国家卫生和计划生育委员会令第1号公布。该《办法》自2013年10月1日起施行。原卫生部2007年12月1日公布的《新资源食品管理办法》予以废止。

## 三、新食品原料的安全性评价

### 1. 新食品原料安全性评价总原则

新食品原料的安全性评价采用危险性评估和实质等同原则。

### 2. 新食品原料安全性评价内容

新食品原料安全性评价内容包括：申报资料审查和评价、生产现场审查和评价、人群食用后的安全性评价，以及安全性的再评价。

（1）审查和评价　审查和评价是对新食品原料的特征、食用历史、生产工艺、质量标准、主要成分及含量、使用范围、使用量、推荐摄入量、适宜人群、卫生学、毒理学资料、国内外相关安全性文献资料及与类似食品原料比较分析资料的综合评价。

①新食品原料特征的评价。动物和植物包括来源、食用部位、生物学特征、品种鉴定等资料，微生物包括来源、分类学地位、菌种鉴定、生物学特征等资料；从动物、植物和微生物中分离的食品原料包括来源、主要成分的理化特性和化学结构等资料。要求动物、植物和微生物的来源、生物学特征清楚，从动物、植物；微生物中分离的食品原料主要成分的理化特性和化学结构明确，且该结构不提示有毒性作用。

②食用历史的评价。食用历史资料是安全性评价最有价值的人群资料，包括国内外人群食用历史（食用人群、食用量、食用时间及不良反应资料）和其他国家批准情况、市场应用情况。在新食品原料食用历史中应当无人类食用发生重大不良反应记录。

③生产工艺的评价。重点包括原料处理、提取、浓缩、干燥、消毒灭菌等工

艺和各关键技术参数及加工条件资料，生产工艺应安全合理，生产加工过程中所用原料、添加剂及加工助剂应符合我国食品有关标准和规定。

④质量标准的评价。重点包括感官指标、主要成分含量、理化指标、微生物指标等，质量标准的制定应符合国家有关标准的制定原则和相关规定。质量标准中应对原料、原料来源和品质作出规定，并附主要成分的定性和定量检测方法。

⑤成分组成及含量的评价。成分组成及含量清楚，包括主要营养成分及可能的有害成分，其各成分含量在预期摄入水平下对健康不应造成不良影响。

⑥使用范围和使用量的评价。新食品原料用途明确，使用范围和使用量依据充足。

⑦推荐摄入量和适宜人群的评价。人群推荐摄入量的依据充足，不适宜人群明确。对推荐摄入量是否合理进行评估时，应考虑从膳食各途径总的摄入水平。

⑧卫生学试验的评价。卫生学是评价新食品原料安全性的重要指标，卫生学试验应提供近期三批有代表性样品的卫生学检测报告，包括铅、砷、汞等卫生理化指标和细菌、霉菌和酵母等微生物指标的检测，检测指标应符合申报产品质量标准的规定。

⑨国内外相关安全性文献资料的评价。安全性文献资料是评价新食品原料安全性的重要参考资料，包括国际组织和其他国家对该原料的安全性评价资料及公开发表的相关安全性研究文献资料。

⑩毒理学试验安全性的评价。毒理学试验是评价产品安全性的必要条件，根据申报新食品原料在国内外安全食用历史和各个国家的批准应用情况，并综合分析产品的来源、成分、食用人群和食用量等特点，开展不同的毒理学试验，新食品原料在人体可能摄入量下对健康不应产生急性、慢性或其他潜在的健康危害。

a. 国内外均无食用历史的动物、植物和从动物、植物及其微生物分离的以及新工艺生产的导致原有成分或结构发生改变的食品原料，原则上应当评价急性经口毒性试验、三项致突变试验（Ames试验、小鼠骨髓细胞微核试验和小鼠精子畸形试验或睾丸染色体畸变试验）、90天经口毒性试验、致畸试验、繁殖毒性试验、慢性毒性和致癌试验及代谢试验。

b. 仅在国外个别国家或国内局部地区有食用历史的动物、植物和从动物、植物及其微生物分离的以及新工艺生产的导致原有成分或结构发生改变的食品原料，原则上评价急性经口毒性试验、三项致突变试验、90天经口毒性试验、致畸试验和繁殖毒性试验；但若根据有关文献资料及成分分析，未发现有毒性作用和有较大数量人群长期食用历史而未发现有害作用的新食品原料，可以先评价急性经口毒性试验、三项致突变试验、90天经口毒性试验和致畸试验。

c. 已在多个国家批准广泛使用的动物、植物和从动物、植物及微生物分离的以及新工艺生产的导致原有成分或结构发生改变的食品原料，在提供安全性评价资料的基础上，原则上评价急性经口毒性试验、三项致突变试验、30 天经口毒性试验。

d. 国内外均无食用历史且直接供人食用的微生物，应评价急性经口毒性试验/致病性试验、三项致突变试验、90 天经口毒性试验、致畸试验和繁殖毒性试验。仅在国外个别国家或国内局部地区有食用历史的微生物，应进行急性经口毒性试验/致病性试验、三项致突变试验、90 天经口毒性试验；已在多个国家批准食用的微生物，可进行急性经口毒性试验/致病性试验、二项致突变试验。

国内外均无使用历史的食品加工用微生物，应进行急性经口毒性试验/致病性试验、三项致突变试验和 90 天经口毒性试验。仅在国外个别国家或国内局部地区有使用历史的食品加工用微生物，应进行急性经口毒性试验/致病性试验和三项致突变试验。已在多个国家批准使用的食品加工用微生物，可仅进行急性经口毒性试验/致病性试验。

作为新食品原料申报的细菌应进行耐药性试验。申报微生物为新食品原料的，应当依据其是否属于产毒菌属而进行产毒能力试验。大型真菌的毒理学试验按照植物类新食品原料进行。

e. 根据新食品原料可能潜在的危害，必要时选择其他敏感试验或敏感指标进行毒理学试验评价，或者根据新食品原料评估委员会评审结论，验证或补充毒理学试验进行评价。

f. 毒理学试验方法和结果判定原则按照现行国标 GB 15193—2003《食品安全性毒理学评价程序和方法》的规定进行。有关微生物的毒性或致病性试验可参照有关规定进行。

g. 进口新食品原料可提供在国外符合良好实验室规范（GLP）的毒理学试验室进行的该新食品原料的毒理学试验报告，根据新食品原料评估委员会评审结论，验证或补充毒理学试验资料。

（2）生产现场审查和评价　生产现场审查和评价是评价新食品原料的研制情况、生产工艺是否与申报资料相符合的重要手段。现场审查的内容包括生产单位资质证明、生产工艺过程、生产环境卫生条件、生产过程记录（样品的原料来源和投料记录等信息），产品质量控制过程及技术文件，以及这些过程与核准申报资料的一致性等。

（3）人群食用后的安全性评价　新食品原料上市后，应建立新食品原料人群食用安全性的信息监测和上报制度，重点收集人群食用后的不良反应资料，进行上市后人群食用的安全性评价，以进一步确证新食品原料人群食用的安全性。

（4）安全性的再评价　随着科学技术的发展、检验水平的提高、安全性评估技术和要求的改变，以及市场监督的需要，应当对新食品原料的安全性进行再评价。再评价内容包括新食品原料的食用人群、食用量、成分组成、卫生学、毒理学和人群食用后的安全性信息等相关内容。

## 项目二　转基因食品的安全性评价

### 一、转基因食品的概念

转基因食品（genetically modified foods，GMF）是利用现代分子生物技术，将某些生物的基因转移到其他物种中去，改造生物的遗传物质，使其在形状、营养品质、消费品质等方面向人们所需要的目标转变。以转基因生物为直接食品或为原料加工生产的食品就是"转基因食品"。

原中华人民共和国卫生部《转基因食品卫生管理办法》第二条规定，转基因食品系指利用基因工程技术改变基因组构成的动物、植物和微生物生产的食品和食品添加剂，包括三大类：①转基因动植物、微生物产品；②转基因动植物、微生物直接加工品；③以转基因动植物、微生物或其直接加工品为原料生产的食品和食品添加剂。这一定义涵盖了供人们食用的所有加工、半加工和未加工过的各种转基因成分以及所有在食品生产、加工、制作、处理、包装、运输或存放过程中由于工艺原因加入食品中的各种转基因成分。

### 二、转基因食品安全性评价

转基因食品作为一种新型食品，其食用安全性引起了各国政府的高度重视，如何对转基因食品进行安全评价，各国政府意见也不尽相同。目前，国际上进行转基因食品的安全性评价时，有三个被普遍认可的原则：即危险性分析原则、实质等同原则和个案分析原则。

#### 1. 实质等同性原则概念

1993年国际经合组织（OEDC）提出：用"实质等同性"原则来评价转基因食品的安全性，得到了普遍认可。现在有67个国家把这一原则作为转基因食品安全评价的基本原则。

所谓"实质等同性"原则，主要是指通过对转基因作物的农艺性状和食品中各主要营养成分、营养拮抗物质、毒性物质及过敏性物质等成分的种类和数量进行分析，并与相应的传统食品进行比较，若二者之间没有明显差异，则认为该转基因食品与传统食品在食用安全性方面具有实质等同性，不存在安全性问题。具体来说，包括两个方面内容：①农艺学性状相同。如转基因植物的形态、外观、生长状况、产量、抗病性和育种等方面应与同品系对照植株无差异。②食物成分相同。转基因植物应与同品系非转基因对照植物在主要营养成分、营养拮抗物质、毒性物质及过敏性物质等成分的种类和含量相同。

为了便于实质等同概念的理解和应用，OECD列举了5项应用原则：①如果一种新食品或经过基因修饰的食品或食物成分被确定与某一传统食品大体相同，那么更多的安全和营养方面的考虑就没有意义。②一旦确定了新食品或食物成分与传统食品大体相同，那么二者就应该同等对待。③如果新食品或食物成分的类型鲜为人知，难以应用实质等同性原则，因此，对其评估时就要考虑在类似食品或食品成分（如蛋白质、脂肪和碳水化合物等）的评估过程中所积累的经验。④如果某种食品被确定为不实质等同性，那么评估的重点应放在已经确定的差别上。⑤如果某种食品或食品成分没有可比较的基础（如没有与之相应的或类似的传统食品做比较），评估该食品或食物成分时就应该根据其自身的成分和特性进行研究。总之，如果转基因食品与传统食品相比较，除植入的基因和表达的蛋白不同外，其他成分没有显著差别，就认为二者之间具有实质等同性。如果转基因食品未能满足实质等同原则的要求，也并不意味着其不安全，只是要求进行更广泛的安全性评价。

### 2. 实质等同性分析

实质等同性分析主要是将转基因作物及来源的食品与对照物在表型、农艺性状、组成成分等方面进行详细的比较，从而得出转基因作物与对照物是否具有实质等同性的结论。

表型和农学性状主要包括：形态学、生长情况、产量、抗病性及其他有关育种方面的信息。

成分分析：根据不同类型的转基因食品，选择与其相关的主要营养成分如蛋白质及氨基酸组成、脂肪及脂肪酸、碳水化合物、脂溶性维生素及水溶性维生素、常量元素及微量元素等全成分分析和特征成分分析，包括可能的毒素、抗营养学因子和非期望效应等。

根据实质等同性分析的结果，可将转基因作物归纳为以下 3 类。

（1）转基因作物与对照物具有实质等同性。

（2）除了一些明确的差异外，转基因作物与对照物具有实质等同性。目前第一代转基因作物都是在此范畴内的，进一步的安全性分析主要应围绕这些差异（即转入基因表达的蛋白）进行。

（3）在许多方面转基因作物与对照物不具有实质等同性，或找不到可进行比较的传统对照物，当然这并不能说明此转基因作物就是不安全的，但在这种情况下，需要对该转基因作物进行全面彻底的安全性分析，部分第二代转基因作物属于此范畴。

## 项目三　食用添加剂的安全性评价

食品添加剂的安全性直接关系到食品安全，是食品安全的重要问题。因此，为加强食品添加剂管理，保护消费者健康，各国均制定了有关食品添加剂安全性管理的相关法规，对食品添加剂实行上市前的安全性评估、审批和上市后的监督管理。联合国粮农组织（FAO）和世界卫生组织（WHO）专门成立了国际专家咨询组织——食品添加剂联合专家委员会（JECFA）对食品添加剂的安全性进行评估，国际食品添加剂法典委员会（CCFA）负责制定食品添加剂通用标准，作为各国参考。

## 一、JECFA 对食品添加剂的安全性评价

### 1. 食品添加剂安全性评价概况

JECFA 是食品添加剂和污染物安全性评价最重要的国际性专家组织，是由 FAO 和 WHO 于 1956 年建立的国际食品添加剂安全评价的权威机构，由各国该领域的学术专家组成，JECFA 一般每年举行两次会议。CCFA 每年定期向 JECFA 提出需要进行安全性评价的食品添加剂的重点优先名单，JECFA 根据"食品添加剂和污染物安全评估原则"，充分考虑申请者和政府部门提供的相关信息资料，进行广泛深入的文献调研，对 CCFA 提交的物质进行安全性评价，并根据各种物质的毒理学资料制定出相应的每日允许摄入量（ADI）值。CCFA 每年定期召开会议，对 JECFA 通过的各种食品添加剂标准、试验方法和安全性评价进行审议认可，再提交国际食品法典委员会（CAC）复审后公布，以期在国际贸易中制定统一的规格标准，确定统一的检验方法。

### 2. 食品添加剂安全性评价原则

食品添加剂安全性评价主要是对化学资料和毒理学资料两个方面的评价，尽管各国对食品添加剂安全性评价资料的要求有所不同，但必须满足 JECFA 资料评估要求。JECFA 对食品添加剂安全性评价的一般原则如下：

（1）再评估原则　随着食品工业的发展，如质量规格改变、发现新的杂质、发现新的特征和生物学特性、摄入量模式改变，或者安全性评价标准的改进如出现新的化学和毒理学资料，均需要对添加剂进行再评估。

（2）个案处理原则　没有一个固定的检验模式能够覆盖所有不同功能和不同结构的食品添加剂，因此不应该建立一套标准化和强制性的试验程序。对不同食品添加剂安全性评价所要求的试验资料应有所不同，应综合考虑其潜在毒性、暴露水平、是否为食品中天然存在、是否是机体正常成分、是否有传统使用历史以及对人体健康影响等因素，决定其安全性评价资料要求。

（3）分两个阶段评价　第一阶段：收集相关评价资料；第二阶段：对资料进行评价。

### 3. 化学资料评价

（1）化学资料　添加剂可以是单一化学物质、混合物或天然物质。对单一化学物质，应关注杂质及其毒性。对复杂混合物，应关注各物质含量组成、生产工艺和每种物质的检测方法。从天然物质中提取的添加剂，其来源、生产提取方法应明确。对天然物质，应关注其未知成分组成；成分检测应包括一般化学成分

分析，包括蛋白质、脂肪、碳水化合物、矿物质、特定毒素和杂质等。

（2）对食品成分的影响　一些食品添加剂可能与食品中的某些非期望成分发生反应产生功能效果，如抗氧化剂与食品中氧发生反应，EDTA 与食品中微量元素发生反应，因此应对添加剂与食品的作用进行评估。食品添加剂也可在食品加工过程中降解，因此还应提供稳定性资料。对加工助剂如提取溶剂和酶制剂，应特别关注其在食品中的残留水平。

（3）质量规格　质量规格是保证添加剂安全质量并反映 GMP 生产的基础。由于添加使用模式、生产方法或原料的改变，质量规格可能发生改变，因此在各个国家或相关组织的建议下，JECFA 对质量规格实施周期性再评估。

**4. 毒理学安全性评价**

（1）毒理学试验资料要求　不同添加剂需要的毒性资料取决于其人群暴露水平、化学结构和是否有食用历史等因素。

①暴露水平。人群暴露水平是决定毒理学试验的一个主要因素，如果人群摄入量大，则需要的毒理学资料就多。

②化学结构预测毒性。化学结构是毒性预测的基础。对有潜在危害的物质，对其毒性应系统全面评价。对结构类似物，如果体内代谢产物相同则可提供一种物质全套的毒理学资料，其他添加剂毒性资料可以此作为参考，同时考虑该物质的特性及代谢特点。

③食用历史。如果在天然食品中存在或有安全食用历史，则需要的毒理学资料就少；如果用于特殊人群如婴儿、孕妇，则需要提供的毒理学资料就多。

（2）安全性评价程序

①毒理学评价终点。应特别关注功能性和生理性表现；非肿瘤损伤的形态学改变，如肝大、盲肠肿大、膀胱结石刺激的膀胱肿瘤；肿瘤；生殖和发育毒性；体外致突变试验等。

②代谢及动力学研究。选择与人体代谢相近的动物进行研究；确定毒性的可能机制；代谢产物的毒性；并研究肠道微生物对其的影响。

③研究设计考虑的因素。在进行研究设计时，应考虑年龄、营养状况及健康状况等对评价结果的影响。

④人体试验。提供流行病学调查资料并进行人群食物耐受性试验。

⑤制定人群 ADI 值。依据动物试验，确定未观察到有害作用剂量（NOAEL），采用一定的安全系数推导出人群 ADI 值。安全系数应考虑种间差异、个体变异、毒性试验时间长短、毒性终点、暴露水平等因素决定。ADI 制定范围为 0 ~ 上限值，即鼓励达到功能效果的最低水平，一般依据最敏感动物的 NOAEL 来制定，或依据与人更接近的动物试验结果制定。各国应依据膳食监测进行监督，保证食品添加剂摄入量不超过 ADI 水平，包括平均摄入水平和高暴露人群摄入水平。

### 5. 安全性评价结果

根据毒理学资料的充分与否，JECFA 将食品添加剂分为如下四类。第一类即一般认为是安全的物质（general recognized as safe，GRAS），可按正常需要使用。第二类为 A 类，又分为 A1 和 A2 类。A1 类：经 JECFA 评价，认为毒理学资料清楚，制定出正式的 ADI 值；A2 类：JECFA 认为毒理学资料不够完善，制定暂时 ADI 值。第三类为 B 类，JECFA 曾进行过安全性评价，但毒理学资料不足，未能制定 ADI 值。第四类为 C 类，经 JECFA 评价，认为在食品中使用不安全，或者仅可在特定用途范围内严格控制使用。

JECFA 对食品添加剂的安全性评价结果主要体现为制定出各种物质的 ADI 值。对于没有规定具体 ADI 数值的情况，JECFA 有以下几条术语解释：①可接受（Acceptable）：是指该物质在使用中无毒理学意义，或者由于技术或感官原因能够自我限制摄入量，因此没有安全问题。②未规定（Not specified）：是指该物质的毒性很小，以现有的化学、生化、毒理或其他方面的资料和总膳食摄入水平，不会对人体造成健康危害，因此用一个数值表示 ADI 可能非必须，符合这一标准的添加剂必须按照 GMP 原则使用。③无结论（Not allocated or not evaluated）：是指该物质的毒理学资料不够完善，未制定出 ADI 值。④暂定（Temporary）：是指现有的毒理学资料能够证明在短期内食用该物质的安全性，但是不足以证明终生食用的安全性。暂定 ADI 值以更高的安全标准制定；待毒理学资料完善后，修订 ADI 值。

JECFA 对食品添加剂的安全性评估建立在最新科技信息的基础之上，具有很大的权威性。评价结果是 CCFA 制定食品添加剂的使用标准、规格标准以及检验方法的重要依据，同时其评价结果也被世界上多数政府、工业企业和研究中心广泛接受和使用，为各国政府对食品添加剂管理的依据。

## 二、我国对食品添加剂的安全性评价

我国政府从 20 世纪 50 年代开始对食品添加剂实行管理。20 世纪 60 年代后加强了对食品添加剂的生产管理和质量监督，还根据食品添加剂的特殊情况制定了一系列法规，如 1986 年 12 月我国批准了 GB 2760—1986《食品添加剂使用卫生标准》和《食品添加剂卫生管理办法》，1986 年 11 月卫生部颁发了《食品营养强化剂使用卫生标准（试行）》和《食品营养强化剂卫生管理办法》，1997 年国家标准局颁发了 GB 2760—1996《食品添加剂使用卫生标准》，2007 年又对其进行了修订，此标准中规定了食品添加剂的品种、使用目的、范围以及最大使用量（或残留量）。

各国对食品添加剂都有限量标准。我国食品添加剂标准化技术委员会在国家质量技术监督局领导下，从事全国食品添加剂专门性标准化工作，制定食品中添加剂的限量标准，这一措施是确保食品中的添加剂含量不危及人体健康的又一添加剂管理手段。食品添加剂使用标准提供了安全使用食品添加剂的定量指标，食品添加剂的卫生监督需要通过检测和法律法规并行的方式进行。

1. 食品添加剂批准程序

根据《食品添加剂卫生管理办法》（卫生部令2002第26号）的规定，未列入《食品添加剂使用卫生标准》或卫生部公告名单中的食品添加剂新品种以及已经列入《食品添加剂使用卫生标准》或卫生部公告名单中的品种需要扩大使用范围或使用量的食品添加剂必须获得卫生部批准后方可生产经营或使用。申请生产经营或使用需要批准的食品添加剂，必须按照管理办法的规定提交相应的申报资料。

申报资料一般应包括：原料名称及其来源、化学结构及理化特性、生产工艺、省级以上卫生行政部门认定的检验机构出具的毒理学安全性评价报告、连续三批产品的卫生学检验报告、使用范围及使用量、试验性使用效果报告、食品中该种食品添加剂的检验方法、产品质量标准或规范、产品样品、标签（含说明书）等。对使用由微生物生产的食品添加剂，应提供卫生部认可机构出具的菌种鉴定报告及安全性评价资料。

2. 不同食品添加剂进行毒理学试验的原则

主要根据该食品添加剂在其他国家的批准应用情况、来源等决定毒理学资料要求。

（1）凡属毒理学资料比较完整，WHO已公布日容许量或不需规定日容许量者，要求进行急性毒性试验和二项致突变试验，首选Ames试验和骨髓细胞微核试验。但生产工艺、成品的纯度和杂质来源不同者，进行第一、二阶段毒性试验后，根据试验结果考虑是否进行下一阶段试验。

（2）凡属有一个国际组织或国家批准使用，但WHO未公布日容许量，或资料不完整者，在进行第一、二阶段毒性试验后作初步评价，以决定是否需进行进一步的毒性试验。

（3）对于由动、植物或微生物制取的单一组分、高纯度的添加剂，凡属新品种需先进行第一、二、三阶段毒性试验；凡属国外有一个国际组织或国家已批准使用的，则进行第一、二阶段毒性试验，经初步评价后，决定是否需进行进一步试验。

（4）进口食品添加剂：要求进口单位提供毒理学资料及出口国批准使用的资料，由国务院卫生行政主管部门指定的单位审查后决定是否需要进行毒性试验。

## 三、几种常见食品添加剂的 ADI 值

国际上常用ADI、$LD_{50}$作为主要毒性安全性指标。其中，ADI值也就是每天每千克体重允许摄入的毫克数。联合国FAO/WHO所属的食品添加剂专家联合委员会（JECFA）每年依据各国所用食品添加剂的毒性报告提出，由联合国食品添

加剂法规委员会（CCFA）每年年会讨论，并对某种食品添加剂的 ADI 做出评价、修改或撤销，各国对此都已接受。大家知道，ADI 值是根据对小动物（大鼠、小鼠等）近乎一生的长期毒性试验中所求得的最大无作用量（MNL），取其 1/100～1/500 作为 ADI 值。各国依据 ADI 值制定出允许在食品中的最大添加量，就食品安全性方面来看，应该说是有保证的。常见食品添加剂的 ADI 值见表 15-1。

表 15-1　　　　　　　　　　常见的食品添加剂的 ADI 值

| 品名 | ADI/（mg/kg） | 最大使用量 g/kg | 用途 |
| --- | --- | --- | --- |
| 六偏磷酸钠 | 0～70 | 5.0 | 方便面 |
| 三聚磷酸钠 | 0～70 | 5.0 | 方便面 |
| 磷酸二氢钙 | 0～70 | 4.0 | 面包，馒头，饼干 |
| 磷酸氢钙 | 0～70 | 1.0 | 发酵制品，婴儿食品 |
| 过氧化苯甲酰 | 0～40 | 0.06 | 面粉熟化，增白 |
| 硬酯酰乳酸钙（CSL） | 0～20 | 2.0 | 面包糕点 |
| 硬酯酰乳酸钠（SSL） | 0～20 | 2.0 | 面包糕点 |
| 苯甲酸 | 0～5 | 0.2～1 | 食品防腐 |
| 山梨酸 | 0～25 | 0.2～2 | 食品防腐 |
| 乳酸亚铁 | 0～0.8 | 0.2～0.5 | 豆奶粉，豆粉 |
| 丁基羟基茴香醚（BHA） | 0～0.5 | 0.1～0.2 | 食用油脂，油炸食品，饼干，方便面，速煮米 |
| 二丁羟基甲苯（BHT） | 0～0.3 | 0.2 | 早餐谷类食品 |

注：食品添加剂在食品中的最大使用量一般是依据 JECFA 推荐的"丹麦预算法（DBM）"来推算的，这种方法目前已被世界各国公认和采用，即：食品添加剂的最大使用量 = 40 × ADI。

 **思考题**

分别列举一种转基因食品和食品添加剂，分组讨论应该从哪些方面进行安全性评价及风险评估。

# 模块十六　食品安全监督管理体系

**知识目标**
了解我国食品安全监管的现状，掌握我国食品安全监管体系的构成。

**能力目标**
具有食品及餐饮企业从事食品安全管理的能力。

**背景知识**

对于食品安全监督管理的定义，目前学术界尚没有科学的定义，参考管理的定义和相关文献及资料，总结概括食品安全监督管理的定义为：食品安全监督管理是指政府及食品相关部门在食品市场中，动员和运用有效资源，采取计划、组织、领导和控制等方式，对食品、食品添加剂和食品原材料的采购，食品生产、流通、销售及食品消费等过程进行有效的协调及整合，已达到确保食品市场内活动健康有序地开展，保证实现公众生命财产安全和社会利益目标的活动过程。

## 一、食品安全监督管理的含义

食品安全监督管理的这一定义包含了以下四层含义。

第一，食品安全监督管理的主体是政府食品安全管理相关部门，主要有国家食品药品监督管理总局、农业部、卫生和计划生育委员会、国家质量监督检验检疫总局、国家工商行政管理总局、商务部、环境保护部等机关部门。国务院设立食品安全委员会。

第二，食品安全监督管理的客体是与食品有关的各个环节，包括食品生产和加工、食品流通和餐饮服务、食品添加剂的生产经营，用于食品的包装材料、容器、洗涤剂、消毒剂和用于食品生产经营的工具、设备的生产经营，食品生产经营者使用食品添加剂、食品相关产品、对食品和食品添加剂及食品相关产品的安全管理，从而保证实现公众生命财产安全和社会利益目标。其受益对象是全社会。

第三，食品安全监督管理的内容集中概括为提高生活质量，保证社会公共利益。这就决定了食品安全管理是永久性存在的，而且随着社会发展会经常进行调整。

第四，食品安全监督管理只能是通过对食品安全的一系列活动的调节控制，使食品市场表现出有序、有效、可控制的特点，以确保公众的人身财产安全及社会的稳定，促进社会经济发展。

国家政府部门非常重视食品安全的监督管理，希望食品加工企业自身严加管控，确保消费者利益及健康。

## 二、各国食品安全监督管理的模式

### 1. 英国

英国是较早重视食品安全并制定相关法律的国家之一，其体系完善，法律责任严格，监管职责明确，措施具体，形成了立法与监管齐下的管理体系。比如，英国从 1984 年开始分别制定了《食品法》《食品安全法》《食品标准法》和《食品卫生法》等，同时还出台了许多专门规定，如《甜品规定》《食品标签规定》《肉类制品规定》《饲料卫生规定》和《食品添加剂规定》等。这些法律法规涵盖所有食品类别，涉及从农田到餐桌整条食物链的各个环节。

在英国，责任主体违法，不仅要承担对受害者的民事赔偿责任，还要根据违法程度和具体情况承受相应的行政处罚乃至刑事制裁。例如，根据该国《食品安全法》，一般违法行为根据具体情节处以 5000 英镑的罚款或 3 个月以内的监禁；销售不符合质量标准要求的食品或提供食品致人健康损害的，处以最高 2 万英镑的罚款或 6 个月监禁；违法情节和造成后果十分严重的，对违法者最高处以无上限罚款或 2 年监禁。

在英国，食品安全监管由联邦政府、地方主管当局以及多个组织共同承担。例如，食品安全质量由卫生部等机构负责；肉类的安全、屠宰场的卫生及巡查由肉类卫生服务局管理；而超市、餐馆及食品零售店的检查则由地方管理当局管辖。

为强化监管，英国政府于 1997 年成立了食品标准局。该局是不隶属于任何政府部门的独立监督机构，负责食品安全总体事务和制定各种标准，实行卫生大臣负责制，每年向国会提交年度报告。食品标准局还设立了特别工作组，由该局首席执行官挂帅，加强对食品链各环节的监控。

英国法律授权监管机关可对食品的生产、加工和销售场所进行检查，并规定检查人员有权检查、复制和扣押有关记录，取样分析。食品卫生官员经常对餐馆、外卖店、超市、食品批发市场进行不定期检查。在英国，屠宰场是重点监控场所，为保障食品的安全，政府对各屠宰场实行全程监督；大型肉制品和水产品批发市场也是检查重点，食品卫生检查官员每天在这些场所进行仔细的抽样检查，确保出售的商品来源渠道合法并符合卫生标准。

英国在食品安全监管方面，一个重要特征是执行食品追溯和召回制度。食品追溯制度是为了实现对食品从农田到餐桌整个过程的有效控制、保证食品质量安全而实施的对食品质量的全程监控制度。监管机关如发现食品存在问题，可以通过计算机记录很快查到食品的来源。一旦发生重大食品安全事故，地方主管部门可立即调查并确定可能受事故影响的范围、对健康造成危害的程度，通知公众并紧急收回已流通的食品；同时将有关资料送交国家卫生部，以便在全国范围内统筹安排工作，控制事态，最大限度地保护消费者权益。

为追查食物中毒事件，英国政府还建立了食品危害报警系统、食物中毒通知系统、化验所汇报系统和流行病学通信及咨询网络系统。严格的法律和系统的监管有效地控制了有害食品在英国市场流通，消费者权益在相当程度上得到了保护。

2. 法国

在法国，保障食品安全的两个重点工作是打击舞弊行为和畜牧业监督，与之相应的两个新部门近几年也应运而生。其中，直接由法国农业部管辖的食品总局主要负责保证动植物及其产品的卫生安全、监督质量体系管理等。竞争、消费和打击舞弊总局则要负责检查包括食品标签、添加剂在内的各项指标。法国农民也已经意识到，消费者越来越关注食品安全乃至食品产地和生产过程的卫生标准以及对环境的影响。为了使产品增加竞争力，法国农业部给农民制定了一系列政策，鼓励农民发展理性农业便是其中之一。所谓理性农业，是指通盘考虑生产者经济利益、消费者需求和环境保护的具有竞争力的农业。其目的是保障农民收入、提高农产品质量和有利于环境保护。法国媒体认为，这种农业可持续发展形式具有强大的生命力，同时还大大提高了食品安全性。

在销售环节，实现信息透明是保证食品安全的重要措施。除了每种商品都要标明生产日期、保质期、成分等必需内容外，法国法律还规定，凡是涉及转基因的食品，不论是种植时使用了转基因种子，还是加工时使用了转基因添加剂等，都须在标签上标明。此外，法国规定，食品中所有的添加剂必须详细列出。由于疯牛病的影响，从 2000 年 9 月 1 日起，欧盟各国对出售的肉类实施一种专门的标签系统，要求标签上必须标明批号、屠宰所在国家和屠宰场许可号、加工所在国家和加工车间号。从 2002 年 1 月开始，又增加了动物出生国和饲养国两项内容。有了标准，重在执行。新华社巴黎分社附近有一家叫做卡西诺的超市，每天晚上 8 点多，超市工作人员都会把第二天将要过期的食品类商品扔到垃圾桶内，包括蔬菜、水果、肉类、禽蛋等。他们告诉记者：判断食品是否过期的唯一标准就是看标签上的保质期，而一旦店内有过期食品被检查部门发现，那么结果就是导致商店关门。位于巴黎郊区的兰吉斯超级食品批发市场是欧洲最大的食品批发集散地，也是巴黎市的"菜篮子"，这里的商品品种丰富、价格便宜。为了保证食品质量，法国农业部设有专门人员，每天 24 小时不断抽查各种产品。

1996 年英国发现了疯牛病；2000 年初，法国发现一些肉类食品中含有致命的李斯特杆菌；2001 年英国暴发口蹄疫。一味追求利润最大化导致欧盟区域内频现食品安全危机，这使得消费者在选择食品时更加谨慎，也促使食品安全问题越发受到重视。

### 3. 德国

一直以来，德国政府实行的食品安全监管以及食品企业自查和报告制度，成为德国保护消费者健康的决定性机制。

德国的食品监督归各州负责，州政府相关部门制订监管方案，由各市县食品监督官员和兽医官员负责执行。联邦消费者保护和食品安全局（BVL）负责协调和指导工作。在德国，那些在食品、日用品和美容化妆用品领域从事生产、加工和销售的企业，都要定期接受各地区机构的检查。

食品生产企业都要在当地食品监督部门登记注册，并被归入风险列表中。监管部门按照风险的高低确定各企业抽样样品的数量。每年各州实验室要对大约 40 万个样本进行检验，检验内容包括样本成分、病菌类型及数量等。

食品往往离不开各种添加剂，添加剂直接关系到食品安全与否。在德国，添加剂只有在被证明安全可靠并且技术上有必要时，才能获得使用许可证明。德国《添加剂许可法规》对允许使用哪些添加剂、使用量、可以在哪些产品中使用都有具体规定。食品生产商必须在食品标签上将所使用的添加剂一一列出。

德国食品生产、加工和销售企业有义务自行记录所用原料的质量，进货渠道和销售对象等信息也都必须有记录为证。根据这些记录，一旦发生食品安全问题，可以在很短时间内查明问题出在哪里。

消费者自身加强保护意识也非常重要。例如，一旦发现食品企业存在卫生标准不合格或者食品标签有误，可以通知当地食品监管部门。如果买回家的食品在规定的保质期内出现变质现象，也可以向食品监管部门举报。联邦消费者保护部开设有"我们吃什么"网站，提供多种有关食品安全的信息，帮助消费者加强自我保护能力。

值得一提的是，欧盟范围内已经初步形成了统一、有效的食品安全防范机制，即欧盟食品和饲料快速警报系统。德国新的《食品和饲料法典》和《添加剂许可法规》的一大特点就是与欧盟法律法规接轨。

如果某个州的食品监管部门确定某种食品或动物饲料对人体健康有害，将报告 BVL。该机构对汇总来的报告的完整性和正确性加以分析，并报告欧盟委员会。报告涉及产品种类、原产地、销售渠道、危险性以及采取的措施等内容。如果报告来自其他欧盟成员国，BVL 将从欧盟委员会接到报告，并继续传递给各州。如果 BVL 接到的报告中包含有对人体健康危害程度不明的信息，它将首先请求联邦风险评估机构进行毒理学分析，根据鉴定结果再决定是不是在快速警告系统中继续传递这一信息。

通过信息交流，BVL 可以及时发现风险。一旦确认某种食品有害健康，将由生产商、进口商或者州食品监管部门通过新闻公报等形式向公众发出警告，并尽早中止有害食品的流通。

### 4. 美国

美国的食品安全监管体系遵循以下指导原则：只允许安全健康的食品上市；食品安全的监管决策必须有科学基础；政府承担执法责任；制造商、分销商、进口商和其他企业必须遵守法规，否则将受处罚；监管程序透明化，便于公众了解。

美国整个食品安全监管体系分为联邦、州和地区三个层次。以联邦为例，负责食品安全的机构主要有卫生与公众服务部下属的食品和药物管理局和疾病控制和预防中心，农业部下属的食品安全及检验局和动植物卫生检验局，以及环境保护局。

三级监管机构的许多部门都聘用流行病学专家、微生物学专家和食品科研专家等人员，采取专业人员进驻食品加工厂、饲养场等方式，从原料采集、生产、流通、销售和售后等各个环节进行全方位监管，构成覆盖全国的立体监管网络。

与之相配套的是涵盖食品产业各环节的食品安全法律及产业标准，既有类似《联邦食品、药品和化妆品法》这样的综合性法律，也有《食品添加剂修正案》这样的具体法规。

一旦被查出食品安全有问题，食品供应商和销售商将面临严厉的处罚和数目惊人的巨额罚款。美国特别重视学生午餐之类的重要食品的安全性，通常由联邦政府直接控制，一旦发现问题，有关部门可以当场扣留这些食品。百密一疏，万一食品安全出现问题，召回制度就会发挥作用。

值得一提的是，民间的消费者保护团体也是食品安全监管的重要力量。比如 2006 年 6 月，一个名为"公众利益科学中心"的团体就起诉肯德基使用反式脂肪含量高的烹调油。

在网络普及的美国，通过互联网发布食品安全信息十分普遍。联邦政府专门设立了一个"政府食品安全信息门户网站"。通过该网站，人们可以链接到与食品安全相关的各个站点，查找到准确、权威并更新及时的信息。

### 5. 俄罗斯

在保障食品安全方面，俄罗斯并不乏相关法律文件和技术标准。《食品安全法》《消费者权益保护法》和各种政府决议及地方规定都对此有详尽而明确的要求。然而，现实生活中食品安全问题仍不时突显，其中关键不在于无法可依，而在于有法不依、执法不严。

在俄罗斯,食品安全保障工作过去一直由国家卫生防疫部门、兽医部门、质检部门及消费者权益保护机构共同负责。但俗话说"三个和尚没水吃",婆婆太多也带来职责划分不清、推卸责任甚至相互扯皮的弊端,最终使食品安全管理工作无法落到实处。

这一局面在 2004 年开始得到改观。当年 3 月,俄罗斯总统普京为理顺食品安全管理机制,命令对相关行政管理机构进行调整,在俄罗斯卫生和社会发展部下设立联邦消费者权益和公民平安保护监督局,将俄罗斯境内食品贸易、质量监督及消费者权益保护工作交由该局集中负责。

新机构的成立对于集中行政资源、监控食品质量和安全起到了积极作用。其职责范围包括:检查食品制造和销售场所的卫生防疫情况,对进口食品进行登记备案,在新食品上市前进行食品安全鉴定,对市场所售食品进行安全及营养方面的鉴定和科学研究,以及制止有损消费者权益的行为等。该局在全俄各联邦主体设有分局,负责当地的食品安全检查和监控工作。

## 项目一 食品生产加工企业质量安全监督管理实施细则

国家质量监督检验检疫总局制定食品生产加工企业质量安全监督管理实施细则(试行),本细则自 2005 年 9 月 1 日起施行。

### 第一章 总 则

第一条 为加强食品生产加工企业质量安全监督管理,提高食品质量安全水平,保障人民群众安全健康,根据《中华人民共和国产品质量法》、《中华人民共和国工业产品生产许可证管理条例》、《国务院关于进一步加强食品安全工作的决定》和国务院赋予国家质量监督检验检疫总局(以下简称国家质检总局)的职能等有关规定,制定本细则。

第二条 凡在中华人民共和国境内从事以销售为目的的食品生产加工经营活动,必须遵守本细则。食品的进出口管理依照法律、行政法规和国家有关规定执行。

第三条 本细则所称食品是指经过加工、制作并用于销售的供人们食用或者饮用的制品。

本细则所称食品生产加工企业,是指有固定的厂房(场所)、加工设备和设施,按照一定的工艺流程,加工、制作、分装用于销售的食品的单位和个人(含个体工商户)。

第四条 食品必须符合国家法律、行政法规和国家标准、行业标准的质量安全规定,满足保障身体健康、生命安全的要求,不存在危及健康和安全的不合理的危险，不得超出有毒有害物质限量要求。

食品质量安全指标包括标准规定的理化指标、感官指标、卫生指标和标签标识。

第五条　国家实行食品质量安全市场准入制度。从事食品生产加工的企业，必须具备保证食品质量安全必备的生产条件（以下简称"必备条件"），按规定程序获取工业产品生产许可证（以下简称食品生产许可证），所生产加工的食品必须经检验合格并加印（贴）食品质量安全市场准入标志后，方可出厂销售。

国家已实行生产许可证管理的食品，企业未取得食品生产许可证的，不得生产。未经检验合格、未加印（贴）食品质量安全市场准入标志的食品，不得出厂销售。

第六条　国家质检总局负责统一组织食品生产加工企业质量安全监督管理工作。地方质量技术监督部门按照国家质检总局的统一部署和要求，在各自职责范围内负责组织实施食品生产加工企业质量安全监督管理工作。

第七条　食品生产加工企业质量安全监督管理，应当遵循科学公正、公开透明、程序合法、便民高效的原则。

从事食品生产加工企业质量安全监督管理工作的机构和人员应当依法行政、严格把关、热情服务、廉洁自律。

县级以上质量技术监督部门及其从事食品生产加工企业质量安全监督管理的人员、检验机构和检验人员，对所知悉的国家秘密和商业秘密负有保密义务。

第八条　任何单位和个人有权对违反本细则规定的行为，向各级质量技术监督部门举报。受理举报的部门应当及时调查处理并为举报人保密，对举报有功人员按照有关规定给予奖励。

## 第二章　食品生产加工企业必备条件

第九条　食品生产加工企业应当符合法律法规和国家产业政策规定的企业设立条件。

第十条　食品生产加工企业必须具备和持续满足保证产品质量安全的环境条件和相应的卫生要求。

第十一条　食品生产加工企业必须具备保证产品质量安全的生产设备、工艺装备和相关辅助设备，具有与产品质量安全相适应的原料处理、加工、包装、贮存和检验等厂房或者场所。生产加工食品需要特殊设备和场所的，应当符合有关法律法规和技术规范规定的条件。

第十二条　食品生产加工企业生产加工食品所用的原材料、食品添加剂（含食品加工助剂，下同）等应当符合国家有关规定。不得违反规定使用过期的、失效的、变质的、污秽不洁的、回收的、受到其他污染的食品原材料或者非食用的原辅料生产加工食品。使用的原辅材料属于生产许可证管理的，必须选购获证企业的产品。

第十三条　食品生产加工企业必须采用科学、合理的食品加工工艺流程，生产加工过程应当严格、规范，防止生物性、化学性、物理性污染，防止待加工食品与直接入口食品、原料与半成品、成品交叉污染，食品不得接触有毒有害物品或者其他不洁物品。

第十四条　食品生产加工企业必须按照有效的产品标准组织生产。依据企业标准生产实施食品质量安全市场准入管理食品的，其企业标准必须符合法律法规和相关国家标准、行业标准要求，不得降低食品质量安全指标。

第十五条　食品生产加工企业必须具有与食品生产加工相适应的专业技术人员、熟练技术工人、质量管理人员和检验人员。从事食品生产加工的人员必须身体健康、无传染性疾病和影响食品质量安全的其他疾病，并持有健康证明；检验人员必须具备相关产品的检验能力，取得从事食品质量检验的资质。食品生产加工企业人员应当具有相应的食品质量安全知识，负责人和主要管理人员还应当了解与食品质量安全相关的法律法规知识。

第十六条　食品生产加工企业应当具有与所生产产品相适应的质量安全检验和计量检测手段，检验、检测仪器必须经计量检定合格或者经校准满足使用要求并在有效期限内方可使用。企业应当具备产品出厂检验能力，并按规定实施出厂检验。

第十七条　食品生产加工企业应当建立健全企业质量管理体系，在生产的全过程实行标准化管理，实施从原材料采购、生产过程控制与检验、产品出厂检验到售后服务全过程的质量管理。

国家鼓励食品生产加工企业根据国际通行的质量管理标准和技术规范获取质量体系认证或者危害分析与关键控制点管理体系认证（以下简称 HACCP 认证），提高企业质量管理水平。

第十八条　出厂销售的食品应当进行预包装或者使用其他形式的包装。用于包装的材料必须清洁、安全，必须符合国家相关法律法规和标准的要求。

出厂销售的食品应当具有标签标识。食品标签标识应当符合国家相关法律法规和标准的要求。

第十九条　贮存、运输和装卸食品的容器、包装、工具、设备、洗涤剂、消毒剂必须安全，保持清洁，对食品无污染，能满足保证食品质量安全的需要。

第二十条　食品生产加工企业在生产加工过程中严禁下列行为：

（一）违反国家标准规定使用或者滥用食品添加剂；

（二）使用非食用的原料生产食品；加入非食品用化学物质或者将非食品当作食品；

（三）以未经检验检疫或者检验检疫不合格的肉类生产食品；以病死、毒死或者死因不明的禽、畜、兽、水产动物等生产食品；生产含有致病性寄生虫、微生物，或者微生物毒素含量超过国家限定标准的食品；

（四）在食品中掺杂、掺假，以假充真，以次充好，以不合格食品冒充合格食品；

（五）伪造食品的产地，伪造或者冒用他人厂名、厂址，伪造或者冒用质量标志；

（六）生产和使用国家明令淘汰的食品及相关产品。

## 第三章 食品生产许可

第二十一条 国家质检总局负责全国食品生产许可证的统一管理；负责高风险食品的生产许可；确定由省、自治区、直辖市（以下简称省级）质量技术监督部门负责审查发证的产品及具体办法，并对省级食品生产许可工作进行监督和指导。

省级质量技术监督部门按照国家质检总局统一部署，依法组织本辖区部分食品生产许可，并对审查发证工作负责。

市（地）级质量技术监督部门受国家质检总局或者省级质量技术监督部门委托负责组织开展本辖区食品生产许可证的受理、企业必备条件核查、产品质量检验和食品生产许可证证书送达工作。

各级质量技术监督部门按照权责一致、层级负责的原则，分别承担食品生产许可工作责任。

第二十二条 国家质检总局依据本细则第二章规定的条件，根据各类食品的不同特性和相关标准，制定并发布食品生产许可证审查通则和各类食品生产许可证审查细则，对食品生产许可证的具体要求做出规定。各类食品生产许可证审查细则按照规定程序分批发布并实施。

第二十三条 食品生产加工企业按照地域管辖原则，在规定的时间内向所在地的省级或者市（地）级质量技术监督部门提出办理食品生产许可证的申请。

食品生产加工企业获得营业执照后，应当单独申请食品生产许可证，其经营范围应当覆盖申请取证产品。

第二十四条 食品生产加工企业申领食品生产许可证，应当按规定提供相应的材料。除法律、行政法规规定的限制条件外，任何单位不得另行附加条件，限制企业申请食品生产许可证，不得要求申请人提交与其申请无关的技术资料和其他材料。

第二十五条 省级、市（地）级质量技术监督部门在接到企业申请后，应当在5日内完成对申请材料的审查。企业的申请材料符合要求的，发给行政许可申请受理决定书。企业的申请材料不符合要求的，受理部门应当发给行政许可申请材料补正告知书，一次性告知申请人需要补正的全部内容，通知企业在20日内补正；逾期未补正的，视为撤回申请。

如申请事项依法不需要取得食品生产许可的，或者不属于本部门受理的，应当即时告知申请人不受理，发给行政许可不予受理决定书，或者告知申请人向有关行政机关申请。

第二十六条　自受理企业食品生产许可证申请之日起，国家质检总局或者省级质量技术监督部门应当在60日内做出准予许可或者不予许可决定。

产品检验所需时间（包括样品送达、检验机构检验、异议处理的时间）不计入前款规定的期限内。

第二十七条　行政许可申请受理决定书发出后，省级或者市（地）级质量技术监督部门应当组成核查组，依照食品生产许可证审查通则和审查细则，在20日内完成企业必备条件和出厂检验能力现场核查。现场核查时间一般不应当超过2日。企业所在地质量技术监督部门应当派观察员监督核查工作质量。核查组实行组长负责制。

对现场核查合格的企业，由核查组按照食品生产许可证审查通则和审查细则的要求在现场抽取和封存样品，并告知企业有资格承担该产品发证检验任务的检验机构名单和联系方式，由企业自主选择。

核查人员对企业进行实地核查，不得刁难企业，不得索取、收受企业的财物，不得谋取其他不当利益。

第二十八条　企业应当在封样后7日内将样品送达检验机构。检验机构收到样品后，应当按照规定的标准和要求进行检验，在15日内完成检验工作（检验项目有特殊要求的除外）。

第二十九条　企业对检验的结果有异议的，可以自接到检验结果之日起15日内，向组织检验的质量技术监督部门或者其上一级质量技术监督部门提出复检申请。受理申请的质量技术监督部门应当在5日内做出是否受理复检的书面答复。除国家标准规定不允许复检等客观情况外，对符合复检条件的，应当及时组织复检。

复检应当采用核查组封存的样品，按照原检验方案进行检验、判定。承担复检的检验机构由受理复检申请的质量技术监督部门在有资质的检验机构中确定。

第三十条　由市（地）级质量技术监督部门受理审查的，应当自受理之日起30日内，将企业申请材料、现场核查和产品检验材料报省级质量技术监督部门。

由省级质量技术监督部门负责审批的，省级质量技术监督部门统一汇总审核企业材料，按有关规定做出是否准予许可的决定。

由国家质检总局负责审批的，省级质量技术监督部门应当自受理企业申请之日起40日内将企业申请材料、现场核查和产品检验材料报国家质检总局。国家质检总局按有关规定做出是否准予许可的决定。

国家质检总局、省级质量技术监督部门在做出许可决定前，或者省级质量技术监督部门上报企业材料前，应当在本细则第二十六条规定的时限内组织许可前抽查。

第三十一条 对现场核查和产品检验合格的企业，国家质检总局或者省级质量技术监督部门应当做出准予生产许可的决定，并自决定之日起 10 日内，向企业发放食品生产许可证及副本。

对现场核查或者产品检验不合格的企业，国家质检总局或者省级质量技术监督部门应当做出不予生产许可的决定，并自做出决定之日起 10 日内，向企业发出不予行政许可决定书。

第三十二条 国家质检总局或者省级质量技术监督部门在职责范围内对取得食品生产许可证的企业进行公告，并将食品生产许可证的发证情况及时通报卫生、工商等有关部门。

第三十三条 出口食品生产加工企业生产加工的食品在中华人民共和国境内销售的，应当按照本细则的规定，申请办理食品生产许可证。已获得国家认监委和出入境检验检疫机构颁发的出口食品卫生注册证、登记证的企业，在申请食品生产许可证时，可免于企业必备条件现场核查。

已通过 HACCP 认证等国家推行的食品认证的企业，在申请食品生产许可证时，按照不重复的原则，可免于或者简化企业必备条件现场核查。

第三十四条 食品生产许可证的有效期 3 年。有效期届满，企业继续生产的，应当在食品生产许可证有效期满 6 个月前，向原受理食品生产许可证申请的质量技术监督部门提出换证申请。质量技术监督部门应当按规定的程序对企业进行审查并换发证书。

第三十五条 在食品生产许可证有效期内，产品的有关标准、要求发生改变的，省级或者市（地）级质量技术监督部门应当按国家质检总局的统一要求组织必要的现场核查和产品检验。

企业的生产条件、检验手段、技术或者工艺发生变化的，企业应当在变化后 20 日内提出申请。省级或者市（地）级质量技术监督部门应当按照食品生产许可证审查通则和审查细则的规定重新组织现场核查和产品检验。

第三十六条 国家质检总局、省级和市（地）级质量技术监督部门建立食品生产许可证档案管理制度，将办理食品生产许可证的有关材料、发证情况及时归档。档案材料的保存时限为 4 年。

## 第四章 食品质量安全检验

第三十七条 食品生产加工企业对用于生产加工食品的原材料、食品添加剂、包装材料和容器等必须实施进货验收制度，不符合质量安全要求的，不得用于食品生产加工。

第三十八条 食品出厂必须经过检验，未经检验或者检验不合格的，不得出厂销售。

具备出厂检验能力的企业，可以按要求自行进行出厂检验。不具备产品出厂检验能力的企业，必须委托有资质的检验机构进行出厂检验。实施食品质量安全市场准入制度管理的食品，按审查细则的规定执行。

实施自行检验的企业，应当每年将样品送到质量技术监督部门指定的检验机构进行一次比对检验。

第三十九条　对食品生产加工企业的产品实施强制检验制度。质量技术监督部门负责确定强制检验的频次，并组织实施。

已通过HACCP认证等质量稳定的大型企业、国家和省级监督抽查连续合格的企业，应当减少强制检验的频次。

对尚未列入食品生产许可证管理且在生产过程中没有控制要求和手段、不具备标准要求的出厂检验能力的企业，应当加大强制检验频次。

第四十条　承担本细则规定的食品质量安全检验工作的检验机构，必须是依法设置或者依法授权的法定检验机构，按照国家规定经过计量认证、审查认可或者通过实验室认可，并经省级以上质量技术监督部门指定。

各级质量技术监督部门应当按照《中华人民共和国工业产品生产许可证管理条例实施办法》等有关规定，对承担本细则规定的食品检验工作的检验机构进行管理。

第四十一条　承担食品检验工作的检验机构，应当按照国家有关的标准和技术法规等要求实施产品检验。检验机构应当客观、公正、及时地出具检验报告，并对检验报告负责。

第四十二条　检验机构和检验人员进行产品检验，应当遵循诚信原则和方便企业的原则，为企业提供可靠、便捷的检验服务，不得拖延，不得刁难企业。

检验机构和检验人员不得从事与其检验的列入目录产品相关的生产、销售活动，不得以其名义推荐或者监制、监销其检验的列入目录产品。

## 第五章　食品质量安全市场准入标志与食品生产许可证证书

第四十三条　食品生产许可证证书分为正本和副本。证书应当载明企业名称和住所、生产地址、产品名称、证书编号、发证日期、有效期等相关内容。食品生产许可证副本用于质量技术监督部门记载接受监督检查的基本情况。

食品生产许可证证书式样（见附件1）由国家质检总局统一规定。食品生产许可证证书由国家质检总局统一印制，并加印食品生产许可证审批部门印章。

第四十四条　企业名称发生变化时，应当在名称变更后20日内向原受理食品生产许可证申请的质量技术监督部门提出食品生产许可证更名申请。受理的质量技术监督部门应当自受理之日起10日内完成变更审查和材料上报，由原发证部门在10日内核批。

第四十五条　企业应当妥善保管食品生产许可证证书，因毁坏或者不可抗力等原因造成生产许可证证书遗失或者无法辨认的，应当及时在省级以上报纸上刊登声明，同时报省级质量技术监督部门。企业提出补证申请的，质量技术监督部门应当及时受理，由省级质量技术监督部门按规定办理补领证书手续。

第四十六条　食品质量安全市场准入标志即食品生产许可证标志，属于质量标志，以"质量安全"的英文 Quality　Safety 缩写"QS"表示，其式样由国家质检总局统一制定（见附件2，以下简称 QS 标志）。

第四十七条　实施食品质量安全市场准入制度的食品，出厂前必须在其包装或者标识上加印（贴）QS 标志。没有 QS 标志的，不得出厂销售。

第四十八条　企业使用 QS 标志，表明企业承诺其产品经检验合格，符合食品质量安全的基本要求。

加印（贴）QS 标志的食品，在质量保证期内，非消费者使用或者保管不当而出现质量安全问题的，由生产者、销售者根据各自的义务，依法承担法律责任。

第四十九条　企业使用 QS 标志时，可根据需要按式样比例放大或者缩小，但不得变形、变色。QS 标志由食品生产加工企业自行加印（贴）。

第五十条　食品生产许可证编号由英文字母 QS 和 12 位阿拉伯数字组成。

第五十一条　取得食品生产许可证的企业应当在其产品包装或者标识上加印（贴）食品生产许可证编号。

第五十二条　任何单位和个人不得伪造、变造、冒用食品生产许可证证书、QS 标志和食品生产许可证编号。取得食品生产许可证的企业不得出租、出借或者以其他形式转让食品生产许可证证书、QS 标志和食品生产许可证编号。

第五十三条　国家质检总局和省级质量技术监督部门应当根据取得食品生产许可证企业的情况，及时依法作出撤销、撤回和注销食品生产许可的决定，并将注销食品生产许可证的情况向社会公告。

## 第六章　食品质量安全监督

第五十四条　食品生产加工企业应当持续地具备保证食品质量安全的必备条件，保证持续稳定地生产合格的食品。

食品生产加工企业应当对其所生产加工食品的质量安全负责，并应当明确承诺不滥用食品添加剂、不使用非食品原料生产加工食品、不用有毒有害物质生产加工食品、不生产假冒伪劣食品。

第五十五条　企业采购食品原材料、食品添加剂时，应当验明标识，向供货单位索取合格证明，或者自行检验、委托检验合格，并建立进货台账。食品生产加工企业要将使用的食品添加剂情况和国家要求备案的其他事项报所在地县级质量技术监督部门备案。

食品生产加工企业使用新品种的食品添加剂、新的原材料生产的食品容器、包装材料和食品用工具、设备的新品种，应当在使用前索取省级以上安全评价机构出具的安全评价报告，并留存备查。

食品生产加工企业应当建立生产记录和销售记录。销售记录应当注明食品的名称、规格、批号、购货单位名称、销货数量、销货日期等内容。

企业应当建立食品质量安全档案，保存企业购销记录、生产记录和检验记录等与食品质量安全有关的资料。企业食品质量安全档案应当保存3年。

第五十六条　取得食品生产许可证的企业连续停止生产加工获证产品1年以上的，重新生产加工时，应当向原受理食品生产许可证申请的质量技术监督部门提出重新现场核查的申请。

第五十七条　食品生产加工企业利用新资源生产食品，必须按有关规定在投产前由省级以上安全评价机构进行安全评价，并将评价结果向所在地县级质量技术监督部门报告。企业对报告的真实性负责。

第五十八条　取得食品生产许可证的企业应当在证书有效期内，每满1年前的1个月内向所在地县级质量技术监督部门提交持续保证食品质量安全必备条件情况的年度报告。

第五十九条　采用委托加工方式生产加工食品的，委托双方必须分别到所在地市（地）级质量技术监督部门备案，提交双方营业执照和委托加工合同复印件。

委托加工已纳入食品质量安全市场准入管理食品的，除符合前款要求外，被委托方必须是已取得有效的食品生产许可证的企业，其生产加工的食品应当全部交由委托方进行销售，备案时还应当提交被委托方的生产许可证复印件。委托加工食品的包装或者标识上还应当按照产品标识标注的规定，标注食品生产许可证编号和生产者的名称和地址。

第六十条　各级质量技术监督部门定期或者不定期地对食品质量安全和卫生状况、对食品生产加工企业持续保证食品质量安全必备条件的情况进行监督检查。通过巡查、加严检验、回访、强制检验、监督抽查、年度报告审查和执法检查等方式，加强监督检查，督促企业规范生产经营活动。

各级质量技术监督部门对企业实施监督检查，不得妨碍企业的正常生产经营活动，不得索取或者收受企业的财物或者谋取其他利益。

第六十一条　各级质量技术监督部门应当建立食品生产加工企业质量安全管理档案，详细记录企业基本情况、产品质量安全状况及企业监管情况，实行动态管理。

第六十二条　各级质量技术监督部门对食品生产企业实行分类监管制度。根据本辖区食品生产加工企业的生产条件、管理水平和产品质量状况等因素确定企业质量安全等级，实施分类管理。

第六十三条　对食品生产企业及其生产活动实行巡查。巡查时，应当如实记录企业执行本细则的情况。巡查中发现企业存在问题的，按照相关规定予以处理。

第六十四条　国家质检总局和各级质量技术监督部门应当根据不同类型食品的特点及产品质量状况，组织实施食品质量安全监督抽查。监督抽查应当按照有关规定执行。

监督抽查应当重点抽查存在倾向性质量问题的区域、质量不稳定的企业以及微生物、重金属、添加剂、有毒有害物质等重点指标。

第六十五条　各级质量技术监督部门对出现质量安全问题的食品，进行加严检验。

第六十六条　各级质量技术监督部门应当对取得食品生产许可证的企业提交的年度报告进行审查。必要时，对企业进行现场核查和产品检验。

第六十七条　各级质量技术监督部门对取得食品生产许可证的企业存在的不符合必备条件的问题改进情况实施回访。回访的情况应当记录存档。

第六十八条　各级质量技术监督部门在监督管理中，发现不属于本辖区管辖的质量安全问题，应当及时通报有管辖权的质量技术监督部门。

发现重大食品质量安全事件的，应当立即报送上级质量技术监督部门，也可以直接报告国家质检总局。

第六十九条　国家质检总局和省级质量技术监督部门应当建立由信息收集、风险评估和风险预警发布等构成的食品质量安全风险预警机制。

第七十条　各级质量技术监督部门应当建立食品质量安全事件快速反应机制。针对突然发生的重大食品质量安全事件，应当立即组织情况调查和产品分析，采取措施控制危害扩大，并有针对性地实施监管。

第七十一条　对不安全食品实行召回制度。食品生产加工企业发现其产品存在严重质量安全问题的，应当主动召回已出厂销售的有问题食品；企业不召回的，由企业所在地质量技术监督部门责令召回；企业拒不执行的，由省级以上质量技术监督部门公告召回。具体办法另行规定。

第七十二条　国家质检总局和省级质量技术监督部门应当建立严重违法行为企业公布制度，定期公布生产假冒伪劣食品的企业名单。

第七十三条　国家质检总局和省级质量技术监督部门应当通过查阅检验报告、检验结论对比等方式，对检验机构的检验过程和检验报告是否客观、公正、及时进行监督检查。

核查人员、检验机构及其检验人员刁难企业的，企业有权向国家质检总局和县级以上质量技术监督部门投诉。国家质检总局和县级以上质量技术监督部门接到投诉，应当及时进行调查处理。

## 第七章　核查人员和检验人员

第七十四条　国家对从事企业必备条件的核查人员实行资格管理制度，对食品检验人员实行职（执）业资格管理制度。

核查人员包括食品生产许可证注册审查员、高级审查员和技术专家。

第七十五条　国家质检总局负责统一制定核查人员和检验人员的考核标准，统一培训核查人员和检验人员的师资，统一组织注册审查员和高级审查员的考核注册。省级质量技术监督部门负责组织本辖区核查人员和检验人员的培训工作，负责检验人员考核发证。

第七十六条　国家质检总局统一规定检验人员的资格注册管理办法，省级质量技术监督部门具体负责检验人员的注册管理。

第七十七条　省级质量技术监督部门根据需要，可确定技术专家参加现场核查工作。

技术专家是指未取得审查员注册证书，但可以为企业必备条件现场核查提供技术咨询的专业技术人员。技术专家参加现场核查工作时，不作为核查组成员，不参与核查结论的决策。

技术专家应当具备一定的条件，并经省级质量技术监督部门批准、国家质检总局备案。未经批准、备案的人员不得作为技术专家参加核查工作。

第七十八条　核查人员、检验人员经注册或者批准备案后，方可持证上岗。未经考核合格取得相应的资格证书的人员，不得从事核查或者检验工作。

担任核查组组长的审查员必须经省级质量技术监督部门批准并报国家质检总局备案。

## 第八章　法 律 责 任

第七十九条　食品生产加工企业有下列情况之一的，责令其停止生产销售，没收违法生产销售的产品，并处违法生产销售产品（包括已售出和未售出的产品，下同）货值金额等值以上3倍以下的罚款；有违法所得的，没收违法所得；构成犯罪的，依法追究刑事责任。

（一）未取得食品生产许可证而擅自生产加工已实行生产许可证管理的食品的；

（二）已经被注销食品生产许可证或者食品生产许可证超过有效期仍继续生产加工已实行生产许可证管理的食品的；

（三）超出许可范围擅自生产加工已实行生产许可证管理的食品的。

第八十条　取得食品生产许可证的企业生产条件、检验手段、生产技术或者工艺发生变化的，未按照本细则规定办理重新申请审查手续的，责令停止生产销售，没收违法生产销售的产品，并限期办理相关手续；逾期仍未办理的，处违法生产销售产品货值金额 3 倍以下罚款；有违法所得的，没收违法所得；构成犯罪的，依法追究刑事责任。

取得食品生产许可证的企业名称发生变化，未按照本细则规定办理变更手续，责令限期办理相关手续；逾期仍未办理的，责令停止生产销售，没收违法生产销售的产品，并处违法生产销售产品货值金额等值以下的罚款；有违法所得的，没收违法所得。

第八十一条 取得食品生产许可证的企业未按本细则规定提交年度报告的，责令限期改正；逾期未改正的，处以 5 千元以下的罚款。

第八十二条 取得食品生产许可证的企业未按本细则规定标注 QS 标志和食品生产许可证编号的，责令限期改正；逾期未改正的，处违法生产销售产品货值金额 30% 以下的罚款；有违法所得的，没收违法所得；情节严重的，吊销食品生产许可证。

第八十三条 取得食品生产许可证的企业出租、出借或者转让食品生产许可证证书、QS 标志和食品生产许可证编号的，责令限期改正，处 20 万元以下罚款；情节严重的，吊销食品生产许可证。

违法接受并使用他人提供的食品生产许可证证书、QS 标志和食品生产许可证编号的，责令停止生产销售，没收违法生产销售的产品，处违法生产销售产品货值金额等值以上 3 倍以下的罚款；有违法所得的，没收违法所得；构成犯罪的，依法追究刑事责任。

第八十四条 取得食品生产许可证的产品经国家监督抽查或者省级监督抽查不合格的，责令限期整改；整改到期经复查仍不合格的，吊销食品生产许可证。

取得食品生产许可证的产品经国家监督抽查或者省级监督抽查，涉及安全卫生等强制性标准规定的项目或者反映产品特征性能的项目连续 2 次不合格的，吊销食品生产许可证。

第八十五条 取得食品生产许可证的企业由于食品质量安全指标不合格等原因发生事故造成严重后果的，吊销食品生产许可证，并按照有关法律法规给予处理。

第八十六条 伪造、变造、冒用食品生产许可证证书、QS 标志或者食品生产许可证编号的，责令改正，没收违法生产销售的产品，并处违法生产销售产品货值金额等值以上 3 倍以下的罚款；有违法所得的，没收违法所得；构成犯罪的，依法追究刑事责任。

第八十七条 食品生产加工企业用欺骗、贿赂等不正当手段取得食品生产许可证的，撤销生产许可，并处 20 万元以下罚款；企业在 3 年内不得再次申请食品生产许可；构成犯罪的，依法追究刑事责任。

食品生产加工企业隐瞒有关情况或者提供虚假材料申请食品生产许可的，不予受理或者不予许可，给予警告。该食品生产加工企业 1 年内不得再次申请食品生产许可。

第八十八条　取得食品生产许可证的企业向负责监督检查的质量技术监督部门隐瞒有关情况、提供虚假材料或者拒绝提供反映其活动情况的真实材料的，责令改正，处3万元以下罚款。

第八十九条　食品生产加工企业不能持续保持应当具备的环境条件、卫生要求、厂房场所、设备设施或者检验条件，责令限期改正，处5千元以下的罚款；逾期不改正的，建议有关部门撤销相关行政许可，取得食品生产许可证的企业撤销食品生产许可。

第九十条　食品生产加工企业在生产加工活动中使用未取得生产许可证的实施生产许可证管理产品的，责令改正，处5万元以上20万元以下的罚款；有违法所得的，没收违法所得。取得食品生产许可证的企业有此行为且情节严重的，吊销食品生产许可证。

当事人有充分证据证明其不知道该产品为未取得生产许可证的实施生产许可证管理的产品并能如实说明进货来源的，可以从轻或者减轻处罚。

第九十一条　在食品生产中掺杂、掺假，以假充真，以次充好，或者以不合格产品冒充合格产品的，按照《中华人民共和国产品质量法》第五十条的规定处罚。取得食品生产许可证的企业有此行为的，吊销食品生产许可证。

第九十二条　生产和在生产中使用国家明令淘汰的食品及相关产品，按照《中华人民共和国产品质量法》第五十一条的规定处罚。取得食品生产许可证的企业有此行为且情节严重的，吊销食品生产许可证。

第九十三条　伪造产品产地的，伪造或者冒用他人厂名、厂址的，伪造或者冒用认证标志等质量标志的，按照《中华人民共和国产品质量法》第五十三条的规定处罚。取得食品生产许可证的企业有此行为且情节严重的，吊销食品生产许可证。

第九十四条　食品生产加工企业存在下列行为之一的，责令限期改正；逾期不改正的或者情节严重的，责令停止生产销售，处3万元以下罚款。取得食品生产许可证的企业有此行为且情节严重的，吊销食品生产许可证。

（一）委托未取得食品生产许可证的企业生产加工已实行生产许可证管理的食品的；

（二）未按本细则规定实施出厂检验的；

（三）违反规定使用过期的、失效的、变质的、污秽不洁的、回收的、受其他污染的食品或者非食用的原料生产加工食品的；

（四）利用新资源生产食品、使用食品添加剂新品种、新的原材料生产的食品容器、包装材料和食品用工具、设备的新品种不能提供安全评价报告的；

（五）未按本细则规定进行委托加工食品备案或者未按规定在委托加工生产的食品包装上标注的。

第九十五条　食品生产加工企业存在下列行为之一的，责令限期改正；逾期不改正的或者情节严重的，处 5 千元以下罚款。

（一）未按本细则规定进行强制检验、比对检验或者加严检验的；

（二）无标或者不按标准组织生产的；

（三）未按本细则规定实施进货验收制度并建立进货台账的；

（四）未将使用食品添加剂情况备案或者未按国家规定进行其他备案的；

（五）无生产记录或者销售记录的。

第九十六条　食品生产加工企业存在本细则第二十条（二）、（三）、（四）、（五）、（六）行为的，按照《中华人民共和国食品卫生法》第四十二条的规定处理。

第九十七条　食品生产加工企业违反规定使用食品添加剂、食品容器、包装材料和食品用工具、设备以及洗涤剂、消毒剂的，按照《中华人民共和国食品卫生法》第四十四条的规定处理。

第九十八条　被吊销食品生产许可证的企业，3 年内不得再次申请食品生产许可证。

第九十九条　县级以上质量技术监督部门根据已经取得的违法嫌疑证据或者举报，认为取得食品生产许可证的企业存在应当依法吊销食品生产许可证行为的，要立即暂扣其生产许可证。

暂扣许可证期限为 7 日（产品检验时间除外）。对经依法调查决定不吊销的，暂扣的证书应当及时发还企业。

第一百条　企业或者检验机构的检验、检测仪器属于强制检定范围的计量器具，未按照规定申请检定或者属于非强制检定范围的计量器具未自行定期检定或者送其他计量检定机构定期检定的，以及经检定不合格继续使用的，按照《中华人民共和国计量法实施细则》第四十六条的规定处罚。

第一百零一条　承担产品发证检验任务的检验机构伪造检验结论或者出具虚假证明的，责令改正，对单位处 5 万元以上 10 万元以下的罚款，对直接负责的主管人员和其他直接责任人员处 1 万元以上 5 万元以下的罚款；有违法所得的，并处没收违法所得；情节严重的，撤销其检验资格；构成犯罪的，依法追究刑事责任。

检验机构及其检验人员从事与其检验的实施食品质量安全市场准入管理食品相关的生产销售活动，或者以其名义推荐或者监制、监销其检验的列入生产许可证管理食品的，处 2 万元以上 10 万元以下罚款；有违法所得的，没收违法所得；情节严重的，撤销其检验资格。

第一百零二条　核查人员、检验人员在工作中不科学、不公正地履行职责的，视情节轻重给予批评、警告或者调离岗位及其他必要的行政处分；情节严重的，取消资格；构成犯罪的，依法追究刑事责任。

第一百零三条　从事食品质量安全监督管理工作的机构和工作人员有违法违规行为的，按照《中华人民共和国工业产品生产许可证管理条例》第六十条、第六十一条、第六十二条、第六十三条、第六十四条处理。

第一百零四条　本细则规定的吊销食品生产许可证的行政处罚由省级或者市（地）级质量技术监督部门决定。在决定吊销国家质检总局核发的食品生产许可证前，由省级质量技术监督部门统一按规定程序报总局核准。决定吊销由省级质量技术监督部门核发的食品生产许可证前，市（地）级质量技术监督部门应当按程序报省级质量技术监督部门核准。

吊销食品生产许可证的行政处罚决定应当及时通报同级卫生主管部门、工商行政管理部门等有关部门。

本细则规定的其他行政处罚由县级以上质量技术监督部门根据职权范围决定。

第一百零五条　食品生产加工企业对行政机关依据本细则所给予的行政处罚不服的，可以依法提出行政复议或者行政诉讼。

## 第九章　附　　则

第一百零六条　食品生产加工企业申请领取食品生产许可证和进行相关的产品质量检验，应当按照国家有关规定交纳费用。收费标准按照国家和省级物价（价格）部门批准的文件执行。

第一百零七条　本细则规定的期限以工作日计算，不含法定节假日。

第一百零八条　本细则由国家质检总局负责解释。本细则自2005年9月1日起施行。国家质检总局2003年7月18日发布的《食品生产加工企业质量安全监督管理办法》同时废止。

## 项目二　流通环节食品安全监督管理办法

国家工商行政管理总局制定流通环节食品安全监督管理办法，本办法自二〇〇九年七月三十日起施行。

### 第一章　总　　则

第一条　为了加强流通环节食品安全监督管理，维护食品市场秩序，根据《中华人民共和国食品安全法》（以下简称《食品安全法》）、《中华人民共和国食品安全法实施条例》（以下简称《食品安全法实施条例》）等法律、法规的规定，制定本办法。

第二条　在中华人民共和国境内从事流通环节食品经营，应当遵守本办法。

第三条　食品经营者应当依照法律、法规和食品安全标准从事食品经营活动，建立健全食品安全管理制度，采取有效管理措施，保证食品安全。

食品经营者对其经营的食品安全负责，对社会和公众负责，承担社会责任。

第四条　工商行政管理机关依照法律、法规和国务院规定的职责以及本办法的规定，对流通环节食品安全进行监督管理。

第五条　县级及其以上地方工商行政管理机关在当地人民政府的统一领导下，负责本辖区内流通环节食品安全监督管理。

第六条　县级及其以上地方工商行政管理机关应当与其他食品监督管理部门加强沟通、密切配合，按照职责分工，依法行使职权，承担责任。

第七条　鼓励和支持食品经营者为提高食品安全水平采用先进技术和先进管理规范。

第八条　县级及其以上地方工商行政管理机关应当依照法律、法规和本办法的规定公布食品安全信息，为公众咨询、投诉、举报提供方便；任何组织或者个人有权向工商行政管理机关举报食品经营中违反本办法的行为，有权了解食品流通安全信息，对流通环节食品安全监督管理工作提出意见和建议。

## 第二章　食品经营

第九条　禁止食品经营者经营下列食品：

（一）用非食品原料生产的食品或者添加食品添加剂以外的化学物质和其他可能危害人体健康物质的食品，或者用回收食品作为原料生产的食品；

（二）致病性微生物、农药残留、兽药残留、重金属、污染物质以及其他危害人体健康的物质含量超过食品安全标准限量的食品；

（三）营养成分不符合食品安全标准的专供婴幼儿和其他特定人群的主辅食品；

（四）腐败变质、油脂酸败、霉变生虫、污秽不洁、混有异物、掺假掺杂或者感官性状异常的食品；

（五）病死、毒死或者死因不明的禽、畜、兽、水产动物肉类及其制品；

（六）未经动物卫生监督机构检疫或者检疫不合格的肉类，或者未经检验或者检验不合格的肉类制品；

（七）被包装材料、容器、运输工具等污染的食品；

（八）超过保质期的食品；

（九）无标签的预包装食品；

（十）国家为防病等特殊需要明令禁止经营的食品；

（十一）食品的标签、说明书不符合《食品安全法》第四十八条第三款规定的食品；

（十二）没有中文标签、中文说明书或者中文标签、中文说明书不符合《食品安全法》第六十六条规定的进口的预包装食品；

（十三）其他不符合食品安全标准或者要求的食品。

对因标签、标识或者说明书不符合食品安全标准而被停止经营的食品，在食品生产者采取补救措施且能保证食品安全的情况下可以继续销售；销售时应当向消费者明示生产者采取的补救措施。

第十条  从事食品经营，应当依法取得《食品流通许可证》，凭《食品流通许可证》办理工商登记，领取营业执照。未取得《食品流通许可证》和营业执照的，不得从事食品经营。

食品经营者的经营条件发生变化，不符合食品经营要求的，食品经营者应当立即采取整改措施；有发生食品安全事故的潜在风险的，应当立即停止食品经营活动，并向所在地县级工商行政管理机关报告；需要重新办理许可手续的，应当依法办理。

第十一条  食品经营企业应当建立健全本单位的食品安全管理制度，组织职工参加食品安全知识培训，学习食品安全法律、法规、规章、标准和其他食品安全知识，并建立培训档案；配备专职或者兼职食品安全管理人员，做好对所经营食品的检验工作，依法从事食品经营活动。

第十二条  食品经营者应当建立并执行从业人员健康检查制度和健康档案制度。食品经营从业人员每年应当进行健康检查，取得健康证明后方可从事食品经营，其检查项目等事项应当符合所在地省、自治区、直辖市的规定。患有《食品安全法》、《食品安全法实施条例》规定的不得从事接触直接入口食品工作疾病的从业人员，不得从事接触直接入口食品的工作。

第十三条  食品经营者采购食品，应当查验供货者的许可证、营业执照和食品合格的证明文件。

食品经营企业应当建立食品进货查验记录制度，如实记录食品的名称、规格、数量、生产批号、保质期、供货者名称及联系方式、进货日期等内容。

鼓励其他食品经营者按照前款规定建立进货查验记录制度。

实行统一配送经营方式的食品经营企业，可以由企业总部统一查验供货者的许可证、营业执照和食品合格的证明文件，进行食品进货查验记录，可将有关资料复印件留存所属相关经营企业备查，也可以采用信息化技术，联网备查。

第十四条  从事食品批发业务的经营企业销售食品，应当如实记录批发食品的名称、规格、数量、生产批号、保质期、购货者名称及联系方式、销售日期等内容，或者保留载有上述信息的销售票据。

从事批发业务的食品经营企业应当向购货者开具载有前款规定信息的销售票据或者清单，同时加盖印章或者签字。

第十五条  食品进货查验记录、批发记录或者票据应当真实，保存期限不得少于二年。

第十六条　鼓励食品经营者采用先进技术手段，记录法律、法规及本办法要求记录的事项。

第十七条　食品经营者贮存、运输和装卸食品的容器、工具和设备应当安全、无害，保持清洁，防止食品污染，并符合保证食品安全所需的温度等特殊要求，不得将食品与有毒、有害物品一同运输。

第十八条　食品经营者对贮存、销售的食品应当定期进行检查，查验食品的生产日期和保质期，及时清理变质、超过保质期及其他不符合食品安全标准的食品，主动将其退出市场，并做好相关记录。

第十九条　食品经营者贮存散装食品，应当在贮存位置标明食品的名称、生产日期、保质期、生产者名称及联系方式等内容。

食品经营者销售散装食品，应当在散装食品的容器、外包装上标明食品的名称、生产日期、保质期、生产经营者名称及联系方式等内容。

食品经营者销售生鲜食品和熟食制品，应当符合食品安全所需要的温度、空间隔离等特殊要求，防止交叉污染。

第二十条　食品经营者销售的预包装食品的包装上，应当有标签。标签内容应当符合《食品安全法》第四十二条的规定。

食品的标签、说明书，不得含有虚假、夸大的内容，不得涉及疾病预防、治疗功能。

食品的标签、说明书应当清楚、明显，容易辨识。

食品经营者应当按照食品标签标示的警示标志、警示说明或者注意事项的要求，销售预包装食品。

第二十一条　食品经营者应当主动向消费者提供销售凭证，对不符合食品安全标准的食品履行更换、退货等义务。

鼓励食品经营者在其销售食品的包装上附加特殊身份标记，将其销售的食品与其他食品经营者销售的食品相区分。

第二十二条　食品集中交易市场的开办者、食品经营柜台的出租者和食品展销会的举办者，应当依法履行下列管理义务：

（一）审查入场食品经营者的《食品流通许可证》和营业执照；

（二）明确入场食品经营者的食品安全管理责任；

（三）定期对入场食品经营者的经营环境和条件进行检查；

（四）建立食品经营者档案，记载市场内食品经营者的基本情况、主要进货渠道、经营品种、品牌和供货商状况等信息；

（五）建立和完善食品经营管理制度，加强对食品经营者的培训；

（六）设置食品信息公示媒介，及时公开市场内或者行政机关公布的相关食品信息；

（七）其他应当履行的食品安全管理义务。

食品集中交易市场的开办者、食品经营柜台的出租者和食品展销会的举办者发现食品经营者不具备经营资格的，应当禁止其入场销售；发现食品经营者不具备与所经营食品相适应的经营环境和条件的，可以暂停或者取消其入场经营资格；发现经营不符合食品安全标准的食品或者有其他违法行为的，应当及时制止，并立即将有关情况报告辖区工商行政管理机关。

第二十三条 食品经营者应当建立并执行食品退市制度。食品经营者发现其经营的食品不符合食品安全标准，应当立即停止经营，下架单独存放，通知相关生产经营者和消费者，并记录停止经营和通知情况，将有关情况报告辖区工商行政管理机关。

食品经营者未依照前款规定停止经营不符合食品安全标准的食品的，工商行政管理机关可以责令其停止经营。

第二十四条 食品广告的内容应当真实合法，不得含有虚假或者夸大的内容，不得涉及疾病预防、治疗功能。

食品广告中不得含有食品安全监督管理部门或者承担食品检验职责的机构、食品行业协会、消费者协会向消费者推荐食品的内容。

第二十五条 社会团体或者其他组织、个人在虚假广告中向消费者推荐食品，使消费者的合法权益受到损害的，与食品生产经营者承担连带责任。

第二十六条 食品经营企业应当制定食品安全事故处置方案，定期检查本企业各项食品安全防范措施的落实情况，及时消除食品安全事故隐患。

发生食品安全事故的食品经营者对导致或者可能导致食品安全事故的食品及原料、工具、设备等，应当立即采取封存等控制措施，并自事故发生之时起2小时内向所在地县级人民政府卫生行政部门报告。

第二十七条 鼓励食品集中交易市场的开办者、食品经营柜台的出租者、食品展销会的举办者和有条件的食品经营企业配备必要的检测设备，对食品进行自检或者送检。

## 第三章 监督管理

第二十八条 县级及其以上地方工商行政管理机关应当按照当地人民政府组织制定的本行政区域的食品安全年度监督管理计划开展工作。

第二十九条 县级及其以上地方工商行政管理机关履行流通环节食品安全监督管理职责，有权采取《食品安全法》第七十七条规定的监督管理措施。

第三十条 县级及其以上地方工商行政管理机关应当严格落实监管责任，开展食品市场监督检查。食品经营者应当接受和配合工商行政管理机关的监督检查。

第三十一条 县级及其以上地方工商行政管理机关进行监督检查时，应当记录监督检查的情况，发现有违法行为的，应当如实记录，经监督检查人员和食品经营者签字后归档，并依法查处；对依法应当立案查处或者移送其他机关依法处理的，应当在监督检查记录中载明。

监督检查记录保存期限应当符合档案管理相关规定。

第三十二条　县级及其以上地方工商行政管理机关应当建立食品经营者食品安全信用档案，记录许可证照颁发、日常监督检查结果、违法行为的查处和食品经营者停止经营不符合食品安全标准的食品等情况。依托金信工程，将食品经营者的食品安全信用情况作为企业信用分类监管、个体工商户分层分类监管、市场信用分类监管制度的重要内容，对有不良信用记录的食品经营者增加监督检查频次，加强监督管理。

第三十三条　县级及其以上地方工商行政管理机关应当加强对食品经营者经营活动的日常监督检查；发现不符合食品经营要求情形的，应当责令立即纠正，并依法予以处理；不再符合经营许可条件的，应当依法撤销相关许可。

第三十四条　县级及其以上地方工商行政管理机关应当对国务院卫生行政部门公布的添加或者可能添加到食品中的非食品用化学物质和其他可能危害人体健康的物质采取相应的监督管理措施。

县级及其以上地方工商行政管理机关在监督检查中发现不符合食品安全标准的食品，责令食品经营者停止经营的，应当及时追查食品来源和流向；涉及其他地区的，应当及时报告上级工商行政管理机关，书面通报相关地工商行政管理机关依法查处。

第三十五条　县级及其以上地方工商行政管理机关在监督检查中发现食品经营者经营不符合食品安全标准的食品，其原因是由其他环节引起的，应当及时书面通报有关主管部门。

第三十六条　县级及其以上地方工商行政管理机关应当公布本单位的电子邮件地址或者电话，接受咨询、投诉、举报；对接到的咨询、投诉、举报，应当依照《食品安全法》第八十条的规定进行答复、核实、处理，并对咨询、投诉、举报和答复、核实、处理的情况予以记录、保存。

第三十七条　县级及其以上地方工商行政管理机关应当依照《食品安全法》的有关规定和当地人民政府的食品监测计划，对流通环节食品进行定期或者不定期的抽样检验。

县级及其以上地方工商行政管理机关对当地人民政府制定的本行政区域的食品安全年度监督管理计划中确定的重点食品、消费者申（投）诉及举报比较多的食品、市场监督检查中发现问题比较集中的食品，以及根据查办案件、有关部门通报的情况，对流通环节的食品是否符合食品安全标准进行不定期抽样检验。

第三十八条　县级及其以上地方工商行政管理机关在执法工作中需要对食品进行检验的，应当委托符合《食品安全法》规定的食品检验机构进行检验，并支付相关费用。

第三十九条　县级及其以上地方工商行政管理机关实施食品抽样检验以及快速检测工作，应当购买样品，支付相关费用；不收取食品经营者的检验费和其他任何费用，所需经费由同级财政列支。

第四十条　县级及其以上地方工商行政管理机关对食品进行抽样检验时，应当制作抽样检验工作记录，现场检查所抽检食品的相关票证、货源、数量、存货量、销售量等；应当要求检验机构按照国家规定的采样规则进行取样，并将抽样检验结果通知标称的食品生产者。

第四十一条　县级及其以上地方工商行政管理机关依法开展抽样检验时，被抽样检验的经营者应当配合抽样检验工作，如实提供被抽样检验食品的相关票证、货源、数量、存货地点、存货量、销售量等信息。

第四十二条　对检验结论有异议的，可以依法进行复检。被抽样检验的经营者或者标称的生产者，应当向承担复检工作的食品检验机构申请复检，并说明理由。

复检机构名录由国务院认证认可监督管理、卫生行政、农业行政等部门共同公布。复检机构出具的复检结论为最终检验结论。

复检机构由复检申请人自行选择。复检机构与初检机构不得为同一机构。

复检结论表明食品合格的，复检费用由抽样检验的部门承担；复检结论表明食品不合格的，复检费用由食品生产经营者承担。

第四十三条　组织实施抽样检验的县级及其以上地方工商行政管理机关应当自收到检验结果五个工作日内，将抽样检验结果通知被抽样检验人，责令其停止销售不符合食品安全标准的食品，监督其他食品经营者对同一批次的食品下架退市，并按照有关规定，准确、及时、客观地公布食品安全抽样检验信息。

第四十四条　组织实施抽样检验的县级及其以上地方工商行政管理机关对抽样检验中发现的不属于自己管辖的食品安全案件线索，应当及时书面通报有管辖权的工商行政管理机关或者移送有关执法机关处理。

第四十五条　县级及其以上地方工商行政管理机关在食品安全监督管理工作中可以采用《食品安全法实施条例》第五十条的规定认定的快速检测方法对食品进行初步筛查；对初步筛查结果表明可能不符合食品安全标准的食品，应当依照《食品安全法》第六十条第三款的规定进行检验。初步筛查结果不得作为执法依据。

第四十六条　境外发生的食品安全事件可能对我国境内造成影响，或者在进口食品中发现严重食品安全问题的，县级及其以上地方工商行政管理机关接到国家出入境检验检疫部门有关通报后，应当采取相应处理措施。

县级及其以上地方工商行政管理机关接到国家出入境检验检疫部门通报的有关进出口食品安全信息，必要时应当采取相应处理措施。

县级及其以上地方工商行政管理机关在监督检查中发现进口食品存在安全问

题的，应当及时将获知的涉及进出口食品安全的信息向国家出入境检验检疫部门通报。

第四十七条　鼓励县级及其以上地方工商行政管理机关建立食品经营主体数据库、监督检查数据库、典型案例数据库，依托12315行政执法网络，运用先进技术手段加强食品监督检查工作，提高食品安全监督管理水平。

第四十八条　县级及其以上地方工商行政管理机关在日常监督管理中发现食品安全事故，或者接到有关食品安全事故的举报，应当立即向当地卫生行政部门通报。

发生食品安全事故的，事发地工商行政管理机关应当按照国务院有关部门制定的食品安全事故调查处理办法，在当地人民政府统一领导下，配合卫生行政等相关部门，及时作出反应，采取措施控制事态发展，并及时向上级工商行政管理机关报告。

调查食品安全事故，应当坚持实事求是、尊重科学的原则，及时、准确查清事故性质和原因。认定事故责任，提出整改措施。

任何单位或者个人不得对食品安全事故隐瞒、谎报、缓报，不得毁灭有关证据。

第四十九条　县级及其以上地方工商行政管理机关参与食品安全事故调查时，有权向有关单位和个人了解与食品安全事故有关的情况，要求提供相关资料和样品；有关单位和个人应当配合食品安全事故调查处理工作，按照要求提供相关资料和样品，不得拒绝。

任何单位或者个人不得阻挠、干涉食品安全的调查处理。

第五十条　县级及其以上地方工商行政管理机关可以向社会公布下列食品安全日常监督管理信息：

（一）依照《食品安全法》实施行政许可的情况；

（二）责令停止经营的食品、食品添加剂、食品相关产品的名录；

（三）查处食品经营者违法行为的情况；

（四）专项检查整治工作情况；

（五）法律、行政法规规定的其他食品安全日常监督管理信息。

县级及其以上地方工商行政管理机关依据职责公布食品安全日常监督管理信息；涉及其他食品安全监督管理部门职责的，应当联合公布。

公布食品安全日常监督管理信息，应当做到准确、及时、客观，同时对有关食品可能产生的危害进行解释、说明。

具体日常监督管理信息公布制度由省级工商行政管理机关依照本办法制定。

第五十一条　县级及其以上地方工商行政管理机关获知《食品安全法》第八十二条第一款规定的需要统一公布的信息，应当向上级工商行政管理机关报告，由上级机关立即报告国务院卫生行政部门；必要时，可以直接向国务院卫生行政部门报告。

县级及其以上地方工商行政管理机关应当与其他食品安全监督管理部门相互通报获知的食品安全信息。

第五十二条 省、自治区、直辖市工商行政管理机关应当配合同级卫生行政部门制定本行政区域的食品安全风险监测方案。

县级及其以上地方工商行政管理机关应当协助收集《食品安全法实施条例》第十三条第一款规定的食品安全风险评估信息和资料。

省、自治区、直辖市工商行政管理机关应当配合同级卫生行政部门对食品安全国家标准和食品安全地方标准的执行情况分别进行跟踪评价。

省、自治区、直辖市工商行政管理机关应当收集、汇总食品安全标准在执行过程中存在的问题，并及时向同级卫生行政部门通报。

## 第四章 法 律 责 任

第五十三条 违反本办法第九条第一款第（一）、（二）、（三）、（四）、（五）、（六）、（八）、（十）、（十三）项，第二十三条第二款的规定的，没收违法所得、违法经营的食品和用于违法经营的工具、设备、原料等物品；违法经营的食品货值金额不足一万元的，并处二千元以上五万元以下罚款；货值金额一万元以上的，并处货值金额五倍以上十倍以下罚款；情节严重的，吊销许可证。

第五十四条 违反本办法第十条的规定，未经许可从事食品经营活动的，没收违法所得、违法经营的食品和用于违法经营的工具、设备等物品；违法经营的食品货值金额不足一万元的，并处二千元以上五万元以下罚款；货值金额一万元以上的，并处货值金额五倍以上十倍以下罚款。

第五十五条 违反本办法第十二条的规定，安排患有《食品安全法》第三十四条以及《食品安全法实施条例》第二十三条所列疾病的人员从事接触直接入口食品的工作，或者违反本办法第十三条第一款、第二款，第十四条第一款，第十五条，第十八条，第十九条，第二十条第二款的规定的，责令改正，给予警告；拒不改正的，处二千元以上二万元以下罚款；情节严重的，责令停产停业，直至吊销许可证。

第五十六条 违反本办法第九条第一款第（七）、（九）、（十一）、（十二）项，第二十条第一款的规定的，没收违法所得、违法经营的食品和用于违法经营的工具、设备等物品；违法经营的食品货值金额不足一万元的，并处二千元以上五万元以下罚款；货值金额一万元以上的，并处货值金额二倍以上五倍以下罚款；情节严重的，责令停产停业，直至吊销许可证。

第五十七条 违反本办法第十七条的规定，食品经营企业未按照要求进行食品运输的，责令改正，给予警告；拒不改正的，责令停产停业，并处二千元以上五万元以下罚款；情节严重的，由原发证部门吊销许可证。

第五十八条　违反本办法第二十二条第一款第（一）、（二）、（三）项及第二款的规定的，处二千元以上五万元以下罚款；造成严重后果的，责令停业，由原发证部门吊销许可证。

第五十九条　违反本办法第二十四条第一款的规定的，责令广告主停止发布广告，并以等额广告费用在相应范围内公开更正清除影响，并处广告费用一倍以上五倍以下的罚款。违反本办法第二十四条第二款的规定的，没收违法所得，依法对直接负责的主管人员和其他直接责任人员给予记大过、降级或者撤职的处分。

第六十条　违反本办法第二十六条第二款的规定，食品经营企业在发生食品安全事故后未进行处置、报告的，按照工商行政管理机关职责分工，责令改正，给予警告；毁灭有关证据的，责令停业，并处二千元以上十万元以下罚款；造成严重后果的，由原发证部门吊销许可证。

第六十一条　食品经营者的经营条件发生变化，未依照本办法第十条第二款规定处理的，责令改正，给予警告；造成严重后果的，依照《食品安全法》第八十五条的规定给予处罚。

第六十二条　有下列行为之一的，责令改正，拒不改正的，处以一万元以下罚款：

（一）食品经营者聘用未取得健康证明的人员从事食品经营的；

（二）食品经营者未主动向消费者提供销售凭证，或者拒不履行不符合食品安全标准的食品更换、退货等义务的；

（三）食品经营者拒绝工商行政管理机关依法开展监督检查的。

第六十三条　违反本办法的规定，有下列行为之一的，责令改正，拒不改正的，处以一万元以下罚款；情节严重的，处以一万元以上三万元以下罚款：

（一）从事批发业务的食品经营企业没有向购货者开具销售票据或者清单的；

（二）食品集中交易市场的开办者、食品经营柜台的出租者和食品展销会的举办者没有建立食品经营者档案、记载市场内食品经营者的基本情况、主要进货渠道、经营品种、品牌和供货商状况等信息；没有设置食品信息公示媒介，及时公开市场内或者行政机关公布的相关食品信息的。

第六十四条　食品经营者主动消除或者减轻违法行为危害后果，或者有其他法定情形的，应当从轻、减轻处罚。

违法行为轻微并及时纠正，没有造成危害后果的，不予处罚。

第六十五条　县级及其以上地方工商行政管理机关在监督检查中发现食品经营者违反本办法规定涉嫌犯罪的，应当依法移送公安机关。

第六十六条　县级及其以上地方工商行政管理机关不履行食品安全监督管理法定职责、日常监督检查不到位或者滥用职权、玩忽职守、徇私舞弊的，依法对直接负责的主管人员和其他直接责任人员给予记大过或者降级的处分；造成严重后果的,给予撤职或者开除的处分;其主要负责人应当引咎辞职。

第五章 附 则

第六十七条 食用农产品的监督管理适用《中华人民共和国农产品质量安全法》。

第六十八条 本办法由国家工商行政管理总局负责解释。

第六十九条 本办法自公布之日起施行。

## 项目三 餐饮服务食品安全监督管理办法

原卫生部制定餐饮服务食品安全监督管理办法,本办法自 2010 年 5 月 1 日起施行。

第一章 总 则

第一条 为加强餐饮服务监督管理,保障餐饮服务环节食品安全,根据《中华人民共和国食品安全法》(以下简称《食品安全法》)、《中华人民共和国食品安全法实施条例》(以下简称《食品安全法实施条例》),制定本办法。

第二条 在中华人民共和国境内从事餐饮服务的单位和个人(以下简称餐饮服务提供者)应当遵守本办法。

第三条 国家食品药品监督管理局主管全国餐饮服务监督管理工作,地方各级食品药品监督管理部门负责本行政区域内的餐饮服务监督管理工作。

第四条 餐饮服务提供者应当依照法律、法规、食品安全标准及有关要求从事餐饮服务活动,对社会和公众负责,保证食品安全,接受社会监督,承担餐饮服务食品安全责任。

第五条 鼓励社会团体、基层群众性自治组织开展餐饮服务食品安全知识和相关法律、法规的普及工作,增强餐饮服务提供者食品安全意识,提高消费者自我保护能力;鼓励开展技术服务工作,促进餐饮服务提供者提高食品安全管理水平。

餐饮服务相关行业协会应当加强行业自律,引导餐饮服务提供者依法经营,推动行业诚信建设,宣传、普及餐饮服务食品安全知识。

第六条 鼓励和支持餐饮服务提供者为提高食品安全水平而采用先进技术和先进的管理规范,实施危害分析与关键控制点体系,配备先进的食品安全检测设备,对食品进行自行检查或者向具有法定资质的机构送检。

第七条 任何组织和个人均有权对餐饮服务食品安全进行社会监督,举报餐饮服务提供者违反本办法的行为,了解有关餐饮服务食品安全信息,对餐饮服务食品安全工作提出意见和建议。

<h2 style="text-align:center">第二章 餐饮服务基本要求</h2>

第八条 餐饮服务提供者必须依法取得《餐饮服务许可证》，按照许可范围依法经营，并在就餐场所醒目位置悬挂或者摆放《餐饮服务许可证》。

第九条 餐饮服务提供者应当建立健全食品安全管理制度，配备专职或者兼职食品安全管理人员。

被吊销《餐饮服务许可证》的单位，根据《食品安全法》第九十二条的规定，其直接负责的主管人员自处罚决定作出之日起 5 年内不得从事餐饮服务管理工作。

餐饮服务提供者不得聘用本条前款规定的禁止从业人员从事管理工作。

第十条 餐饮服务提供者应当按照《食品安全法》第三十四条的规定，建立并执行从业人员健康管理制度，建立从业人员健康档案。餐饮服务从业人员应当依照《食品安全法》第三十四条第二款的规定每年进行健康检查，取得健康合格证明后方可参加工作。

从事直接入口食品工作的人员患有《食品安全法实施条例》第二十三条规定的有碍食品安全疾病的，应当将其调整到其他不影响食品安全的工作岗位。

第十一条 餐饮服务提供者应当依照《食品安全法》第三十二条的规定组织从业人员参加食品安全培训，学习食品安全法律、法规、标准和食品安全知识，明确食品安全责任，并建立培训档案；应当加强专（兼）职食品安全管理人员食品安全法律法规和相关食品安全管理知识的培训。

第十二条 餐饮服务提供者应当建立食品、食品原料、食品添加剂和食品相关产品的采购查验和索证索票制度。

餐饮服务提供者从食品生产单位、批发市场等采购的，应当查验、索取并留存供货者的相关许可证和产品合格证明等文件；从固定供货商或者供货基地采购的，应当查验、索取并留存供货商或者供货基地的资质证明、每笔供货清单等；从超市、农贸市场、个体经营商户等采购的，应当索取并留存采购清单。

餐饮服务企业应当建立食品、食品原料、食品添加剂和食品相关产品的采购记录制度。采购记录应当如实记录产品名称、规格、数量、生产批号、保质期、供货者名称及联系方式、进货日期等内容，或者保留载有上述信息的进货票据。

餐饮服务提供者应当按照产品品种、进货时间先后次序有序整理采购记录及相关资料，妥善保存备查。记录、票据的保存期限不得少于 2 年。

第十三条 实行统一配送经营方式的餐饮服务提供者，可以由企业总部统一查验供货者的许可证和产品合格的证明文件等，建立食品进货查验记录。

实行统一配送经营方式的，企业各门店应当建立总部统一配送单据台账。门店自行采购的产品，应当遵照本办法第十二条的规定。

第十四条　餐饮服务提供者禁止采购、使用和经营下列食品：

（一）《食品安全法》第二十八条规定禁止生产经营的食品；

（二）违反《食品安全法》第四十八条规定的食品；

（三）违反《食品安全法》第五十条规定的食品；

（四）违反《食品安全法》第六十六条规定的进口预包装食品。

第十五条　餐饮服务提供者应当按照国家有关规定和食品安全标准采购、保存和使用食品添加剂。应当将食品添加剂存放于专用橱柜等设施中，标示"食品添加剂"字样，妥善保管，并建立使用台账。

第十六条　餐饮服务提供者应当严格遵守国家食品药品监督管理部门制定的餐饮服务食品安全操作规范。餐饮服务应当符合下列要求：

（一）在制作加工过程中应当检查待加工的食品及食品原料，发现有腐败变质或者其他感官性状异常的，不得加工或者使用；

（二）贮存食品原料的场所、设备应当保持清洁，禁止存放有毒、有害物品及个人生活物品，应当分类、分架、隔墙、离地存放食品原料，并定期检查、处理变质或者超过保质期限的食品；

（三）应当保持食品加工经营场所的内外环境整洁，消除老鼠、蟑螂、苍蝇和其他有害昆虫及其孳生条件；

（四）应当定期维护食品加工、贮存、陈列、消毒、保洁、保温、冷藏、冷冻等设备与设施，校验计量器具，及时清理清洗，确保正常运转和使用；

（五）操作人员应当保持良好的个人卫生；

（六）需要熟制加工的食品，应当烧熟煮透；需要冷藏的熟制品，应当在冷却后及时冷藏；应当将直接入口食品与食品原料或者半成品分开存放，半成品应当与食品原料分开存放；

（七）制作凉菜应当达到专人负责、专室制作、工具专用、消毒专用和冷藏专用的要求；

（八）用于餐饮加工操作的工具、设备必须无毒无害，标志或者区分明显，并做到分开使用，定位存放，用后洗净，保持清洁；接触直接入口食品的工具、设备应当在使用前进行消毒；

（九）应当按照要求对餐具、饮具进行清洗、消毒，并在专用保洁设施内备用，不得使用未经清洗和消毒的餐具、饮具；购置、使用集中消毒企业供应的餐具、饮具，应当查验其经营资质，索取消毒合格凭证；

（十）应当保持运输食品原料的工具与设备设施的清洁，必要时应当消毒。运输保温、冷藏（冻）食品应当有必要的且与提供的食品品种、数量相适应的保温、冷藏（冻）设备设施。

第十七条　食品药品监督管理部门依法开展抽样检验时，被抽样检验的餐饮服务提供者应当配合抽样检验工作，如实提供被抽检样品的货源、数量、存货地点、存货量、销售量、相关票证等信息。

## 第三章 食品安全事故处理

第十八条 各级食品药品监督管理部门应当根据本级人民政府食品安全事故应急预案制定本部门的预案实施细则，按照职能做好餐饮服务食品安全事故的应急处置工作。

第十九条 食品药品监督管理部门在日常监督管理中发现食品安全事故，或者接到有关食品安全事故的举报，应当立即核实情况，经初步核实为食品安全事故的，应当立即向同级卫生行政、农业行政、工商行政管理、质量监督等相关部门通报。

发生食品安全事故时，事发地食品药品监督管理部门应当在本级人民政府领导下，及时做出反应，采取措施控制事态发展，依法处置，并及时按照有关规定向上级食品药品监督管理部门报告。

第二十条 县级以上食品药品监督管理部门按照有关规定开展餐饮服务食品安全事故调查，有权向有关餐饮服务提供者了解与食品安全事故有关的情况，要求餐饮服务提供者提供相关资料和样品，并采取以下措施：

（一）封存造成食品安全事故或者可能导致食品安全事故的食品及其原料，并立即进行检验；

（二）封存被污染的食品工具及用具，并责令进行清洗消毒；

（三）经检验，属于被污染的食品，予以监督销毁；未被污染的食品，予以解封；

（四）依法对食品安全事故及其处理情况进行发布，并对可能产生的危害加以解释、说明。

第二十一条 餐饮服务提供者应当制定食品安全事故处置方案，定期检查各项食品安全防范措施的落实情况，及时消除食品安全事故隐患。

第二十二条 餐饮服务提供者发生食品安全事故，应当立即封存导致或者可能导致食品安全事故的食品及其原料、工具及用具、设备设施和现场，在2小时之内向所在地县级人民政府卫生部门和食品药品监督管理部门报告，并按照相关监管部门的要求采取控制措施。

餐饮服务提供者应当配合食品安全监督管理部门进行食品安全事故调查处理，按照要求提供相关资料和样品，不得拒绝。

## 第四章 监督管理

第二十三条 食品药品监督管理部门可以根据餐饮服务经营规模，建立并实施餐饮服务食品安全监督管理量化分级、分类管理制度。

食品药品监督管理部门可以聘请社会监督员，协助开展餐饮服务食品安全监督。

第二十四条　县级以上食品药品监督管理部门履行食品安全监督职责时，发现不属于本辖区管辖的，应当及时移送有管辖权的食品药品监督管理部门。接受移送的食品药品监督管理部门应当将被移送案件的处理情况及时反馈给移送案件的食品药品监督管理部门。

第二十五条　县级以上食品药品监督管理部门接到咨询、投诉、举报，对属于本部门管辖的，应当受理，并及时进行核实、处理、答复；对不属于本部门管辖的，应当书面通知并移交有管辖权的部门处理。

发现餐饮服务提供者使用不符合食品安全标准及有关要求的食品原料或者食用农产品、食品添加剂、食品相关产品，其成因属于其他环节食品生产经营者或者食用农产品生产者的，应当及时向本级卫生行政、农业行政、工商行政管理、质量监督等部门通报。

第二十六条　食品药品监督管理部门在履行职责时，有权采取《食品安全法》第七十七条规定的措施。

第二十七条　食品安全监督检查人员对餐饮服务提供者进行监督检查时，应当对下列内容进行重点检查：

（一）餐饮服务许可情况；

（二）从业人员健康证明、食品安全知识培训和建立档案情况；

（三）环境卫生、个人卫生、食品用工具及设备、食品容器及包装材料、卫生设施、工艺流程情况；

（四）餐饮加工制作、销售、服务过程的食品安全情况；

（五）食品、食品添加剂、食品相关产品进货查验和索票索证制度及执行情况、制定食品安全事故应急处置制度及执行情况；

（六）食品原料、半成品、成品、食品添加剂等的感官性状、产品标签、说明书及储存条件；

（七）餐具、饮具、食品用工具及盛放直接入口食品的容器的清洗、消毒和保洁情况；

（八）用水的卫生情况；

（九）其他需要重点检查的情况。

第二十八条　食品安全监督检查人员进行监督检查时，应当有2名以上人员共同参加，依法制作现场检查笔录，笔录经双方核实并签字。被监督检查者拒绝签字的，应当注明事由和相关情况，同时记录在场人员的姓名、职务等。

第二十九条　县级以上食品药品监督管理部门负责组织实施本辖区餐饮服务环节的抽样检验工作，所需经费由地方财政列支。

第三十条　食品安全监督检查人员可以使用经认定的食品安全快速检测技术进行快速检测，及时发现和筛查不符合食品安全标准及有关要求的食品、食品添加剂及食品相关产品。使用现场快速检测技术发现和筛查的结果不得直接作为执法依据。对初步筛查结果表明可能不符合食品安全标准及有关要求的食品，应当依照《食品安全法》的有关规定进行检验。

快速检测结果表明可能不符合食品安全标准及有关要求的，餐饮服务提供者应当根据实际情况采取食品安全保障措施。

第三十一条　食品安全监督检查人员抽样时必须按照抽样计划和抽样程序进行，并填写抽样记录。抽样检验应当购买产品样品，不得收取检验费和其他任何费用。

食品安全监督检查人员应当及时将样品送达有资质的检验机构。

第三十二条　食品检验机构应当根据检验目的和送检要求，按照食品安全相关标准和规定的检验方法进行检验，按时出具合法的检验报告。

第三十三条　对检验结论有异议的，异议人有权自收到检验结果告知书之日起 10 日内，向组织实施抽样检验的食品药品监督管理部门提出书面复检申请，逾期未提出申请的，视为放弃该项权利。

复检工作应当选择有关部门共同公布的承担复检工作的食品检验机构完成。

复检机构由复检申请人自行选择；复检机构与初检机构不得为同一机构。复检机构出具的复检结论为最终检验结论。

复检费用的承担依《食品安全法实施条例》第三十五条的规定。

第三十四条　食品药品监督管理部门应当建立辖区内餐饮服务提供者食品安全信用档案，记录许可颁发及变更情况、日常监督检查结果、违法行为查处等情况。食品药品监督管理部门应当根据餐饮服务食品安全信用档案，对有不良信用记录的餐饮服务提供者实施重点监管。

食品安全信用档案的形式和内容由省级食品药品监督管理部门根据本地实际情况作出具体规定。

第三十五条　食品药品监督管理部门应当将吊销《餐饮服务许可证》的情况在 7 日内通报同级工商行政管理部门。

第三十六条　县级以上食品药品监督管理部门依法公布下列日常监督管理信息：

（一）餐饮服务行政许可情况；
（二）餐饮服务食品安全监督检查和抽检的结果；
（三）查处餐饮服务提供者违法行为的情况；
（四）餐饮服务专项检查工作情况；
（五）其他餐饮服务食品安全监督管理信息。

## 第五章　法　律　责　任

第三十七条　未经许可从事餐饮服务的，由食品药品监督管理部门根据《食品安全法》第八十四条的规定予以处罚。有下列情形之一的，按未取得《餐饮服务许可证》查处：

（一）擅自改变餐饮服务经营地址、许可类别、备注项目的；

（二）《餐饮服务许可证》超过有效期限仍从事餐饮服务的；

（三）使用经转让、涂改、出借、倒卖、出租的《餐饮服务许可证》，或者使用以其他形式非法取得的《餐饮服务许可证》从事餐饮服务的。

第三十八条　餐饮服务提供者有下列情形之一的，由食品药品监督管理部门根据《食品安全法》第八十五条的规定予以处罚：

（一）用非食品原料制作加工食品或者添加食品添加剂以外的化学物质和其他可能危害人体健康的物质，或者用回收食品作为原料制作加工食品；

（二）经营致病性微生物、农药残留、兽药残留、重金属、污染物质以及其他危害人体健康的物质含量超过食品安全标准限量的食品；

（三）经营营养成分不符合食品安全标准的专供婴幼儿和其他特定人群的主辅食品；

（四）经营腐败变质、油脂酸败、霉变生虫、污秽不洁、混有异物、掺假掺杂或者感官性状异常的食品；

（五）经营病死、毒死或者死因不明的禽、畜、兽、水产动物肉类及其制品；

（六）经营未经动物卫生监督机构检疫或者检疫不合格的肉类，或者未经检验或者检验不合格的肉类制品；

（七）经营超过保质期的食品；

（八）经营国家为防病等特殊需要明令禁止经营的食品；

（九）有关部门责令召回或者停止经营不符合食品安全标准的食品后，仍拒不召回或者停止经营的；

（十）餐饮服务提供者违法改变经营条件造成严重后果的。

第三十九条　餐饮服务提供者有下列情形之一的，由食品药品监督管理部门根据《食品安全法》第八十六条的规定予以处罚：

（一）经营或者使用被包装材料、容器、运输工具等污染的食品；

（二）经营或者使用无标签及其他不符合《食品安全法》、《食品安全法实施条例》有关标签、说明书规定的预包装食品、食品添加剂；

（三）经营添加药品的食品。

第四十条　违反本办法第十条第一款、第十二条、第十三条第二款、第十六条第（二）、（三）、（四）、（八）、（九）项的有关规定，按照《食品安全法》第八十七条的规定予以处罚。

第四十一条　违反本办法第二十二条第一款的规定，由食品药品监督管理部门根据《食品安全法》第八十八条的规定予以处罚。

第四十二条　违反本办法第十六条第十项的规定，由食品药品监督管理部门根据《食品安全法》第九十一条的规定予以处罚。

第四十三条　餐饮服务提供者违反本办法第九条第三款规定，由食品药品监督管理部门依据《食品安全法》第九十二条第二款进行处罚。

第四十四条　本办法所称违法所得，指违反《食品安全法》、《食品安全法实施条例》等食品安全法律法规和规章的规定，从事餐饮服务活动所取得的相关营业性收入。

第四十五条　本办法所称货值金额，指餐饮服务提供者经营的食品的市场价格总金额。其中原料及食品添加剂按进价计算，半成品按原料计算，成品按销售价格计算。

第四十六条　餐饮服务食品安全监督管理执法中，涉及《食品安全法》第八十五条、第八十六条、第八十七条适用时，"情节严重"包括但不限于下列情形：

（一）连续12个月内已受到2次以上较大数额罚款处罚或者连续12个月内已受到一次责令停业行政处罚的；

（二）造成重大社会影响或者有死亡病例等严重后果的。

第四十七条　餐饮服务提供者主动消除或者减轻违法行为危害后果，或者有其他法定情形的，应当依法从轻或者减轻处罚。

第四十八条　在同一违反《食品安全法》、《食品安全法实施条例》等食品安全法律法规的案件中，有两种以上应当给予行政处罚的违法行为时，食品药品监督管理部门应当分别裁量，合并处罚。

第四十九条　食品药品监督管理部门作出责令停业、吊销《餐饮服务许可证》、较大数额罚款等行政处罚决定之前，应当告知当事人有要求举行听证的权利。

当事人要求听证的，食品药品监督管理部门应当组织听证。

当事人对处罚决定不服的，可以申请行政复议或者提起行政诉讼。

第五十条　食品药品监督管理部门不履行有关法律法规规定的职责或者其工作人员有滥用职权、玩忽职守、徇私舞弊行为的，食品药品监督管理部门应当依法对相关负责人员或者直接责任人员给予记大过或者降级的处分；造成严重后果的，给予撤职或者开除的处分；其主要负责人应当引咎辞职。

## 第六章　附　　则

第五十一条　省、自治区、直辖市食品药品监督管理部门可以结合本地实际情况，根据本办法的规定制定实施细则。

第五十二条　国境口岸范围内的餐饮服务活动的监督管理由出入境检验检疫机构依照《食品安全法》和《中华人民共和国国境卫生检疫法》以及相关行政法规的规定实施。

水上运营的餐饮服务提供者的食品安全管理，其始发地、经停地或者到达地的食品药品监督管理部门均有权进行检查监督。

铁路运营中餐饮服务监督管理参照本办法。

第五十三条　本办法自2010年5月1日起施行，卫生部2000年1月16日发布的《餐饮业食品卫生管理办法》同时废止。

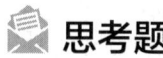

## 思考题

请仔细阅读《餐饮服务食品安全管理人员培训管理办法（征求意见稿）》，探讨餐饮业和食品行业食品安全管理的共同点和不同点。

# 附录　中国食物与营养发展纲要（2014—2020年）

近年来，我国农产品综合生产能力稳步提高，食物供需基本平衡，食品安全状况总体稳定向好，居民营养健康状况明显改善，食物与营养发展成效显著。但是，我国食物生产还不能适应营养需求，居民营养不足与过剩并存，营养与健康知识缺乏，必须引起高度重视。为保障食物有效供给，优化食物结构，强化居民营养改善，特制定本纲要。

## 一、总体要求

### （一）指导思想

以邓小平理论、"三个代表"重要思想、科学发展观为指导，顺应各族人民过上更好生活的新期待，把保障食物有效供给、促进营养均衡发展、统筹协调生产与消费作为主要任务，把重点产品、重点区域、重点人群作为突破口，着力推动食物与营养发展方式转变，着力营造厉行节约、反对浪费的良好社会风尚，着力提升人民健康水平，为全面建成小康社会提供重要支撑。

### （二）基本原则

坚持食物数量与质量并重。实施以我为主、立足国内、确保产能、适度进口、科技支撑的国家粮食安全战略。在重视食物数量的同时，更加注重品质和质量安全，加强优质专用新品种的研发与推广，提高优质食物比重，实现食物生产数量与结构、质量与效益相统一。

坚持生产与消费协调发展。充分发挥市场机制的作用，以现代营养理念引导食物合理消费，逐步形成以营养需求为导向的现代食物产业体系，促进生产、消费、营养、健康协调发展。

坚持传承与创新有机统一。传承以植物性食物为主、动物性食物为辅的优良膳食传统，保护具有地域特色的膳食方式，创新繁荣中华饮食文化，合理汲取国外膳食结构的优点，全面提升膳食营养科技支撑水平。

坚持引导与干预有效结合。普及公众营养知识，引导科学合理膳食，预防和控制营养性疾病；针对不同区域、不同人群的食物与营养需求，采取差别化的干预措施，改善食物与营养结构。

### （三）发展目标

食物生产量目标。确保谷物基本自给、口粮绝对安全，全面提升食物质量，优化品种结构，稳步增强食物供给能力。到2020年，全国粮食产量稳定在5.5亿吨以上，油料、肉类、蛋类、奶类、水产品等生产稳定发展。

食品工业发展目标。加快建设产业特色明显、集群优势突出、结构布局合理的现代食品加工产业体系，形成一批品牌信誉好、产品质量高、核心竞争力强的大中型食品加工及配送企业。到2020年，传统食品加工程度大幅提高，食品加工技术水平明显提升，全国食品工业增加值年均增长速度保持在10%以上。

食物消费量目标。推广膳食结构多样化的健康消费模式，控制食用油和盐的消费量。到2020年，全国人均全年口粮消费135千克、食用植物油12千克、豆类13千克、肉类29千克、蛋类16千克、奶类36千克、水产品18千克、蔬菜140千克、水果60千克。

营养素摄入量目标。保障充足的能量和蛋白质摄入量，控制脂肪摄入量，保持适量的维生素和矿物质摄入量。到2020年，全国人均每日摄入能量2200~2300千卡，其中，谷类食物供能比不低于50%，脂肪供能比不高于30%；人均每日蛋白质摄入量78克，其中，优质蛋白质比例占45%以上；维生素和矿物质等微量营养素摄入量基本达到居民健康需求。

营养性疾病控制目标。基本消除营养不良现象，控制营养性疾病增长。到2020年，全国5岁以下儿童生长迟缓率控制在7%以下；全人群贫血率控制在10%以下，其中，孕产妇贫血率控制在17%以下，老年人贫血率控制在15%以下，5岁以下儿童贫血率控制在12%以下；居民超重、肥胖和血脂异常率的增长速度明显下降。

## 二、主要任务

### （一）构建供给稳定、运转高效、监控有力的食物数量保障体系

稳定耕地面积，加快高标准农田建设，积极调整农业结构，提高粮食等重要农产品综合生产能力。大力发展畜牧业，提高牛肉、羊肉、禽肉供给比重。大力发展海洋经济，保障水产品供应。广辟食物资源，因地制宜发展杂粮、木本粮油等生产。大力发展农产品储藏、保鲜等产地初加工。积极推进物联网等信息技术应用，加强市场网络和配送服务体系建设，加快形成安全卫生、布局合理的现代食物市场流通体系。加强农产品数量安全智能分析与监测预警，健全中央、地方和企业三级食用农产品收储体系，增强宏观调控能力。更加积极地利用国际农产品市场和农业资源，有效调剂和补充国内食物供给。

### （二）构建标准健全、体系完备、监管到位的食物质量保障体系

建立最严格的覆盖全过程的食物安全监管制度，健全各类食物标准，落实地方政府属地管理和生产经营主体责任，规范食物生产、加工和销售行为。加快推进原料标准化基地建设，集中创建一批园艺作物标准园、畜禽养殖标准化示范场、水产标准化健康养殖示范场和农业标准化示范县。完善投入品管理制度，加强农产品质量安全监管，推进农产品质量安全监管示范县创建活动。推进食物生产、加工和流通企业诚信制度建设，加大对失信企业惩处力度，增强企业诚信经营意识。加强食物安全信息共享与公共管理体系建设，健全快速反应机制，加强应急处置，强化舆论监督和引导。

### （三）构建定期监测、分类指导、引导消费的居民营养改善体系

建立健全居民食物与营养监测管理制度，加强监测和信息分析。对重点区域、重点人群实施营养干预，重视解决微量营养素缺乏、部分人群油脂摄入过多等问题。开展多种形式的营养教育，引导居民形成科学的膳食习惯，推进健康饮食文化建设。

## 三、发展重点

### （一）重点产品

#### 1. 优质食用农产品

全面推行食用农产品标准化生产，提升"米袋子"和"菜篮子"产品质量。大力发展无公害农产品和绿色食品生产、经营，因地制宜发展有机食品，做好农产品地理标志工作。积极培育具有地域特色的农产品品牌，严格保护产地环境。

#### 2. 方便营养加工食品

加快发展符合营养科学要求和食品安全标准的方便食品、营养早餐、快餐食品、调理食品等新型加工食品，不断增加膳食制品供应种类。强化对主食类加工产品的营养科学指导，加强营养早餐及快餐食品集中生产、配送、销售体系建设，推进主食工业化、规模化发展。发展营养强化食品和保健食品，促进居民营养改善。加快传统食品生产的工业化改造，推进农产品综合开发与利用。

#### 3. 奶类与大豆食品

扶持奶源基地建设，强化奶业市场监管，培育乳品消费市场，加强奶业各环节衔接，推进现代奶业建设。充分发挥我国传统大豆资源优势，加强大豆种质资源研究和新品种培育，扶持国内大豆产业发展，强化大豆生产与精深加工的科学研究，实施传统大豆制品的工艺改造，开发新型大豆食品，推进大豆制品规模化生产。

### （二）重点区域

#### 1. 贫困地区

采取扶持与开发相结合的方式，提高贫困地区居民的食物消费水平。创新营

养改善方式，合理开发利用当地食物资源。动员社会各界参与扶贫开发，采取营养干预措施，实现贫困人口食物与营养的基本保障和逐步改善。

2. 农村地区

加快农村经济社会发展，增加农民收入。加强农村商贸与流通基础设施建设，将城镇现代流通业向广大农村地区延伸，推进"万村千乡"市场工程，开拓农村食物市场，方便农村居民购买食物。

3. 流动人群集中及新型城镇化地区

改善外来务工人员的饮食条件，加强对在外就餐人员及新型城镇化地区居民膳食指导，倡导文明生活方式和合理膳食模式，控制高能量、高脂肪、高盐饮食，降低营养性疾病发病率。

（三）重点人群

1. 孕产妇与婴幼儿

做好孕产妇营养均衡调配，重点改善低收入人群孕妇膳食中钙、铁、锌和维生素 A 摄入不足的状况，预防中高收入人群孕妇因膳食不合理而导致的肥胖、巨大儿等营养性疾病。大力倡导母乳喂养，重视农村地区 6 个月龄至 24 个月龄婴幼儿的辅食喂养与营养补充，加强母乳代用品和婴幼儿食品质量监管。

2. 儿童青少年

着力降低农村儿童青少年生长迟缓、缺铁性贫血的发生率，做好农村留守儿童营养保障工作。遏制城镇儿童青少年超重、肥胖增长态势。将食物与营养知识纳入中小学课程，加强对教师、家长的营养教育和对学生食堂及学生营养配餐单位的指导，引导学生养成科学的饮食习惯。强化营养干预，加大蛋奶供应，保障食物与营养需求。

3. 老年人

研究开发适合老年人身体健康需要的食物产品，重点发展营养强化食品和低盐、低脂食物。开展老年人营养监测与膳食引导，科学指导老年人补充营养、合理饮食，提高老年人生活质量和健康水平。

四、政策措施

（一）全面普及膳食营养和健康知识

加强对居民食物与营养的指导，提高全民营养意识，提倡健康生活方式，树立科学饮食理念。研究设立公众"营养日"。开展食物与营养知识进村（社区）入户活动，加强营养和健康教育。发布适宜不同人群特点的膳食指南，定期在商场、超市、车站、机场等人流集中地发放。发挥主要媒体对食物与营养知识进行公益宣传的主渠道作用，增强营养知识传播的科学性。加大对食物与营养事业发展的投入，加强流通、餐饮服务等基础设施建设。

## （二）加强食物生产与供给

全面落实"米袋子"省长负责制和"菜篮子"市长负责制，强化地方人民政府的食物安全责任。加大对食用农产品生产的支持力度，保护农民发展生产的积极性。加大对食物加工、流通领域的扶持力度，鼓励主产区发展食物加工业，支持大中城市食品加工配送中心建设，发展共同配送、统一配送。加强农业生态环境保护，有效治理资源污染。支持到境外特别是与周边国家开展互利共赢的农业生产和进出口合作。

## （三）加大营养监测与干预

开展全国居民营养与基本健康监测工作，进行食物消费调查，定期发布中国居民食物消费与营养健康状况报告，引导居民改善食物与营养状况。加大财政投入，改善老少边穷地区的中小学校和幼儿园就餐环境。

## （四）推进食物与营养法制化管理

抓紧进行食物与营养相关法律法规的研究工作，适时开展营养改善条例的立法工作。针对食物与营养的突出问题，依法规范食物生产经营活动，开展专项治理整顿，营造安全、诚信、公平的市场环境。创新食物与营养执法监督，提高行政监管效能。弘扬勤俭节约的传统美德，形成厉行节约、反对浪费的良好社会风尚。

## （五）加快食物与营养科技创新

针对食物、营养和健康领域的重大需求，引导企业加大食物与营养科技投入，加强对食物与营养重点领域和关键环节的研究。加强对新食物资源开发和食物安全风险分析技术的研究，在科技创新中提高食物安全水平。加强食物安全监测预警技术研究，促进食物安全信息监测预警系统建设。深入研究食物、营养和健康的关系，及时修订居民膳食营养素参考摄入量标准。

## （六）加强组织领导和咨询指导

由农业部、卫生计生委牵头，发展改革委、教育部、科技部、工业和信息化部、财政部、商务部、食品药品监管总局、林业局等部门参加，建立部际协调机制，做好本纲要实施工作。继续发挥国家食物与营养咨询委员会的议事咨询作用，及时向政府提供决策咨询意见。省级人民政府要根据本纲要确立的目标、任务和重点，结合本地区实际，制订当地食物与营养发展实施计划。

# 参 考 文 献

1. 孙长颢,孙秀发,凌文华,等.营养与食品卫生学[M].6版.北京:人民卫生出版社,2008
2. 葛可佑,程义勇,柳启沛,等.公共营养师(基础知识)[M].北京:中国劳动社会保障出版社,2007
3. 李凤琴,徐娇,刘飒娜.生物利用率在食品污染物风险评估中的应用[J].中国食品卫生杂志,2011,23(1):17-22
4. 王建军,王新梅.营养素的功能、代谢以及与健康的关系[J].新疆农业大学学报,2000,23(2):94-98
5. 雷激,黄承钰.食物铁生物利用率评价方法现状[J].西华大学学报:自然科学版,2010,29(2):205-208
6. 米生权,赵晓红.市售补钙制剂吸收率与生物利用率评价方法探讨[J].食品科学,2007,28(7):530-534
7. 方桂红,程莉.维生素A的生理功能及毒性研究[J].轻工科技,2012(8):10;11;15
8. 张雅稚.维生素A的生理功能与应用方法[J].中国食物与营养,2007(12):55-56
9. 曾翔云.维生素C的生理功能与膳食保障[J].中国食物与营养,2005(4):52-54
10. 金瑛,马冠生.植酸与矿物质的生物利用率[J].国外医学:卫生学分册,2005,32(3):141-144
11. 王林静,钟淑婷,宁艳辉.169例晚期孕妇膳食调查与营养评价[J].实用医技杂志,2006,13(14):2481-2483
12. 王俊玲,赵文华.用简化的食物频率询问法进行膳食评价[J].中国慢性病预防与控制,2000,8(1):29-31
13. 李艳平,宋军,潘慧,等.食物频率问卷法评估人群能量和营养素摄入量的准确性验证[J].营养学报,2006(2):143
14. 何宇纳,翟凤英,杨晓光,等.修订中国膳食平衡指数[J].营养学报,2009(6):532
15. 张坚,孟丽苹,姜元荣,等.中国成人膳食脂肪酸摄入和食物来源状况分析[J].营养学报,2009(5):1
16. 高键,费嘉庆,姜立经,等.应用于膳食模式研究的简化食物频率问卷

信度和效度评价［J］. 营养学报, 2011, 33（5）: 452-456

17. 袁丽娟, 魏梅. 不同膳食调查方法在托幼机构膳食管理中的应用［J］. 上海预防医学杂志, 2001, 13（9）: 417-419

18. 张清俊, 杨昌林, 王若永, 等. 称量法在膳食调查主食称量中的应用改进［J］. 解放军预防医学杂志, 2008, 26（5）: 348-349

19. 李艳平, 王冬, 何宇纳, 等. 不同膳食调查方法评估人群能量和营养素摄入量的比较［J］. 中国慢性病预防与控制, 2007, 5（2）: 79

20. 姜希林, 张玉亮, 方壮生, 等. 驻岛礁某部队膳食营养调查［J］. 解放军预防医学杂志, 2003, 21（5）: 378

21. 韦京豫, 郭长江, 杨继军, 等. 高原某边防部队营养调查［J］. 解放军预防医学杂志, 2004, 24（6）: 419

22. 屠晓钢, 乔凌, 刘丽颖. 飞行人员飞行期间膳食调查与身体质量指数分析［J］. 解放军保健医学杂志, 2006, 8（3）: 155

23. 包艳, 剧宁, 贾玉巧, 等. 从2010—2012年居民营养与健康状况调查谈膳食调查的方法［J］. 求医问药, 2012, 10（3）: 402

24. 何丽, 赵文华. 12000农民中老年人食物消费模式调查分析［J］. 中国慢性病预防与控制, 2002, 10（4）: 172-173

25. 吕晓华, 余华丽. 用半定量食物频率问卷法调查成都某高校医学生膳食镁摄入量［J］. 卫生研究, 2005, 34（4）: 484-485

26. 段海峰, 付泽建, 于卉泉, 等. 三维膳食调查辅助工具箱的设计及制作［J］. 中国食物与营养, 2010（2）: 81-84

27. 何丽, 赵文华. 膳食调查方法的特点与应用［J］. 国外医学: 卫生学分册, 2003, 30（6）: 368-371

28. 俞丹, 霍军生, 孙静, 等. 食物频率法评估贫血学生膳食铁摄入量的相对效度研究［J］. 卫生研究, 2011, 40（5）: 596-600

29. 荫士安, 葛可佑. 膳食调查方法及其评价［J］. 国外医学: 卫生学分册, 1993（4）: 219-223

30. 吴欣耘, 汪之顼. 食物图谱辅助提高24h回顾法膳食调查准确性的评价研究. 营养与老年代谢病——达能营养中心第十四届学术年会论文集, 中国疾病预防控制中心达能营养中心, 2011-11-07

31. CARRIQUIRY A L, CAMANO-GARCIA G. Evaluation of dietary intake data using the tolerable upper intake levels［J］. J Nutr, 2006, 136（Suppl 1）: 507-513

32. 翟凤英. 中国居民膳食营养素摄入量调查. 中国营养学会膳食营养素参考摄入量研讨会, 北京: 2010-11-10

33. 中国疾病预防控制中心营养与食品安全所. 中国食物成分表2002［M］.

北京：北京大学医学出版社，2002

34. 朱圣陶. 日常摄入量估计方法研究进展. 国外医学：卫生学分册，2009，36（1）：58 - 63

35. 谷华，糜漫天，赵永光，等. 层次分析法在中国成年人营养膳食评价中应用的初步探讨 [J]. 中国卫生统计，2009，26（4）：391 - 393

36. 孙振球. 医学综合评价方法及其应用 [M]. 北京：化学工业出版社，2005：49 - 50

37. 何宇纳，翟凤英，葛可佑. 应用中国膳食平衡指数评价中国 18 - 59 岁人群的膳食质量 [J]. 卫生研究，2005，34（4）：444

38. 谷贻光，宋新娜，李永华，等. 两种膳食调查方法估计膳食类胡萝卜素摄入量的比较 [J]. 中国食物与营养，2010（5）：78 - 80

39. 诸云，刘萍，耿姗姗，等. 应用半定量膳食调查（SQFFQ）和中国膳食平衡指数（DBI）评价无锡社区 40 - 69 周岁人群的膳食质量 [J]. 现代预防医学，2012，39（3）：566 - 568

40. 陈亮，王燕，胡传来. 孕妇膳食摄入量两种评估方法的比较 [J]. 中国妇幼保健，2012，27（8）：1138 - 1140

41. 中国营养学会. 中国居民膳食指南（2007）[M]. 拉萨：西藏人民出版社，2009

42. 中国营养学会. 中国居民膳食营养参考摄入量 [M]. 北京：中国轻工业出版社，2001：11 - 92

43. 孙长颢，孙秀发，凌文华，等. 营养与食品卫生学 [M]. 6 版. 北京：人民卫生出版社，2008

44. 杨月欣，张立实，糜漫天，等. 公共营养师（国家职业资格三级）[M]. 北京：中国劳动社会保障出版社，2007

45. 杨月欣，张立实，糜漫天，等. 公共营养师（国家职业资格四级）[M]. 北京：中国劳动社会保障出版社，2007

46. 杨月欣，张立实，糜漫天，等. 公共营养师（国家职业资格二级）[M]. 北京：中国劳动社会保障出版社，2007

47. 季成叶. 儿童少年卫生学 [M]. 6 版. 北京：人民卫生出版社，2008

48. 教育部体育卫生与艺术教育司全国学生体质健康调研组. 2010 年全国学生体质健康调研工作手册. 北京：2010

49. 翟屹，赵文华，周北凡，等. 中国成年人中心性肥胖腰围切点值的进一步验证 [J]. 中华流行病学杂志，2006，27（7）：560 - 565

50. 胡世红，贾卫鸿，韦春凌. 成年人腰围与血压、血脂及血糖的关系 [J]. 中国慢性病预防与控制，2007，15（5）：459 - 461

51. 胡延军，钟远. 上海男性老年人群中心性肥胖与代谢综合征的患病特点

[J]．中国老年学杂志，2008，28：698－701

52．方炎福，胡传来，阮亮，等．合肥市某社区成年人群体质指数腰臀比与血脂异常的关系［J］．现代预防医学，2010，37（18）：3496－3497

53．唐晓君，李革，张素华等．不同体重指数和腰臀比与血糖、血脂、血压的关系［J］．现代预防医学，2007，34（21）：4032－4034；4041

54．孙琼，张响华，罗长青，等．腰围在儿童肥胖诊断中的价值［J］．实用医学杂志，2009，25（6）：978－980

55．曹冰燕，巩纯秀，米杰，等．儿童青少年体质指数、腰围预测代谢综合征的意义［J］．中国糖尿病杂志，2007，15（5）：263－265

56．季成叶，马军，何忠虎，等．中国汉族学龄儿童青少年腰围正常值［J］．中国学校卫生，2010，31（3）：257－259

57．孟玲慧，米杰．北京市学龄儿童腰围、腰围身高比分类标准对心血管代谢危险因素的筛查效度［J］．中国循证儿科杂志，2008，3（5）：324－332

58．侯冬青，程红，米杰．北京3～6岁儿童体质指数及腰围与血压的关系［J］．中国儿童保健杂志，2010，18（6）：453－455

59．李云霞．尿液标本的采集和保存方法体会［J］．中国误诊学杂志，2008，8（3）：584

60．何宇纳，翟凤英，葛可佑．建立中国膳食平衡指数［J］．卫生研究，2005，34：208－211

61．刘弘，郭红卫、高围溦，等．上海市老年人营养状况调查［J］，上海医学杂志，2006，18：635－638

62．李继斌，王厚勇，舒开奎，重庆市高校学生膳食结构调查研究［J］．重庆医科大学学报，2006，31：609－610

63．张琚，曾果，张倩，等．四川省阿坝州藏汉羌族学生膳食营养评价［J］．中国学校卫生，2006，27：282－286

64．吴建全，郭长江，韦京豫，等．我国炮兵部队膳食调查与评价［J］．军事医学科学院院刊，2009，33（3）：259－261

65．翟艳丽，张印红．膳食平衡指数法对医学生膳食结构调查和分析［J］．长治医学院学报，2008，22（2）：101－103

66．陈建平，翟凤英．膳食质量指数法的研究进展［J］．国外医学：卫生学分册，2006，33（1）：49－53

67．何宇纳，翟凤英，杨晓光，等．修订中国膳食平衡指数［J］．营养学报，2009，31（6）：532－536

68．韩艳萍，李李，束莉，等．应用调整的膳食平衡指数评价孕妇的膳食质量［J］．卫生研究，2011，40（4）：454－456；460

69．李飞卫，胡俊，张贵成．Kaup指数判定标准对本地区学龄前儿童适用性

及其修正值的研究［J］．营养学报，1995，17（4）：401-403

70. 段文锋，林琳，曲勤凤．复合调味料食品安全标准现状分析和标准制定的建议［J］．中国调味品，2012，37（4）：10-13

71. 刘俊，尚学东，权根花，等．动物源性食品安全标准现状及存在问题浅析［J］．现代畜牧兽医，2012，11（4）：43-44

72. 刘淑芬，卞宏．水产品加工中的食品安全管理特点与需求［J］．科技向导，2012，11（3）：188

73. 李大和，王超凯，李国红．加强白酒食品安全管理［J］．酿酒，2012，39（5）：8-11

74. 朱东山，白国银．航空食品危害分析和关键控制点［J］．中国食品安全，2011（12）：64-65

75. 崔薇，陈韬．肉类食品中的危害分析［J］．肉类研究，2010（3）：62-65

76. 李占良．危害分析关键控制点在餐饮业食品安全管理中的应用［J］．肉类研究，2010，21（6）：994

77. 王秀元，蒋玲波，王萍亚，等．腌制水产品中 $N$-亚硝胺物质的危害分析及预防控制［J］．安徽农业科学，2010（3）：62-65

78. 陈志成．食品法规与管理［M］．北京：化学工业出版社，2005

79. 艾志录，鲁茂林．食品标准与法规［M］．南京：东南大学出版社，2006

80. 张建新．食品标准与法规［M］．北京：中国轻工业出版社，2006

81. 胡秋辉，王承明．食品标准与法规［M］．北京：中国计量出版社，2006

82. 张建新．食品标准与技术法规［M］．北京：中国农业出版社，2007

83. 云南省食品安全委员会办公室．食品安全法规汇编［M］．昆明：云南民族出版社，2005

84. 吴澎，赵丽芹．食品法律法规与标准［M］．北京：化学工业出版社，2010